アメリカ教師教育史

教職の女性化と専門職化の相克

Aki Sakuma
The History of Teacher Education in 19th Century America

佐久間亜紀

東京大学出版会

The History of Teacher Education in 19th Century America
The Dilemma of Feminization and Professionalization of teaching
Aki Sakuma
University of Tokyo Press, 2017
ISBN 978-4-13-056226-3

まえがき　いまなぜ、アメリカの教師教育史か

優れた教師とは、いったいどのような教師のことか。そして、その優れた教師はどうすれば育てられるのか。二一世紀のいま、日本でもアメリカでも、学校教師をどう養成するかを巡って、国を挙げての改革が続いている。改革が止まないのは、「教師の質が低い」「教師がきちんと教育されていない」という世論の批判が止まないからである。この批判は、いったいいつから続いているのだろうか。

アメリカでは、一八三九年に初の州立師範学校が設立されて以降、教職の専門職化が目指され、教師の能力を上げるために、教師教育の改革が続けられてきたはずだった。しかし、未だにアメリカの公立学校教員の平均的給与や社会的地位は、高いとは言い難い。日本は、明治期以来ずっと、アメリカの教員政策や教師教育を参考にしつづけてきているが、当のアメリカでは教師や師範学校の質の低さが、一九世紀初頭から二一世紀に至るまで、絶えることなく批判され続けてきているのである。本書は、一九世紀まで遡って、この批判の成立過程とその背後にある問題構造を歴史的に理解しようとするものである。

この歴史を理解するには、公的な教師養成機関が女子校として設立され、二一世紀のアメリカでも小学校教師の九九パーセントが女性であることが、重要な鍵を握っている。すでに一九世紀の半ばには、教職は女性職となっていたのである。したがって本書では、女性史の研究方法を採用し、教職の女性化と専門職化の展開に着目して歴史叙述を試みる。

ただし、本書では主題名に女性という語句を入れず、あえて『アメリカ教師教育史』とした。そもそも教育や教職をめぐる問題は、子どもを誰がどう育てるか、子育てが社会化されたときその仕事が社会にどう位置づけられてきたか、という問題と不可分であり、その意味でジェンダーの問題に他ならない。アメリカで展開されてきた教師教育史研究においても、ジェンダーの問題は中心的問題として認識されるようになってきた。

ところが、日本では今なお、男性史としての中心的叙述に「女教師」や「婦人部」の叙述をつけ足すという叙述枠組が強固に維持されている。これほど女性史研究が盛んになってもなお、それらは「教師」の歴史でなく「女教師」の歴史として特殊化・周辺化されてしまい、教育史や教師教育史の叙述枠組みそのものは、問い直されないままになっているのではないか。

ジェンダーの視点からの歴史叙述は、特殊で周辺的なものではなく、教師教育史にとってまさに中心的な主題である。この書名には、女性教師の存在を周辺化し続けてきた従来の歴史叙述の枠組み自体を問い直したいという、私の切なる想いが込められている。

なお、本書は一九世紀を三期に区分した三部構成となっている。章ごとに主題を設定し、基本的に一人ずつの事例を扱っているため、どこからでも読み始められるようになっている。ただし、各部冒頭の各章では、それぞれの時期の教師教育の様相を概観した。通史のみに関心のある読者は、まず一章、五章、八章から読み始めて頂ければ有り難い。

アメリカ教師教育史――教職の女性化と専門職化の相克　目　次

序章　教師教育という視座

本書では、一九世紀米国における教師教育の歴史を、ジェンダーの視点から再検討する。米国では、一体誰が教師になってきたのだろうか。誰が教師を養成しようとしたのだろうか。教師養成の開始とともに始まった「教師の質が低い」という批判に、教師養成機関はどう対応してきたのだろうか。

この大きな主題に迫るために、本書ではアメリカで最も長い歴史をもつ公的教師養成機関である州立師範学校に焦点を合わせる。ただし、州立師範学校は一八三九年に女子校として設立されており、そこで実際に教鞭をとった者の多くも女性であった。一八三九年当時においてすでに教職が女性職となりつつあったことが、米国における教師教育の歴史に大きな影響を与えていたのである。したがって、州立師範学校の設立前史も検討の対象に加えることとする。

具体的には、州立師範学校の設立前・初期・発展期の各時期に、教師の養成に携わった七名の女性の思想と実践の分析を通して、一九世紀米国における教職の女性化と専門職化の史的展開を明らかにすることを本書の課題とする。対象者七名の思想と実践の分析に際しては、彼女たちが探究した教師像がどのようなものであったのか、またそれらの教師像がどのようなジレンマのなかで探究されていたのかに焦点を合わせる。

七名の女性とは、以下のとおりである。まず、一九世紀初頭については、女性セミナリーを設立して教師教育の理論と実践を開拓したエマ・ウィラード（Emma Hart Willard, 1787-1870）、キャサリン・ビーチャー（Catharine Esther

Beecher, 1800–1878）、メアリー・ライアン（Mary Mason Lyon, 1797–1849）を取り上げる。次に一九世紀中葉については、初期州立師範学校で教鞭をとっていた校長補助教師イレクタ・ウォルトン（Electa Lincoln Walton, 1824–1908）を取り上げる。一九世紀後半については、州立師範学校で管理職を務めたアニー・ジョンソン（Annie Johnson, ?–1894, 在任期間　一八六六—七五）、エレン・ハイド（Ellen Hyde, 1838–1926, 在任期間　一八七五—九八）、ジュリア・キング（Julia Anne King, 1838–1919, 在任期間　一八八一—一九一五）の三名を取り上げる。

この主題設定の意義は、以下三点にある。第一に、日本における米国教師教育史研究は、米国における研究の進展にもかかわらず、一九八〇年代以降ほとんど空白の状況が続いてきた。一九七〇年代の主要な研究、例えば三好信浩『教師教育の成立と発展——米国教師教育制度史論』（三好、一九七二）[9]や、小野次男『米国教師養成史序説』（小野、一九七六）および『米国州立師範学校史』（小野、一九八七）[10]は、一九世紀から二〇世紀初頭までの米国教師教育の歴史を包括的に整理した点で意義をもつ研究であったが、主たる史料のほとんどが二次史料であるうえ、近代的教師教育制度の成立と展開を単線的な発展の歴史として叙述していた。

しかし、本書で対象とする七名の女性の事例をみれば、その史的過程の複雑さが浮かび上がる。公的教師養成機関の成立とその大学[11]昇格という制度的発展は、入学基準や教育水準が向上される一方で、教師養成機能が相対的に軽視されるようになっていく過程でもあった。この過程は、教師養成機関に高い比率で存在していた女子学生と女性ファカルティが減少するとともに、教師＝女性が教室で直面する問題状況から教師養成機関の教育内容が乖離してゆく過程でもあった。一九世紀末の州立師範学校の大学化と科学的教育研究の発展が、教師養成機関と教育学研究の脱女性化（defeminization）を伴っていたという史的側面を明らかにすることは、米国における今日の教師教育をめぐる問題状況を理解するために大きな意義をもつ。

第二に、一九八〇年代以降の米国における教師教育史研究、例えばユルゲン・ヘルプスト『そして悲しそうに教える――米国文化における教師教育と専門職化』（Herbst, 1989）[12]やクリスティーン・オグレン『米国州立師範学校――神の善を実現する道具』（Ogren, 2005）[13]は、一九世紀の米国において教職の専門職化には教職の女性化が密接に関係してきたと指摘してきた。しかし、それらは教師養成機関の制度史、あるいは男性指導者の教育思想史の観点からの叙述にとどまってきた。一九世紀に女性自身がどのような教師像を探究し、どのように教職の専門職化に関与したのか、当事者である女性の立場からこの史的過程を再叙述することには、大きな意義がある。

第三にこの主題は、一九世紀に教師教育に携わった女性たちが探究していた教育学および教師教育思想の系譜を明らかにする意義をもつ。本書で取り上げる七名の女性は、教師教育に携わりながら、女性教師としての自らの経験や葛藤に根ざした実践的で臨床的な教育学を探究していた。彼女たちは共通して、教育方法の探究という一見ミクロな次元での営みを、子どもが実現すべき社会をどう構想するかというマクロな次元での探究に根ざしつつ、おこなっていた。これは、効果的な教授技術の開発に特化した偏狭な教育学でもなく、逆に他の人文社会科学の学問に回収されてしまうのでもない、教室に根ざした教育学の可能性と意義を示す学問の系譜として、注目に値する。

また教師教育に関しても、エレン・ハイドやジュリア・キングは、教師に求められる専門性として、教科知識と教授技術に加えて、各教室固有の状況に即して臨機応変に判断する力量こそが重要であることを指摘していた。そして、教師の判断の土台となる思想や哲学の深化こそが教師の専門的力量形成を意味するとして、教師教育カリキュラムを創造していたのである。彼女たちは州立師範学校の校長や学部長などの管理職として影響力を発揮するに至ったが、しかし師範学校の大学昇格化の過程で、次第にそのポストを失っていった。以上の点で、本書で取り上げる七名の女性による教育学および教師教育を明らかにすることには、大きな意義があるといえる。

1　先行研究の検討

以上の主題は、教師教育史、女性教育史、専門職史という三つの領域における先行研究の成果を踏まえ、その結節点にこそ生まれたものである。今まで、各領域の研究成果は十分に交流されてこなかった。まず、本書が立脚する先行研究の知見を広く整理し共有しておきたい。

（1）米国教師教育史研究の成果と課題

①米国における教師教育史研究の展開

第一の先行研究群は、米国では公立学校の教師がどのように養成されてきたのかを主題にした教師教育史研究である。

一九八〇年代まで――発展史・男性教育者の思想史として　一九八〇年代まで、この問いは、州立師範学校の発展史、あるいは主要な男性教育者の思想史として探究されてきた。

最も豊富に蓄積されてきたのは、個別の教師教育機関の学校史・大学史である。例えば、一九三九年に全米初の州立師範学校として創設されたマサチューセッツ州立師範学校フラミンガム校に即してみれば、学校史（大学史）として五冊が上梓されている[14]。ハウス・ヒストリーと称される個別の教師教育機関の歴史研究は、創設者を称えつつ創設から現在に至る過程を発展の歴史として叙述する枠組みを前提としている。

もちろん、各大学にとっては、大学独自の建学の精神や発展の物語を描き出すことには意義がある。しかし歴史研究としてみれば、これらの研究には全米の動向に関する記述が薄く、発展史観では現在の問題状況を相対化できない点が課題となる。

ところが、全米を包括的に視野にいれた歴史研究は、未だに少数に留まってきた。さらに、一九八〇年代に至るまでは、単線的な発展史観を基本的枠組みとしてきた。

最もよく知られる研究としては、チャールズ・ハーパーの『米国におけるティーチャーズ・カレッジの発達』（Harper, 1935）[15]および『公的教師教育の世紀――師範学校から進化した州立ティーチャーズ・カレッジの物語』（Harper, 1939）[16]がある。ハーパーの叙述は、その書名が示すとおり、師範学校がマサチューセッツ州で設立され、東部から西部へと普及し、一九〇〇年代以降にカレッジへと昇格していく過程を「自然な前進の過程」[17]として叙述するものであった。しかし、もはや現代においては、ハーパーの解釈を字句どおり受け止めるには大きな困難が伴う。例えばハーパーは、州立師範学校を高く評価し、その意義を「教職を専門職へと転換したこと」などの七点に整理していたが、二〇世紀における米国の教師教育の実情や教職の実際を思い浮かべれば、教職が専門職へと転換されてきたとは考えにくい。それにもかかわらず、ハーパーの包括的研究は、ウォルター・ベッグス『教師の教育』（Beggs, 1965）[18]にみられるように、一九八〇年頃まで主たる叙述枠組みとして参照されつづけてきた。

通史の代わりに一九五〇年代以降は、米国で進められた教師教育改革を背景に、教師教育カリキュラム史や教師教育思想史など、対象を細分化した研究が進展した。教師教育カリキュラムの変遷を整理した研究として、メリル・ボロウマン『教師教育におけるリベラルとテクニカル――アメリカの思想の歴史的探究』（Borrowman, 1956）[19]、『アメリカにおける教師教育――文献採録』（Borrowman, 1965）[20]、ウォルター・モンロー『教授学習理論と教師教育――一八九〇から一九五〇年』（Monroe, 1952）[21]、ドロシー・ロジャーズ『オスウィーゴー――教師教育の源――シェルドンの伝統の一世紀』（Rogers, 1961）[22]などがある。

特にボロウマン（Borrowman, 1956）は、教師教育カリキュラム史研究として頻繁に参照されてきた。ボロウマンは、一九世紀の教師教育カリキュラム理念を整理し、(1)実用的な職業教育科目を排し教養教育を徹底した大学でこそ教師を養成すべきとする「学問追求派」、(2)専門的教師教育は徹底するが、それ以前の段階で教養の深化や人格の完成をめざす普通教育で修了しておくべきとする「専門教育追求派」、(3)教授技術の教育だけに特化せずに、教師の哲学や思想の深化をもめざす専門的教師教育が可能であり、それこそ必要だとする「調和派」、(4)教授技術を核にしてすべての学習内容を統合すべきとする「統合派」の四類型を提示していたからである。

　また、教師教育を担った教育者の思想史研究として、ポール・マッティングリー『階層のない専門職』(Mattingly, 1975)[23]も、頻繁に引用されてきた。マッティングリーは、一九世紀米国において教職制度の構築に尽力した教育者を三世代に整理し、それら教師養成機関の男性指導者たちが、階層のない平等な専門職として教職を構想してきたことを指摘していた。

一九八〇年代以降——教職の女性化と専門職化の史的変遷という課題　ハーパーの研究に代表される叙述枠組みを組み替える研究が進展したのは、一九八〇年代以降になってからである。特に、一九七〇年代以降の女性史研究の展開を背景に、初等教育教師の九割以上が女性という米国の教職の現状を踏まえて、ジェンダーの視点を取り入れた研究が開拓されてきた。

　教師教育史における単線的発展史観の再考を促す嚆矢となったのが、ユルゲン・ヘルプスト「修正主義をめぐる議論を超えて」(Herbst, 1980)[24]であった。その後、発展史観を再考した具体的研究成果として発表されたのが『そして悲しそうに教える——米国文化における教師教育と専門職化』(Herbst, 1989)[25]である。

　ヘルプストは、冒頭から「教師たちは米国の歴史のなかで正当に処遇されてこなかった」と主張し、なぜ初等教育の教師の威信が米国社会において非常に低く「軽蔑されている」のかの史的起源を探るために、社会の学校に対するまなざしと教師教育との関連を明らかにすることを主題とした[26]。そして、州立師範学校は教職の専門職化を目的として設立されたが、地域納税者が必要としていたのは教師教育機関ではなく、地元から通えて進学準備に役立つような多目的な教育機関であったこと、それゆえ大半を女性が占める小学校教師のニーズを無視した改革が行われつづけたことを明らかにしていた。ヘルプストの研究は、教職の専門職化と女性化の関係をどうとらえるかという課題を提起した点で重要な意義をもつ。しかし、ヘルプストは女性の小学校教師たちをあたかも無力な犠牲者のように叙述しており、この点に女性史研究者から批判が寄せられた。

ヘルプストの課題意識を受け継いだ研究として注目されるのが、クリスティーン・オグレンの諸研究である。オグレンは、「一九世紀末から二〇世紀初頭の州立師範学校の女子学生たち」(Ogren 2000)[27]において、州立師範学校の女子学生が高い学習意欲をもち、州立師範学校が活力ある学生文化を有していたことを明らかにした。また、『米国州立師範学校――神の善を実現する道具』(Ogren 2005)[28]においては、全米各地域から七つの州立師範学校を選択し、各学校が経済的に中下層の男性、女性やマイノリティに開かれ、彼らの階層移動を可能にする教育をおこなっていたことを明らかにした。

②日本における米国教師教育史研究

一方わが国では、米国の教師教育史に関する研究は少数に留まってきた。しかも主要な業績は一九七〇年代に集中し、その後空白の状態が続いている。

最も包括的な研究は、三好信浩『教師教育の成立と発展――米国教師教育制度史論』(三好、一九七二)[29]である。これは一九世紀から二〇世紀初頭までの米国教師教育の歴史を包括的に整理した点で意義をもつ研究である。ただし、主たる史料のほとんどが二次史料であり、クレミン、モンロー、ボロウマンなど米国の歴史研究の叙述を再整理したものであった。

また、小野次男の『米国教師養成史序説』（小野、一九七六）および『米国州立師範学校史』（小野、一九八七）[30]は、マサチューセッツ州を対象として州立師範学校成立史を明らかにした研究として重要な先行研究である。ただし、全米における州立師範学校の展開は、ほとんど検討されていなかったうえ、州立師範学校設立以前に女性セミナリーにおいて事実上教師が養成されていたことは、ほとんど看過されてきた。

日本において女性セミナリーにおける教育が研究対象とされてきたのは、女性教育史研究の領域であった。坂本辰朗が、『アメリカ女性教育のパイオニア――一九世紀人物資料集成』（Sakamoto ed. 2006）[31]によって、本書で検討の対象とするウィラード、ビーチャー、ライアンを含む女性教育者の一次史料を編集して日本で刊行したことの意義は大きい。その解説文「アメリカ女性教育のパイオニア――一九世紀人物資料集成」は、人物別の業績およびその意義を端的に整理した点で高く評価される。ただしこの解説は、女性教育や女性大学の史的起源としての側面に注目したものであり、女性セミナリーにおいて多くの教師や宣教師が輩出されていた事実やその史的意義についての言及はみられない。

なお、坂本辰朗『アメリカ教育史の中の女性たち』（坂本、二〇〇二a）は、その第三章で「マウント・ホリヨーク・セミナリー」の設立理念やその意義を検討している点で、本書の先行研究として位置づく。しかしこの研究の主題はマウント・ホリヨーク大学の大学昇格期におけるカリキュラム改革にあり、セミナリーの時期については「教員あるいは宣教師養成、そのために（あるいはそれにもかかわらず）、男性のカレッジに匹敵する高度のカリキュラムに規律のシステムを結合させている」[32]という簡潔な指摘があるに留まっている。女性教育史研究と教師教育史研究との架橋は課題として残されていたといえる。

そのほか関連する研究として、一九世紀のオスウィーゴー州立師範学校を事例として取り上げて、米国のペスタロッチ教育運動を叙述した村山英雄『オスウィーゴー運動の研究』（村山、一九七八）[33]、ホレス・マンの思想研究の観点から、その師範学校論にも触れた渡部晶『ホーレス・マン教育思想の研究』（渡部、一九八一）[34]、明治期にマサチューセッツの各州立師範学校に派遣された伊沢修二ら小学師範学科取調員の経験を明らかにした平田宗史『欧米派遣小学師範学科取調員の研究』（平田、一九九九）[35]、デューイ研究の観点から彼の教師教育思想にも触れた小柳正司『デューイ実験学校と教師教育の展開』（小柳、二〇一〇）[36]などがある。しかしいずれの研究においても、教職の女性化についての叙述や分析は、ほとんどおこなわれていない。

③米国高等教育史研究の展開――教師養成機関史という課題

なお米国では、州立師範学校の史的意義の探究は、高等教育史研究においても近年になって課題となっていることにも触れておきたい。

もともと米国における高等教育史の研究は、ジョン・R・テリンが端的に指摘しているとおり（テリン、二〇〇三）[37]、大学および総合大学の歴史として叙述されてきた。そのうえ、ハーバード大学など歴史と権威のある有名大学を主たる対象としてきた。

主なものには例えば、フレデリック・ルドルフ『アメリカ大学史』（Rudolph, 1962）[38]や、ブルーバッハーとルディ『転換期の高等教育』（Brubacher & Rudy, 1997）[39]、デイビッド・レヴィーン『米国のカレッジとアスピレーションの文化』（Levine, 1986）[40]、ロジャー・ガイガー『一九世紀米国の大学』（Geiger, 2000）[41]などがある。

したがって、一九世紀の混沌とした高等教育の状況のなかで教育機関としての位置づけが定まっていなかった諸機関に関する研究は、高等教育史研究の重要な主題になってはこなかった。近年になって、ロバート・パリンチャック『コミュニティ・カレッジの進化』（Palinchak, 1973）[42]など、諸教育機関の歴史研究が開拓されつつある。

州立師範学校のような、創設時に大学ではなかった高等教育機関の歴史研究は、高等教育史研究の領域では研究対象とされず、主に歴史社会学の領域で一九六〇年代以降に開拓されてきた。例えば、クリストファー・ジェンクスとデイビッド・リースマン『大学革命』（Jencks & Riesman, 1968）[43]は、二〇世紀初頭に総合大学と競合した他の教育機関では、職業志向的カリキュラムよりもむしろ学問中心の系統的教育課程が重視されたこと、そしてそれを望んだのは転科・転学により階層移動をめざす学生たちであったことに言及していた。また、ランドール・コリンズ『資格社会――教育と階層の歴史社会学』（Collins, 1979）[44]は、ニューディール期以降に米国教育界において多様な高等教育機関（例えば州立師範学校が大学昇格化したティーチャーズ・カレッジなど）が林立して「学位のインフレーション」が起きたが、その「資格社会化」の恩恵を受けたのは中産階層の男性であり、女性や下層の男性は排除されていたことを明らかにしていた。

歴史社会学の領域ではさらに、なぜ教師教育研究が盛んにならなかったのか、なぜ米国の高等教育においては教育学部の威信が低いのか、とりわけなぜ教育学部内部においてさえ教師教育が忌避されてきたか、などを主題とする研究が開拓されてきた。

これは、一九八〇年代以降に米国で進展した教育学部改革を背景にしている。例えば、クリフォードとガシュリー『教育学部――専門家教育のための声明』（Clifford & Guthrie, 1988）[45]や、『教育学部の諸問題』などデイビッド・ラバレーの一連の研究（Labaree, 1988, 1997, 2004）[46]は、主に二〇世紀以降の史的変遷を検討するなかで、米国における教育学部は「総合大学の中の異邦人」となっていると指摘し、その原因の一つにファカルティに占める女性の割合が高く、卒業生の輩出先である初等教育の教職が女性化されているなどジェンダーの問題を指摘していた。

これら諸研究が開拓されるにつれ、高等教育史における州立師範学校の意義を再検討することの重要性が、リンダ・アイゼンマン「古典再考――バーバラ・ソロモン以降の女性高等教育史研究の評価」（Eisenmann, 1997）などにおいて指摘されてきた[47]。アイゼンマンの課題意識を受け継いだ研究としては、上述したオグレン（Ogren, 2005）が最も主要な研究として指摘できる。オグレンは、上述した歴史社会学の研究の成果も視野に入れ、階層移動やジェンダーの視点からの分析を意識的に課題としていた。そしてオグレンは、教師養成機関においてなぜ教職課程よりも学問中心の系統的教育課程が重視されたのかを明らかにし、特に中西部の州立師範学校では、地元から通える高等教育機関としての機能を果たすことが期待されたために、学生たち自身が教職教育カリキュラムよりも学問中心の系統的カリキュラムを希望していたこと、実際に州立師範学校の教育によって学生たちが下層から中層への階層移動を果たしたことを明らかにしていた。ただし、オグレン（Ogren, 2005）の検討は学生の実際を主たる対象としており、教鞭をとっていた女性たちについては、その存在を指摘するにとどまっていた[48]。本書では、これら州立師範学校で教鞭をとっていた女性に焦点を合わせる。

以上を総括すれば、教師教育史研究においては、発展史観の再検討とジェンダーやマイノリティの視点から発展史観を再検討することが、大きな課題意識として共有されていることが明らかになる。本書の主題は、これらの課題意識を共有したうえで設定したものである。

（2）高等教育機関における女性史研究の成果と課題

次に、高等教育機関で教鞭をとる女性の歴史に関する先行研究の成果と課題を整理しよう。

①女性史の観点からの教育史研究の展開

米国における歴史研究では、一九六〇年代の公民権運動に端を発するラディカル・ヒストリーの系譜のなかで、一九七〇年代以降は女性史研究が精力的に開拓されてきた。小檜山ルイ（一九九七）は、米国では女性史研究が女性学や女性運動を牽引してきたことを指摘し、日本の女性学が主に社会学者によって牽引されてきた状況と対比させている[49]。

小檜山によれば、一九八〇年代初頭までの女性史研究では、以下三つの主題が探究されていた[50]。第一は、一八世紀から一九世紀初頭における女性観の転換に関する研究である。リンダ・カーバー『共和国の女性たち』（Kerber, 1980）[51]は、女性は市民を育てる母として政治的・道徳的価値をもつと考えられるようになった「共和国の母」理念を詳細に明らかにした先駆的研究として知られる。

第二は、公的領域は男性が担い家庭などの私的領域は女性が担うべきとする「女性の領域」理念の確立とその境界線の変化に関する研究である。メアリー・ノートン『自由の娘たち』（Norton, 1980）[52]やアン・スコット『見えない女性を可視化する』（Scott, 1984）[53]などが知られる。

そして第三は、バーバラ・ウェルター「真の女性性への崇拝――一八二〇―一八六〇」（Welter, 1966）[54]や、ナンシー・コット『姉妹の絆――ニュー・イングランドにおける「女性の領域」一七八〇―一八三五年』（Cott, 1977）[55]など、「姉妹の絆」と称される女性同士の連帯やその表出としての女性文化についての諸研究である。

これらの三つの主題には、女性の教育が密接に関連している。したがって一九七〇年代には女性史研究の領域で、教育史に関する新しい主題が開拓されていた。例えば、キース・メルダーの論文「抑圧の仮面――米高における女性セミナリー運動」（Melder, 1974）[56]をはじめとして、女性の教育機会の獲得や拡大における女性セミナリーや女性アカデミーの意義が再評価された。一方、レディングス・サッグ『母なる教師』（Sugg, 1978）[57]は、教師像が女性化されていった史的過程を主題化し、フェミニズムによるものというよりもホレス・マンらホイッグ党の指導者らの政治的・宗教的イデオロギーや、教職の需要増加によるものであったと指摘した。

また、女性セミナリーや女性アカデミーにおける女性教育者らの伝記的研究も開拓された。エマ・ウィラードに着目したアン・スコット「拡大し続けるサークル――トロイ女性セミナリーからのフェミニスト的価値の拡散」（Scott,

1979)[58]、ハートフォード女性セミナリーのキャサリン・ビーチャーを取り上げたキャサリン・スクラー『キャサリン・ビーチャー――アメリカの家庭生活』(Sklar, 1973)[59]、マウント・ホリヨーク女性セミナリーのメアリー・ライアンを取り上げたエリザベス・グリーン(Green, 1979)[60]などは、一次史料の整備によってその後の研究の広がりを支えただけでなく、女性史研究における伝記的研究方法の意義を提示した初期の研究として評価されている。本書の第Ⅰ部でも、先行研究による蓄積の豊富なウィラード、ビーチャー、ライアンを取り上げた。ただし、これらの先行研究は女性教育の開拓者としての側面を主たる検討対象としており、教師を育てた指導者としての教育思想や実践については、未検討のまま残されていた。

一九八〇年代後半以降は、上述の歴史学の領域における女性史研究の進展に影響を受け、教育学や教育史の領域でも女性史研究が広まった。その研究の系譜は大きく二つに整理できる。一つは、女性の教育機会の拡大およびその過程における女性の経験であり、もう一つは女性の主たる就業先としての教職の女性化と、教師として生きた女性たちの経験である。

前者は、女性史の観点からの高等教育史研究として、後者は女性史の観点からの教職史研究として、以下のように展開してきた。

②女性史の観点からの高等教育史研究の展開

まず前者の主題を探究した研究の展開を明らかにしよう。女性の教育機会が拡大した一九世紀半ば以降を対象にした歴史研究は、女性の高等教育史として探究されるようになった。

研究の嚆矢となったのが、バーバラ・ソロモン『教育を受けた女性たち――米国における女性と高等教育』(Solomon, 1985)[61]であった。ソロモンの研究が、メイベル・ニューカマー(Newcomer, 1959)[62]らによる従来の女性高等教育史をどのように書き換えたかについては、上述のアイゼンマン（Eisenmann, 1997）が、以下四点に的確に整理している。

第一に、ソロモンは教育制度史として叙述するのではなく、一次史料の発掘や二次史料の統合によって明らかにした女性の経験を、世代史として記述していた。第二に、当時米国に受容されたポストモダニズムに関する議論をいち早くふまえ、中央と周辺という構造を前提にするのではなく、すべてを相互関係のうちにとらえようとする視座を開拓していた。その成果として、黒人大学やカトリック学校など、非伝統的な教育機関も視野にいれ、それまで白人の中産階層のみの視座で描かれていた女性史の対象を拡大する道を拓いていた。第三に、叙述スタイルとして「循環的な」方法を採用していた。すなわち、一八六〇年までの南北戦争前、南北戦争後から一九二〇年までの成長期、一九二〇年から一九八〇年代までの近現代と三期に時期区分を設定しつつも、通史として単線的に叙述するのではなく、各部冒頭で教育や社会の状況を鳥瞰したのち、あらためて時代をさかのぼって各主題について分析する方法を用いていた。

以上の叙述方法によって第四に、高等教育は女性の可能性を開いただけでなく、同時に女性に多様なジレンマをもたらした「未完の革命」であったことを明らかにしていた。そのうえでアイゼンマンは、ソロモンの研究の問題点として、経済史や社会史など、他領域の歴史叙述との関連を欠いていたことを挙げている(63)。

さらにアイゼンマン（Eisenmann, 1997）は、以上のソロモンの研究の影響を受けて、一九八〇年代後半以降の研究課題を大きく五点に整理していた(64)。アイゼンマンの整理を参照しつつ、アイゼンマン以後の研究成果を含めて整理しよう。

第一は、セブン・シスターズ・カレッジと呼ばれる名門女性大学以外の、さまざまな高等教育機関に関する研究である。一九世紀米国の高等教育機関が、現在では考えられないほど流動的で混沌とした状況にあったことが明らかになるにつれ、名門女性大学を中心とした女性高等教育史の叙述枠組みが反省されるようになった。ソロモンの後継として、黒人大学やカトリック学校など、さまざまな民族的・文化的少数者の教育機関に関する研究が進められるとともに、一九世紀の師範学校が女性教育に果たした役割に関する研究も、重要な課題とされてきた。ヘルプスト（Herbst, 1989）、ドナルド・ウォレン編『アメリカの教師たち』（Warren, 1989）[65]、グッドラッド他編『教師たちが教えられる場所』（Goodlad et. al., 1990）[66]、オグレン（Ogren, 2005）など、女性の観点からの師範学校研究が開拓されている。

第二は、高等教育機関における女性の経験を、多角的に明らかにする新しい叙述枠組みの模索である。制度史を軸とした叙述は、主要な教育機関から排除された犠牲者としての女性像を強調しすぎてきたという反省のもとに、例えばリン・ゴードン『革新時代のジェンダーと高等教育』（Gordon, 1990）[67]は、シカゴ大学とカリフォルニア大学バークレー校の二校を対象に、共学校における女子学生たちのさまざまな生き残り戦略を活写した。また、カウフマン編『平等を探し求めて――ブラウン大学の女性たち　一八九一―一九九一年』（Kaufman ed., 1991）[68]は、ブラウン大学の女子学生たちが、共学に批判的な男性が多いキャンパスで、生き残りをかけてさまざまな副次的集団を形成していたことを明らかにした。

第三は、制度史では視野に入ってこなかった非公式な女性教育の解明である。女性クラブや女性ビューローと呼ばれる女性の自助集団に関する研究[69]をはじめ、高等教育機関を卒業せずに知識人として活躍するに至った女性に関する研究、例えばエリザベス・スタントン（Elizabeth Stanton）や、マーガレット・フラー（Margaret Fuller）、フローレンス・ケリー（Florence Kelly）などの伝記的研究も、開拓されている。[70]

第四に、盛んに開拓されてきたのが、女性大学で教鞭をとった女性ファカルティの生活や経験に関する研究である。ソロモンが指摘した、高等教育の拡大によって女性が直面することになったジレンマに関する研究が蓄積されている。例えばヘレン・ホロヴィッツ『母校――一九世紀初頭から一九三〇年代までの女性大学におけるデザインと経験』（Horowitz, 1984）[71]は、一九世紀以降の女性のための高等教育機関の歴史を描くなかで、女性ファカルティが男性ファカルティとの待遇の差に不満をもつに至る過程を明らかにした。またマーガレット・ロシター『アメリカの女性科学者――一九四〇年までの苦闘と戦略』（Rossiter, 1982）[72]は、女性の高等教育の進展によって重要な業績を成し遂げた女性科学者たちが、研究成果を挙げても大学に雇用されない事態に苦しむようになった点を指摘した。同様に、パトリシア・パルミエリ『アダムのいないエデンの園――ウェルズリーにおける女性ファカルティのコミュニティ』（Palmieri, 1995）[73]は、建学当初は女性ファカルティしか採用しない方針だったウェルズリー・カレッジにおいてさえ、一九三〇年代までに女性ファカルティが採用されなくなっていた事実を明らかにしていた。

第五に、女性史や教育史の枠組みを超えて、女性の高等教育史と社会史や経済史など他領域との研究交流が課題とされてきた。例えば、ジェラルディーン・クリフォード『「平等な視座」――カリフォルニア大学の女性と学校』（Clifford, 1995）[74]は社会史の観点からの分析にも力をいれ、高等教育機関に女性を受け入れて教師養成をおこなうことが公的資金の使い方として公共的だという世論を形成した点で、特に中西部においてはモリル法が女性にとって有意義であったことを指摘していた。しかし、ひろく女性史研究自体が、アメリカ合衆国の一般通史への統合を課題としており、この課題に取り組んだ研究の蓄積は未だ浅いと言わざるをえない。

③日本における諸研究

日本において、女性史の観点から米国高等教育史を対象とした諸研究には、村田鈴子『米国女子高等教育史』（村田、二〇〇一）[75]、坂本辰朗『アメリカの女性大学』（坂本、一九九九）[76]、坂本辰朗『アメリカ教育史の中の女性たち』（坂本、二〇〇二、前掲）、坂本辰朗『アメリカ大学史とジェンダー』（坂本、二〇〇二）[77]などがある。上述したとおり、『アメリカ教育史の中の女性たち』（坂本、二〇〇二）は、「マウント・ホリヨーク・セミナリー」の設立理念やその意義を検討している点で、本書の先行研究として位置づく。また坂本辰朗『一九世紀アメリカ女性教育の開拓者の伝記史料』（前掲 Sakamoto, 2006）は、本書で検討の対象とするウィラード、ビーチャー、ライアンを含む七名の女性教育者の一次史料を編集して日本で刊行し、解説において人物別に業績とその意義を端的に整理した点で評価される。しかし、これらの研究の主題は、主としてセブン・シスターズ・カレッジと呼ばれる名門女性大学の歴史に集中している。この傾向は米国の諸研究のそれと共通しており、師範学校など、大学以外の高等教育機関が女性教育に果たした役割は、ほとんど検討されてこなかった。

以上のように、女性史の先行研究では、女性大学で教鞭をとった女性ファカルティの生活や経験の解明が、重要な主題として探究されてきた。しかし、日米いずれにおいても、先行研究は名門女性大学や有名総合大学のファカルティを対象として展開されており、名門大学以外の高等教育機関で教鞭をとった女性たちは研究の対象とされてこなかった。したがって、本書では州立師範学校で教鞭をとった女性たちに着目する。上述したとおり、ここに本書の第二の意義がある。

（3）米国教職史研究の成果と課題

第三の先行研究領域は、教職史研究である。教師の養成に関する研究に比べて、教職の実際や教師たちの具体的経験はどのようなものであったのかという主題は、歴史学に加え、女性学や社会学など多領域で多角的に研究されてきた。

①包括的教職史研究

米国の教職史研究の先駆として位置づくのは、ウィラード・エルズブリー『米国の教師』（Elsbree, 1939）[78]である。エルズブリーは、植民地時代の教職の実態から二〇世紀初頭に至るまでの教職の歴史を、各時代の詳細な量的・質的史料を元に描出していた。これは一九三〇年代の研究であるにもかかわらず、教師の日記などをもとに教師の心性にも踏み込んだ叙述や、給与や年金の分析をもとにした教職の社会的地位の検討を含むなど、教職の史的変遷を多角的に分析した包括的研究であった。したがって、この研究は、現在に至るまで貴重な古典として頻繁に参照され、現在でも再版されつづけている。単著によるこれほどの包括的研究はその後ない。エルズブリー以後は、米国教育学会の研究成果としてドナルド・ウォレンが中心となって編集した論文集『アメリカの教師たち』（Donald Warren, 1989, 前掲）、およびグッドラッド他編『教師たちが教えられる場所』（前掲 Goodlad et. al. 1990）など、論集の出版にとどまっている。

②女性史の観点からの教職史研究

一九七〇年代以降は、女性史研究の興隆を背景に、教職史研究においても女性史の観点からの諸研究が精力的に展開されてきた。その先駆けとなったのは、女性史研究者であったサッグの『母なる教師――米国教育の女性化』（前掲 Sugg, 1978）である。サッグが、一九世紀初頭の教師像の女性化は、当時の女性運動によるものというよりも、公立学校を普及させようとする当時のマサチューセッツ州の教育政策による影響の方が大きかったと指摘したことから、女性史の領域だけでなく教育史の領域においても、教職の女性化に関する研究が進展することとなった。

教職の女性化の歴史に関する研究は、主に以下四つの研究課題として推進されてきた。第一は、教師像の女性化に関する言説分析、第二は、教職への女性の参入過程の実態の解明、第三は、教師として生きた女性たちの心性や教授行為などの実態、第四は教職の女性化と専門職化の史的変遷である。以下詳述する。

第一は、教師像の女性化に関する言説分析である。上述した女性史の諸研究に加え、教師像の女性化を主題とした教育史の領域における先駆的研究として、女性セミナリーが教職の女性化に重要な役割を果たしたことを明らかにしたタイヤックとハンソット『道徳の支配者』（Tyack & Hansot, 1982）[79]などが挙げられる。

第二に、言説レベルとは別に、実際に女性がどのように教職へ参入していったのかの解明も主題とされてきた。ジョー・プレストン「職業の女性化――一九世紀ニュー・イングランドにおいて教職は女性職になった」（Preston, 1982）[80]など、一九八〇年代初頭の諸研究によって、一八三〇年代から一八五〇年までに採用された教師二〇万人の九〇％以上が女性だったことが明らかとなり、一九世紀前半にはすでに初等教育教師のほとんどが女性となっていたという理解が定説となってきた。

近年ではこの定説をさらに検討し、教師人口データを地域別、年齢別、学校種別ごとに細分化して分析する研究が蓄積されている。例えば、パールマンとマーゴ『女性職？――米国の学校教師　一六五〇―一九二〇年』（Perlmann & Margo, 2001）[81]は、都市部だけをみれば一八六〇年の段階で女性化の割合に地域差がみられないが、農村部も視野にいれると地域差が大きくなり、南部の農村では三六％しか女性教師がいなかったことを明らかにしていた。また、ポリー・カウフマン『フロンティアの女性教師たち』（Kaufman, 1984）[82]は、西部開拓地の学校に赴任した女性教師たちの実態を、年齢や階層などに着目しながら分析し、教師の半数以上が二五歳以下の長女であり、教師の六割がそのまま西部に残り定住したことを明らかにした。現在では、都市と農村との格差や、西部や南部における教職の女性化の実態が、重要な研究課題となっている。さらに、教職の女性化現象は北米だけでなく中米やヨーロッパの一部の国においても観察されることから、各国の比較史研究も進んでいる[83]。

第三に、教職についた女性たちの実際も、多角的に探究されてきた。バーバラ・フィンケルシュタイン『子どもの管理――一九世紀米国の一般的な小学校における教師の行動』（Finkelstein, 1989）[84]は、慈愛に満ちた女性教師像は言説の次元における幻想にすぎず、実際には一九世紀の女性教師たちが反抗する男子の暴力に怯え、自己防衛や体罰のために鞭をふるっていた実態を一次史料を通して明らかにした。また、トーマス・ダブリン『女性職の転換――産業革命期ニュー・イングランドの生活』(Dublin, 1994)[85]は、一九世紀の女性労働実態の観点から、当時の女性にとって教職は靴加工など他の賃金労働の一つにすぎず、多くの女性は教師としての特別な心性をもってはいなかったことを指摘した。一方、キャサリン・ワイラー『田舎の女性教師――カリフォルニア農村部の教職　一八五〇―一九五〇年』(Weiler, 1998)[86]は、インタビュー調査と史料調査を併用しつつ、一九世紀後半から二〇世紀にかけてのカリフォルニア農村の女性教師たちが、女性教師の劣悪な労働条件に不満をもちつつも、ジェンダー規範に抵触せずに賃金を得られる教職に対して誇りを抱く心性をもっていたことを明らかにした。

このように、女性たちの教師としての心性がいつ頃どのように生起し変容したのかは、現在の大きな研究課題となっている。地域ごと、年齢ごと、マイノリティごとの詳細な研究が、現在も精力的に進められている。特に、女性教師の知的水準や、子どもに対する教授行動に養成教育がどのように関与していたのかについては、評価の定まらない論点となっている。フィンケルシュタイン(Finkelstein, 1989, 前掲)や、プレストン(Preston, 1993)[87]は、女性教師たちの知的水準は高くなかったうえ、子どもをいたわる教師としての心性をもたなかったと描出しているのに対し、ワイラー(Weiler, 1998)やオグレン(Ogren, 2005)ら近年の研究は、一九世紀後半に州立師範学校の影響が大きくなって以降は、女性教師たちの知的水準は向上していたし、教職に意欲をもつ女性教師たちが輩出されていたという評価を示している。女性教師の心性の変容については、本書第七章においても検討課題とする(後述)。

③教職の女性化と専門職化の史的変遷に関する研究

教職の女性化の歴史に関する研究の第四群は、社会学の領域で蓄積された専門職史研究に触発されつつ、教職の女性化と教職の専門職化がどのように相関しながら進展したのかを主題とする諸研究であった。

専門職史研究の展開　まず、専門職史研究の系譜を整理しておこう。専門職研究は一九六〇年代以降に開拓されてきた領域である。一九六〇年代以降、社会学の領域において機能構造主義的研究が盛んになるなかで専門職集団が着目され、専門職とはどのような制度であるのかを解明しようとする研究が進展した[88]。したがって教職に関しても一九六〇年代頃までは、マイロン・リーバーマン『専門職としての教職』(Lieberman, 1956)[89]のように、「専門職としての教職」の特徴を同定しようとする研究が主流となっていた。そして、教職の専門職化をめざすべき目標としたうえで、ドナルド・マイヤーズ『教師の力――専門職化と団体交渉』(Myers, 1973)[90]のように、専門職化に果たす教員組合の重要性や課題が論じられていたのである。

しかし一九七〇年代後半以降、社会学研究において機能主義理論への批判が高まりをみせるにつれて、それまでの単線的な専門職化理解に対し、葛藤理論の立場から批判がおこなわれるようになる。マーガリ・ラースン『専門職主義の勃興』(Larson, 1977)[91]は、専門職を「市場を独占しようとする組織」と見なし、専門職化の過程を「市場における専門職間の競合過程」として描出した。またアンドリュー・アボット『専門職の制度』(Abbott, 1988)[92]は、専門職化の過程は、専門職間の競合過程であるだけでなく、ある専門職内部における下位集団間の競合過程であり、専門職化がその職業の内部で階層化を生じさせてきたこと(例えば医療の領域では、外科医の地位が上がり内科医の地位が下がったように)を明らかにした。

したがって、一九七〇年代後半以降の専門職研究においては、専門職化に至る複雑な史的過程が主題とされるようになった。それらの研究は、ブルース・キンボール『アメリカにおける「本当の専門職」という理想』(Kimball, 1992)[93]のような特定の社会における「専門職」という語の使用法に関する歴史研究や、医師や弁護士といった特定の職業がいかにして専門職となったかという職業別の研究として進展してきた。他方、これらの専門職史研究では、「いわゆる専門職(the professions)」ではない職業は主たる研究の対象となってこなかった。特に、教職の専門職化を対象とする先行研究は、医療界や法曹界に関する研究と比べると格段に少ない。

教職に関する少数の重要な先行研究としては、以下の四つの研究が挙げられる。まず、バートン・ブレッドスタイン『専門職主義の文化』（Bledstein, 1976）[94]は、職業集団は専門職としての地位を獲得すべきとするイデオロギーをプロフェッショナリズムと呼び、プロフェッショナリズムの文化が成立する過程で中産階層の人々と高等教育機関が果たした役割を明らかにした。

また、アーサー・パウエル『不確かな専門職』（Powell, 1980）[95]は、ハーバード大学のなかに教育学部が設立される史的過程を描出し、初等教育の教職が「不確かな専門職」に留まったのは、高等教育界の序列化が進展するなかで権威を固守しようとする総合大学の自衛努力と、初等教育の教職との階層化を図ろうとする高校教師たちの自衛努力の結果であったことを明らかにした。

さらに、ジェフリー・グランツ（Glanz, 1991）[96]は、一九世紀後半から二〇世紀初頭に公立学校に対する行政管理が進展する史的過程を叙述した。グランツは、教職の専門職化を目的として公立学校に対する行政の視察制度が急成長したが、その過程で教職がもつべき自律性と官僚制との間で葛藤が生じ、結果的に官僚制の浸透が優先されたと論じた。すなわちグランツは、教職の専門職化は教育委員会から学校に派遣される指導主事の専門職化として進行したのであり、それは同時に指導主事が専門的自律性を奪われたうえで官僚制に組み込まれたことを意味していたと指摘していた。

最後に、上述したヘルプスト（Herbst, 1989）は、専門職史研究の一つとして、ここにも位置づけることができる。

ジェンダーの観点からの専門職概念の問い直し　さらに、専門職史研究の領域では一九八〇年代以降、女性学研究の立場から、専門職概念の問い直しや、教職の女性化とのかかわりに関する史的研究も進展してきた。例えばアン・ウィッツ『専門職と家父長制』（Witz, 1992）[97]は、専門職集団から女性が排除されてきた原因は、家父長制と資本主義という女性を抑圧する社会制度にあると指摘した。

また、アーミタイ・エツィオニ（Etzioni, 1969）らが「準専門職」と呼んだ諸職種[98]に関する個別研究も進展している。例えばパメラ・アボットとリズ・ミラボー（Abbot & Meerabeau, 1998[99]）は、看護職やソーシャル・ワーカーといった諸職種を「ケアリング・プロフェッション」と再定義し、男性によって構築されてきた従来の専門職概念とは異なる専門職のとらえ方が存在することを指摘した。教職についても、スーザン・レアード「〝女性の真の専門職〟の改革――教師教育における〝フェミニスト・ペダゴジー〟のための事例?」（Susan Laird, 1988[100]）は、「教職の専門職化」が、女性教師の「男性化」を意味するならば、むしろ女性教師が育んできた望ましい諸特徴（例えば養育的で、情緒的に支援的で、状況に応じて柔軟な判断をするなど）を教職から奪うことになるとし、従来の教職の専門職化運動を痛烈に批判している。

一九九〇年代以降は、ジェンダーの観点からの史的研究も進展している。アンドリュー・ギトリン「ジェンダーと専門職化――世紀転換期における教師教育と教員組合の制度的分析」（Gitlin, 1996[101]）は、二〇世紀初頭の教師養成機関における「教職の専門職化」概念と、女性教師らが結成した各地域の教員組合による「教職の専門職化」概念に差異があったことを明らかにした。またサリ・ビクレン『学校の仕事――教職におけるジェンダーと文化の構成』（Biklen, 1995[102]）は、一九世紀から二〇世紀前半までの史料分析を根拠に、子どもをケアする女性教師の文化こそが教職の専門性を構成して子どもたちに寄与してきたと指摘していた。

④日本における諸研究

日本では、米国の教職史は教育行政制度史研究の一環として論じられる傾向にあり、教職史が正面から主題になることは少なかった。米国の教育行政制度の史的展開を検討したものに、坪井由実『アメリカ都市教育委員会制度の改革』（坪井、一九九八[103]）、八尾坂修『米国合衆国免許制度の研究』（八尾坂、一九九八[104]）、大桃敏行『教育行政の専門化と参加・選択の自由』（大桃、二〇〇〇）[105]、北野秋男『アメリカ公教育思想形成の史的研究』（北野、二〇〇三）[106]などがある。これらの研究は、米国の教育行政制度の展開を主題としているが、教職史についての叙述も豊富に含んでいる。

とりわけ大桃（二〇〇〇）は、一九世紀後半における教育行政制度の専門化過程を主題とするなかで、「教育行政の専門化の要請が、教育の専門家たるべき者の内部での職務分化と階統制化を導く論理を内在していた」（九八頁）ことを指摘し、「多くが女性であった一般の教室教師」（八五頁）の在職年数の短さや地理的移動の困難さが、全米教育協会など専門職組織における意志決定機構への参入を阻む重要な要因となっていたことに言及していた。「教育行政の専門化」過程における「ジェンダーの問題」（八五頁）を指摘していた点で、大桃（二〇〇〇）は本書の先行研究として位置づく。

一方、一九世紀の米国における女性と教職との関わりを主題とした研究は、篠田靖子『アメリカ西部の女性史』（篠田、一九九九）[107]、久田由佳子「学校教師と女工――十九世紀前半ニューイングランドの場合」[108]（久田、二〇〇四）など、少数にとどまっている。小檜山ルイ『アメリカ婦人宣教師』（小檜山、一九九二）[109]、大井浩二『日記のなかのアメリカ女性』（大井、二〇〇二）[110]などに代表される、米国女性史一般に関する研究の蓄積が進む一方で、女性と教職の関係に関する研究は十分に進展してこなかった。この点でも、アメリカ史研究と教育史研究の二領域の研究交流が課題となっているといえる。

総じて、日米の先行研究において、教職の女性化と専門職化がどのように相互に影響しながら展開したのかの解明は、重要な研究課題の一つとなっているのである。

2　課題と方法

（1）本書の独創性

以上の先行研究の分析に基づいて、本書の具体的な課題を再整理しておこう。

第一に、三好信浩（一九七二）や小野次男（一九七六、一九八七）が発展の歴史として描いてきた州立師範学校の歴史叙述を、ジェンダーの観点から再検討することを課題とする。その際、三好（一九七二）や小野（一九七六、一九八七）が、時代としては州立師範学校設立以後、地域としては東部地域の州立師範学校のみを対象にしてきたことから、本書では、州立師範学校前史として、一九世紀前半に事実上多数の教師を養成していた女性セミナリーを分析対象に含める。また地域としても、東部以外の州立師範学校の検討も課題に含める。

第二に、発展史観の再検討にあたっては、ヘルプスト（Herbst, 1989）の課題意識を共有し、教職の専門職化をめざして設立された州立師範学校の歴史に、教職の女性化がどのような影響をもたらしたのかの解明を課題とする。この課題設定により、現代の米国における教師教育が直面している諸問題の史的形成過程を解明するとともに、ジェンダーの観点からの専門職概念の問い直しに寄与したい。なお、ヘルプスト（Herbst, 1989）の課題意識を共有する際には、ヘルプストに対するオグレン（Ogren, 2005）の批判、すなわちヘルプストが女性教師を無力な犠牲者のように叙述しているという批判を意識し、本書では当事者であった女性教師の視座から検討をおこなう。

第三に、女性の視座を採用するにあたっては、女性史研究における課題意識に基づき、州立師範学校で教鞭をとった女性の視座を採用する。すなわち、ソロモン（Solomon, 1985）以降の高等教育史研究が名門女性大学を対象としたものに偏っているというアイゼンマン（Eizenmann, 1997）の課題意識を共有し、本書では一九世紀に高等教育機関としての位置づけが定まっていなかった教師養成機関を検討の対象とする。そのうえで、ロシター（Rossiter, 1982）、ホロヴィッツ（Horowitz, 1984）、パルミエリ（Palmieri, 1995）らが取り組んできた課題、すなわち高等教育を受けた女性

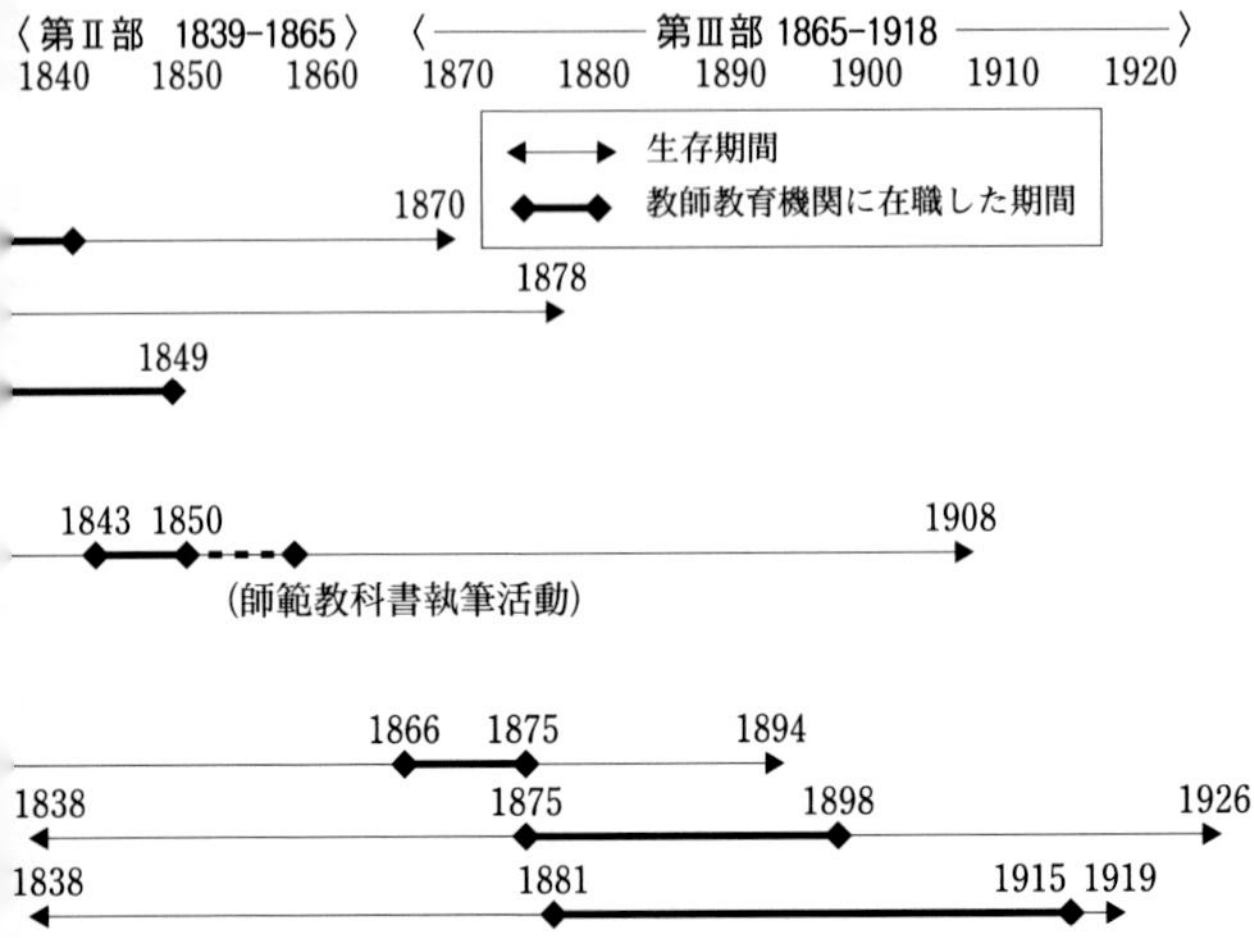

が教育機会の拡大によって直面したジレンマの解明を本書でも課題とし、一九世紀の女性セミナリーや州立師範学校で教鞭をとった女性がどのようなジレンマに直面していたのかを明らかにする。

以上三点の課題を、教育学・歴史学・女性学・社会学の先行研究の成果に基づいて設定した点に、本書の独創性がある。

（2）研究の方法

①方法の意図とその限界

研究方法としては、一九世紀を州立師範学校の設立前・初期・発展期の三期に区分し、各期に教師教育に携わった女性を七名取り上げ、その思想と実践の具体を個人史として明らかにし、個人史の積み重ねによって一九世紀に展開した教職の女性化と専門職化の過程を検討する方法を採用する（図0-1参照）。

個人史の積み重ねによって全体像を描出し検討する方法論は、女性の高等教育史研究において開拓されてきたものである。上述したロシター（Rossiter, 1982）やパルミエリ（Palmieri, 1995）など、女性大学で教鞭をとった女性ファカルティの生活や経験を描いた諸研究に指摘されてきたとおり、女性ファカルティの教育研究内容は、各人の育った階層や、性自認や性的指向、公的婚姻関係の有無など、私的かつ社会

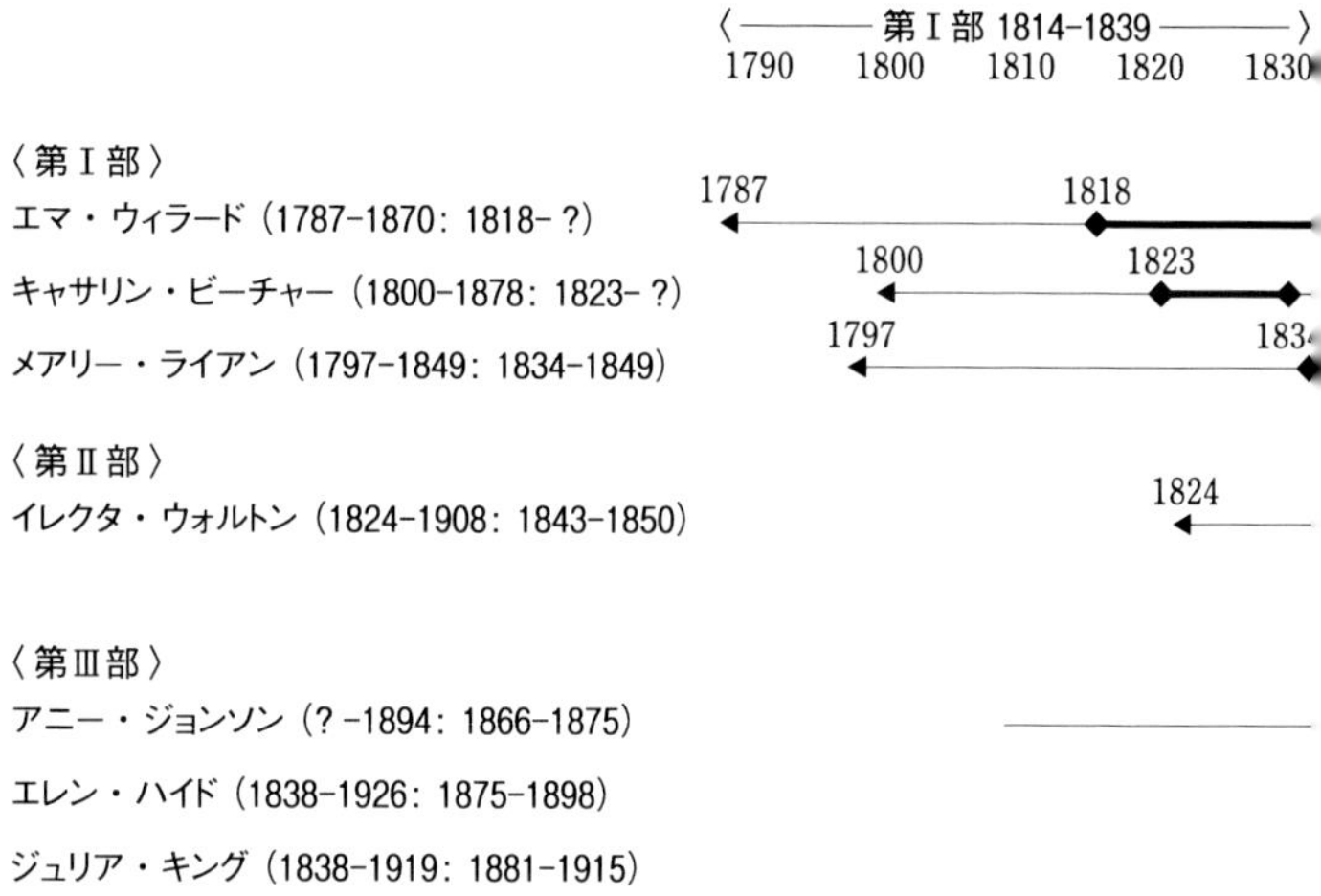

図0-1　検討対象とする女性の在職期間

的な状況との相関のなかで形成されているため、個人史の検討が特に重要な意味をもつ。歴史叙述の方法としての伝記的研究は、寺澤由紀（二〇〇〇）が指摘するとおり、女性史の研究方法が多様化したなかで「女性の内面の思考や感情を最もよく表すことのできる叙述方法」として近年あらためて注目されている。[11]

ただし、個人史による叙述では、対象とする事例数に限りが生じる。本書で取り上げることができるのは、七人の女性の事例にすぎず、これらを一九世紀米国において教師教育に携わった女性すべてへと一般化することはできない。この制約を踏まえたうえで、しかし本書では、上述のように三好（一九七二）、ヘルプスト（Herbst, 1989）、オグレン（Ogren, 2005）ら従来の教師教育史研究が当時を生きた女性の生々しい経験に迫りえなかった反省を踏まえ、七人の女性の事例を深く掘り下げ、その思想と実践を個人史に位置づけて理解することを通して、教職の女性化と専門職化の史的展開に迫ることをめざす方法を、あえて採用する。そのうえでソロモン（Solomon, 1985）にならい、全体を時期ごとに区分し、まず各期の冒頭に時代ごとの社会的・教育的状況を概観する章をおき、その後に個別主題を論じる章をいくつか配置する構成を採用し、事例数の少なさによる制約を補う。

また本書では、教師教育に携わった白人中産階層の女性という共通項を軸にして分析をおこなう。これは、結果として東部および中西部の白人中産階層の女性の事例しか取り上げることができなかったことによる。その理由は、州立師範学校において教師教育を担った女性についてさえ先行研究が欠如していたこと、さらに白人女性の事例であってさえ一次史料は全米各地に散逸しており、日本に在住しながらそれら一次史料を収集しなければならないという時間的・地理的・経済的制約があったことによる。

近年の女性史研究においては、白人女性中心史観そのものが批判の対象となり、女性を単一集団としてとらえるのでなく、さまざまな階層、人種、エスニシティ、セクシャリティの観点からの研究が開拓されていることを踏まえれば、本書が白人中産階層のプロテスタントの女性を中心とする研究枠組みとなっている点、またセクシャリティの面についてはほとんど検討できていない点等には、限界があるといわざるをえない。地域や階層、人種やエスニシティへの視座は、各部の冒頭における時代状況の叙述に含めることとし、新たな事例の発掘は今後の課題とする。

②時期区分と分析の視点

描出に際しては、一九世紀を三期に区分し、本書を三部で構成する。すなわち、州立師範学校前史としての意味をもつ一九世紀初頭（一八一四年のミドルベリー女性セミナリー創設[112]から一八三九年の全米初の州立師範学校成立まで）、州立師範学校の成立から普及期にあたる一九世紀中葉（一八三九年全米初の州立師範学校成立から一八六五年南北戦争終結まで）、州立師範学校展開期にあたる一九世紀後半（一八六五年南北戦争終結から一九一八年第一次大戦終結まで）の三期である。

各部の冒頭において、各時期の社会や教師教育機関が直面していた問題状況を、数量的データとともに鳥瞰し、各事例の位置づけを明示することとする。事例の描出に際しては、個人の経験や行動と、社会や組織のなりたちとの関係を、その時代に構築されたものとして理解しようとすることに重きをおく[113]。

また分析に際しては、ジェンダーの視点を採用する[114]。本書では「ジェンダー」を、ジョーン・スコットにならい「肉体的差異に意味を付与する知」として用いる。すなわち、本書では「男性」と「女性」という語を、社会的に構築されたものとしてとらえる[115]。さらに、どちらのカテゴリーの内部にも、セクシャリティや人種、宗教、社会階層など多様な差異が存在することを前提とし、単一集団として認識したり、生物学的な差異に起因する本質的な特性を想定したりはしない。上述のように近年の米国では、ジェンダーだけでなく、人種や宗教などさまざまな民族的・文化的少数者の視座を意識した研究の重要性が指摘されているが、本書では主にジェンダーの視点から分析をおこない、他の視点からの分析は今後の課題とする。

③事例選択の理由と本書の構成

各時期の事例として、上述の七名を選択した理由は以下のとおりである。

まず第Ⅰ部では、一九世紀初頭において、女性の教職への適性を説き、女性のための教師教育の理論と実践を開拓した三名の女性教師を対象とする。具体的には、一八二一年にトロイ女性セミナリーを設立したエマ・ウィラード、一八二三年にハートフォード女性セミナリーを設立したキャサリン・ビーチャー、一八三七年にマウント・ホリヨーク女性セミナリーを設立したメアリー・ライアンの三名である。

この三名は、上述したように、私立女性セミナリー創設者として、女性教育の開拓者として、また広義の社会改革者として、しばしば先行研究の対象とされてきた著名な人物である。この点では、州立師範学校で要職についていたにもかかわらず、現在までほとんどその存在を知られてこなかった残りの四名とは大きく異なっている。しかし、ウィラード、ビーチャー、ライアンについても、教師教育史における意義については、日米両国において未だ十分に検討されてはこなかった。したがって本書では、教師教育史の観点から、この三名を取り上げて検討したい。

なぜなら、教師教育史の観点からすれば、この三名は州立師範学校が設立される前の時期に、以下三点で看過できない影響をもたらしたからである。第一に、この三名は共通して女性の教職への適性を主張するだけでなく、実際に多数の教師を輩出していた。第二に、一方でこの三名の唱道した女性教師像はそれぞれ大きく異なっており、しかもそのいずれもが現代米国に流布する教師像の一部を形成している。第三に、この三名の言説は少なからぬ影響力をもち、結果的に最初の州立師範学校を女性対象に開始せざるをえない状況を生じさせていた。以上の点から、本書では、まずウィラード、ビーチャー、ライアンの三名を取り上げる。

次に第Ⅱ部では、一九世紀中葉に、設立されたばかりの初期州立師範学校において女性の教職への適性を説いたイレクタ・ウォルトンを取り上げる。初期州立師範学校で実際に教鞭をとった女性の事例の発掘は、以下三点で困難を極めた。まず、彼女たちの記録は、史料として十分に認識されず系統的に保存されてこなかった。この点は、第Ⅰ部で取り上げるウィラード、ビーチャー、ライアンらの手紙や日記が、セミナリー創設者の記録として各校で保存されてきたのと大きく異なる。また、女性の名前では出版が許されない時代だったため、初期州立師範学校で教鞭をとった女性たちの著作物は夫の名前で出版されるなどしており、発見と確認に困難が伴った。さらに、対象者の引越などによって全米各地に散逸している史料を、日本に在住しながら収集するのに、時間的・地理的な困難が伴った。本書ではようやく、全米初のマサチューセッツ州立師範学校において、校長補助教師として教鞭をとったウォルトンについて、日記等の形で残された史料の開拓を実現し、対象化を可能にした。

ウォルトンは、全米で初めて設立されたマサチューセッツ州立レキシントン師範学校の卒業生であり、その後ウェスト・ニュートンに移転した同校に戻って校長補助教師として教壇に立った女性である。ウォルトンの史料の検討により、ヘルプスト（Herbst, 1989）やオグレン（Ogren, 2005）においてもほとんど見落とされてきた事実、すなわち初期の州立師範学校では女性である校長補助教師が多くの授業を担い、学校の運営や学生への教育に大きな役割を果たしていたことを明らかにできる。

なお一九世紀中葉については、補足として、当時教壇に立っていた無名の女性教師たちの教師像や教室における経験を、残存する複数の日記と手紙から明らかにする作業もおこなう。第七章においては、一九世紀半ばのニュー・イングランド地域における女性教師たちの手紙や日記の検討を通して、一般的な女性教師の心性や生活の実態を検討し、ウォルトンをはじめ第Ⅰ部で取り上げた三名の女性教師の言説との異同を考察する。

最後に第Ⅲ部では、一九世紀後半の州立師範学校の展開期に管理職など重要な職責を担うようになった三名の女性教師を、検討の対象とする。具体的には、全米初の女性州立師範学校長となったフラミンガム州立師範学校のアニー・ジョンソン、その後継として長く学校を率いたエレン・ハイド、中西部で最初に設立されたミシガン州立師範学校でプリセプトレス[116]に就任したジュリア・キングの三名を取り上げる。一九世紀後半の州立師範学校には、女性でありながら重職につく女性たちが出現していた。

彼女たちは、第Ⅰ部で取り上げるウィラード、ビーチャー、ライアンが、一九七〇年代以降の女性史研究のなかで再発見され、さまざまな角度から研究対象とされてきたのとは対照的に、州立師範学校長や学部長といった要職についていたにもかかわらず、いままでその存在自体を看過されてきた人物である。その理由としては、先行研究の整理において検討したとおり、女性であったために男性中心史観による教師教育史研究から看過されてきたことに加え、名門大学中心史観による高等教育史研究から州立師範学校が捨象されてきたために、女性史研究からも看過されてきたことが挙げられる。

しかしジョンソン、ハイド、キングの検討によって、一九世紀初頭のウィラードらとは逆に、教師教育の改善を志向した結果として女性教育に取り組まざるをえない状況に直面していたことを明らかにできる。また彼女たちは、女性教師として自ら教壇に立った経験をもとに、豊かな教養教育と教職教育の双方を重視する教師教育改革を実現していたが、大学昇格化過程でそのポストを失っていた。これらの事例の検討によって、女性校長を生んだ一九世紀後半の州立師範学校の実際や、彼女たちの知性的教師像に基づく教師教育カリキュラム改革とその意図せざる結果を明らかにすることが可能となる。

なお上述のとおり、本書では一九世紀を三期に区分して全三部で構成する。各部の冒頭の章で、各時期の教師教育の様相を概観し、取り上げる七つの事例の位置づけを明らかにする。

（3）対象史料とその特徴

分析対象としては、一九世紀には女性の名を冠した著作を刊行することが困難な状況があった点に配慮し、伝統的歴史研究の史料に加え、当時の出版事情のため刊行されなかった直筆原稿や私的に保存されていた日記や手紙なども、史料として用いる。

特に、本書で取り上げる七人の女性教師のうち、ウォルトン、ジョンソン、ハイド、キングの四人に関する自筆原稿、未刊行の史料、出版物、写真、日記などは、日本において初出史料である。またこの四人の史料のなかには、米国の研究においても全く未開拓の新史料も含まれており、稀少な価値をもつ。

これらの日記や日誌、メモなどはすべて、スペンセリアン体などさまざまな書体で書かれた手書きの史料であり、判読して活字化する作業からすべて筆者自身がおこなった。したがって当事者の乱筆等によりどうしても判読できない部分については、やむなく検討および引用の対象からはずした。

なお、当時の文献には、匿名や夫の名前で出版されたものも多い。明示されていなくても、対象者本人の執筆だと確認できるものは、史料として取り上げる。[117] 個々の史料に対する詳細な史料批判は、各章冒頭でおこなう。訪問調査をおこなった一〇の特別収蔵史料群および収蔵図書館については、巻末に一覧表を付する。

（1）本文中の記述では、アメリカ合衆国のことを、アメリカと略称せず米国と表記することで統一する。アメリカ史研究では、アメリカ史とはアメリカ合衆国の歴史だけでなく、カナダ、カリブ海域、ラテン・アメリカ諸国を含む南北アメリカ大陸の歴史を意味するのが通例である。したがって、本書では米国と表記することでアメリカ合衆国の歴史を限定的に対象にしていることを明示する。ただし、アメリカ師範学校協会（American Normal School Association）のように、固有名詞に含まれるアメリカという単語は、そのままカタカナ表記とする。書名についても、わかりやすさを優先してアメリカという語を採用した。

（2）本書では、基本的に「教師」という語を意識的に用いる。「教員」とは、教育職員免許法第二条により定義された用語で、「教育職員」の略称であり、行政制度との関係に主眼をおいた文脈で用いられてきた。一方、「教師」は法律用語ではなく、教える人を意味する普通名詞である。また「師」という文字は「人の集まるところ」を意味し、「師匠」「教師」は元来、その人の教えを求めてまわりに自然と人が集まってくるような人という意味を含む。そのためこの語は、学び手との関係に主眼をおいた文脈で用いられてきた。本書が研究対象とする一九世紀米国では教育行政制度や教職の資格制度そのものが作られる過程にあったことを踏まえ、「教員」よりも「教師」を用いることとする。ただし後述するように、すでに定着した熟語の一部として「教員」が用いられている場合（例えば「教員免許」や「教員組合」など）は、そのまま「教員」を用いる。

（3）「教職の女性化（feminization of teaching）」という語については、本書ではサッグ（Sugg, 1978）の定義に基づき、教師像の女性化と教職従事者の女性化という、以下の二つの面における変化の総称として用いる。すなわち、教師の力量に求められる主な要素が、知識など知性的な要素から、愛情などの「母性的な」要素へと移行したこと（教師像の女性化）、および教師の大半が女性となったこと（教職従事者の女性化）の、二つの側面の総称として定義し用いる。

（4）「教職の専門職化（professionalization of teaching）」という語については、本書では「教職を専門職にしていこうとすること」と定義して用いる。「専門職」という語の定義については、一九世紀米国においても時期や地域、論者によって定義自体が変化している。したがって本書では、「専門職」の意味内容については各章ごとに定義し用いる。

(5) 一般に、教師像という語は教師として思い起こされる人物やその能力に関する理念を意味し、教職像という語は教職という職業についての理念を意味するものとして区別できる。しかし、「小学校教師は女性にこそふさわしい」という言明は、教師像であると同時に教職像についての言明でもあるように、ジェンダーの問題に関わる言説は教師像であると同時に教職像も含意している場合が少なくない。したがって、本書では「教師像」「女性教師像」という語を、教師像と教職像の双方の視点を含む広義の語として用いる。

(6) ジレンマ（dilemma）とは、ギリシャ語に由来する英語で、di- は「二つ」、lemma は「仮説や前提」を意味する。本書では、二方からの相容れない要求によって身動きがとれない板挟みの状態として定義して用いる。また表記については、英語の発音に即せばディレンマと表記すべきだが、経済学や社会学など他領域において専門用語としてジレンマという表記が定着していることに鑑み、ジレンマという表記で統一する。

(7) セミナリーとは、もともと聖職者の最高教育機関としての神学校を意味する。ただし、ロジャー・ガイガーによれば、米国では一九世紀初頭頃から、初等教育よりも高等な教育を女性に対しておこなう教育機関が出現しており、女性セミナリーはその一つとして位置づく。一九世紀中葉までの米国においては、高等教育という概念自体が曖昧で、「高等（higher）」の語は「初等教育よりも高等な」を意味する程度であった。また、セミナリーやアカデミー、カレッジといった教育機関の名称も明確な定義を伴わず、それぞれの教育水準も多様で流動的だった（Geiger 2000, 2）。

女性セミナリーを「女性神学校」と直訳すると、聖職者の養成を主眼とする教育機関という印象が強くなり不適切なため、本書ではカタカナのまま女性セミナリーと表記する。詳細は第I部第二章参照。

(8) 本書では、以下の研究史を踏まえ、「教員養成」ではなく基本的に「教師教育」の語を用いることとする。特に養成段階に限定して表現する場合は、「教師養成」「教師養成機関」と表記する。

「教師教育」という語は、一九七〇年代以降、英語圏で広く用いられるようになった teacher education という熟語の和訳として、一九八〇年代以降になってから日本の教育学研究に普及した語である。「教師教育」と「教員養成」の語の含意は、主に以下三点において異なる。

第一の違いは、誰を対象とした営為なのかである。上述の「教員」と「教師」の語の違いに基づけば、「教員養成」は「教員」のみを養成する営為を意味するのに対し、「教師教育」は、行政との関係や資格授与等との関係を問わず、広く「教師」を対象とする営為を意味する。

第二の違いは、営為の対象となる期間である。「教員養成」は、資格を授与されて「教員」になる以前についての教育を意味するのに対し、「教師教育」は、養成だけでなく、教職についた後の研修も含めた、長い期間における教育的営為の総体を意味している。つまり、「教師教育」という語の背景には、一人の人間が教師となる過程を採用前の期間に限定してとらえるのではなく、養成や採用、研修を経て一人前の教師となっていく包括的な過程としてとらえようとする思想がある。

すなわち第三の違いとして、教師の成長をどうとらえるかについての思想の相違があるといえる。「教師教育」の原語となったteacher educationという語は、一九七〇年代以前に一般的な用語となっていたteacher trainingという語への批判として登場した。七〇年代以前の、養成教育が修了した時点で一人前の教師として出発できる、という考え方は、教育内容に関する一定の知識を伝達しつつ教育方法の技術を訓練すれば教師として出発できるという近代科学主義の立場を前提としていた。しかし、誰が教えてもうまくいく教育内容単元開発と、どんな教師でもうまく教えられる教育方法（技術）の開発は期待された成果をあげられず、一九六〇年代後半に至って批判されるようになった。それと同時に、教師教育の領域においても、「教師の養成は動物を調教（training）するのと同じようにはゆかない」という標語とともに、歯科技工士や美容師のように技術訓練が主となる職業訓練でなく、高等教育段階で幅広い教養や批判的思考を基礎にした「教育（education）」をおこなう必要があるという考え方が広まり、「教師教育」という熟語として定着してきた。

（9）三好信浩『教師教育の成立と発展——アメリカ教師教育制度史論』東洋館出版社、一九七二年。

（10）小野次男『アメリカ教師養成史序説』啓明出版、一九七六年。小野次男『アメリカ州立師範学校史——マサチューセッツ州を主とする史的展開』学芸図書、一九八七年。

（11）本書では、各語の意味の史的変遷を踏まえつつ、カレッジを「大学」、ユニバーシティを「総合大学」と訳出することで統一する。ただし「大学」と「総合大学」の訳し分けが不毛な一八七〇年代以前の時期については、「大学」と表記する。

本書に関連する史料および文献には、たびたび「カレッジと／またはユニバーシティ（college and/or university）」という表現が登場する。従来型の「カレッジ」に対して、新たに「ユニバーシティ」を名乗る大学が出現したのが一九世紀後半であった。

現代において、連邦教育省『教育統計要覧　二〇一二』（National Center For Education Statistics 2012）は、両者を以下のように定義している。すなわちカレッジは「普通または自由学芸教育を提供し、通常は準学士、学士、修士または第一専門職学位を授与する中等後教育機関（post secondary schools）。ジュニア・カレッジとコミュニティ・カレッジ（短期大学）はこの語に含まれる」と定義されている（p. 690）。一方、ユニバーシティは、「自由学芸の学士課程部門（カレッジ）、多様な大学院プログラムおよび通常二つ以上の専門職大学院、または教授団からなり、さまざまな学術分野の学位を授与する権限をもつ高等教育機関」とされている（p. 702）。

しかし歴史的にみれば、ルドルフ『アメリカ大学史』（Rudolph, 1962, 前掲）やローレンス・ヴェイセイ『アメリカン・ユニバーシティの出現』（Veysey, 1965）が描出したように、「ユニバーシティ」は最初から確固たる姿をもっていたわけではなく、一九世紀後半の米国における学問観や科学観、大学管理をめぐる制度や学位のもつ社会的機能など、さまざまな対立軸のなかで徐々に形成されてきたものであった。舘昭（二〇〇六）は、それらの対立軸のなかでも、「リサーチ」という研究方法の有無がカレッジとユニバーシティの最大の違いを形成するようになったのは一八七〇年代以降であることを指摘している。

(12)　Jurgen Herbst, *And Sadly Teach: Teacher Education and Professionalization in American Culture* (Madison: University of Wisconsin Press, 1989).

本書では、固有名詞の表記は、原則として英語発音に即したカタカナ表記とする。英語発音は、大塚高信他編『固有名詞英語発音辞典』（三省堂、二〇〇九年）に基づく。ただし、このヘルプストや同じく歴史家のブルーバッハーのように、日本で定訳が浸透している人名については定訳に従う。

なおユルゲン・ヘルプストについては、一九二八年にドイツで生まれ、一九四八年に渡米して以降二〇一三年に亡くなるまで、自身の名をヘルプストとドイツ語式に発音していたという。現在の米国では彼の名はジョーゲン・ハーブストと発音されることもあるが、日本においてもヘルプストの名が浸透していること、および本人の意思を尊重する観点から、ヘルプストというカタカナ表記で統一する。

(13) Christine A. Ogren, *The American State Normal School: An Instrument of Great Good* (New York: Palgrave Macmillan, 2005).

(14) The Alumnae Association. *Historical Sketches of the Framingham State Normal School* (Framingham, MA: Framingham State Normal School, 1914); Arthur O. Norton. *The First State Normal School in America: the Journals of Cyrus Peirce and Mary Swift, with an Introduction by Arthur O. Norton*. Harvard Documents in the History of Education vol. 1 (Cambridge: Harvard University Press, 1926); The Alumnae Association of The State Teachers College at Framingham, *First State Normal School in America: The State Teachers College at Framingham, Massachusetts* (Framingham: Framingham State College, 1959); Framingham State College Historical Publication Subcommittee, *Pioneers in Education: A History of Framingham State College* (Framingham: Framingham State College, 1989); Marc R. Kantrowitz, *Framingham State College* (Charleston, SC: Arcadia, 2003).

(15) Charles A. Harper, *Development of the Teachers College in the United States* (Bloomington, IL: McKnight and McKnight, 1935).

(16) Charles Athiel Harper, *A Century of Public Teacher Education: the Story of the State Teachers Colleges as They Evolved from the Normal Schools* (Washington, D. C.: Hugh Birch-Horace Mann Fund for the American Association of Teachers Colleges, 1939).

(17) Harper, *A Century*, 129.

(18) Walter K. Beggs, *Education of Teachers* (New York: The Center for Applied Research in Education, 1965).

(19) Merle L. Borrowman, *The Liberal and Technical in Teacher Education: A Historical Survey of American Thought* (New York: Teachers College, 1956).

(20) Merle L. Borrowman, *Teacher Education in America: A Documentary History* (New York: Teachers College, 1965).

(21) Walter Scott Monroe, *Teaching-Learning Theory and Teacher Education 1890–1950* (Urbana: University of Illinois Press, 1952).

(22) Dorothy Rogers, *Oswego: Fountainhead of teacher education; A Century in the Sheldon Tradition* (New York: Appleton Century Crofts, 1961).

(23) Paul H. Mattingly, *The Classless Profession* (New York: New York University Press, 1975).

(24) Jurgen Herbst, "Beyond the Debate over Revisionism: Three Educational Past Writ Large," *History of Education Quarterly* 20, no. 2 (1980): 131–45.

(25) Jurgen Herbst, *And Sadly Teach: Teacher Education and Professionalization in American Culture* (Madison: University of Wisconsin Press, 1989).『そして悲しげに教える』ということの書名は、Bliss Perry, *And Gladly Teach: Reminiscences* (New York: Houghton Mifflin Company, 1935) および Mortimer Smith, *And Madly Teach; a Layman Looks at Public School Education* (Chicago: H. Regnery Co., 1949) を想起させる題目であり、現代の一般の教室で教える教師たちが悲運のなかに置かれていることを示したものといえる。

(26) Herpst, *And Sadly Teach,* 3–11.

(27) Christine A. Ogren, "A Large Measure of Self-Control and Personal Power: Women Students at State Normal Schools During the Late Nineteenth and Early Twentieth Centuries," *Women's Studies Quarterly* 28, no. 3 & 4 (2000): 211–32.

(28) Christine A. Ogren, *The American State Normal School: "An Instrument of Great Good"* (New York: Palgrave MacMillan, 2005).

(29) 三好信浩『教師教育の成立と発展——アメリカ教師教育制度史論』東洋館出版社、一九七二年。

(30) 小野次男『アメリカ教師養成史序説』啓明出版、一九七六年。小野次男『アメリカ州立師範学校史——マサチューセッツ州を主とする史的展開』学芸図書、一九八七年。
(31) Tatsuro Sakamoto, *Biographical Sources of the 19th Century Pioneers of the American Women's Education* (Tokyo: Synapse, 2006).
(32) 坂本辰朗『アメリカ教育史の中の女性たち——ジェンダー、高等教育、フェミニズム』東信堂、二〇〇二年、一六三頁。
(33) 村山英雄『オスウィーゴー運動の研究』風間書房、一九七八年。
(34) 渡部晶『ホーレス・マン教育思想の研究』学芸図書、一九八一年。
(35) 平田宗史『欧米派遣小学師範学科取調員の研究』風間書房、一九九九年。
(36) 小柳正司『デューイ実験学校と教師教育の展開——シカゴ時代の書簡の分析』学術出版会、二〇一〇年。
(37) ジョン・R・テリン「文献補遺」および「文献解題」、フレデリック・ルドルフ、阿部美哉、阿部温子訳『アメリカ大学史』玉川大学出版部、二〇〇三年、四九六頁。
(38) Frederic Rudolph, *The American College and University, a History* (New York: Knopf, 1962). フレデリック・ルドルフ、前掲書。
(39) John S. Brubacher and Willis Rudy, *Higher Education in Transition: A History of the American Colleges and Universities*, 4th ed. (New Brunswick, NJ: Transaction, 1997).
(40) David O. Levine, *American College and the Culture of Aspiration 1915–1940* (New York: Cornell University Press, 1986).
(41) Roger L. Geiger, ed., *The American College in the Nineteenth Century* (Nashville: Vanderbilt University Press, 2000).
(42) Robert S. Palinchak, *The Evolution of the Community College* (Metuchen, NJ: Scarecrow Press, 1973).
(43) Christopher Jencks and David Riesman, *The Academic Revolution* (Garden City, NY: Doubleday, 1968). デイビッド・リースマン、クリストファー・ジェンクス、国弘正雄訳『大学革命』サイマル出版会、一九六九年。
(44) Randall Collins, *Credential Society: An historical sociology of education and stratification* (New York: Academic Press,

1979). コリンズ、新堀通也監訳『資格社会』有信堂、一九八四年。

(45) Geraldine J. Clifford and James W. Guthrie, *Ed School: A Brief for Professional Education* (Chicago: University of Chicago Press, 1988).

(46) David F. Labaree, *The Making of an American High School* (New Haven: Yale University Press, 1988); David F. Labaree, *How to Succeed in School Without Really Learning: The Credentials Race in American Education* (New Haven: Yale University Press, 1997); David F. Labaree, *The Troubles with Ed Schools* (New Haven: Yale University Press, 2004).

(47) Linda Eisenmann, "Reconsidering a Classic: Assessing the History of Women's Higher Education a Dozen Years after Barbara Solomon," *Harvard Educational Review* 67, no. 4 (1997): 689-717.

(48) Ogren, *American State Normal School,* 76.

(49) 小檜山ルイ「訳者あとがき」、サラ・エヴァンズ『アメリカの女性の歴史』明石書店、一九九七年、四九七頁。

(50) 同右書、四九八頁。

(51) Linda K. Kerber, *Women of the Republic: Intellect and Ideology in Revolutionary America* (Chapel Hill: University of North Carolina Press, 1980).

(52) Mary Beth Norton, *Liberty's Daughters: The Revolutionary Experience of American Women, 1750-1800* (Boston: Little, Brown, 1980).

(53) Anne F. Scott, *Making the Invisible Woman Visible* (Urbana: University of Illinois Press, 1984).

(54) Barbara Welter, "The Cult of True Womanhood: 1820-1860," *American Quarterly* 18, no. 2 (1966): 151-74.

(55) Nancy F. Cott, *The Bonds of Womanhood: "Woman's Sphere" in New England, 1780-1835* (New Haven: Yale University Press, 1977).

(56) Keith Melder, "Mask of Oppression: The Female Seminary Movement in the United States," *New York History* 55 (1974): 261-79.

(57) Reddings S. Sugg, *Motherteacher: The Feminization of American Education* (Charlottesville: University Press of Virginia, 1978).

(58) Anne. F. Scott, "The Ever Widening Circle: The Diffusion of Feminist Values from the Troy Female Seminary, 1822-1872," *History of Education Quarterly* 19, no. 1 (Spring, 1979): 3-25.

(59) Kathryn Kish Sklar, *Catharine Beecher: A Study in American Domesticity* (New Haven: Yale University Press, 1973).

(60) Elizabeth Alden Green, *Mary Lyon and Mount Holyoke: Opening the Gates* (Hanover, NH: University Press of New England, 1979).

(61) Barbara Miller Solomon, *In the Company of Educated Women* (New Haven: Yale University Press, 1985).

(62) Mabel Newcomer, *A Century of Higher Education for American Women* (New York: Harper, 1959).

(63) Eisenmann, "Reconsidering a Classic," 689-717.

(64) Ibid., 696.

(65) Donald E. Warren ed., *American Teachers: Histories of a Profession at Work* (New York: McMillan, 1989).

(66) John I. Goodlad and Roger Soder and Kenneth A. Sirotnik, *Places Where Teachers Are Taught* (San Francisco: Jossey-Bass, 1990).

(67) Lynn D. Gordon, *Gender and Higher Education in the Progressive Era* (New Haven: Yale University Press, 1990).

(68) Polly Welts Kaufman, *The Search for Equity: Women at Brown University, 1891-1991* (Hanover N. H.: University Press of New England, 1991).

(69) Karen J. Blair, *The History of American Women's Voluntary Organizations, 1810-1960: A Guide to Sources* (Boston: G. K. Hall, 1989).

(70) Lori D. Ginzberg, *Elizabeth Cady Stanton: An American Life* (New York: Hill and Wang, 2009); John Matteson, *The Lives of Margaret Fuller: a Biography* (New York: W. W. Norton and Company, 2012); Kathryn Kish Sklar, *Florence Kelley and the*

Nation's Work* (New Haven: Yale University Press, 1995).

(71) Helen L. Horowitz, *Alma Mater: Design and Experience in the Women's Colleges from Their Nineteenth-Century Beginnings to the 1930s* (New York: Knopf, 1984).

(72) Margaret W. Rossiter, *Women Scientists in America: Struggles and Strategies to 1940* (Baltimore: Johns Hopkins University Press, 1982).

(73) Patricia Ann Palmieri, *In Adamless Eden: The Community of Women Faculty at Wellesley* (New Haven: Yale University Press, 1995).

(74) Geraldine Jonçich Clifford, *"Equally in View": The University of California, Its Women, and the Schools* (Berkeley, Calif.: Center for Studies in Higher Education and Institute of Governmental Studies Press, University of California, Berkeley, 1995).

(75) 村田鈴子『アメリカ女子高等教育史』春風社、二〇〇一年。

(76) 坂本辰朗『アメリカの女性大学』東信堂、一九九九年。

(77) 坂本辰朗『アメリカ大学史とジェンダー』東信堂、二〇〇二年。

(78) Willard S. Elsbree, *The American Teacher: Evolution of a Profession in a Democracy* (New York: American Book Company, 1939).

(79) David Tyack and Elisabeth Hansot, *Managers of Virtue: Public School Leadership in America, 1820–1980* (New York: Basic Books, 1982).

(80) Jo Anne Preston, "Feminization of an Occupation: Teaching Becomes Women's Work in Nineteenth-Century New England" (Ph. D. Dissertation, Brandeis University, 1982).

(81) Joel Perlmann and Robert A. Margo, *Women's Work?: American Schoolteachers, 1650–1920* (Chicago: University of Chicago Press, 2001).

(82) Polly Welts Kaufman, *Women Teachers on the Frontier* (New Haven: Yale University Press, 1984).

(83) 例えば Regina Cortina and Sonsoles San Román, *Women and Teaching: Global Perspectives on the Feminization of a Profession* (New York: Palgrave Macmillan, 2006).

(84) Barbara Finkelstein, *Governing the Young: Teacher Behavior in Popular Primary Schools in Nineteenth-Century United States* (New York: Falmer Press, 1989).

(85) Thomas Dublin, *Transforming Women's Work: New England Lives in the Industrial Revolution* (Ithaca, New York: Cornell University Press, 1994).

(86) Kathleen Weiler, *Country Schoolwomen: Teaching in Rural California, 1850–1950* (Stanford, CA: Stanford University Press, 1998).

(87) Jo Anne Preston, "Domestic Ideology, School Reformers, and Female Teachers: Schoolteaching Becomes Women's Work in Nineteenth-Century New England," *History of Education Quarterly* 66, no. 4 (1993): 531–51.

(88) ウィレンスキー (Wilensky, 1964) はある職業が専門職となっていくプロセスの一般化を試みていたし、ミラーソン (Millerson, 1964) は、ある職業が専門職と見なされるために必要な要素を同定しようとしていた。

(89) Myron Lieberman, *Education as a Profession* (Englewood Cliffs, NJ: Prentice-Hall, 1956).

(90) Donald A. Myers, *Teacher Power: Professionalization and Collective Bargaining* (Lexington, MA: Lexington Books, 1973).

(91) Magali Sarfatti Larson, *The Rise of Professionalism: A Sociological Analysis* (Berkeley: University of California Press, 1977).

(92) Andrew Delano Abbott, *The System of Professions: An Essay on the Division of Expert Labor* (Chicago: University of Chicago Press, 1988).

(93) Bruce A. Kimball, *The "True Professional Ideal" in America: A History* (Cambridge: Blackwell, 1992).

(94) Burton J. Bledstein, *The Culture of Professionalism: The Middle Class and the Development of Higher Education in America* (New York: Norton, 1976).

(95) Arthur G. Powell, *The Uncertain Profession: Harvard and the Search for Educational Authority* (Cambridge, Mass.: Harvard University Press, 1980).

(96) Jeffery Glanz, *Bureaucracy and Professionalism: the Evolution of Public School Supervision* (Rutherford, NJ: Fairleigh Dickinson University Press, 1991).

(97) Anne Witz, *Professions and Patriarchy* (New York: Routledge, 1992).

(98) すでに一九六〇年代の専門職研究の時代から、エツィオニらは、教職や看護職、ソーシャル・ワーカーといった職業を、「我々は決して侮蔑的含意を含めない」と注釈したうえで「準専門職 (semi-Professions)」と呼び、なぜそれらの職業が諸要素を満たさないのかに関して、当該職業に占める官僚化の進展と女性の割合の高さを、二つの主要因として指摘していた。Amitai Etzioni, ed., *The Semi-Professions and Their Organization: Teachers, Nurses, Social Workers* (New York: Free Press, 1969).

(99) Pamela Abbott and Liz Meerabeau, *The Sociology of the Caring Professions,* 2nd ed. (London: Rutledge, 1998).

(100) Susan Laird, "Reforming 'Women's True Profession': A Case for 'Feminist Pedagogy' in Teacher Education?" *Harvard Educational Review* 58, no. 4 (1988): 449-63. レアドは、ラジカル・フェミニズムの諸研究が提起した「フェミニスト・ペダゴジー」(Shrewsbury, 1987) に基づいて、一九世紀以降、教職を「女性の真の専門職」と呼んできた論者たちの含意を五種に分類している。Caroline M. Shrewsbury, "What Is Feminist Pedagogy?" *Women's Studies Quarterly* 15 (1987): 6-14.

(101) Andrew Gitlin, "Gender and Professionalization: An Institutional Analysis of Teacher Education and Unionism at the Turn of the Twentieth Century," *Teachers College Record* 97, no. 4 (1996): 588-624.

(102) Sari Knopp Biklen, *School Work: Gender and the Cultural Construction of Teaching* (New York: Teachers College Press, 1995).

(103) 坪井由実『アメリカ都市教育委員会制度の改革——分権化政策と教育自治』勁草書房、一九九八年。

(104) 八尾坂修『アメリカ合衆国免許制度の研究』風間書房、一九九八年。

(105) 大桃敏行『教育行政の専門化と参加・選択の自由――一九世紀後半米国連邦段階における教育改革論議』風間書房、二〇〇〇年。
(106) 北野秋男『アメリカ公教育思想形成の史的研究――ボストンにおける公教育普及と教育統治』風間書房、二〇〇三年。
(107) 篠田靖子『アメリカ西部の女性史』明石書店、一九九九年。
(108) 久田由佳子「学校教師と女工――十九世紀前半ニューイングランドの場合」、北米エスニシティ研究会編『北アメリカ社会を眺めて』関西学院大学出版会、二〇〇四年、一二三―一四四頁。
(109) 小檜山ルイ『アメリカ婦人宣教師――来日の背景とその栄養』東京大学出版会、一九九二年。
(110) 大井浩二『日記のなかのアメリカ女性』英宝社、二〇〇二年。
(111) 寺澤由紀「アメリカ女性史学会の動向」『歴史評論』第六〇〇号、校倉書房、二〇〇〇年、六七―七五頁。
(112) 本書では、州立師範学校前史としての時期区分の始まりを、第二章で取り上げるエマ・ウィラードがミドルベリー女性セミナリーを設立した一八一四年とする。女性セミナリーという名称を名乗る教育施設そのものは一八世紀から存在していた。しかし Tyack & Hansot (1992) が指摘するように、女性の教育機会の拡大を意識した教育機関の名称として使用されるようになるのは一九世紀初頭以降のこととする理解が一般的である。したがって、本書では女性セミナリーの指導者の一人として著名なウィラードが、初めて自ら女性セミナリーを創設した一八一四年を、州立師範学校前史の時期区分として設定することとする。
(113) 個人の経験と社会変動の相関をどう描くかについては、以下の二著を参考にした。グレン・H・エルダー、本田時雄訳『大恐慌の子どもたち――社会変動と人間発達』明石書店、一九八六年。森岡清美・青井和夫編著『ライフコースと世代』垣内出版、一九八五年。
(114) 舘かおる「歴史分析概念としての『ジェンダー』」『思想』第一〇三六号、岩波書店、二〇一〇年、二二四―二三四頁。
(115) Joan W. Scott, *Gender and the Politics of History* (New York: Columbia University Press, 1988).
(116) プリセプトレスとは、一九世紀半ば以降の州立師範学校に置かれていた職位のことである。これは、共学校における女性教師の最高職位であり、女子学生の道徳や健康を管理する役割を担っていた。本書では、プリセプトレスに該当する適切な日本語訳がないこと、さらに現代日本において、医師教育や看護師教育の領域を中心にプリセプターという呼称が定着して使用されていることから、プリセプトレスとカタカナ表記して用いる。

プリセプトレスおよびプリセプターとは、歴史的にはもともと、近世ヨーロッパにおいて、神学や医学などの学問的領域で後輩を心理的ケアも施しながら臨床的に指導する先輩指導者を意味していた。一八世紀末以降の米国では、躾や作法（discipline）を伝達することによって人格的発達に責任を負うという意味も加わった。一九世紀初頭になると、女子セミナリーや初期師範学校において、次第にプリセプトレスという呼称が普及しはじめた。

さらに一八六〇年代以降には、高等教育機関に女性が受け入れられるようになり、共学校においては特に、女子学生の健康管理や異性関係の指導、道徳指導などを担う職として、プリセプトレスの重要性が増すようになっていた。一九世紀末になると、共学の高等教育機関におけるプリセプトレスという呼称は、女性学部長（Dean of Women）に変わった。詳しくは第十章第6節参照。

(117)　実際の著者を確認する方法は史料ごとに異なる。例えばウォルトンの数学教科書『コモン・スクールと上級学校のための筆記算数』は、夫であるジョージ・ウォルトンの単著として出版されているが、序でジョージは「この本はマサチューセッツ州立師範学校の元教師であるE・N・L・ウォルトンという名前の人物との共著」であり「等しくそれぞれの著者が責任を負う」と記しているため、著者の一人としてイレクタ・ウォルトンを扱った。詳しい史料批判は、各章で個別におこなう。

第Ⅰ部　州立師範学校前史

第Ⅰ部では、エマ・ウィラードがミドルベリー女性セミナリーを創設した一八一四年から、一八三九年マサチューセッツ州に全米初の州立師範学校が創設されるまでの時期を対象とし、この時期に成立した女性教師像の共通点と相違点を明らかににする。この時期に女性セミナリーを設立したエマ・ウィラード、キャサリン・ビーチャー、メアリー・ライアンの三名を取り上げ、女性こそが教師にふさわしいという言説が女性自身により唱道され、一九三九年に全米初の州立師範学校が創設された頃にはすでに、教職の女性化が進展していたことを明らかにする。

第一章　教師教育理論の導入と展開

――男性指導者による教職の専門職化言説

本章の主題は、第二章以降で検討する三名の女性教師たちが、なぜ新しい女性教師像を唱道しつつ、教師教育の重要性を主張するに至ったのかを明らかにすることにある。

まず、当時の米国の教育機関の状況と女性セミナリーの社会的位置づけを明らかにし、下層男性の一時職にすぎなかった当時の教職の様相を検討する。そのうえで、一九世紀初頭の米国において教職の専門職化を唱道した男性指導者らの言説を検討し、女性セミナリーの女性教育者たちが、女性教師の重要性を主張するに至った背景を明らかにする。

1　一九世紀までの教育機関と教職

まず、公立学校を含めた当時の教育機関の概況を描出し、次章以降取り上げる女性セミナリーの位置づけを整理するとともに、一九世紀初頭までの教職の実際を明らかにしよう。

（1）建国期の教育機関——女性セミナリーの位置づけ

まず一九世紀初頭までの教育機関の状況を概観しておこう。そもそも米国では、一九世紀末に至るまで、初等・中等・高等教育の境目は現在ほど明確でなく、曖昧な状態であった。ロジャー・ガイガー（Geiger, 2000）など多くの高等教育史研究によって指摘されてきたとおり、一九世紀前半の米国において高等教育（higher education）という語は、「初等教育よりも高等な（higher than elementary level）」という幅広い意味をもっていた[①]。

教育機関の上位に位置づいていたのは、大学や文法学校（grammar school）、アカデミーなどであった。ガイガー（Geiger, 2000）によれば、独立革命時の大学数は九校で、入学者数は約七五〇人であり、一九世紀初頭には大学は一八校に増えたものの在学生は四〇〇人程度だったと推計されるという[②]。ヴィノフスキとバーナード（Vinovskis & Bernard, 1978）の整理によれば、一八四〇年の大学進学率はニュー・イングランド地域で〇・五％であった[③]。

文法学校は、大学進学準備機関として一七世紀半ばに成立し一八世紀に普及したが、一八世紀後半以降は、主に中等教育を担う機関としてアカデミーが増加していった。ノートン（Norton, 1980）によれば、アカデミーの特徴は四点に整理できる。第一に学問と同時に当時の生活に応じた実学を教えたこと、第二に小さな町に設立されつつも寄宿舎制度を備えて周辺地域の学生を集めたこと、第三に個人経営を超えた運営制度が作られるようになったこと、したがって第四に、数年で閉鎖されることなく教育機関として継続されたことである[④]。

アカデミーは、裕福な市民層が自分たちのニーズを反映させられる教育機関として発展し、女性にも門戸を開いて、中等・高等教育の幅を広げる役割を果たすようになっていく。女性のための教育機関として設立される学校も少なくなく、最初期のアカデミーとしては、一七九二年にサラ・ピアス（Sarah Pierce）がコネチカットに設立したリッチフィールド女性アカデミー（Litchfield Female Academy）や、フィラデルフィアに設立されたヤング・レイディース・アカデミー（Young Ladies Academy）が広く知られている。[5]

アカデミーと類似の機関として、一八世紀末からセミナリーと名乗る教育機関もあらわれていた。セミナリーは、ラテン語のセミナリウムを起源とし、聖職者を養成するための学校であったが、米国においてはアカデミーと同様に、初等教育後の教育を担う機関として発達した。[6] 第Ⅰ部で検討する女性セミナリーは、女性のために発達した初等教育後の教育機関であり、一八一五年頃から女性教育者らによって急速に普及された。この展開過程は女性セミナリー運動として知られている。この運動の牽引役を担ったのが、第Ⅰ部で検討するエマ・ウィラードやキャサリン・ビーチャー、メアリー・ライアンらであった。

なお、一九世紀中葉以降は、アカデミーは地域の高等学校（high school）へと転換されるようになり、一九世紀末には高等教育との分化が成立して、学校段階の中位に位置づけられてゆく。ただしナンシー・ビーディー（Beadie, 1993）が明らかにしたとおり、南北戦争以前は高等学校もアカデミーもセミナリーも、その教育内容はほぼ類似したものであった。[7]

（2）教職の実際——下層男性による学校維持の仕事

これら教育機関における教職は、どのような状況にあったのだろうか。米国において、植民地時代から一九世紀初頭に至るまで、教職の実態は多様だった。

①階　層

ブルーバッハー（Brubacher, 1947）は、当時の米国社会は大きく三つの階層から成っていたが、階層移動はヨーロッパに比べてはるかに流動的で、教師はいずれの階層にも属していたと指摘している。三つの階層とは、「マスター」

あるいは「サー」と呼ばれる上層、「グッド・マン」と呼ばれ一定の資産をもつ中層、使用人や奴隷からなる下層の三つであり、文法学校教師として有名なエゼキール・チーヴァー（Ezekiel Cheever）などは、明らかに上層に属していたが、大半の初等教育の教師は下層に属していたという。[8]

初等教育の教師についても、その実態は多様であった。セドラック（Sedlak, 1989）の整理によれば、大半は教会の貧民学校に雇われた下級労務者（オルガン弾きや、墓掘人）の片手間の仕事であったが、なかには牧師や弁護士を志望する学生たちが、学費稼ぎのアルバイトや就職までの一時職として、教職を務める場合もあった。また、南部においては、英国からの船賃のために労働を義務づけられた「契約白人奉公人」と呼ばれる人々が、売買されて学校教師になる場合も少なくなかった。メリーランド州では、教師の三分の二を占めていたという。[9]

②男性の一時職

性別としては、一九世紀初頭までは、教職は主に男性の職業であった。ブルーバッハー（Brubacher, 1947）によれば、男性教師が見つからないと学校自体が閉校になることも珍しくなかった。学校は農繁期には閉校される場合が多く、教職は年間を通じて従事する仕事にはなりえず、一時職や片手間仕事にすぎなかったという。[10] したがって、公立学校を普及させようとしたホレス・マン（Horace Mann, 1796-1859）やヘンリー・バーナード（Henry Barnard, 1811-1900）などは、教職は生涯を賭けて取り組むに値する職業であるという理念を、米国に紹介しなければならなかったのである。

③職務内容

教師の仕事として重要だったのは、知識の伝達や授業よりは、むしろ学校の維持（school-keeping）の方であり、建物の清掃や管理、あるいは生徒たちのしつけや、集団の秩序の維持であった。エルズブリー（Elsbree, 1939）は、一九世紀初頭までは学校とはいってもほとんどの場合は教師一人の単学級による学校で、中等教育以上であっても教師の気の赴くままに運営されていたことを指摘している⑪。この指摘は以下の史料からも確認できた。例えばリッチフィールドという男性教師は、自宅のあるケンブリッジで英軍と民兵との紛争が起きたという噂を聞き、自宅の無事を確かめるために休校にした、と一七七五年四月一一日の日記に記している⑫。

④採用の条件

当時、教師になるための資格や免許制度などは存在していなかった。初等教育については、人間的資質よりも、学校維持に必要な腕力や手技が求められる場合も少なくなかった。エルズブリー（Elsbree, 1939）によれば、一八二〇年代までは石盤も鉛筆もペンも普及していなかったため、羽ペンをガチョウの羽から作ったり修理したりできることが教師の資格として挙げられる場合もあったという⑬。

中等教育以上の教師であっても、教師としての資質で重視されたのは健全なキリスト教信仰をもっているかどうかという点であり、採用の時点で地域の有力者や牧師が候補者の信仰を確かめる面接をおこなって、確認するのが一般的であった⑭。

2　教師教育理論の輸入

以上のような当時の教師像や教職の実態を改善し、特に公立学校の教師の質を高めるためには教師を養成するための教育機関が必要だという議論が、一九世紀初頭に起こった。

公教育は東部地域から普及しはじめていた。ケースルとヴィノフスキ（Kaestle & Vinovskis, 1980）のマサチューセッツ州を対象とした研究によれば、一八二〇年代の非都市部における人口一二五〇人未満の小規模タウンでは、二〇歳未満の子どもの公立学校在籍率平均が七五・九％、就学率平均が八一・七％に達していた。人口二五〇〇人未満の就学率が八二・一％、五〇〇〇人以下で七四・一％であった⑮。そのため、ニュー・イングランドの教育指導者らの課題意識は、公立学校の普及という課題を超えて、子どもの在籍率の向上や授業期間の延長、さらには教師の質の向上などに向かうようになっていた。すなわち、教師教育の必要性を訴える議論も、東部から開始されるようになっていたのである。

（1）公的教師教育機関を求める男性指導者の言説——ギャロ－デットとカーター

一八一〇年代末に、いちはやく教師の質の向上や教師教育の必要性を訴えはじめたのは、エマ・ウィラードら女性教育者であった。この点については、第二章以降で具体的に明らかにすることにし、本節ではまず、男性知識人による一八二〇年代の教師教育に関する言説の具体を検討しておこう⑯。

一八二〇年代の議論において最大の論点となっていたのは、有能な男性が教職を志望しないという点だった。上述したように、当時の米国社会において教職は一時職にすぎなかったからである。したがって、そもそも教職など志望しない男性に、さらに養成教育を受けるための経済的負担を強いる教師教育機関などは、必要性もないうえに経済的にも成立しないという状況が問題視されていた。つまり、初期の議論においては、教師教育機関の必要性を訴えることと同時に、教職そのものの意義や価値を唱道することが課題となっていた。

①トーマス・ギャローデットの思想

最初期に教師養成機関の必要性を主張したのは、米国初の公立聾学校を設立したことで知られるトーマス・ギャローデット牧師（Thomas H. Gallaudet, 1787-1851）だった。彼は、一八一七年にコネチカット聾唖教育指導施設を設立していたが、聾教育以外にも女性教育や教師教育についての専門的教育施設を設立する必要性を訴えていた。

ギャローデットは、一八二五年に刊行した『若者の教師を教育するセミナリーについての一案』と題する小冊子において、「幼児や若者に神の真実や教義を体系的に教えようとする過程は、宗教的コミュニティのなかにはほとんどない」し、子どもに「宗教的真実」を教える教師には「適切な訓練が必要である」から、「セミナリーのような施設を設立することが必要である」という。(17) そして、セミナリー設立計画のためには以下のことが必要だという。

> 編集者殿、そのような計画を実現するためのもう一つの障害は、若く能力のある青年男性を、生涯を教職に捧げる気持ちにさせなければならないのに、そのような青年は貧しくて、提案されているセミナリーにおける養成教育に必要な費用を支出できないということなのである。(18)

したがってギャローデットは、教師養成教育に対する公費による支出が求められると問題提起していた。なお、以上の引用部に明確にみられるように、ギャローデットは教師の代名詞として「彼」を用い、教師に男性を想定していた。

②ジェームズ・カーターの思想

ギャローデットとほぼ同時期に、公立学校の改善と教師教育の重要性の関連を以下のように主張して、ホイッグ党をはじめとするマサチューセッツ州の指導者たちに注目されていたのが、ハーバード大を卒業して私立学校を経営していた教育者ジェームズ・カーター（James Gordon Carter, 1795-1849）である。彼は、一八二四年から一八二五年にかけて『ボストン・パトリオット』誌にエッセイを発表した後、一八二六年には『民衆教育についてのエッセイ』を出版し、以下のように論じている。

> 小学校夏季学校の教師たちは、自分が小学校で学んだ以上の教育は、ほとんど受けていない。したがって彼らの教師としての達成度は、少なくともある程度にしかならない。ある程度でも熟達していればまだよい。教師たちはたいてい非常に若く、常に転職しており、その結果ほとんど何についても熟達していない。最悪なのは、彼らがその専門的職業（profession）に対してなんら直接的な準備教育を受けていないことである。[19]

そしてカーターは、教師の「資質」には知識の量だけでなく「教師と彼の生徒とのコミュニケーションの能力」が重要であり、教職は「学校の維持」ではなく、子どもとコミュニケーションをとりつつ「教える仕事」だと指摘していた。

> ここで、私は教師の資質における区別について記そう。この区別は、驚くべきことに今までほとんど気づかれてこなかった（傍線は引用者、以下、本書では引用文中の傍線はすべて引用者による）。すなわち、知識を持つことと、他者の精神とコミュニケーションすることとは異なる。私たちが教師を捜すとき、我々は彼がどれほど知っているかを調べはしたが、どれほどコミュニケートできるかを考えてはこなかった。まるで、後者の資質は我々になんの結果ももたらさないかのように。しかし私には、親や子どもは、少なくとも前者と同じくらい後者の資質に興味をもっているようにみえる。（略）教師を教育する最大の目的は、

教師と彼の生徒のコミュニケーションのために、わかりやすい言語を獲得させることにある。（略）教えるという専門的な仕事（profession of teaching）のために、直接的に注意深く教師を養成することが、この困難を克服するために重要なのである。[20]

以上のように、一八二〇年代の米国では、公立学校の教師の質を高めるために教師教育機関が必要であることについての社会的合意が成立していなかった。また教職志望者の間では、上述のように教職は一時職と考えられ、教職の職務内容に関する社会的合意も成立していなかった。したがって、ギャローデットやカーターらはまず、教職は男性が生涯を賭すに値する専門職（profession）であるという、教職像の再定義をおこなうための議論を展開しなければならなかったのである。

彼らの議論は、米国において教師教育機関の設立やその向上は、教職の職務内容や社会的・経済的地位の改革とともに論じられる必要があったことを示し、重要である。すなわち、教師の質を高めるためには、そもそも教職とは何をする職業なのか、から説き起こし、教職像そのものを再定義しなければならない状況が生じていた。

（2）海外の教師教育情報の輸入

教職像を再定義しようとする試みは、一八三〇年代になると海外からの情報を積極的に輸入することを通しておこなわれるようになっていた。特に参考にされたのは、プロイセンの情報だった。

一八三一年には、会衆派牧師ウィリアム・ウッドブリッジ（William Channing Woodbridge, 1794-1845）が、プロイセンでは教職は三十数年も勤務しつづける「専門職」であり、「彼らが教壇に立つのは一般に約二四歳になってから」であり、「教師を教育するセミナリーを創設することが、公立学校制度の最も重要な一部をなす」と考えられていると、当時のアメリカの教師像と異なるプロイセンの教師像を紹介した。[21]

また、一八三五年にフランス人牧師でパリ大学哲学教授のビクトール・クザン（Victor Cousin, 1792-1867）によるプロイセン報告書の英訳版も、広汎に読まれていた。クザンは、七月革命によって立憲君主制が成立したフランスから、一八三〇年にプロイセンに派遣された。そして、プロイセンでは国が文部大臣を頂点とする教育制度に強力な統制を及ぼしており、教師たちはプロテスタントにでもカトリックにでもなく、国に忠誠を誓っており、その養成事業も国の管轄下にあることなどを叙述していた[22]。ヘルプスト（Herbst, 1989）は、クザンの英訳書における「教師あっての学校（As is the teacher, so is the school）」という語句が、教師養成を目的とする教育機関を州が設立する必要性を読者に印象づけ、クザンの報告書は米国において、公教育普及に対する州の責任を主張する人々への追い風となったと指摘している[23]。

さらに、初めてアメリカ人によって書かれたヨーロッパの教育事情の報告書として、カルビン・ストウ（Calvin Ellis Stowe, 1802-1886）が一八三七年にオハイオ州議会に提出した『ヨーロッパにおける初等公教育に関する報告書』がある。ストウは、自ら視察した海外の情報、主にプロイセンの状況を参考に、一八三九年には『公立学校と教師セミナリー』を執筆し、六つの提案をまとめていた。すなわち、①各州における民衆教育普及には、各州が公費で「教師セミナリーとモデル・スクール」を設立する必要があること、②セミナリーは一六歳未満の生徒は入学させないこと、③モデル・スクールは、公立学校と同様に多様な子どもを受け入れ、同じ状態を作ること、④セミナリーの修業年限は三年で、生徒は三クラスに分けられること、⑤セミナリーのスタッフは直接その教授たちの教えを受けること、⑥セミナリーの教育課程は講義や暗唱を組み合わせ、必要に応じて観察や経験も含むこと、であった[24]。ストウの報告書は、モデル・スクールの必要性を具体的に論じるなど、教師教育機関の理念や教育課程に関して、当時における最も詳細で具体的な提言をまとめたものと評価できる。

これらの情報に基づいて、第Ⅱ部で論じるように一八三九年にマサチューセッツ州において実験的に州立の師範学校が設立されることとなる。マサチューセッツ州の指導者であったマンやヘンリー・バーナードは、プロイセン等海外の情報についても、一八四〇年代にさらに詳細に『マサチューセッツ州教育委員会年報』に掲載してゆく。その詳細は第二章以降で検討する。

（3）当時の教師教育に関する言説の特徴

重要なのは、当時の男性指導者たちの教師教育言説の中で、教職は「専門職」であると位置づけられていた点と、教師の代名詞として「彼」が用いられていた点である。彼らが想起する「専門職」としての教職、すなわち生涯を賭するに値する仕事としての教職は、男性の仕事として位置づけられていた。女性は結婚し出産する存在であるという当時の社会規範のなかでは、彼らにとってそれは自明の前提であった。男性指導者にとっては、教師の能力の向上や教職の専門職化はいかに有能な男性を教職に惹きつけて養成するかによると考えられていた。

特にカーターは、当時すでに存在していた女性教師について、その資質の低さを指摘したうえで明確に否定的な態度を表明していた。当時、夏の農繁期に開設される夏季学校においては、男性教師や男子生徒が農地に出て不在になるために、女性も教師として採用されはじめていた。カーターはこの状況を批判し、「学校を維持することは、学校で教えることとは非常に異なるのであり、学校の維持ならば、彼女自身かその友人たちが、彼女を雇用するように小さな学区を説得することもできるだろう（が、学校で教えることのほうは女性にはできない—引用者注）」、「夏季小学校の欠点は、適切な採用基準や、教師の教職経験や、教師への直接的養成の総合的な不足にある」[25]と、女性教師を採用することと自体が不適切であることを指摘していた。

（4）女性教育振興の手段としての教師教育

しかし、女性の教育指導者のあいだからは、女性こそが教師にふさわしいという議論が唱道されはじめていた。一九世紀前半において、女性が初等教育以上の教育を受けられる機会は限定的であり、当時としては、上述したようにアカデミーやセミナリーと呼ばれる教育機関が、教育を受けられる最高レベルの学校だった[26]。これら女性セミナリーの設立者たち、例えばエマ・ウィラード、キャサリン・ビーチャー、メアリー・ライアンらは、女性教育を振興するために、女性こそが教職にふさわしい適性を神から与えられており、女性を優れた教師にするためには女性のための教育機関が必要だという論理を展開するようになっていた。彼女たちの議論の詳細は第二章以下で明らかにする。

なお本論に先立って、ウィラードやビーチャー、ライアンら女性指導者たちは、上述した男性指導者らと密接な人脈をもっていたことを、ここで指摘しておきたい。

上述したウッドブリッジは、第二章で検討するエマ・ウィラードの教育に携わり、後にウィラードと共著で数学の教科書を執筆していた人物である。またストウは、第三章で検討するキャサリン・ビーチャーの妹の夫であり、ギャローデットは、彼女たちのセミナリーに頻繁に招かれて説教や演説をし、彼女たちを直接支援していた。ホレス・マンやヘンリー・バーナードも、これら三人と頻繁に書簡を交わし、報告書へ執筆を依頼するなど、情報を交流する関係にあった。マンやバーナードは、第二章以下で検討するとおり、女性の教職への適性を主張するように変化していく。彼らの思想の変化には、ウィラードやビーチャーら、女性教育者らの思想が影響していたことを、次章以降で検討しよう。

（5）宗教的背景——プロテスタント・イデオロギー

なお、一九世紀初頭の公教育運動および教師教育に関する思想や実践には、当時の上・中産階層の白人プロテスタントの人間観や社会観が反映されていたことは、指摘しておかなければならない。

米国は、信仰の自由を求めて新大陸に移住した人々による新興国家であったため、宗教は大きな影響力を保っていた。政治的民主化と経済的産業化の進展のなかで、米国を一つの国民として統合していく原理は、キリスト教プロテスタンティズムに基づいて模索されていたのである。一九世紀初頭の米国社会を観察したフランスの思想家アレクシ・ド・トクヴィル（Alexis-Charles-Henri Clérel de Tocqueville, 1805-1859）は、米国の宗教は政教分離によって政治から離れることによって、逆に「それ固有の力と領域」を保持し、政治に多大な影響を及ぼしていると分析していた。(27)

この当時の白人プロテスタントの社会信条を、歴史家ケースル（Kaestle, 1983）は「プロテスタント・イデオロギー」と呼び、共和主義・プロテスタンティズム・資本主義からなるこのイデオロギーの特徴的な要素を一〇項目に整理している。

①共和政体（個人主義、自由、徳の理念を含む）は尊く脆い。
②社会的道徳の養成には個人の人格が重要である。
③個人のよさや価値を定義する時には勤勉さが重要である。
④女性の役割を尊重しつつ家庭役割に限定して描く。
⑤人格形成上、家族と社会の環境が重要である。
⑥私有財は神聖であり、社会的な善徳でもある。
⑦アメリカには経済的チャンスが皆に平等かつ十分にある。
⑧アメリカのプロテスタント文化は他のどれよりも優れている。
⑨神がアメリカに与えた運命は崇高である。

⑩アメリカの多文化状態の人々を、主に教育を通して統合する公的努力が求められる。[28]

田中智志（二〇〇五）の整理によれば、一九世紀初頭の米国プロテスタンティズムとは、第二次信仰復興運動という宗教運動と重なる「エヴァンジェリカリズム（Evangelicalism）」と、会衆派牧師チャニングに代表される「ユニテリアニズム（Uniterianism）」の総体である。[29] 第二次信仰復興運動と呼ばれる当時の宗教文化は、以下論じるように女性と深いかかわりをもっており、第Ⅰ部で検討する三名の女性指導者たちの思想や実践も、この第二次信仰復興運動の中に位置づいている。

米国では、建国前の一七三〇―四〇年代に、最初の神学者であり哲学者といわれるジョナサン・エドワーズ（Jonathan Edwards, 1703-1757）の影響によって第一次大覚醒と呼ばれる信仰復興運動が起きていた。エドワーズは、人間の堕落と原罪を説き、神に救済される人々は永遠の昔から神によって予定されていると唱えていた。しかし、一八世紀末になるとこのカルヴィニズムの宿命論的教義はもはや人々の間で受け入れられなくなり、一七九〇―一八四〇年代に第二次信仰復興運動が広がっていった。第二次信仰復興運動は、ニュー・イングランドの会衆派（Congregationalists）など伝統的な教派から起こり、テネシーやケンタッキーなどを中心に西部へと拡大しながら、人々の間に精神的昂揚感を広めていた。[30]

第二次信仰復興運動の具体的な教義は多様であるが、高山裕二（二〇〇六）によれば、大きな特徴として三点を挙げることができる。第一は、教会の権威を否定し、聖職者と信徒の間の地位の平等化を重視する点である。学問や知識よりも、神を直接感じて霊感を昂進させる「回心（conversion）」の経験をすることが推奨されていた。第二は、信仰の徹底的な個人化である。万人が新約聖書を自分で理解する権利をもつ、という民主的な聖書解釈が重視されていた。第三に、教会や信徒の努力によって、キリスト降誕後の千年王国（Millennialism）が建設されるとする、後千年王国思想が信じられていた。この福音主義的な教義は、米国の建国は後千年王国の建設に該当するという政治的大義とされただけでなく、情緒的で熱狂的な伝道活動そのものが多くの人々を動員する手法となり、民衆を動員するためにパンフレットなどのメディアが積極的に活用されるようになったと、高山は指摘している[31]。

　この第二次信仰復興運動の重要な担い手となったのが、白人中産階級の女性たちだった。男性は政治や経済活動に忙しく、公徳心よりも立身出世を果たす競争心や独立心こそが男性らしさの規範とされるようになり、教会員数では女性が男性を上回るようになっていた。したがって、男性聖職者らは、女性は神や夫に従順であれと説きつつも、女性は男性よりも道徳的に卓越した存在と見なし、その道徳的影響力を社会的に発揮することを奨励した。女性たちも、敬虔で従順で家庭的で道徳的に優れているという女性規範を打破せずに、むしろその規範を利用することで、教会を拠点とした社会道徳改革の活動を活発化させていった。禁酒運動、刑務所改革、奴隷制廃止運動に加え、教育改革運動もその一環であった[32]。

　特に一八二〇年代以降は、集会の場で情感的に救済を体験することよりも、これらの運動組織を通して、合理的・組織的に信仰復活がめざされた。回心という救済を体験できなかったとしても、それは聖霊が降臨しなかったためではなく、諸々の悪条件が重なったためであり、人間の側の自律によって問題を解決しようとする合理的・自律的個人の思想が創出されていたのである[33]。この合理的・自律的個人の思想が、教育の可能性を認識させ、教育への期待を高めていたといえる。

（1）Roger L. Geiger, ed., *The American College in the Nineteenth Century* (Nashville: Vanderbilt University Press, 2000), 7.
（2）Ibid., 1.
（3）Maris Vinovskis, and J. Bernard, "Beyond Catharine Beecher: Female Education in the Antebellum Period," *Signs: Journal*

of Women in Culture and Society 3 (Summer 1978): 856–69.

（4） Mary Beth Norton, *Liberty's Daughters: The Revolutionary Experience of American Women, 1750–1800* (Boston: Little, Brown, 1980), 273.

（5） Ibid., 273–5.

（6） *The Oxford English Dictionary,* 2nd ed., vol. 14 (Oxford: Clarendon Press, 1989), 956.

（7） Nancy Beadie, "Emma Willard's Idea Put to the Test: The Consequences of State Support of Female Education in New York, 1819–67," *History of Education Quarterly* 33, no. 4 (1993): 554–5.

（8） John Seiler Brubacher, *A History of the Problems of Education* (New York: McGraw Hill Book Company, Inc., 1947), 505–506. 三好信浩『米国教師教育制度史論』東洋館出版、一九七二年、二五―二六頁。

（9） Michael W. Sedlak, "Let Us Go and Buy a School Master: Historical Perspectives on the Hiring of Teachers in the United States, 1750–1980." In *American Teachers,* edited by Donald Warren (New York: McMillan, 1989), 259.

（10） Brubacher, *A History,* 507.

（11） Willard S. Elsbree, *The American Teacher: Evolution of a Profession in a Democracy* (New York: American Book Company, 1939), 58–66.

（12） Paul Litchfield, "Diary of Paul Litchfield," *Proceedings of the Massachusetts Historical Society, 1st ser.* 19 (1881–1882): 376.

（13） Elsbree, *The American Teacher,* 33.

（14） Sedlak, "Let Us Go and Buy a School Master," 260.

（15） Carl F. Kaestle, and Maris Vinovskis, *Education and Social Change in Nineteenth-Century Massachusetts* (New York: Cambridge University Press, 1980), 21.

（16） 当時の米国における教育論一般については、以下の文献を参照のこと。David B. Tyack, and Elisabeth Hansot, *Managers of Virtue: Public School Leadership in America, 1820–1980* (New York: Basic Books, 1982); Michael B. Katz,

Reconstructing American Education (Cambridge: Harvard University Press, 1987). 田中智志『人格形成概念の誕生――近代アメリカの教育概念史』東信堂、二〇〇五年、一七五頁。

(17) Thomas Hopkins Gallaudet, *Plan of a Seminary for the Education of Instructers* [*Sic*] *of Youth* (Boston: Cummings, Hilliard, 1825), 27.

(18) Ibid., 34-5.

(19) James G. Carter, *Essays Upon Popular Education: Containing a Particular Examination of the Schools of Massachusetts, and an Outline of an Institution for the Education of Teachers* (Boston: Bowles & Dearborn, 1826), 36.

(20) Ibid., 44-5.

(21) William C. Woodbridge, "Seminaries for Teachers in Prussia," *American Annals of Education and Instruction* 1, (June 1831): 235-57. なおウッドブリッジに先立って、以下も出版されていた。Henry Edwin Dwight, *Travels in the North of Germany, in the Years 1825 and 1826* (New York: G. & C. & H. Carvill, 1829).

(22) Victor Cousin, *Report on the State of Public Instruction in Prussia; Addressed to the Count De Montalivet,* trans. Sarah Austin (London: E. Wilson, 1834).

(23) Jurgen Herbst, *And Sadly Teach: Teacher Education and Professionalization in American Culture* (Madison: University of Wisconsin Press, 1989), 35-9.

(24) Calvin Ellis Stowe, *Common Schools and Teachers' Seminaries* (Boston: Marsh, Capen, Lyon, and Webb, 1839).

(25) Carter, *Essays,* 36-7.

(26) その他には、例えば一八二六年にはボストンにボストン女性高校が設立されたが、短期間で閉校となり、一八五二年までボストンには女性が入学できる高等学校は設立されなかった。大学としては、一八三三年には初めて、オーバリン大学が女性大学として設立されていたが、その規模は小さかった。Norton, *Liberty's Daughters,* 272.

(27) トクヴィル、松本礼二訳『アメリカのデモクラシー』第一巻上、岩波文庫、二〇〇五年。レオダムロッシュ、永井大輔・

高山裕二訳『トクヴィルが見たアメリカ――現代デモクラシーの誕生』白水社、二〇一二年。

（28）Carl F. Kaestle, *Pillars of the Republic: Common Schools and American Society, 1780-1860*, New York: Hill and Wang, 1983, 75-77.

（29）田中智志、前掲書、一七五頁。

（30）五十嵐武士「連邦共和国の成立と試練」前掲書、二五七―二五八頁。

（31）高山裕二「アメリカのデモクラシーの世論と宗教の境界――トクヴィルとリヴァイヴァリズム」『早稲田政治經濟學雑誌』三六五号、二〇〇六年、二一―二二頁。

（32）E. Anthony Rotundo, *American Manhood: Transformations in Masculinity from the Revolution to the Modern Era*, New York: Basic Books, 1993.

（33）田中智志、前掲書、一七五―一九四頁。

第二章　女性教師像の成立

――エマ・ウィラードの「共和国の母」としての教師像

本章では、一八一四年にミドルベリー女性セミナリー（Middlebury Female Seminary）を、さらに一八二一年にトロイ女性セミナリー（Troy Female Seminary, 現在 Emma Willard School, 図２-１）を設立したエマ・ウィラード（Emma Hart Willard, 1787-1870）に焦点を合わせて、彼女の教師像と教師教育の実際を明らかにし、その意義を考察する。

ウィラードの生涯や女性運動の業績は、一九七〇年以降に主に歴史学の領域で再発見されてきた。すなわち、すでに二〇世紀初頭には、トーマス・ウッディ『米国女性教育史』（Woody, 1929）[1]やウィリーシュタイン・グッゼル編『米国における女性教育の開拓者たち』（Goodsell, 1931）[2]など、ウィラードやキャサリン・ビーチャー（Catharine Beecher, 1800-1878）、メアリー・ライアン（Mary Lyon, 1797-1849）などの教育への貢献を考察する歴史研究が少なからず蓄積されていた。ウィラードについても、一八八五年から一九〇八年までミドルベリー大学長を務めたエズラ・ブレイナードがウィラードの請願書を「女性の高等教育のマグナ・カルタ」（Brainerd, 1893）と評価し[3]、アルマ・ルッツが一九二九年に『エマ・ウィラード――民主主義の娘』（Lutz, 1929）という伝記研究をまとめるなど、二〇世紀初頭にはその業績が注目されていたのである。

しかしその後一九七〇年代までは、ウィラードを対象とする研究は空白となっていた。女性史研究の開拓者の一人であるナンシー・コット（Cott, 1978）[4]は、学問界における女性抑圧が最も強かった一九三〇年代後半以降にウィラー

図2-1　現在のエマ・ウィラード・スクール　ニューヨーク州トロイ．2013年に創立200周年を迎えた．

ドたちが教育史に叙述されなくなっていたと指摘し、ウィラードの業績を再評価した。そしてアン・スコット（Scott, 1979）[5]は、ウィラードのトロイ女性セミナリーにおける教育活動とその影響の検討を通してその女性教育における意義を明らかにし、女性セミナリー研究のさきがけとなった。

一九八〇年代以降は、女性セミナリー研究のほかにも、ウィラードとトロイ女性セミナリーをさまざまな角度から分析する研究が展開されている。例えばマリー・ネルソン（Nelson, 1987）[6]は、ウィラードの構想した地理、歴史、市民教育を社会科の起源として位置づけた。ニーナ・ベイム（Baym, 1991）[7]は、ウィラードの教科書に表現された歴史観を明らかにしたし、スーザン・シュルテン（Schulten, 2007）[8]は、ウィラードの作った歴史教科書の意義を視覚資料の観点から検討している。また、ナンシー・ビーディ（Beadie, 1993）[9]は、トロイ女性セミナリーに対する州の財政支援をウィラードが獲得したことの意義を分析し、州政府の支援によって女性教育のカリキュラムが制度化されたことを評価しつつも、教師教育を制度化しようとする州政府の意向を反映させるカリキュラムでなければならなくなった点では、かえって女性教育の水準を下げたと結論づけた。

これらの研究の結果、現在ではアメリカの多くの歴史教科書にウィラードの名前が女性教育の開拓者として記されるとともに、ウィラードの一八一八年の演説が小冊子として出版されるなど[10]、ウィラードは広く知られる存在となっている。

日本では、ウィラードは女性セミナリーの創設者の一人として、梅根悟監修『女性教育史』（梅根、一九七七）、有賀夏紀『アメリカ・フェミニズムの社会史』（有賀、一九八八）、坂本辰朗監修『アメリカ女性教育のパイオニア――一九世紀人物資料集成』（Sakamoto ed., 2006）などによって紹介されてきた[11]。

しかし、以上の日米における先行研究は、ウィラードの女性高等教育の開拓者としての業績に注目したものであり、教師教育に関する彼女の思想や、教師教育にウィラードが果たした役割の検討は主題とされてこなかった。

ウィラードの教師教育に関する思想と実践の検討によって、従来の日米両国における米国教師教育史の理解に対し、以下五点の問題が提起されることになる。

第一に、ドナルド・ウォレン編『アメリカの教師たち』（Warren, 1989）[12]、グッドラッド他編『教師たちが教えられる場所』（Goodlad *et al.*, 1990）[13]は、教師教育の成立を一八三〇年代の州立師範学校として叙述してきた。また、アールテンボーとアンダーウッド「師範学校の発展」（Altenbaugh & Underwood, 1990）[14]は、教師を教育するという概念自体が一八三〇年代の州立師範学校まで存在していなかったと叙述してきた。しかし本書で検討するように、ウィラードは一八一八年にすでに、教職と公的教師教育の重要性を主張し、教師の養成を開始していた。

日本の先行研究においても、三好信浩『教師教育の成立と発展――米国教師教育制度史論』（三好、一九七二）[15]、小野次男『米国教師養成史序説』（小野、一九七六）および『米国州立師範学校史』（小野、一九八七）[16]は、州立師範学校とそのカリキュラムを主題としてきたが、女性セミナリーにおいて実際におこなわれていた教師教育については、ほとんど明らかにされてこなかった。女性セミナリーにおいて事実上開始されていた教師教育とその意義を考察することには意義がある。

第二に、アールテンボーとアンダーウッド「師範学校の発展」（Altenbaugh & Underwood, 1990, 前掲）をはじめ多くの研究は、公立学校再興運動による教職の需要急増が、専門的教師養成機関の必要性を喚起したと説明してきた。確かに公教育の普及による教職の需要増加は、教師教育の普及と密接な関係をもっている。しかし、この理由だけではなぜウィラードが教職の需要が急増する前から専門的な教師を養成する必要性を説いていたのかを説明できない。本事例は、従来の因果関係の説明を再検討する必要を提起している。

第三に、ウィラードの事例の検討によって、従来看過されてきた教師教育と女性教育の関係、特に教職の社会的地位の低さと女性のそれとの関連を検討することが可能になる。例えば、三好信浩（一九七二、前掲）、小野次男（一九七六、一九八七、前掲）は、なぜ州立師範学校の学生のほとんどが女性であったのかについて説明してこなかった。しかし本事例は教師教育が、女性教育振興と雇用拡大のための、いわば戦略として提起されたことを示している。ウィラードの戦略は大きな成功を収めたが、しかし一方でそのロジックは、教職の低賃金や社会的低地位、初等教育の教師の約九割が女性という偏った性別比など、現代にも残る教職の特徴を正当化する素地を形成していた。

第四に、本事例の検討によって、男性の教師教育理念のみを対象としてきた従来の教師教育カリキュラム史研究に、女性の視点を導入する必要性を提起しうる。例えばメリル・ボロウマン『教師教育におけるリベラルとテクニカル——アメリカの思想の歴史的探究』（Borrowman, 1956）[17]は、一九世紀の教師教育カリキュラム理念を四類型に整理していた。すなわち、(1)実用的な職業教育科目を排しリベラル・エデュケーションを徹底した大学でこそ教師を養成すべきとする「学問追求派」、(2)専門的教師教育は徹底するが、それ以前の段階で教養の深化や人格の完成をめざす普通教育で修了しておくべきとする「専門教育追求派」、(3)教師教育には教師の哲学や思想の深化をめざす専門的教師教育が必要だとする「調和派」、(4)授業の技術を核にしてすべての学習内容を統合すべきとする「統合派」の四類型である。ボロウマンは、「調和派」としてオールフェウス・クロスビー（Alpheus Crosby, 1810-1874）の一八五四年の演説を例示していたが[18]、この整理に依拠すれば、トロイ女性セミナリーにおいても女性の教育という目的のもとに教養教育と教師養成教育の機能を調和したカリキュラムが成立していたと指摘することができる。

第五に、ウィル・モンロー『米国におけるペスタロッチ運動の歴史』（Monroe, 1907, rep. 1969）[19]や村山英雄『オスウィーゴー運動の研究』（村山、一九七八）[20]は、米国におけるペスタロッチ教育学の教師教育への応用は、オスウィーゴー師範学校のシェルドン（Sheldon, 1886-1946）により開拓されたと指摘していた。しかしウィラードは、シェルドンより前から、ペスタロッチに学んだ視覚的理解を促す図版を取り入れた独自の教科書を開発するとともに、全米各地で教師となった卒業生の現職教師ネットワークを組織していた。本事例は、米国のペスタロッチ運動において女性が果たした役割の再検討を促している。

以下、本文では、まずウィラードの生い立ちに即して、公的教師教育の重要性が主張されるに至った経緯を検討する。次に、ウィラードの教師像とトロイ女性セミナリーにおける教師教育の実際を検討し、最後にウィラードの思想と実践の意義を考察しよう。

考察においては、一次史料として、アメリカ国会図書館に所蔵されるマイクロフィルム化されたウィラードの講演・講義の記録、ウィラードの執筆した教科書を用いる。また二次史料として、卒業生への質問紙調査を編集したフェアバンクス編『エマ・ウィラードとその生徒達』（Fairbanks, 1898）[21]、ジョン・ロードがウィラードの手紙をもとにまとめた伝記『エマ・ウィラードの生涯』（Lord, 1873）[22]、アルマ・ルッツによる伝記『エマ・ウィラード——民主主義の娘』（Lutz, 1929）[23]を用いる。

1　トロイ女性セミナリーの設立

トロイ女性セミナリーは、一八二一年三月ニューヨーク州トロイに設立され、九月に開校した[24]。それは米国で初めての、初等教育以上のカリキュラムを備えた女性のための教育施設であった。

設立者エマ・ハート・ウィラードは一七八七年二月、コネチカット州バーリンにて生まれている（図2-2）[25]。父親は、独立戦争で名をなし進取の精神に富んだ将軍サミュエル（Samuel Hart）であり、母リディア（Lydia Hart）は、若くして後妻となったが家事に長け大家族を切り盛りしていた。

エマは、父の一六番目の子どもであった。その妹は、植物学研究で著名なアルミラ・フェルプス（Almira Hart Lincoln Phelps, 1793-1884）であり[26]、ウィラードと共に多領域で活躍することになる。ハート一族は、同州ハートフォード（ハートの小川）という都市に名を残すステファン・ハート（Stephan Hart, 生没年不詳＝一七世紀前半?）の子孫といわれ、ウィラードは恵まれた家庭教育を得られる環境にあった。ルッツ（Lutz, 1929）によればウィラードは、兄弟が大学から持ち帰る書籍を片端から独学して育ったと回想していたという[27]。父の愛国心を基盤にした進取の精神と、母の体現する良妻賢母の理想の併存は、ウィラードの思想の骨格を象徴しているといってよいだろう。

トロイ女性セミナリーの起源は一八一四年にさかのぼる。ウィラードは、一八〇九年に地元の医師ジョン（John Willard, 生没年不詳）と結婚し一児を設けたが、その後、夫の関与する銀行のスキャンダルによってほとんどの財産を抵当にとられ、経済的危機に瀕することになった[28]。その助けにと、一八一四年にバーモント州ミドルベリー（Middlebury）の自宅にて開いた寄宿舎がミドルベリー女性セミナリーである[29]。ウィラードは、この寄宿学校をニューヨーク州ウォーターフォードで継続拡大するための公的資金援助を訴える請願書『女性教育改善のための一計画――公衆への、特にニューヨーク議会議員への演説』[30]を、一八一八年に州議会に送付したのだった。この請願書のなかで、ウィラードは専門職としての教職の定義と、公的教師教育の必要性を主張していた。

当時、公共の場での女性の発言は一般的に認められておらず、この請願書の提出自体が大きな社会的挑戦であった。ウィラードは「世間は私を妄想家とかほとんど狂人とみなすだろうが、秘密裏に抱いてきた期待を発言しなければならない[31]」と、夫ジョン以外には内密に原稿を執筆したと、ルッツ（Lutz, 1929）は叙述している。しかも原稿が完成した後も、州議会に提出されるまでには夫や何人もの政治家を介さなければならず、数年の月日が必要となった。さらに州議会からの援助は否決され、同州トロイ市議会が女性教育の必要性を認めてウィラードの学校を誘致するまでに三年の月日を要したという[32]。

最終的にトロイ市議会が誘致を決定した背景には、ナンシー・コット（Cott, 1977）が指摘するとおり、産業革命による家庭経済の変化と、活字印刷技術の普及によって、非識字者の社会生活がより困難になっており、経済界において女性の識字率の向上に対する期待が高まっていた状況があった[33]。

2　ウィラードの教師像——女性教師の需要と供給の同時創出

ウィラードの請願書は、どのような新しさをもち、教師教育にとってどのような意義をもっていたのだろうか。この請願書は、教職の重要性と、公的教師教育の重要性という二つの概念を主張した点で、当時の社会において新しいものであった。以下、それぞれの点について検討する。

（1）教職の重要性の主張

①神から女性に与えられた天職

まず、請願書に記されたウィラードの主張を整理しよう。彼女の直接の目的は、自分の女性セミナリーに対するニューヨーク州の公的財政支援を獲得することであった。この目的に即してウィラードは、女性こそが以下三点において教職への適性を備えているため、女性を教師として適切に教育すれば、政府は公立学校に対して低い予算で大きな影響を与えられるとして、女性教育のための公的支出の正当性を論理的に説いていた。

図２－２　ウィラード肖像

第一に、男性は政治や経済など他の職でも国に必要とされ転職してゆくのに対し、女性は他に奉仕できる職種がないため、すべての能力を教職に捧げられる。しかも、女性は低賃金で働けるので、女性が教師として勤める方が共和国にとって利益があるという。

世の中には、子どもを教える仕事に意欲をもち、もてる全ての能力を教職に捧げられる優秀な女性が数多くいる。女性は、経済的目的を持たず、教え手としての評価を重要だと考える。それに対して、有能で進取の気性に富んだ男性は、この仕事を単なる一時的な雇用として捉え、他の目的のために従事し、思惑と打算を達成するために働いている。もしも女性が適切に教育されれば、男性よりも上手く教えることができるだろう。しかも、より安い賃金でそれが可能になる。そして従来教職についていた男性たちは、国の富を増す仕事をしたり、女性が排除されている他の何千という仕事に自由についたりすることができる。(34)

第二に、ウィラードは、右の引用にみられるように、経済的収入と社会的地位や名声を第一に考えがちな男性よりも、「経済的目的をもたない」女性こそが教職にふさわしいと主張していた。

ウィラードの言説の背景には、一九世紀初頭の米国で公共善の保護と公徳心の育成が重要な課題となっていた状況があった。独立革命の指導者たちは、共和国の維持と発展のためには個人的利益を犠牲にしても公共のために奉仕する、市民の公徳心が重要であると説いていた。そして共和国は、権力濫用を監視する政治機構よりもむしろ、公徳心のあつい市民一人一人の厳しい監視によって維持されると考えられていた。しかし同時に進行していた産業革命は他方で、経済競争のもと利己的な富の所有を尊重する個人主義を促進しており、いかにして公徳心を育成するかが模索されていたのである[35]。

また、公徳心の育成は女性にこそふさわしいという女性像の背景には、一七九八年以降の第二次信仰復興運動を始めとする女性イメージの変化があった[36]。サラ・エヴァンズ（Evans, 1989）が明らかにしたとおり、第二次信仰復興運動には多くの女性が参加し、革命以前の、感情的で臆病で人を堕落に導くといった女性性への否定的理解は、純粋で謙虚で道徳性に優れた敬虔な存在としての肯定的なイメージへと変換されていた。そして当時の価値観では、女性の方が男性よりも道徳的に優れ、女性は共和国の良心の守護者であった[37]。

女性が自己を犠牲にして家族に尽くし社会奉仕活動をおこなうことで、男性の経済活動と富の所有が招く公共善崩壊の危険を防ぐという女性像を、歴史家リンダ・カーバー（Kerber, 1980）が「共和国の母（Republican Mother）」と名付けて分析したことは、現在では広く知られている。この「共和国の母」としての女性像が、私的利益追求の努力によって社会全体が繁栄するという功利的公共概念を側面から支えていたというのである[38]。カーバーが指摘するとおり、ウィラードだけでなく、次章以降で検討するキャサリン・ビーチャーやメアリー・ライアンなど、当時の女性たち自身が、「分離された女性の領域（separate women's sphere）」という規範、すなわち、「男性＝公的領域（public sphere）、女性＝家庭的領域（domestic sphere）」というジェンダー規範を受け入れていた。彼女たちはむしろこの規範に依拠しつつ、女性の教育機会を拡大する必要性を訴えたのであった。

第三にウィラードは、教職には子どもへのケアと愛、忍耐力、道徳性などが求められ、それは男性よりも女性の方に優れて神から与えられているという。

> 自然は女性に、男性よりもずっと多く、子どもの心を柔らかくし、子どもの気持ちを受容するための穏やかな技術を与えている。また、さまざまな性格の子どもに対応する多様な教え方を開発するための、偉大な機敏さも与えている。そして繰り返し努力するための忍耐強さも男性よりも多く与えている。[39]

この教師像の変化は、一九世紀初頭までの米国における子ども観の変化と相関していた。メアリー・ノートン（Norton, 1980）によれば、米国においては独立革命後には、子どもは従来のように罪深く汚れた存在ではなく、無垢な可能態として見なされるようになり、子どもの教育責任が母親にあるとする思想が広がりはじめていたという[40]。ノートンの研究を踏まえれば、子ども観の変化も、女性こそが教職にふさわしいとする言説を支えていたといえる。

以上のように主張しつつウィラードは、女性を教育すれば有徳の母および優秀な公立学校教師の養成を達成することができ、共和国にとって有意義であると説いたのであった。

> このようにこれら（女性を教育すること―引用者注）をとおして、政府は直接的で最も利益のあるかたちで公立学校に対して影響を与えることができるのである。[41]

②ウィラードの教師像の新しさ

以上の請願書にみられるウィラードの主張は、教師像の観点からしても当時の社会にとって新しいものであった。その新しさは、以下三点に整理できる。

第一に、公教育は将来の共和国市民を育てる重要な仕事であると彼女は主張する。[42] 教師の最大の任務は、「富」の所有の危険性を適切な形で子どもに教え、「共和国の作法」と「公徳心」の堕落を防ぐことだという。「教育こそが国の清らかさの砦[43]」であるというのである。

> 公徳心と作法の悪化は富によりもたらされるといえる。富はもたらされるだろう。リュクリュゴス（紀元前九世紀のスパルタの立法者―引用者注）の立派な法律でも防ぎ得なかったのだから。したがって、公徳心の崩壊がもたらされないようにしなければならない。このための手段は、まさに教育のなかにあるのではなかろうか？[44]

公教育および教職を重要な職業と位置づける見解は、一八一〇年代の米国ではまだ新しいものであった。前章で検討したとおり、それまで教職は、農繁期には失業することから安定した雇用とはなりえず、男性が一時的な収入を得るための片手間のアルバイトや、定職を見つけるまでの踏み石としての位置づけにすぎなかったからである。[45]

第二に、ウィラードは、教師は「使命感」をもち「生涯を賭して」、「神に愛された共和国」に献身すべきであり、経済的収入を目的として働くべきでないと主張していた。[46] 前章で検討したように、生涯を賭けるに値する職業として教職を位置づける見方は、当時の社会には新しいものであった。

第三に、ウィラードは、子どもを教える仕事には子どもを「ケアする」ための「特殊な技術」が必要とされるという。特殊な技術とは後述するように「子どもたちの心を柔らかくする優しさ」、「多様な性格に対応する様々な技術を発明する素早さ」、「繰り返し努力する忍耐力」「道徳を教える敬虔さ」といった素養であるという㊼。

人をケアする労働として教職を見なした点でも、ウィラードの主張は新しいものであった。第一章で検討したとおり、一九世紀初頭までの米国では一般に、教職には知的卓越や情緒的抑制、生徒管理や体罰のための肉体的優越などが必要と考えられていた。それゆえ、一九世紀までは初等教育段階の教職は基本的に男性の職業として位置づけられていたのであった。一八一〇年代までは男性教師が見つからず閉鎖される学校も少なくなかった。

③「分離された女性の領域」に位置づけられた教職

以上の女性教師像が、当時の社会にとってどれほどの衝撃であったかは、以下三点に整理することができる。

第一に、ウィラードが女性を「現在では社会にほぼ無用な存在㊽」と形容しているとおり、当時女性は法的人格さえもたない存在だった。当時の多くの女性にとっては、出産・育児と家事・農業がその生涯のほとんどであり、賃労働は小規模工場のアルバイト程度に限定されていた㊾。第二に、女性性への肯定的イメージが広がりはじめていたとはいえ、教育を受けた女性という概念は、当時の人々にとっては恐怖でさえあった。バーバラ・ウェルター（Welter, 1966）も、識字力があり知的な女性を「青鞜（blue stocking）」と呼ぶ蔑称には、男性の嘲笑だけでなく恐怖が含意されていたことを指摘している㊿。第三に、一八一〇年代ではまだ教職は男性職であった。当時すでにクエーカー教徒やモラヴィア教徒など一部の教派コミュニティでは、男女共学の学校で夏季のみ簡単な読み書きを教えるような女性教師が出現してはいたが、教職は未だ男性の仕事として見なされるのが一般的であった51。

以上の社会的状況のなかでウィラードは、教職を女性役割の延長上に位置づけることによって、すなわち経済的目的を重視せず自己犠牲的に国に献身する職業として教職を定義することによって、女性に対する教育と、女性の社会的活動を正当化したのであった。彼女は、「男性＝公的領域、女性＝家庭的領域」という当時のジェンダー規範を受容しつつ、「女性の領域」自体を拡大しようとしたといえる。キャサリン・ワイラー（Weiler, 1989）が指摘していたとおり、上述した「領域」概念と「共和国の母」としての女性像そのものによって、女性教師という存在が是認され維持されることになったのである[52]。

すなわち米国において教職は、一九世紀初頭の時点で、他の専門職と異なり「女性の領域」に位置づけられたといえる。換言すれば、それは男性の「公的領域」から分離されたところで、女性独自の領域のなかに「公的領域」を創造しようとする努力であった。「女性の領域」というイデオロギーを拒否する代わりに、むしろこのイデオロギーを利用し拡大することによって社会的活動の幅を拡大していこうとする戦略は、一九二〇年代の女性によるセツルメント運動にまで引き継がれていく[53]。

ただし、教職が「女性の領域」に位置づけられたことは、「男性の領域」から教職と学校が排除されたことをも意味していた。学校や教職も「社会」の一部であるにもかかわらず「教師は社会を知らない」という批判が現代の米国社会においてもよく聞かれるが、この批判の源泉の一つは、上述した教職の位置づけにさかのぼれると解釈することも可能だろう。

④ウィラードが批判したもの

ウィラードは当時のジェンダー規範を積極的に支持していたことを、ここで再確認しておこう。ルッツ（Lutz, 1929）によれば、一八二九年にキャサリン・ビーチャーからの手紙に対しても「地上で唯一の自然な統治機構は家族であり、唯一の自然な統治者は夫であり父親である」と返答し、ウィラードは反奴隷制運動や女性参政権運動には一切参加しなかったという[54]。

ウィラードが正面から批判して乗り越えようとしたのは、当時のジェンダー規範ではなく、従来の女性教育であった。ウィラード以前の女性教育は、どれだけ無駄なことに金を使えるか親の経済力を誇示するための「消費」や「ファッション」であり、あるいは娘の結婚によって階層移動を果たすための「投資」であった[55]。例えば、グレース・グリーンウッド（Grace Greenwood）という筆名で知られた当時の作家サラ・リッピンコット（Sara Jane Lippincott, 1823-1904）は、女性教育は自立ではなく従属を、知的創造でなく消費を教えるものであり、抑圧の道具として機能していると嘆いている[56]。

消費やファッションとしての女性教育は、富の所有による公徳心の崩壊を警戒するウィラードにとって唾棄すべきものであった。ウィラード以前にも、女性にも男性と同等の教育機会を創出しようとする試み自体は存在していたが[57]、個人資金のみによる女性の知的啓蒙の事業化は、経済的に困難であった。そのためウィラードは、女性教育に対する公的資金援助の意義を力説する必要があったのである。

（2）公的教師教育の重要性の主張

ウィラードの請願書の新しさは、教職の重要性の主張に留まらなかった。ウィラードは、教師教育を通して「政府は公立学校を直接的かつ最も有利に管理できる[58]」と説くとともに、女性を教師として育てるためには系統的なカリキュラムを整えた公的な養成施設が必要であると主張した。そしてその施設の維持向上のためには共和国の権威、具体的には州の公的財政援助が不可欠であると訴えたのである。この主張も、以下の三点において、当時には新しい主張であったと整理することができる。

第一に、教師を養成するという概念自体が、当時の米国ではまだ新しいものであった。米国では、ちょうど同時期の一八一〇年代後半に、ランカスターの助教方式とその養成法が紹介されたばかりであったし、三好（一九七二[59]）によって最初期の教師養成校として日本に紹介されてきたサミュエル・ホール（Samuel Read Hall, 1795-1877）の教師養成校がバーモント州コンコルドに開校されたのも一八二三年になってからのことであった。

第二に、ウィラードの直接の目的は、セミナリーへの出資に関する州側の利益を提示することであったが、それは女性教育および教師教育の向上に、州の公的権威を利用しようとした点で新しかった。ビーディー（Beadie, 1993）は、ウィラードの主張は、上述したような消費やファッションであった女性教育の質を、市場原理だけで変革することの困難を明示したものと解釈している。[60]

第三に、これは女性のための公的教育機関の必要性を訴える初めての主張でもあった。初等以上の女性教育を求める議論は、一七八〇年代からすでにフィラデルフィアの「女性雑誌（*Lady's Magazine*）」などに確認できるが、カーバー（Kerber, 1974）[61]が指摘するように、それらは家庭教育の範疇を出るものではなかった。

（3）意図せざる結果

ウィラードの請願自体は州議会で否決されたが、その後大きな影響を残すことになった。彼女の請願書は米国やフランスなどで広範に読まれ、クリントン・ニューヨーク州知事（DeWitt Clinton, 1769-1828）、モンロー大統領（James Monroe, 1758-1831, 第五代大統領在任期　一八一七―二五）、のちに第六代大統領となるアダムス（John Quincy Adams, 1767-1848, 大統領在任期　一八二五―二九）など、各界の著名人から親書が寄せられている。[62]

さらに、公立学校の普及をめざしていた指導者たちは、女性は低賃金で雇用できるとするウィラードの主張にいち早く注目し、彼女を高く評価すると共に、その主張を巧みに利用してゆく。例えばヘンリー・バーナード（Henry Barnard 1811-1900）は、ウィラードをたびたび講演に招き、コネチカット州ケンジントンで公立学校の視学官（supervisor）に起用した。[63]一方で彼は、女性教師の雇用に難色を示す各教育委員会に対し、「公立学校の拡大を経済的に可能にするには女性教師の雇用しか他に道はな」く、「女性教師の方が男性管理職に従順に従う利点がある」と説得を重ねている⁽⁶⁴⁾。ウィラード自身も、神の使者として低賃金を喜んで受け入れるように女性教師に説き、バーナードに進んで協力していた。

既存のジェンダー規範を肯定した点で、ウィラードの主張は両刃の剣であった。彼女の主張は、教職人口の性別比の極端な偏りや、教職の低賃金、管理職に昇進するのは男性という昇進機会の男女差を正当化する結果をもたらしたのである。

実際に、女性性を中核とした教師像は、次章以降で検討するビーチャーやライアンなどにも共有され、女性教師の雇用は急速に拡大されていった。バーナードとヴィノフスキ（Bernard & Vinovskis, 1977）の調査によれば、マサチューセッツ州の教師に占める女性の割合は、一八三四年に五六％、一八四〇年に六一％、一八六〇年に七七％と上昇していたという⁽⁶⁵⁾。一九〇五年の全米教育協会の報告書は、全米の初等教育教師の九七・九％を女性が占めていることを示しており⁽⁶⁶⁾、二〇世紀初頭の段階で初等教育教師のほとんどを女性が占める偏った性別比が構成されていた。この偏った性別比は、二一世紀となった今日にも継続されている。初等教育の教師と言えば女性が想起されるような教師像の女性化だけでなく、実際の労働力の女性化も生じたのであった。

また教職の待遇についても、バーゲス（Burgess, 1920）の調査によれば、二〇世紀初頭まで女性教師の給与は男性の平均で三分の一から四分の一程度で推移していたという（第三章で詳述）⁽⁶⁷⁾。一九一三年の全米教育協会の報告書『教師の給与と生活費』によれば、一九世紀半ばから男性教師には学歴や能力や役職に応じて四段階以上の給与体系が作られてきたのに対し、女性には作られなかった⁽⁶⁸⁾。マーフィー（Murphy, 1990）は、この賃金格差が一九世紀末に女性教師の不満の根源となり、教員組合運動の原動力となったと指摘している⁽⁶⁹⁾。米国において教員組合運動の指導者がマーガレット・ヘイリー（Margaret Haley, 1861-1939）等の女性であったのは、偶然ではなかったといえる。

さらに、女性の高等教育が教師教育と密接に結びつけられたことによって意図せざる結果も生じた。ビーディー

（Beadie, 1993）は、教師教育を目的としない女性の高等教育へは資金援助がおこなわれなくなり、教養教育の共学校への女性の受け入れは減少したと指摘している[70]。ウィラードの戦略は、「女性の領域」の中での女性教育は促進したが、「女性の領域」の外での女性教育を阻む結果をもたらしていたといえる。したがって、アリス・パーマー（Alice Freeman Palmer, 1855-1902）ら後の女性教育の指導者たちは、教師にならなくても高等教育を受ける意義があると女性に伝えるために、新たな挑戦を開始せねばならなかった[71]。

3　トロイ女性セミナリーの教師教育の実際

以上のようにウィラードは、女性教育振興のいわば方便として、教師教育の重要性を説いていた。しかし、それゆえにこそ彼女の教師教育への貢献は、新しい教師像や公的教師教育の主張に留まらなかった。学習に興味のない女性たちをも惹きつけるために、彼女は妹フェルプスと共に米国でも最初期の段階でペスタロッチ教育学を学び、独自の教師用教科書を編集・出版していたのである。トロイ女性セミナリー（図２-３[72]）における女性教育と教師教育の実際を検討しよう。

（1）ペスタロッチ教育学の紹介

ウィラードやフェルプスの試みは、多くの困難を伴っていた。アン・スコット（Scott, 1984）は彼女たちの困難を以下三点に整理している。第一に生徒たちに女性でも学習が可能なことを信じさせ、第二にどのように学ぶのかを具体的に示し、第三に学習の意味と価値を直接的に提示する必要に迫られていた[73]。すなわち彼女たちは、学習すれば直接的な恩恵を得られることを、教職という新しい雇用を創出することによって女性に示すだけでなく、学習者を途中で

図2-3　トロイ女性セミナリー正面図

脱落させないために特別な教育方法と技術を必要としていた。当時の高等教育で用いられていた無味乾燥な教科書と、機械的な暗誦を主とする教育技術は、卒業後に高い社会的地位や経済的報酬が約束される男子生徒にはかろうじて成立しても、女性たちの学習意欲を維持するには有効とはいえなかった。(74)

したがって、ウィラードは「生徒たちを飽きさせず、楽しい時間を過ごさせる(75)」ことのできる教育方法の開発に力を注いでいた。この教育方法は同時に、トロイ女性セミナリーの卒業生が教壇に立ったとき、子どもを相手に教える方法にもなった。ルッツ（Lutz, 1929）によればウィラードは、幾何学を教えるのに紙を切って三角形を作り、とうもろこしやポテトでピラミッドを彫って提示するなどの教授法を工夫していたという。(76)

教授法を改善しようと模索していたウィラードが着目したのが、当時米国に紹介されはじめたばかりのスイスの教育者ヨハン・ハインリヒ・ペスタロッチ（Johann Heinrich Pestalozzi, 1746-1827）の教育論であった。ウィリアム大学で教鞭をとっていた科学者エイモス・イートン（Amos Eaton, 1776-1842）と知己を得る幸運に恵まれた彼女は、イートンと妹フェルプスとともに一八一八年からペスタロッチを学びはじめる。(77)ジョン・ロックとペスタロッチの思想は男性教育者からも注目されていたが、(78)

ペスタロッチの教育論は、教育の基礎は母性愛による宗教的・道徳的教育にあると説くものであり、さらに彼自身が一八〇六年に女子学校を設立していた点で、米国の女性教育者を特に魅了するものであったといえるだろう[79]。

（2）独自の教科書の開発

ウィラードが「共和国の清らかさの砦」として重視したのは、合衆国の発展を示す地理科と歴史科であった[80]。教授法を研究し、ウィラードは当時一般的であった「機械的暗誦」を厳しく批判しはじめ、以下のように独自の教科書を出版するに至っている。フェルプスによれば、ウィラードは教師の仕事は「単なる知識の伝達ではなく」、「理解」に基づく「叡知」の涵養であり、単に「知識」を暗記させることは「無用であるよりもさらに悪い」と説いていたという[81]。

地理の教科書に、ウィラードの名が最初に記されたのは一八二一年の『世界地理[82]』である。ただし、彼女の名は表紙ではなく、序文の中に記されていた。欧州でペスタロッチに学んで帰米していたウッドブリッジ（William Channing Woodbridge, 1794–1845）は、彼が出版しようとしていた地理の教授法と「酷似している方法」を、ウィラードがすでに開発しトロイ女性セミナーで実践しているのに驚き、『世界地理』に、ウィラードの序文を掲載することにしたと記している[83]。そのわずか四頁の「序文」で「視覚教授の原理（principle of teaching by the eye）」として論じられた地理の学習方法と教授方法論は、詳細さと具体さにおいてウッドブリッジのそれを凌いでいる。

マルヴィヒル（Mulvihill, 1995）の調査によれば、ウィラードは実際には『世界地理』[84]の古代地理の箇所を執筆していたし、ウッドブリッジの名前で出版された『地理および地図の基礎』（Woodbridge, 1821）も、実際にはウィラードとの共著だったという[85]。

しかし、女性であったウィラードには著作権も出版権もなかった。そこで、病床にあったウィラードの夫ジョンは、

図2－4　歴史の殿堂　柱が各世紀の出来事を示し，奥から手前に並ぶ．一番手前の半分ほどの柱に「19世紀　ナポレオン」と記されている．床面最奥に「神の創世」が光り，手前には台頭順に各国の名前が川のように記されている．

自分の死後も妻の収入を保障しようと、妻がウッドブリッジと対等の出版権をもつことができるよう交渉を重ね、ジョン・ウィラードとして版権を得たと、マルヴィヒル（Mulvihill, 1995）は指摘している。[86]

夫の努力を得て、その後ウィラードは、夫の名と共に出版社との契約を結び、自身の名において『古代地理』（Willard, 1822）[87]、『初心者のための地理』（Willard, 1826）[88]、『合衆国小史』（Willard, 1843）[89]など一〇冊以上の教科書を次々と発表することに成功した。それらはベストセラーとして版を重ね、一九世紀末まで全米のアカデミーなどで用いられてゆく。彼女の『合衆国史』（Willard, 1829）[90]は、シンシナティ公立学校委員会（the Public School Committee of Cincinnati）やニューヨーク市学区学校協会（the Ward School Association of New York City）などで教科書として採択され、スペイン語、ドイツ語に翻訳されヨーロッパでも出版された。[91]ルッツによれば、『「歴史の殿堂」の解説と学校のための世界史』（Willard, 1850, 図2－4）[92]は一八五一年のロンドン万博で金賞を受賞したという。[93]

ウィラードの教科書の特徴を、以下、三点に示しておこう。第一に、なぜその教科を学習する必要があるのかが、冒頭で

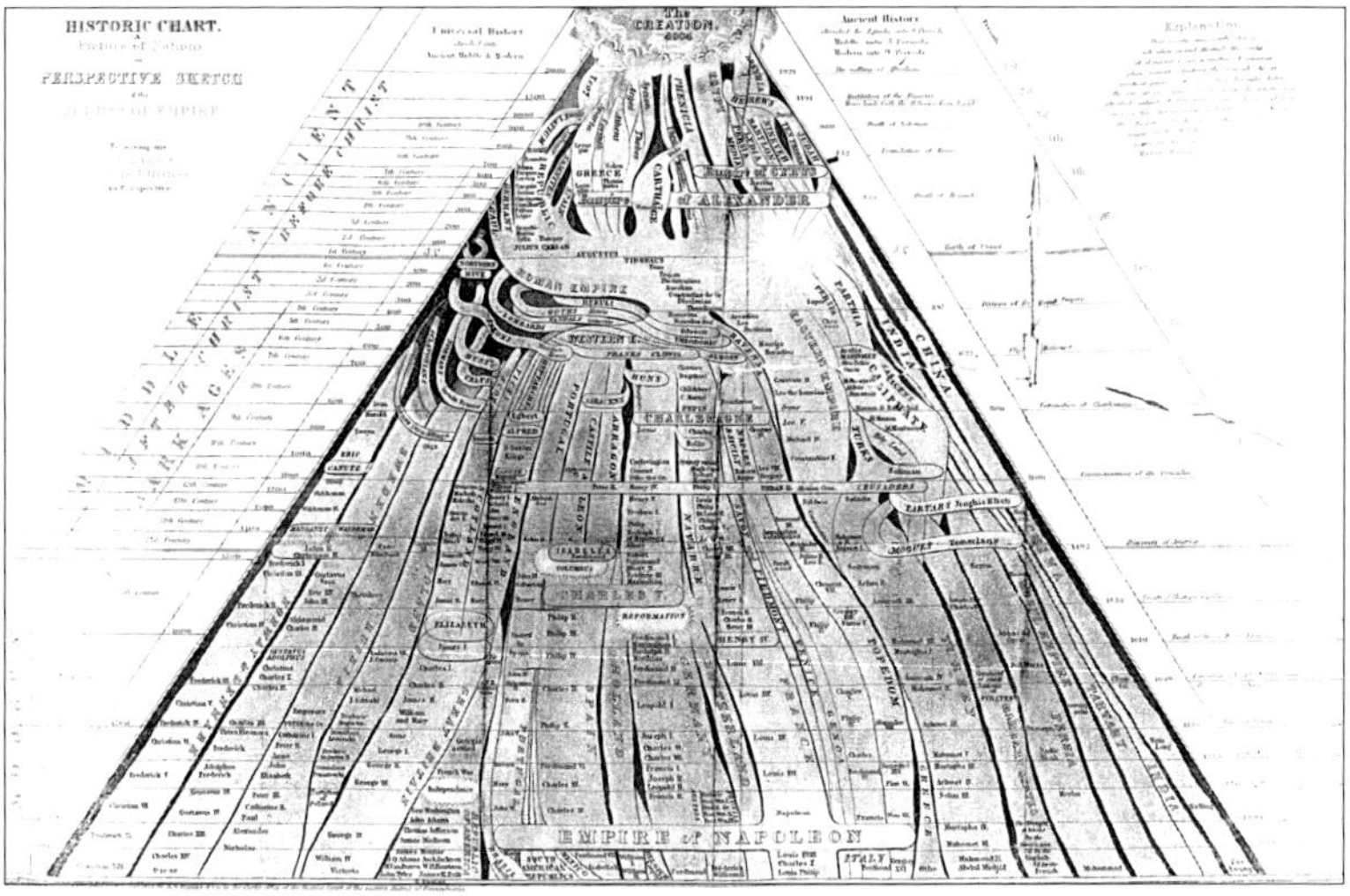

図2-5　各国歴史図　頂上が神の創世で，各国史がマグマの流れとして描かれ，なかには年代ごとの国王の名が書かれている．麓にはフランスやスペインを包み込んでナポレオン帝国と記されている．

読者に示される。例えば地理は科学の一分野として位置づけられ、その学習目的は「比較し抽象化する科学的学識の基礎を築くだけでなく、健全な判断と理解力の基礎をもたらす」と述べられている。あるいは歴史は「次世代の愛国心をはぐくみ」、先人の教訓に学んで「徳」を涵養する意義をもつという[94]。それゆえ彼女の歴史記述は、神による世界の創造やエデンの園の物語など、旧約聖書の物語を事実として記述しつつ、道徳を学ばせるものであった。ウィラードにとって、歴史や地理の学習は、道徳教育に通じるものであった。

第二の特徴は、「視覚による学習」を唱えて地図や視覚的年表など図解を多く作成したことである。「学習は単なる記憶の練習としてみなされるべきでない」として「機械的暗誦」は繰り返し批判されている。一七八〇年代から一問一答式の構成を取り入れるなどの形で地理の教授法の開発は行われはじめていたが、ウィラードらの取り入れた図解は、当時の教科書には新しいことであった[95]。例えば歴史では旧約聖書の世界創造の日からの人類の歴史を山に見たてて描いたり（図2-5）[96]、米国史を木の幹に見たてて枝間の

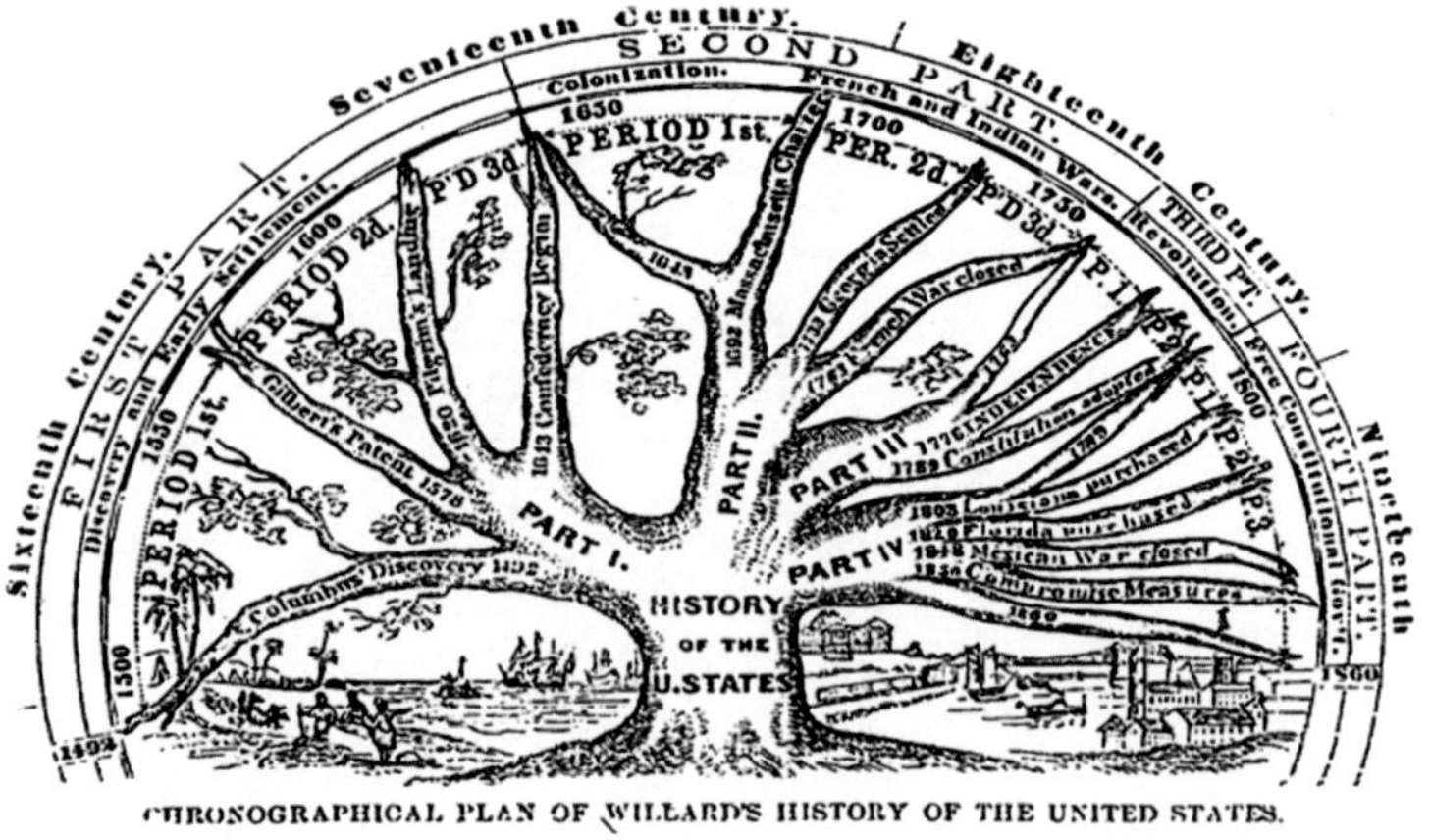

図2-6　合衆国史の樹

幅が各時代の長さを示すようにしたりする（図2-6）[97]などの工夫が凝らされている。彼女はそれを「視覚を教授の媒介にする原理」と呼び重視するとともに、「何を考えるかを生徒に教えることが最終目的ではあるが、いかにして考えるのかを教えることの方がより大切」として、批判的思考の重要性も説いていた[98]。

第三に、これらの教科書は学習用であると同時に、教師用の教科書としても編集されていた。当時書物は高価であったため、生徒たちは学習に用いた本を携えて、教師として全米各地に赴任した。学習者向けには、内容を「学びやすさ」「覚えやすさ」「精神の陶冶」の観点から編集し、紙面の両脇に学習の要点を示す欄が設けられている。教師用の便宜としては各頁下段に問いが用意され、「子どもの思考を促す質問」がどのようなものかを学べるようにされていた[99]。

（3）大学と同等のカリキュラム

ウィラードは、子どもに対する情緒的養育の重要性を訴えたように、セミナリーにおける教師養成においても宗教教育と家政教育を重視することを強調していた。一方、生徒に対しては、教職には高度な学識が必要であることを説き、大学と同等のカリキュラムを構築し、奨学金制度を整備して学習の継続を可能にしていた。ルッツ（Lutz, 1929）は、ウィラードを「女子生徒に奨学金を支給した初めての女性」としている(100)。

必修教科は「聖書、文章構成法、朗読、絵画、歌、体操、ダンス」から構成され、上述の希望者には「ラテン語、代数、幾何、三角法、道徳哲学、自然哲学、論理学、植物学、化学、地理、天文学、動物学、神学、修辞学、文学、歴史」などの教科に加えて、「英語、スペイン語、イタリア語、フランス語、ドイツ語」などの語学授業がおこなわれていた(101)。

学習に際しては各教科の関連が重視され、例えばギリシャの歴史と地理とホメロスの『イリアッド』を同時に学ぶといった形で、相補的な効果があがるよう工夫されていた。教師は常に小黒板を携帯し、地図や図解を用いながら生徒に説明していたという(102)。哲学ではロックやカントが読まれ、シェイクスピア文学は朗読劇として上演されていた。また、生徒と教師双方への動機付けとして、二月の学期末と七月の学年末に年二回の定期試験が公開されていた。年度末試験は八日間にわたっておこなわれ、周囲の壁に生徒の絵画や作品が掲示され、生徒二人ずつが公衆の面前で試験官の前に立ち、質疑応答をおこなうというものであった(103)。公的発言の場をもつことが許されなかった女性たちにとって、聴衆の前で学習の成果を発表する機会は、大きな学習動機となっていたという(104)。

ウィラードは、自校が全米初の師範学校だと考え、右のような高度に学問的なカリキュラムを準備していたにもかかわらず、あえて大学の名を用いなかった(105)。ルッツの解釈によれば、ウィラードは社会からの反発を避けるために、聖職者の最高教育機関であった「セミナリー（神学校）」の名称を意図的に選んでいたという(106)。ウィラードの正確な意図は不明だが、大学の名を冠しながら高等教育の内実を伴わない教育機関や、初等教育程度の教育しかおこなわないセミナリーやアカデミーも少なくなかった中で(107)、トロイ女性セミナリーの教育内容は、確かに当時女性が学びうる最高の水準となっていた。

セミナリーは全寮制であった。ルッツ（Lutz, 1929）によれば、寮の生活全体はキリスト教教育として組織され、

「女性的な優雅さと気配り」が最重視されていた。日課は、起床夏季六時半（冬季七時）、朝の祈りと聖書朗読、一時間半の勉強と体操の後朝食八時、その後午前授業、一二時の昼食をはさみ四時まで午後の授業、四時に校長ウィラードと共に礼拝、夕食六時まで自由時間、夜八時から一時間の自習時間の後就寝となっていた。教師陣はウィラードの他七人と補助教師三人で全員が女性であったが、運営委員会は全員男性の牧師によって構成されていた。一八二四年の生徒は一三八人、平均年齢は一七歳、階層は多岐にわたっていたがすべて白人であったという[108]。

（4）現職教師ネットワーク

トロイ女性セミナリーは毎年数十人の教師を全米へ輩出し、全国の学校からは教師派遣の要請が寄せられていた。「エマ・ウィラード」とサインされた卒業証書は、実質的には教職免許として機能していたという[109]。またウィラードは、一八三七年に「教師の相互成長のためのウィラード協会（Willard Association for the Mutual Improvement of Teachers）」を設立し、現職教師のネットワークを組織することによって教師を支援しはじめる。彼女は一八四六年には八〇〇〇マイル以上を旅しつつ全国の卒業生教師を訪問し、学級管理から試験の方法まで多岐にわたる具体的な指示や指導をおこない、学習と「自己改善（self-improvement）」の継続を説いていた[110]。

生徒と卒業生に対するウィラードの影響力は絶大であった。妻、母、教師、校長、世界的に著名な教科書の執筆者であったうえに、男性政治家の助言者でさえあったウィラードの存在そのものが、女性の能力と可能性を生徒に示していたからである。一八三〇年にトロイ女性セミナリーに入学したエリザベス・スタントン（Elizabeth Cady Stanto, 1815-1902）は、卒業後に著名な女性参政権運動の指導者となり、一八九三年にウィラードを「彼女ほど優美で威厳をもった女性はいない」、「女性の教育に尽力した当時最も注目すべき女性の一人」と回想している[111]。そのほか卒業生からは、アイオワに芸術科学協会を設立したメアリー・アダムス（Mary Newbury Adams, 1837-1901）、ミシガン州で幼児教育の普及と教員養成をおこなうグランド・ラピッズ幼児教育師範学校の初代校長となったルクレティア・トリート（Lucretia Willard Treat, 1842-1904）など、多くの著名な女性が輩出している。

一八九八年に残された卒業生の追跡調査をもとにトロイ・セミナリーの卒業生の生涯を分析したスコット（Scott, 1979）の整理によれば、一八二一年から一八七二年の卒業生三五〇一人のうち、学校や教育機関を設立するか管理職についた者が一四六人、一八三九年から六三年までの記録で少なくとも教職についた卒業生が五九七人確認できる。[112]この数字は卒業生の一〇％にすぎないとする指摘もあるが、[113]教師志望者への学資減額や奨学金整備、現職教師支援等の努力を考えれば、教師養成は同セミナリーの大きな教育目標の一つであったといえる。

なお付言すれば、スコット（Scott, 1979）はまた、女性としての伝統的な価値を守り良妻賢母教育をおこなうと公言したウィラードの言説とは裏腹に、一八二一年から一八七二年の卒業生の多くは当時一般的だった女性とは別の人生、例えば社会貢献や自己実現を重視する人生を送ったことを指摘している。スコットの分析によれば、当時の平均的女性と比較して、卒業生の平均結婚年齢は遅く、結婚後の有職率は六％と高く、独身率も三八％と高く（当時全国平均六〜八％）、出産した子どもの数も全国平均を下回っていたという。[114]

4　ウィラードの教師教育の意義

（1）ウィラードにとっての教職——女性のための専門職

以上のようにウィラードは、教職を、第一に高度な教養と特別の技術の修得を必要とし、第二に自己犠牲的に奉仕する道徳的規範を有し、第三に共和国の市民育成という使命を担った重要な職業であると定義した。また第四に、教師の質の向上のためには特別の教材や教育環境を整備する必要があり、公教育の質の管理のために州も教師教育に責任を負い、また現職教師もその職業団体を通じて相互研鑽に努めるべきと主張していた。

ウィラード自身は「専門職（profession）」という語を用いていない。それが意図的に男性からの反発を避けたためであったのか、真意は明らかでない。しかしウィラードの教師像には上述の四点で、すなわち知的職業であり、その実践には特別な技術の修得を必要とし、公共に奉仕し、職能団体をもつとする点に、近代的な専門職の概念をみることができる。[116] さらに、妹フェルプスの講義録には教職が「専門職」であるとの明確な定義が散見され、トロイ女性セミナリーでは教職が専門職としてとらえられていたことが看取できる。例えばフェルプスは、「教師の資質と義務について」と題する講義で、「私はあえて教職を専門職と呼ぶ」と述べて、教師に必要な資質を「自己管理」「自己決定」「柔和な気質」「忍耐力」「誠実さ」「敬虔さ」「学問的到達度」としている。[117]

ただしこの専門職像は、当時のジェンダー枠組みの中で教職への女性の適性を説くためにもたらされたため、共和国思想とキリスト教に規定された女性性（子どもへのケアと母性愛、忍耐力、犠牲心、道徳性など）を中核とし、自己犠牲的かつ道徳的に神に献身するという点で、女性役割の延長上の不払い労働としての側面ももっていた。米国における専門職概念の史的変化を検討したキンボール（Kimball, 1992）は、一八世紀後半から一九世紀にかけては、「プロフェッション」という語の意味自体が、一七世紀に一般的だった神学的語義（聖職者とその宣誓）から、エンジニアなど特別な権威をもつ他の非宗教的職業へと拡大されつつ、なお宗教的含意（私心を排した神への献身など）を色濃く残していた時期であったと指摘している。[118] トロイ女性セミナリーにおける専門職像は、この語義の拡大過程の中に位置づけることができるだろう。

（2）トロイ女性セミナリーにおける教師教育の意義

最後に、ウィラードの教師教育思想と実践の教師教育史における意義を、冒頭に述べた五点に即して考察する。以下の五点から、教師教育史をジェンダーの視点から再検討する必要があることが明らかになる。

第一に、ウィラードはすでに一八一〇年代に教職の重要性を提起し、女性を対象とした教師教育を開始していた。米国で教師教育は、女性教育として開始された側面をもっていたのである。上述したように、先行研究は州立師範学校の創設をもって米国の教師教育の開始と見なしてきたが、州立師範学校創設以前に教師を養成した女性たちが存在していたことは、あらためて認識される必要がある。

第二に、ウィラードは州立師範学校設立の二〇年以上前から、専門的教師養成機関の必要性を説き、系統的カリキュラムや教授法を開発していた。彼女は女性の教育機会と雇用機会を拡大するために、公的教師教育の重要性を主張したのである。この事例は、専門性を備えた教師に対する社会的需要が増大した結果として専門的教師養成機関が成立したというよりもむしろ、専門的教師の需要を生み出すために教師養成機関の必要性が唱道された側面をもっていたことを示唆しており、見過ごせない。この点は、バートン・ブレッドスタイン『専門職主義の文化』(Bledstein, 1976)[119]やマーガリ・ラースン『専門職主義の勃興』(Larson, 1977)[120]などの、医者や弁護士など他の専門職に関する専門職研究の成果とも合致している。

第三に、ウィラードの教師像は、女性性を中核としつつも、高度な学問的修養を前提とした点で当時には革新的であった。この教師像は、子どもに対する養護の機能(ケア)を、教職の専門職性の中核に位置づけた点で、一九世紀末以降の教職専門職化運動が前提としてきた科学的で合理的な専門職像[121]と対照的である。例えば全米教育学部長会議「ホームズ・グループ(Holmes Group)」による教師教育改革案『明日の教師たち』(Holmes Group, 1986)は、教職の女性化の意味を専門職の経済的地位の低下という負の側面でしか扱っていない[122]。またヘンリー・ジルー(Giroux, 1997)は、教職は「知性的実践」であり教師は「知識人(transformative intellectuals)」であるべきと主張するが、その「知性」の内容に例えば子育てがどのように位置づくかは論じられない[123]。医学や法学など「男性の領域」で創造されてきた専門職像を自明の前提として教職の専門職化を志向する前に、近代的専門職像の基底にあるさまざまな社会規範を、ジェンダーの視点も含めて多角的に再検討する必要が示唆される。

第四に、トロイ女性セミナリーのカリキュラムでは、教養教育と職業準備教育は女性の高等教育という目的のもとに表裏一体であった。子どもの視覚的理解を促そうとするペスタロッチの教授法が、女子生徒を対象とした大学レベルの高度な教養教育に取り入れられ、その革新的な教授法そのものが、教職への職業準備教育として機能するカリキュラムになっていたのである。冒頭で指摘したとおり、ボロウマン（Borrowman, 1956）など従来の教師教育カリキュラム史研究は、男性の教師教育理念のみを検討の対象としていた。女性の視点も含めた教師教育カリキュラム史の検討の必要性が提起される。この点については次章以降で詳細に検討する。

第五に、ウィラードは一八一〇年代においてすでに、ペスタロッチ教育学に基づいた教科書の開発と教師教育の実践をおこなっていた。ウィル・モンロー『米国におけるペスタロッチ運動の歴史』（1969, 前掲）や村山英雄『オスウィーゴー運動の研究』（村山、一九七八、前掲）は、一八六〇年代のニューヨーク州立オスウィーゴー師範学校がペスタロッチの教師教育への応用を切り開いたと説明してきたが、それは女性を教育に惹きつける試みの一環としてすでに開始されていたのである。米国におけるペスタロッチ教育学の輸入とその教師教育への応用は、次章以降で検討するように、ウィラード以降も多くの女性によって試みられていた。

なお、ウィラードの思想や教師像が日本に与えた影響の分析も、今後の課題として指摘できる。高祖敏明（一九七六、一九七七[124]）は、明治初期に「修身口授（ギョウギノサトシ）」用教科書として例示された翻訳教科書の一つ、青木輔清編著『小学教諭民家童蒙解』の原著者「E・ウィルラード」が「アメリカの女流教育家エンマ・ウィルラード」であり、その原著が『子どものための道徳』（Morals for the young, Willard, 1857[125]）であったことを明らかにしている。

さらに女性の教職への適性と公的教師教育を通して公教育を管理できるとするウィラードの主張が、明治初期の教師教育制度の構築に影響を与えた可能性が指摘できる。例えば一八七二年の「学制」は、小学校教員のみ「男女ノ差別ナシ其オニヨリ之ヲ用フ」として、小学校教員のみ差別なく女性を採用すると宣言した。水原克敏（一九九〇）はこれを「妙に突出した表現[126]」と評価しているが、この背景にはウィラードの思想以降に流布した一九世紀の米国の女性教師像があったと思われる[127]。

次章では、ウィラード以降の女性教師の事例として、キャサリン・ビーチャーの教師教育に関する思想と実践を検討する。

（1） Thomas Woody, *A History of Women's Education in the United States* (New York: The Science Press, 1929).

（2） Willystine Goodsell, *Pioneers of Women's Education in the United States: Emma Willard, Catherine Beecher, Mary Lyon* (New York: McGraw-Hill Book Company, 1931).

（3） Ezra Brainerd, *Mrs. Emma Willard's Life and Work in Middlebury* (New York: Evening Post Job Printing House, 1893), 130-7.

（4） Nancy F. Cott, "What, Then, Is the American: This New Woman?" *Journal of American History* 65 (1978): 679-703.

（5） Anne Firor Scott, "The Ever Widening Circle: The Diffusion of Feminist Values from the Troy Female Seminary, 1822-1872," *History of Education Quarterly* 19, no. 1 (Spring, 1979): 3-25; Anne Firor Scott, *Making the Invisible Woman Visible* (Urbana: University of Illinois Press, 1984), 64-88 に再録.

（6） Murry R Nelson, "Emma Willard: Pioneer in Social Studies Education." *Theory and Research in Social Education* 15, no. 4 (1987): 245-56.

（7） Nina Baym, "Women and the Republic: Emma Willard's Rhetoric of History," *American Quarterly* 43, no. 1 (1991): 1-23.

（8）Susan Schulten, "Emma Willard and the Graphic Foundations of American History," *Journal of Historical Geography* 33 (2007): 543-64.

（9）Nancy Beadie, "Emma Willard's Idea Put to the Test: The Consequences of State Support of Female Education in New York, 1819-67," *History of Education Quarterly* 33, no. 4 (1993): 543-62.

（10）Emma Willard, *A Plan for Improving Female Education,* 2d ed. (Middlebury, VT: J. W. Copeland, 1819).

（11）梅根悟監修『女性教育史』講談社、一九七七年。有賀夏紀『アメリカ・フェミニズムの社会史』勁草書房、一九八八年。サラ・エヴァンズ、小檜山ルイ他訳『アメリカの女性の歴史』明石書店、一九九七年。Tatsuro Sakamoto, *Biographical Sources of the 19th Century Pioneers of the American Women's Education* (Tokyo: Synapse, 2006).

（12）Donald E. Warren ed., *American Teachers: Histories of a Profession at Work* (New York: McMillan, 1989).

（13）John I. Goodlad et. al., *Places Where Teachers Are Taught* (San Francisco: Jossey-Bass, 1990).

（14）Richard J. Altenbaugh, and Kathleen Underwood, "The Evolution of Normal Schools," in *Places Where Teachers Are Taught* (San Francisco: Jossey-Bass Publishers, 1990), 137.

（15）三好信浩『教師教育の成立と発展――アメリカ教師教育制度史論』東洋館出版社、一九七二年。

（16）小野次男『アメリカ教師養成史序説』啓明出版、一九七六年。小野次男『アメリカ州立師範学校史――マサチューセッツ州を主とする史的展開』学芸図書、一九八七年。

（17）Merle L. Borrowman, *The Liberal and Technical in Teacher Education: A Historical Survey of American Thought* (New York: Teachers College, 1956).

（18）Ibid., 53.

（19）Monroe, Will Seymour, *History of the Pestalozzian Movement in the United States.* New York: Arno Press, 1907, rep. 1969. ただしモンローは、ペスタロッチ教育学のアメリカ導入に関し、ウィラードが一定の業績を果たしたことを簡潔に紹介している。

(20) 村山英雄『オスウィーゴー運動の研究』風間書房、一九七八年。

(21) Mary J. Mason Fairbanks, and Mrs. Russell Sage, *Emma Willard and Her Pupils: or, Fifty Years of Troy Female Seminary, 1822-1872* (New York: Mrs. R. Sage, 1898). オリジナルの質問紙と回答は、現在もエマ・ウィラード・スクール図書館に保管されている。

(22) John Lord, *The Life of Emma Willard* (New York: D. Appleton and Company, 1873).

(23) Alma Lutz, *Emma Willard, Daughter of Democracy* (Boston and New York: Houghton Mifflin Company, 1929).

(24) Ibid., 83-4.

(25) Fairbanks and Sage, *Emma Willard,* 25.

(26) Lutz, *Emma Willard,* 10-4.

(27) Ibid., 16.

(28) Ibid., 39-50.

(29) Ibid., 52.

(30) Emma Willard, *An Address to the Public, Particularly to the Members of the Legislature of New York, Proposing a Plan for Improving Female Education.* 2nd ed. (Middlebury: J. W. Copeland, 1819).

(31) Lutz, *Emma Willard,* 61.

(32) Ibid., 61.

(33) Nancy F. Cott, *The Bonds of Womanhood: "Woman's Sphere" in New England, 1780-1835* (New Haven: Yale University Press, 1977).

(34) Lutz, *Emma Willard,* 30.

(35) 有賀夏紀、前掲書、一二二頁。

(36) Sara M. Evans, *Born for Liberty: A History of Women in America* (New York: Free Press, 1989), 70-81.

(37) Evans, *Born for Liberty*, 72.

(38) Linda K. Kerber, *Women of the Republic: Intellect and Ideology in Revolutionary America* (Chapel Hill: University of North Carolina Press, 1980), 235.

(39) Willard, *An Address*, 30.

(40) Mary Beth Norton, *Liberty's Daughters: The Revolutionary Experience of American Women, 1750–1800* (Boston: Little, Brown, 1980), 71–109.

(41) Willard, *An Address*, 30.

(42) Ibid., 36.

(43) Ibid., 32.

(44) Ibid., 32.

(45) Michael W. Sedlak, "Let Us Go and Buy a School Master: Historical Perspectives on the Hiring of Teachers in the United States, 1750–1980," in *American Teachers*, edited by Donald Warren (New York: McMillan, 1989), 259.

(46) Willard, *An Address*, 30.

(47) Willard, *An Address*, 30.

(48) Ibid., 29.

(49) John L. Rury, "Who Became Teachers?" in *American Teachers: Histories of a Profession at Work*, edited by D. Warren (New York: McMillan, 1989), 9–48.

(50) Barbara Welter, "The Cult of True Womanhood: 1820–1860," *American Quarterly* 18, no. 2 (1966): 151–74.

(51) Linda K. Kerber, *Women of the Republic: Intellect and Ideology in Revolutionary America* (Chapel Hill: University of North Carolina Press, 1980), 201.

(52) Kathleen Weiler, "Women's History and the History of Women Teachers," *Journal of Education* 171, no. 3 (1989): 9–30.

（53）　Estelle B. Freedman, "Separatism as Strategy: Female Institution Building and American Feminism, 1870–1930," *Feminist Studies* 5（Fall, 1979）, 512–29.

（54）　Lutz, *Emma Willard,* 120.

（55）　Ann Douglas, *The Feminization of American Culture*（New York: Random House, 1977）: 58–9.

（56）　Grace Greenwood, *Greenwood Leaves: A Collection of Sketches and Letters*（Boston: Ticknor, Reed, and Fields, 1852）, 29.

（57）　例えば一七八七年のYoung Ladies' Academyや一七九一年のLitchfield Academyなど。Norton, *Liberty's Daughter*を参照。

（58）　Willard, *An Address,* 30.

（59）　三好、前掲書、五三頁。

（60）　Beadie, "Emma Willard's Idea," 547.

（61）　Linda Kerber, "The Daughters of Columbia," in *The Hofstadter Ages: A Memorial,* edited by Stanley Elkins, and Eric McKitrick（New York: Knopf, 1974）, 36–59.

（62）　Thalia M. Mulvihill, "Community in Emma Willard's Educational Thought, 1787–1870"（Ph. D. Dissertation, Syracuse University, 1995）, 71–2.

（63）　後にバーナードが編集した『教育的伝記』（Barnard, 1861）の中で、女性で取り上げられているのはウィラードただ一人である。Henry Barnard ed., *Educational Biography. Memoirs of Teachers, Educators, and Promoters and Benefactors of Education, Literature, and Science,* reprinted from *the American Journal of Education,* 2nd edition（New York: F. C. Brownell, 1861）.

（64）　Horece Mann, and Massachusetts Board of Education, *Eleventh Annual Report of Massachusetts Board of Education*（Boston: Dutton and Wentworth, 1848）, 25–6.

（65）　Richard M. Bernard, and Maris A. Vinovskis, "The Female School Teacher in Ante-Bellum Massachusetts," *Journal of*

Social History 10, no. 3 (Spring 1977): 332.

(66) National Education Association of the United States Committee on Salaries Tenure and Pensions (Appointed 1903), *Report of the Committee on Salaries, Tenure, and Pensions of Public School Teachers in the United States to the National Council of Education, July, 1905* ([S. l]: The Association, 1905).

(67) W. Randolph Burgess, and New York City Department of Education, *Trends of School Costs* (New York: Dept. of Education, 1920), 32–3.

(68) National Education Association of the United States Committee on Salaries Tenure and Pensions of Teachers (Appointed 1911), and Robert C. Brooks. *Report of the Committee on Teachers' Salaries and Cost of Living* (Ann Arbor, MI: The Association, 1913).

(69) Marjorie Murphy, *Blackboard Unions: The AFT and the NEA, 1900–1980* (New York: Cornell University Press, 1990).

(70) Beadie, "Emma Willard's Idea," 543–62.

(71) George Herbert Palmer, and Alice Freeman Palmer, *The Teacher, Essays and Addresses on Education* (Boston and New York: Houghton Mifflin Company, 1908).

(72) Fairbanks and Sage, *Emma Willard,* 25.

(73) Scott, *Making the Invisible Woman Visible,* 98–9.

(74) Kerber, *Women of the Republic,* 215.

(75) Lutz, *Emma Willard,* 83–4.

(76) Ibid., 77.

(77) Ibid., 109.

(78) David Hogan, "Modes of Discipline: Affective Individualism and Pedagogical Reform in New England, 1820–1850," *American Journal of Education* 99, no. 1 (1990), 1–56.

（79）光田尚美「ペスタロッチーの女子教育に関する考察(1)」『関西福祉大学研究紀要』第一〇号、二〇〇七年、六一—六八頁。鈴木由美子「近代家庭教育論における理想的母親像の形成——ペスタロッチーの妻アンナ像の受容をめぐって」『広島大学学校教育学部紀要第一部』第二一号、一九九九年、九九—一〇七頁。

（80）ウィラードの歴史叙述は米国の発展を根拠づけるものであり、米国中心史観であった。例えば、ペリーの日本来航は「米国の水夫たちが漂流し日本の島々に不当に扱われた。ペリー提督は小艦隊を率いて彼らを救出に向かい、（略）彼の国のために、一つになったアメリカ国民の自信と尊厳を勝ち得る役割を果たし、条約を結んだ。この条約により、鎖国していた裕福な島々が部分的にであれ我々と通商するようになった」と叙述されている。Emma Willard. *Universal History in Perspective: Divided into Three Parts Ancient, Middle, and Modern*, Rev. ed.（New York: A. S. Barnes and Company, 1856）, 525.

（81）Mrs. Lincoln Phelps. *The Female Student; or, Lectures to Young Ladies on Female Education. For the Use of Mothers, Teachers, and Pupils*（New York: Leavitt, Lord and Co., 1836）, 34.

（82）William Channing Woodbridge, and Emma Willard. *A System of Universal Geography: On the Principles of Comparison and Classification*（Hartford: Oliver D. Cooke and Co., 1824）, viii.

（83）Emma Willard. "Preface," in *A System of Universal Geography*, ix-xii.

（84）William Channing Woodbridge. *Rudiments of Geography, on a New Plan, Designed to Assist the Memory by Comparison and Classification, Accompanied with an Atlas*（Hartford: S. G. Goodrich, 1821）.

（85）Mulvihill. "Emma Willard's Educational Thought," 101.

（86）夫ジョン・ウィラードの版権は、ジョンが一八二五年に病死した後、遺言によりウィラードのものになった。Lutz, *Emma Willard*, 110.

（87）Emma Willard. *Ancient Geography: As Connected with Chronology, and Preparatory to the Study of Ancient History, Accompanied with an Atlas*, 3rd ed.（Hartford: O. D. Cooke, 1829）.

（88）Emma Willard. *Geography for Beginners, or, the Instructer's Assistant in Giving First Lessons from Maps*（Hartford: O. D.

Cooke, 1826).

(89) Willard, Emma, *Abridged History of the United States; or Republic of America* (New York: A. S. Barnes, 1843).

(90) Emma Willard, *History of the United States, or, Republic of America: Exhibited in Connexion with Its Chronology and Progressive Geography by Means of a Series of Maps: Designed for Schools and Private Libraries*, 2nd rev. and cor. ed. (New York: White, Gallaher and White, 1829).

(91) Mulvihill, "Emma Willard's Educational Thought," 112.

(92) Emma Willard, *Guide to the Temple of Time; and Universal History, for Schools* (New York: A. S. Barnes, 1850).

(93) Lutz, *Emma Willard*, 122.

(94) ウィラードの歴史記述は、聖書の記述を「事実」とする「神聖史」と、ヘロドトス以降の「人為的な語りが入った世俗史」とに分かれていた。

(95) Nathaniel Dwight, *A Short but Comprehensive System of the Geography of the World: By Way of Question and Answer, Principally Designed for Children and Common Schools* (Hartford: Hudson and Goodwin, 1795); Jedidiah Morse, *The American Geography, or, a View of the Present Situation of the United States of America* (Elizabeth Town: Shepard Kollock, 1789).

(96) Emma Willard, *Willard's Map of Time; a Companion to the Historic Guide* (New York: A. S. Barnes, 1846).

(97) Willard, *Abridged History*, frontispiece.

(98) Willard, *Ancient Geography*, x.

(99) Willard, *Universal History*, iv-v.

(100) Lutz, *Emma Willard*, 98.

(101) Ibid., 24, 183.

(102) Ibid., 182.

（103） Ibid., 183.
（104） Ibid., 183.
（105） Ibid., 98.
（106） Ibid., 60.
（107） Kathryn Kerns, "Farmers' Daughters: The Education of Women at Alfred Academy and University before the Civil War," *History of Higher Education Annual* (1986): 11-28.
（108） Lutz, *Emma Willard*, 96.
（109） Ibid., 98.
（110） Emma Willard, *Letter, Addressed as a Circular to the Member of the Willard Association for the Mutual Improvement of Female Teachers*（Troy, New York: Elias Gates, 1838）.
（111） Elizabeth Cady Stanton, "Emma Willard: Pioneer in the Higher Education of Women," in *Third Annual Report, Chicago Reunion*, edited by Emma Willard Association, (Brooklyn: Press of the Brooklyn Eagle, 1893), 56-67; Fairbanks and Sage, *Emma Willard*, 148.
（112） Scott, *Making the Invisible Woman Visible*, 79.
（113） Baym, "Women and the Republic," 1-23.
（114） Scott, *Making the Invisible Woman Visible*, 79-81.
（115） 種々ある今日の専門職定義の共通項として、職務の公共性、専門（技術）性、専門的自律性、専門職倫理および社会的評価が挙げられる。市川昭午編『教師＝専門職論の再検討』教育開発研究所、一九八六年、四七頁。
（116） Abraham Flexner, *Medical Education in the United States and Canada: a Report to the Carnegie Foundation for the Advancement of Teaching*（New York: Carnegie Foundation, 1910）.
（117） Phelps, *Female Student*, 415-33.

(118) Bruce A. Kimball, *The "True Professional Ideal" in America: A History* (Cambridge, MA: Blackwell, 1992).

(119) Burton J. Bledstein, *The Culture of Professionalism: The Middle Class and the Development of Higher Education in America* (New York: Norton, 1976).

(120) Magali Sarfatti Larson, *The Rise of Professionalism: A Sociological Analysis* (Berkeley: University of California Press, 1977).

(121) 教職専門職化運動が男性教師像を前提としてきたことは、以下の研究でも批判されている。Jerry A. Jacobs, *Gender Inequality at Work* (Thousand Oaks, CA: Sage Publications, 1995); Sari Knopp Biklen, *School Work: Gender and the Cultural Construction of Teaching* (New York: Teachers College Press, 1995).

(122) Holmes Group, *Tomorrow's Teachers: A Report of the Holmes Group* (East Lansing, MI: Holmes Group, 1986).

(123) Henry Giroux, *Pedagogy and the Politics of Hope: Theory, Culture, and Schooling: A Critical Reader* (Boulder: Westview Press, 1997).

(124) 高祖敏明「明治初期翻訳教科書に関する一考察——青木輔清編『小学教諭民家童蒙解』の原書をめぐって」『上智大学教育学論集』一九七六年、八四—一〇一頁。高祖敏明「文部省『小学教則』(明治五年九月)の『民家童蒙解』」『教育学研究』第四四巻第一号、一九七七年、二三—三二頁。

(125) Emma Willard, *Morals for the Young; or, Good Principles Instilling Wisdom* (New York: A. S. Barnes, 1857).

(126) 水原克敏『近代日本教員養成史研究』風間書房、一九九〇年、四〇頁。

(127) 例えば水原は、ラトガース大教授であった学監モルレーが女子師範学校の設立を次のように建議したことを指摘している。「欧米諸国ニ於テハ女子ハ常ニ児童ヲ教授スル最良ノ教師ナレハ希クハ日本ニ於テモ亦女子ヲ以テ教育進歩ノ媒ト為サンコトヲ夫レ女子ハ児童ヲ扱フニ其情愛忍耐アルコト男子ニ優レリ且能ク児童ノ情ヲ酌ミ且児童ヲ扶育スルニ至テハ男子ヨリモ能ク之ヲ知レリ」水原克敏、同右書、五四頁。

第三章　女性のための専門職像を求めて

——キャサリン・ビーチャーの専門職としての教師像

本章では、キャサリン・ビーチャー（Catharine Esther Beecher, 1800-1878）（図3-1）[1]が一八二三年に設立したハートフォード女性セミナリー（Hartford Female Seminary）に焦点を合わせて、彼女の教師像と教師教育の実際を明らかにし、その意義を考察する。

現代の米国では初等教育教師の約九割を女性が占めている。ジェリー・ジェイコブズ（Jacobs, 1995）[2]など近年の教職研究は、この偏った性比と「準専門職」[3]と揶揄される教職の現状との関係を指摘してきた。しかし前章までで明らかにしたとおり、一九世紀初頭までの米国では、教職は圧倒的に男性職であった。教職には、知的卓越や情緒的抑制、生徒管理や体罰のための肉体的優越などが必要と考えられ、一八一〇年代までは男性教師が見つからず閉鎖される学校も少なくなかった。この教師像は、一八三〇年代から四〇年代にかけて一変する。教職には知性よりも情緒の豊かさや母性が必要と考えられるようになったのである。

「教職の女性化」[4]と呼ばれるこの変化は、なぜ、どのように生起したのだろうか。またそれは、教職を医師や弁護士と同等の専門職にしようとする思想と、どのように関係していたのだろうか。

この問いに迫るうえで、ビーチャーの事例は重要な意味をもつ。ビーチャーは、全米ベストセラーを含む二〇冊以上の教科書や著作を出版して、専門職としての教師像と女性の教職への適性を説き、三つの教育機関を設立して多数

図3－1　57歳のキャサリン・ビーチャー肖像

の女性教師を輩出した人物である。彼女は教職を「女性の真の専門職」として位置づけ、女性教師は医師や弁護士と同等の政治的・経済的・社会的報酬を享受すべきと主張していた。ビーチャーは「男性＝公的領域、女性＝家庭的領域」という当時のジェンダー規範を受容したうえで、「女性の領域」にも新しく専門職を創造し、その相対的地位を高めようとしていた。

ビーチャーは多方面における業績で知られ、その思想に関する研究は、歴史学、女性学、家政学、体育学など多領域で精力的に蓄積されてきた。

ビーチャーの伝記研究としては、ウィリシュタイン・グッゼル『米国における女性教育の開拓者』（Willystine Goodsell, 1931）[5]、メイ・ハーヴソン『キャサリン・エスタ・ビーチャー』（Mae Elizabeth Harveson, 1969）[6]、キャサリン・スクラー『キャサリン・ビーチャー――アメリカの家庭生活の研究』（Kathryn Kish Sklar, 1973）[7]などがある。特にスクラーの研究は、ビーチャーの個人史を丹念にたどりつつ彼女の思想が形成された当時の米国社会を描き出し、女性の個人史を通して当時の社会状況を叙述する方法論を開拓した研究の一つとして高く評価されている。

女性教育の開拓者としての業績に触れた研究としては、ジェイン・マーティン『女性にとって教育とはなんであったか』（マーティン、一九八七）[8]など多数あるが、特にビーチャーの教師像に着目した研究として、ジョーン・バースティン「キャサリン・ビーチャーとアメリカ女性の教育」（Burstyn, 1974）[9]、およびレディング・サッグ『母たる教師――アメリカ教育の女性化』（Sugg, 1978）[10]は、本研究の重要な先行研究として位置づく。すなわちバースティン（Burstyn, 1974）は、ビーチャーが一九世紀初頭から教職は専門職であるべきと主張していたことを指摘していた。またサッグ（Sugg, 1978）は、一九世紀米国において教師像が女性化した史的過程を明らかにした先駆的研究として知られる。サッグは、ビーチャーの思想にも短く触れながらホレス・マン（Horace Mann）の女性教師像を検討し、マンにとって公立学校の普及は学校改革というよりも、福音主義的教義の復活をめざしたものだったと指摘していた。

女性運動の先駆者としての業績を明らかにした研究としては、ボイドストン他『姉妹の限界――女性の権利と女性の領域に関するビーチャー姉妹の研究』（Boydston et. al. 1988）⑪が、米国におけるプロテスタンティズムの思想家としての側面に注目した研究としては、ミルトン・ルゴフ『ビーチャー家――一九世紀アメリカの家族』（Rugoff, 1981）⑫などがある。

そのほか家政学の創始者としての側面に触れた研究として、ドロレス・ハイデン『家事大革命』（ハイデン、一九八五）⑬、マージョリー・イースト『家政学』（イースト、一九九一）⑭、今井光映『アメリカ家政学前史』（今井、一九九二）⑮などがある。また、体育におけるビーチャーの貢献に注目した研究としては、エレン・ガーバー『体育における革新者と教育機関』（Gerber, 1971）⑯、パトリシア・バーティンスキー「性的平等とキャサリン・ビーチャーの遺産」（Patricia Vertinsky, 1979）⑰、成田十次郎編『スポーツと教育の歴史』（成田、一九八八）⑱などがある。

日本では、ビーチャーの思想が日本の女性教育や家政学の普及に与えた影響も研究されてきた。例えば、日本教育史の領域では、福田公子「明治前期における女子教育と家政学の萌芽」（福田、一九八九）⑲が、ビーチャーの家政学の著書が翻訳教科書（ビーチャル海老名晋訳『家事要法』文部省、一八八一年）として日本に紹介されていたことを明らかにしている。また高橋裕子「駐米時代における森有礼と女子教育観」（高橋、一九九七）⑳は、ビーチャーの思想が「森有礼の女子教育観の形成に影響を与えていた」と指摘していた。

一方、ビーチャーの教師教育の実際またその史的意義の考察は、以上の研究では主題とされてこなかった。しかし序章で明らかにしたとおり、米国教師教育史研究においては、州立師範学校成立以前のアカデミーやセミナリーにおける教育の実態の解明が課題として指摘され、各時代の専門職としての教師像を成立させてきた道徳規範やジェンダー規範の解明が課題となっており[21]、ビーチャーが構想した女性性を中核とした専門職としての教師像の検討は、重要な意義をもつ。

以下、まずビーチャーの生い立ちと業績を概観し、次にビーチャーの専門職としての教師像とその意義を考察する。そのうえで、ハートフォード女性セミナリーにおける教師教育の実際を、ビーチャーが執筆した教科書や教育方法とともに明らかにする。最後に、ビーチャーの思想と教育活動の教師教育史における意義を考察する。

考察の対象として、米国国会図書館に収蔵されるビーチャーの執筆した教科書および著書、ラドクリフ大学シュレジンジャー図書館稀少書庫ビーチャー・ストウ・コレクション（マサチューセッツ州）に収蔵されるセミナリーの学校案内、ビーチャー直筆の手紙、家族が残した手紙、さらにハリエット・ビーチャー・ストウ・センター図書館およびミシガン大学クレメンツ図書館特別コレクションに収蔵される写真や日記などの史料を中心に用いる。二次史料として、ビーチャーの伝記研究として高く評価されているスクラー『キャサリン・ビーチャー――アメリカの家庭生活』（Sklar, 1973, 前掲）、またスクラーが参照していたメイ・ハーヴソン『キャサリン・エスタ・ビーチャー』（Harveson, 1969, 前掲）を用いる。

1　ビーチャーの教育活動

（1）生い立ち

まず、ビーチャーの生い立ちと業績を概観する。

ビーチャーは一八〇〇年九月六日、父ライマン（Lyman Beecher, 1775-1863）、母ロクサーナ（Roxana Beecher）との間に、一三人兄弟姉妹の長子としてニューヨーク州イースト・ハンプトンで生まれた[22]。ビーチャー家からは、それぞれが各領域で当時の社会に大きな影響を与えた著名な人物が多く輩出している。父ライマンは禁酒運動で著名な牧師であり、弟ヘンリー（Henry Ward Beecher, 1813-1887）も聖職の専門職化に尽力したことで知られる牧師である。また妹ハリエット（Harriet Beecher Stowe, 1811-1896）は『アンクル・トムの小屋』等を執筆した小説家、妹イサベラ（Isabella Beecher Hooker, 1822-1907）は女性参政権運動家として知られている（図3-2）[23]。

典型的ピューリタン女性だった母は、知的で家事全般をこなす女性だったが、過酷な生活の中で体を病み、ビーチャーが一六歳の時に他界した。スクラー（Sklar, 1973）によれば、良妻賢母だった母へのビーチャーの思いが彼女の理想の女性像を形成し、女性の身体的健康の改善が彼女の主要な課題の一つとなったという。また、継母との確執は「地上の天国」としての家庭へのあこがれをビーチャーの胸に潜ませることになったと、スクラーは指摘している[24]。

父ライマンは、ビーチャーに特別な思いを寄せ、ボイドストンらの研究（Boydston *et al.*, 1988）によれば、ライマンは彼女を「一番の息子」と語るほどだったという[25]。後述するように父の信仰の影響を強く受けたビーチャーにとって、後述する業績はすべて宗教的実践であり、神と人間の関係を探究する哲学的・道徳的実践であった。

（2）教育に捧げた生涯

ビーチャーの人生に決定的な影響をもたらしたのは、婚約者の水難事故死である。彼女は一八二二年、父の教え子でイエール大学の若き科学教授アレクサンダー・フィッシャー（Alexander M. Fisher, 生没年不明）と婚約するが、その直後に突然の訃報に接した。フィッシャーは「回心」の告白をせずに死亡したため、父ライマンの教義では「地獄」に堕ちたと解釈された。ビーチャーはフィッシャーの魂の行方に心を悩ませ、父の教義に疑念を抱いた末、宗教的救

図3-2　ビーチャー家集合写真，1855年　後列左からトマス，ウィリアム，エドワード，チャールズ，ヘンリー．前列左からフッカー夫人，キャサリン，ライマン，パーキンス夫人，ストウ夫人，左の別枠ジェームズ，右の別枠ジョージ．

済から社会的救済の可能性を終生模索することとなった。それゆえビーチャーは宗教的回心による救済を主張するカルヴィニズムを批判し、「学習された社会的行動としての徳」という考えをもとに、特定の宗教的教義に依拠せずに「教育」の重要性を主張することに生涯を捧げた、とスクラー(Sklar, 1973) は分析している。[26]

ビーチャーは一八二三年、コネチカット州にハートフォード女性セミナリーを設立したのを皮切りに、一八三三年には西部女性学院（Western Female Institute, Ohio）、一八五〇年にはミルウォーキー女性大学（Milwaukee Female College, 現Lawrence University および University of Wisconsin）を次々に設立し、一八七八年に亡くなる直前まで五〇年以上にわたって女性の教育機会の拡大に尽力した。ミルウォーキー女性大学には一八五二年に女性を学部長とする師範学部を創出するとともに、教科書や著作を出版し、学校経営や教育方法の改善を行った。[27] さらに、当時拡大しつつあった西部で「二〇〇万人の子ども」が教師を必要としていると訴えて、一八四六年に「全米民衆教育評議会（National Board of Popular Education）」を設立し、女性教師を西部へ派遣する事業も開始した。南北戦争前一〇年間に西部に移住し教師になった女性約一〇〇〇人のうち、同委員会から派遣された教師は六〇〇人以上に上ったという。[28]

（3）葛藤に満ちた生涯

しかし皮肉なことに、ビーチャーの実際の生きざまは、葛藤に満ちたものだった。ビーチャーの伝記を執筆したスクラー（Sklar, 1973）は、この葛藤を以下のように分析している。

まず、ビーチャーは後述するように『アメリカ女性の家庭』（Beecher, 1869）[29]など、家庭生活における女性の役割の重要性を説く書籍を多数出版し、母として妻としての女性のあり方を説いたが、実際には自分は生涯を独身で終えていたとスクラーはいう。皮肉にも、婚約者に先立たれた者としての立場が、彼女の執筆活動を可能にしていたのである。

またビーチャーは、子どもばかりか自分の家さえもたなかったが、自分の家をもつことには生涯あこがれを持ち続け、設立したハートフォード女性セミナリーの敷地に公費で自分の家を建てようとして反発を招いていたという[30]。

第三に、ビーチャーはどんなときにも穏やかな精神状態であれと女性に説いていたが、彼女自身はいつも激しい言い争いを繰り広げ、周囲の人間を疲れさせていたとスクラーは指摘する[31]。例えばビーチャーの妹の夫カルビン・ストウ（Calvin Stowe, 1802-1886）は、一八四八年に妻ハリエットに宛てた手紙に以下のように記している。

> ケイトには良心も分別もない。半パウンド持とうなどと言おうものなら、一トンも背負わせて逃げてしまう。重くない、そんなの全然重くないわよ、あなたなら簡単に持てるわよ、と言いながらね。もう彼女とはいっさい仕事はしない。悪魔と一緒にいるほうがましだ[32]。

第四に、ビーチャーは生涯にわたって女性にとっての教職の重要性を説き続けたが、ビーチャー自身は教えることが嫌いだった、とスクラーはいう。ビーチャーは、友人たちに「教えたくない」と語るだけでなく、[33] 後に女性運動家として有名になるアンジェリーナ・グリムケ（Angelina Emily Grimke, 1805-1879）には「教師になるな」とアドバイスし、[34] 晩年の自分の著作にも「教職は辛いし、つまらない」[35] と素直に回想を叙述していた。

2　ビーチャーの教師像――女性の専門職としての教職

（1）ビーチャーの教師像

ビーチャーは、どのような教師を養成しようとしたのだろうか。彼女がハートフォード女性セミナリーの運営委員会に送付した『教育改善への示唆』（Beecher, 1829）[36] を手がかりに、彼女の教師像を整理しよう。

①女性の専門職

まず、ビーチャーは教職を「女性の専門職（the profession of a woman）」[37] と定義する。

次世代に刻印される道徳的性格を見守る仕事は、母親の世界であり、教師の世界である。そして教育という偉大な仕事にほとんど排他的に従事してきたのは、母親であり教師である。しかし母親も教師もその仕事を適切におこなうための適切な教育をほとんど施されてこなかった。何が女性の専門職なのか？　それは、不道徳な精神を形成することではなく、非常に素晴らしく形作られている身体のシステムを見守り、看護し、育てることであり、それには精神の健全さとすばらしさが大きく依拠しているのである。[38]

彼女は、看護師や家政婦や教師など、「家庭を守り、病人を看護し、幼少期の人間の身体を守護し発達させ、人間の精神を教育する行為」が社会から正当な評価を受けていないことが、「共和国」全体にとって大きな問題であると考えていた。なかでも教職は、「共和国」の次世代の道徳的性格を形成する最も重要な職務であり、弁護士や牧師や医師と同等の「専門職」と位置づけられるという(39)。

それにもかかわらず、「人間の精神を導き管理する哲学については、思想や研究の対象とされて」こなかったと、ビーチャーは述べる。

人間は、観察と実験によってほとんどあらゆる主題についての知見を獲得してきたが、人間の精神をどう導き制御するかについての哲学は、思索や研究の対象とされてこなかった。したがって、健全な身体と精神をどう育てるか、これこそが女性の危急の仕事である。（略）これらの仕事が、奇妙なことに、そしてまったく非合理的なことに、研究の対象となってこなかったのは、女性の仕事自体が無視されてきた結果と考えられる(40)。

女性の仕事とされてきた領域が、学問の対象からことごとく排除されてきた事実は、例えば、精神と身体が病気になれば「その健康の再生は医師という専門職」に任されるのに、食事や栄養や教育など心身を健康に維持するための営みについては、なにも学んでいない女性に一任され、ほとんど研究の対象となってこなかったことからも明らかだと、ビーチャーはいう(41)。したがって「健全な身体と精神を養育する」研究と実践こそが「女性の危急の仕事」であると主張していた(42)。

なお、ビーチャーは、実際に出産した女性だけが肉体の変化によって母性をもつのではなく、「独身であれ既婚であれ、子どもがいなくても、他者への奉仕（ministration）によって女性は母になる」という。[43]つまり女性は、女性の社会的役割によってすべての人間の母になると考えていた。そして「社会に最も貢献するのは、妻ではなく教師」として、社会的役割としての母性を次世代に継承するために、教職が最も重要だと考えていたのである。[44]

教職を男性職でなく女性職として構想したうえで、明確に専門職と定義した点に、ビーチャーの教師像の最大の特徴があるといってよい。専門職とは、中世では大学において神の意志を公言する（profess）役割を負った神学者・医学者・法学者のことを意味していたが、一九世紀初頭になると技術者なども専門職として認知されるようになっていた。[45]この専門職概念の変化を背景に、教職を専門職と見なす思想は、当時の教育改革に尽力していたカーター（James Carter）やギャローデット（Thomas Gallaudet）、ビーチャーの妹の夫にあたるカルビン・ストウ（Calvin Stowe）の著作にもみられるが、[46]彼らは教職を男性職として想定していたことは、第一章で検討したとおりである。さらに、女性の教職への適性を説く主張は、エマ・ウィラードによって一八一八年に初めて公表され、トロイ女性セミナリーでも女性教師養成が開始されていた。しかし第二章でみたとおり、ウィラードは教職を専門職とする明確な定義は公言していなかった。

ビーチャーは、「女性は謙虚であれという禁止された境界を、超えて出る必要はない[47]」と述べて、ウィラードと同様に「男性＝公的領域、女性＝家庭的領域」という当時のジェンダー規範自体は否定しなかった。また、ビーチャーのいう「女性」は中産階層の白人女性に限られており、奴隷制廃止運動や女性参政権運動も明確に否定していた。

　女性はすべてのことを平和と愛によって勝ち取らなければならない。自分自身を、尊敬され、愛される人間にすることによって、自分の意見に従い、希望を満足させることが、自由意志で神に心を捧げることになるだろう。しかし、このことはすべて、家庭的で社会的な活動の範囲のなかで成し遂げられなければならない。[48]

ビーチャーは、当時のジェンダー規範を積極的に肯定したうえで、「女性の領域」に専門職を創造してその相対的地位を高めようとしていたといえる。

②医師や弁護士と同等の専門職

第二にビーチャーは、教職は医者や弁護士と同等の「富と影響力と尊敬」を享受すべき専門職と考えていた。(49)

現在の教育制度にあらわれている従来からの問題点は、そのほとんどが、子どもたちの精神を形成する職業が専門職となっておらず、その専門職に従事する人びとの収入や影響力や名誉が確保されていないという事実に、直接的あるいは間接的に関係しているといえる。

法律、神学、医学の三つの専門職は、理にかなった評価と影響力と報酬を得て、精神を闊達にしたり陶冶したりしている。商業や製造業や手工業の専門職は、少なくとも評価や影響力を購入できるような富を手に入れることが可能である。しかし、教職だけは、どの刺激も与えられていない。(50)

彼女は「法学、神学、医学」の専門職は「評価と影響力と報酬」を十分に享受し、「商業」「製造業」「手工業」の人々は十分な富を享受して、尊敬や影響力を発揮できるが、教職にはそのどれもがないと、教職の社会的地位の低さに異論を唱えたのである。

したがってビーチャーは、女性の領域で新しい専門職を創造しようと明白に主張している。

> 名誉と報酬のあるすべての場所から、女性は排除されてしかるべきだと主張されるべきだろうか？　政治的領域に参入して、名誉と報酬のある場所を奪い合ったり、学識のある男性で混み合っている専門職に割り込もうとしたりする代わりに、女性自身の専門職の地位を高め、威厳を与え、名誉と報酬を高めようではないか。それこそが女性の性質と義務に適している。[51]

女性教師も他の専門職と同等の政治的・経済的・社会的報酬を享受すべきとする彼女の思想は、当時の女性教育者の中でも革新的であった。ウィラードは、女性は金銭や名誉に無欲なため教職に適性があると主張し、女性教師に対し低賃金を甘受せよと説いていた。ビーチャーも、教師は「聖職者」であり「宗教的信仰からもたらされる強い希望と信念」と「自己犠牲の精神」が求められるとした。しかし、彼女にとって貧しいことはむしろ怠惰の証左、あるいは神への罪であり、享楽に対する浪費は慎むべきだが、子どもや友人のための支出は神への奉仕であった[52]。

ただしビーチャーの場合でも、高額報酬の主張については一貫していない。例えば友人への手紙には「既婚未婚にかかわらず自分自身の家を買えるくらいの金額を支払うべき」とさえ書いている一方で[53]、無償女性師範学校の設立を訴える議会への請願書では、「女性教師は家族を養う必要がないため、男性の二分の一以下の給料で雇用できる。女性教師を雇えば、国は低コストでよりよい人材を獲得することになる」[54]と、女性労働力の魅力を説いていた。二枚舌ともみえる発言の真意は定かでないが、男性相手の政治的場面では、経済的報酬より雇用や教育の拡大を優先していたとみてよいだろう。

③女性性と知性を核とする専門職

第三に、ビーチャーにとって教職は「女性性」と「知性」を中核とする専門職であった。

ビーチャーは従来の教育の問題点を以下五点に整理し、女性教師たち自身が、従来の教育の欠陥を検証しつつ適切な教育研究を推進する必要を力説していた。

第一に、「教育の最も重大な欠陥のほとんどは、適切な教科書が存在しないことに起因しており[55]」、「ほかでもない教師こそが、未成熟な精神に何が必要かを理解したり、教科書の供給のために工夫された計画の適切さを検証したりすることができる[56]」と、ビーチャーは言う。

第二に、「教育のもう一つの大きな欠陥は、概念を獲得するのではなく、単語を暗記する習慣が形成されてしまっていることである[57]」とビーチャーはいう。したがって、「特に初等教育段階においてはしばしば、（略）適切に教えるためには、辛抱と忍耐と巧妙さと経験が求められる[58]」という。

第三に、「過去の教育の様態のさらなる欠陥は、知識のやりとりだけが重要で唯一の教育の目的だという一般的な考え方によってもたらされている[59]」と彼女はいう。したがって「子どもたちが思考し、正しく推論し、発明し、発見し、早く正確に様々な精神的操作を遂行し、適切な言語で明確にわかりやすく考えを議論するようにさせることこそが、教育の主たる目的であると、人びとに意識させる[60]」ことが重要だとビーチャーは主張する。

第四に、「過去の教育の様態のもう一つの欠陥は、考えを描写したり議論したりする助けになるような視覚的道具の使用が無視されてきたことである」と彼女はいう。

第五に、「教育のもう一つの欠陥は、生徒が他者を教えられるように準備することが、教師の重要な目的だとされてこなかったことである」という。そして「他者を教えようとする技術よりも重要な助けはなく、与えることは受け取ることと同等に利益になることを、教師になる者全員が発見するだろう[61]」と述べている。

以上五点の指摘にみられるようにビーチャーは、初等教育段階であっても、教育とは単なる暗記では済まされず、「思考し推論し発見する」といった知的営みであると考えていた。そしてアメリカに紹介されはじめたばかりのペスタロッチの視覚的教授法など、最新の学問成果を女性教師自身が学びつつ、女性教師たちが現場で検証しながら、教育を対象とした学問や書籍を創造する必要性を提起していたのである。

初等教育段階であっても教職には高度な学問が必要であり、また教師自身が学問の担い手であるとするビーチャーの指摘は、急進的なものであった。一九世紀前半当時は、読み書き算ができれば教師は務まると一般には考えられていたし、読み書き算でさえおぼつかない教師が少なくなかったからである。一八四〇年の人口統計局調査によれば、全米の大学進学率平均は〇・八％で、アカデミーなど初等教育以上への進学率は八・一％程度にすぎなかった[62]。

また、ビーチャーが教師の道徳的卓越と知的卓越の双方を重視した点は、看過されてはならない。後述するように、ホレス・マンらは後に、母性を根拠に女性の教職への適性を主張して女性教師の雇用を促進したが、ビーチャーは、母性は理性と教養の双方に裏打ちされると定義していた。歴史学者バーバラ・ウェルター（Welter, 1966）は、一九世紀米国では「敬虔・純潔・従順・家庭性」の四つの美徳が女性に求められたと指摘しているが[63]、ビーチャーは「知性」をもその要素に加えようとしていたといえる。

④専門職養成教育の必要性

第四に、したがってビーチャーは、大学レベルでの教師養成の必要性を明確に主張していた。彼女は、他の専門職者には「数年の教養教育」と「適切な養成訓練」が課され、「資格」と「職」を得るために「学識と経験」を問う「試験」が課され、「靴職人でさえ何年もの徒弟を要求される」のに、教職には「何の準備もなされていない」という。さらに、他の専門職は「定期刊行物や公的報告書など公的コミュニケーションの機関」を有し、「改善」や「実験」が「記録され」、「共通の専門的関心によって統合されて」いるのに比して、教職には向上のための「刺激すら与えられていない」ため、養成教育が必要だという[64]。

そしてビーチャーは、大学での教師養成を意図し、高度の教養、養成制度、資格制度、知識体系の共有、職能集団の必要を主張していた。[65] リーバーマン（Lieberman, 1956）が二〇世紀以降の専門職の要素として、高度な知識や技能に基づく資格制度と業務の独占、広範な自律性、判断に対する自己責任、職能団体による自治を挙げたことに照らせば、[66] ビーチャーの描いた教職像は、二〇世紀以降の近代的専門職像に近かったことが読み取れる。

一八二〇年代では、教師を養成するという概念そのものが未だ新しいものであった。最初期の教師養成校として知られるサミュエル・ホール（Samuel Read Hall, 1795-1877）の学校がバーモント州コンコルドに開校されたのも、ハートフォード女性セミナリー設立と同年の一八二三年であった。第一章でみたジェームズ・カーターらが、図書館と実習校を併設した公的教師養成校の必要性を訴えはじめたのもこの頃である。このように新しい教師養成教育を、ビーチャーはしかも、女性に対しておこなおうとしていた。当時女性は大学に入学を許されず、高等教育は男性に対してでさえ狭き門であった。一八五〇年時点でも公立学校が八万九七八校、教師九万一九六六人、学生三三五万四〇一一人、男子アカデミーが六〇八五校、教師一万二一六〇人、学生二六万三〇九六人なのに対し、大学は全米で二三九校、教師一六七八人、学生二万七八二一人しか存在していない。[67] その三〇年以上前から、ビーチャーは大学での女性教師養成を主張していたのである。

以上の点でビーチャーの議論は、大学水準の女性教師養成の必要性を主張した最初期の教師養成論の一つとして位置づけられる。

（2）ビーチャーの教師像の影響――ホレス・マンの女性教師像との差異

女性の教職への適性を説くビーチャーの主張は、ホレス・マンなど公立学校の普及をめざす当時の教育指導者に高く評価された。ビーチャーはマンと旧知の仲で書簡を交換し、ビーチャーの原稿はマンやバーナード（Henry Barnard）の編集する雑誌にたびたび匿名で掲載されていた。また『マサチューセッツ州教育委員会第十一年報』で彼女は、公教育に関するマンへの助言者として、唯一の女性として選ばれている(68)。

例えば一八四八年にホレス・マンに宛てた手紙のなかでも、ビーチャーは知性に満ちた女性教師を養成することの重要性を主張していた。

人格の形成という教育の主目的は、知的文化の形成より重要でないなどと考えたことはありません。（略）すべての四歳児が一二年の間、毎日六時間ずつ、私と同じ考えを持つような教師たちのもとにおかれるように養成しましょう(69)。

彼女の主張どおり、実際に女性教師の雇用が急速に拡大されていった。バーナードとヴィノフスキ（Bernard & Vinovskis 1977）の調査によれば、南北戦争前のマサチューセッツ州では、白人女性の約五分の一は教職の経験をもつようになっており、女性教師の割合も一八三〇年代以降上昇しつづけ、一八六〇年には七七％を占めるに至っていたという(70)。

しかし、全米に拡大したマンの女性教師像や教師養成理念は、ビーチャーのそれと下記の三点で大きく異なっていた。第一に、マンにとって女性教師の魅力は低賃金で雇える点にあった。マンの妻メアリー（Mary P. Mann）は「彼は公共の場で輝こうとする女性の欲望を喜んだことは一度もなかった(71)」と記し、マンは女性教師の雇用に当初から積極的ではなかったと回想している。しかし、公立学校の普及をめざすマンにとって、教育税の増大を危惧する反対勢力を説得するためには、女性の低賃金労働力は大きな魅力であった。マンの執筆した『第一年報』（Massachusetts Board of Education, 1838）では教師の代名詞は「彼」であったが、『第四年報』（Massachusetts Board of Education, 1841）では「子ども達にとって女性の方が男性より比較にならないほどよい教師であることは疑い得ない」と宣言するに至っている。そして女性教師を雇用すれば「男性教師の三分の二の賃金で学校は静かに保たれる(72)」、「州の支出差は一年で一万一五八〇・四一ドル、あるいは三つの州立師範学校の年間支出の約二倍になる」[73]などと各地の教育委員会で説得を重ね、女性教師の雇用を推進していた。

したがって、男性と同等の専門職として教職を構想したビーチャーの考えとは異なり、実際に雇用された教師の待遇は、マンの意図どおり男性に劣るものとなった。ニューヨーク市の委託を受けて調査を実施したバーゲス（Burgess, 1920）によれば、一八四一年のニューヨーク州都市部では男性教師の週給は一一・九三ドルなのに対し女性教師は四・四四ドルであり、一八八〇年には男性教師三一・三六ドルに対し女性教師は一二・二〇ドルで、女性教師の賃金は男性教師の約三分の一から四分の一で推移していた。[74]その後も、男女の賃金格差は続き、一九一一年の全米教育協会（National Education Association）の報告書においても、全米平均では女性教師の賃金は男性教師の約四分の一だと報告されている。[75]教師の性別による賃金格差はその後も解消されず、公民権運動の高まりを背景に男女の賃金格差を撤廃する一九六三年連邦法（Equal Pay Act of 1963）が制定された後も、現在に至るまで実質的に存在しつづけていると、パトリシア・カーター（Carter, 2002）は批判している。[76]

第二に、マンの女性教師像の中核は、「名誉欲や金銭欲を持た」ず「男性より柔和な態度」をもつ女性の「道徳的人格」にあった。[77]女性の雇用に対しては、「道徳的人間の育成には厳格なしつけと体罰が必要なのに女性は腕力に劣る」という批判が寄せられたが、[78]マンは「男性は権威と身体的力で学校を管理するが、女性は人格と愛情の気品によって同じ事ができる」[79]と反論していた。彼にとって女性教師の雇用は、当時マサチューセッツ州で問題になっていた教師による体罰への処方箋としての意味ももっていたのである。

ただし体罰肯定派も否定派も、女性教師雇用推進派も反対派も、女性教師の知性に期待していない点では共通していた。マンと同様に女性教師の雇用を支持した男性たちも、女性教師の採用は初等教育に限定することを自明としており、女性教師の知的卓越にはむしろ反対する言辞を述べている。例えば、ビーチャーの妹の夫ストウは、一八三七年に「我々のすべての学校で男性教師を見つけることが期待できなくなっている。特に小さな子どもたちの教育については、女性教師に大きく依存しなければならない」と述べて女性教師の採用を認めていた。しかしその意図は、女性教師を採用して「教育という適切な仕事」をするようになれば、女性たちが「議事堂や公的な集会の場における相違点を探そうとしたりはしなくなるだろう」という期待、つまり教職を女性化すれば女性参政権運動が沈静化するだろうという期待にあった⑻。

第三にマンは、女性教師の雇用に対する批判や不安を払拭するために、男性管理職による監督制度を導入していた。一九世紀初頭までの学校では、教師自身の裁量幅が大きく、教師の体調や都合で学校が休みになることも稀でなかった。そのため、監督の導入によって裁量幅を狭められた男性教師の不満は、彼ら自身を管理職へと移行することによって対処されたのである。多くの町では、二つ以上の学区の冬季学校を統合し、低学年に女性教師を採用し、高学年に男性教師を配置したうえで、学校全体を男性教師の管理下に置く措置がとられた⑻。サッグ（Sugg, 1978）が指摘するように、公立学校の普及は女性教師の雇用による人件費削減と、教職の階層化によって支えられた側面をもっていた⑻。

以上のように、大学段階での女性教師養成によって教職の専門職化を達成しようとしたビーチャーの思想は受け入れられず、教職の女性化は、ビーチャーの期待とは裏腹に、女性教師の待遇の相対的低下と表裏一体となって進んだのである。

ビーチャーの「女性の専門職」概念は、教師や婦人宣教師の活動の地盤を築いただけでなく、一八九〇年代以降、家政学や栄養学、看護学などさまざまな分野で女性が経済的に自立して生きていくことを可能にする道を開拓していた点で革新的だった。この革新性はエレン・リチャーズ（Ellen Henrietta Swallow Richards, 1842–1911）による高等教育改革運動や、リチャーズが初代会長となったアメリカ家政学会（American Home Economics Association）の設立へと引き継がれていった⑻。しかし、栄養士や看護師、助産師、ソーシャル・ワーカーなど「女性の領域」に成立した職種は、今日でも「準専門職」「ピンク・プロフェッション」と呼ばれ、男性専門職と対等の地位や待遇を得ているとは言い難い。「女性の領域」の仕事を専門職へと確立していくことにより「女性の領域」そのものの地位を向上させようとしたビーチャーの試みは、この点では達成されなかったといえるだろう(84)。

3　ビーチャーの教師教育の実際

ビーチャーは、上記の教師像の実現のために具体的な教師教育の実践を展開していた。ハートフォード女性セミナリーにおける教育の実際を検討しよう。

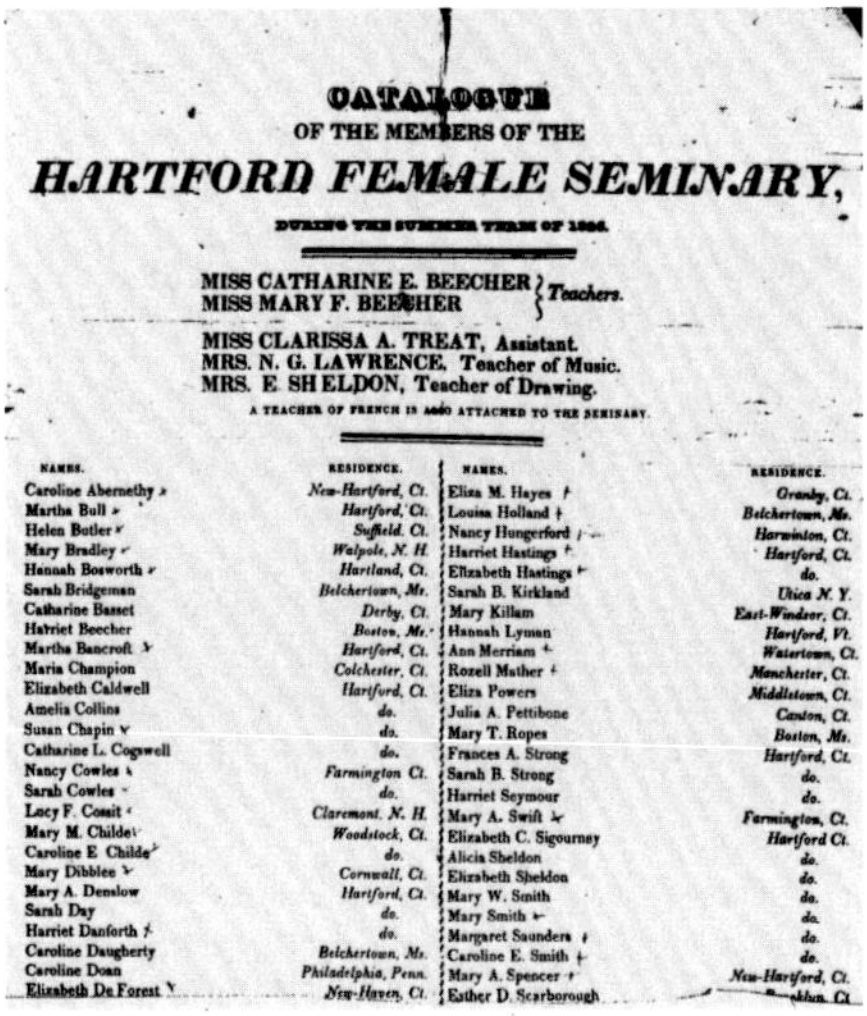

CATALOGUE
OF THE MEMBERS OF THE
HARTFORD FEMALE SEMINARY,
DURING THE SUMMER TERM OF 1826.

MISS CATHARINE E. BEECHER } Teachers.
MISS MARY F. BEECHER

MISS CLARISSA A. TREAT, Assistant.
MRS. N. G. LAWRENCE, Teacher of Music.
MRS. E. SHELDON, Teacher of Drawing.
A TEACHER OF FRENCH IS ALSO ATTACHED TO THE SEMINARY.

NAMES.	RESIDENCE.	NAMES.	RESIDENCE.
Caroline Abernethy	New-Hartford, Ct.	Eliza M. Hayes	Granby, Ct.
Martha Bull	Hartford, Ct.	Louisa Holland	Belchertown, Ms.
Helen Butler	Suffield. Ct.	Nancy Hungerford	Harwinton, Ct.
Mary Bradley	Walpole, N. H.	Harriet Hastings	Hartford, Ct.
Hannah Bosworth	Hartland, Ct.	Elizabeth Hastings	do.
Sarah Bridgeman	Belchertown, Ms.	Sarah B. Kirkland	Utica N. Y.
Catharine Basset	Derby, Ct.	Mary Killam	East-Windsor, Ct.
Harriet Beecher	Boston, Ms.	Hannah Lyman	Hartford, Vt.
Martha Bancroft	Hartford, Ct.	Ann Merriam	Watertown, Ct.
Maria Champion	Colchester, Ct.	Rozell Mather	Manchester, Ct.
Elizabeth Caldwell	Hartford, Ct.	Eliza Powers	Middletown, Ct.
Amelia Collins	do.	Julia A. Pettibone	Canton, Ct.
Susan Chapin	do.	Mary T. Ropes	Boston, Ms.
Catharine L. Cogswell	do.	Frances A. Strong	Hartford, Ct.
Nancy Cowles	Farmington Ct.	Sarah B. Strong	do.
Sarah Cowles	do.	Harriet Seymour	do.
Lucy F. Cossit	Claremont, N. H.	Mary A. Swift	Farmington, Ct.
Mary M. Childe	Woodstock, Ct.	Elizabeth C. Sigourney	Hartford Ct.
Caroline E. Childe	do.	Alicia Sheldon	do.
Mary Dibblee	Cornwall, Ct.	Elizabeth Sheldon	do.
Mary A. Denslow	Hartford, Ct.	Mary W. Smith	do.
Sarah Day	do.	Mary Smith	do.
Harriet Danforth	do.	Margaret Saunders	do.
Caroline Daugherty	Belchertown, Ms.	Caroline E. Smith	do.
Caroline Doan	Philadelphia, Penn.	Mary A. Spencer	New-Hartford, Ct.
Elizabeth De Forest	New-Haven, Ct.	Esther D. Scarborough	[illegible]

図 3-3　ハートフォード女性セミナリー 1826 年カタログ

(1)　女性の高等教育の実現

二二歳のビーチャーは一八二三年、コネチカット州ハートフォードの馬小屋の二階に、ハートフォード女性セミナリーを開いた。ハーブソン（Harveson, 1969）によれば、学生募集広告には、対象を「高度な女性教育を追求したい人々」に「限定」すること、「一二歳以下の生徒は入学を許可されない」こと、学費は各学期六ドルであることがうたわれていた(85)。「セミナリー（神学校）」と名づけられた私設教育機関は、一八世紀末から女性が学びうる最高の教育機関で、八歳から二五歳くらいまでの幅広い年齢層の女性を対象としていた。それゆえ一三歳以上という限定は当時では異例で、この学校が初等教育よりも高度な教育機関であることを宣言したものだった。前章で検討したように、ウィラードがトロイ女性セミナリーを設立したのは一八二一年であり、同校は当時の女性が学びうる最高水準の教育機会を提供した数少ない女性セミナリーの一つと位置づけられる。

最初の入学生は七人だったが、三年後には学生は八〇人以上に増加して（図3-3）[86]、同校は教会の地下室へと移動され、教師陣も新たに採用された。開校当初はビーチャーの被教育経験自体が限られたものであり、彼女を含め教師たち自身が弟エドワードの指導の下、生徒のほんの数ページ先を学ぶ状況だったとビーチャー自身が記している[87]。

（2）大学段階での教師養成教育

ビーチャーは女性教育の目的は教職準備にあると説いていた。上述のように彼女にとって教職は「知性」と「女性性」の双方を中核とするものであり、ハートフォード女性セミナリーでは、高度な教養教育を「基礎」としたうえで、女性のための教師養成カリキュラムが創造されていた。以下、各々の教育の実際とその関連を検討する。

①教養教育――「男性の領域」の知識習得への挑戦

知性の教育に関しては、ラテン語・文法・修辞法・算数・代数・幾何・音楽といったリベラル・アーツ諸教科を「ハーバードやイエール」など男性の通う大学の水準まで教えることがめざされた。ビーチャーは、その目的を「探究の習慣」「正確な推論と注意力の集中」「規則的な体系をつくる力や正確な分析力」の形成にあると記しており[88]、教育の主眼の一つがリベラル・アーツの教育にあったことが読み取れる[89]。

しかし、その実現は大きな困難を伴っていた。当時用いられていた無味乾燥な教科書と、機械的な暗誦を主とする教育技術は、卒業後に高い社会的地位や経済的報酬が約束される男子生徒にはかろうじて成立しても女子生徒には通用せず、学習意欲を喚起することができなかったからである。それゆえビーチャーは、女性を大学レベルの学習まで「効率的」に導くための教科書を二〇冊以上出版していた。女性の社会的発言への抵抗が強い時代にあって、当初は匿名やセネックス（Senex）というペンネームを使用し自費出版するなど、南北戦争後に『家庭経済学』[90]がベストセラーになるまでは、出版も困難であったという。[91]

彼女が最初に執筆したのは、算数の教科書『易しい算数——三部構成』（Beecher, 1832, 図3-4）[92]である。ハートフォード女性セミナリーは開学時から算数と代数を教育課程に加え、一八二七年以降は一年次に算数、二・三年次にユークリッド幾何、三年次に代数を教えていた。多くの生徒は「入学時に九九さえ知らない」状況だったし、ビーチャー自身も二二歳で初めて、ネイサン・ダボール（Nathan Daboll）の算数教科書『改善拡大版　ダボールの学校教師の補助——米国に採用された算数の平易で実践的な教え方』[93]を独学したばかりだった。

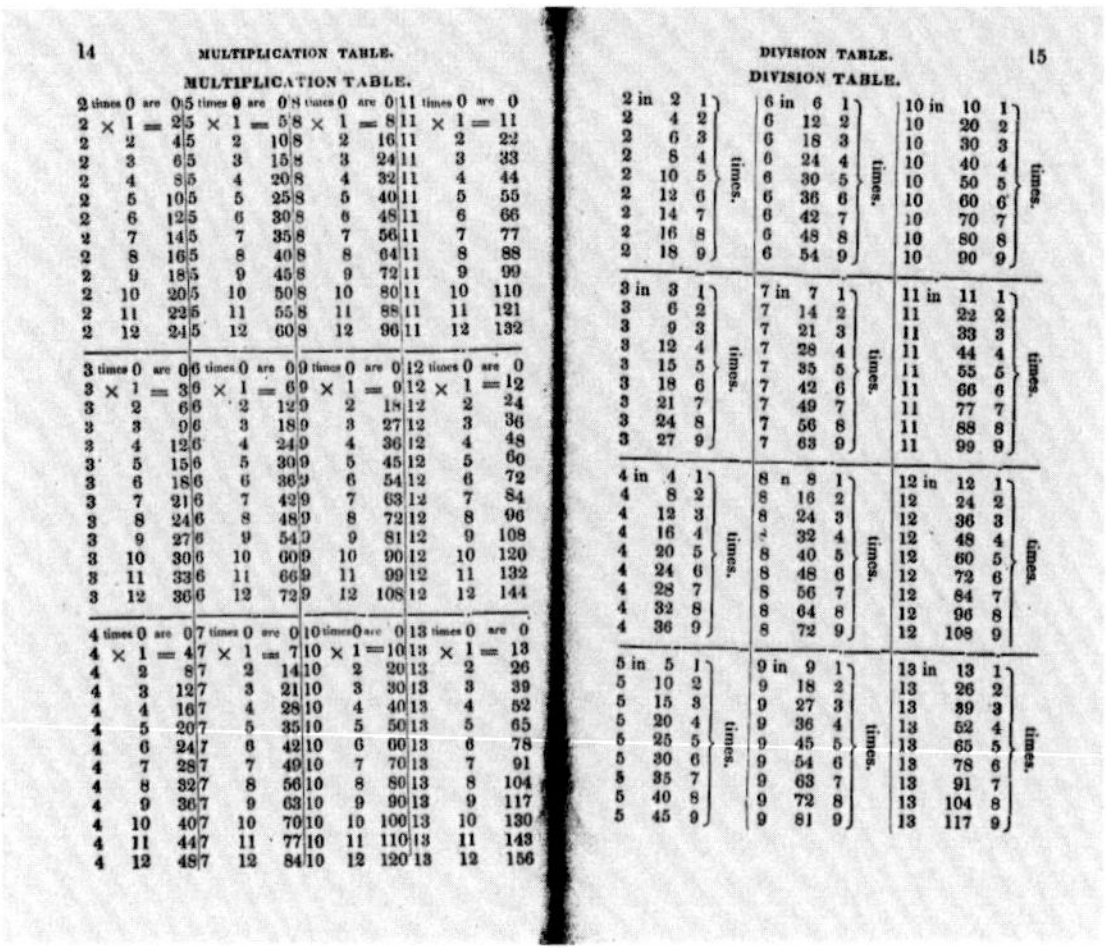

14　MULTIPLICATION TABLE.

MULTIPLICATION TABLE.

2 times	0 are	0	5 times	0 are	0	8 times	0 are	0	11 times	0 are	0
2 ×	1 =	2	5 ×	1 =	5	8 ×	1 =	8	11 ×	1 =	11
2	2	4	5	2	10	8	2	16	11	2	22
2	3	6	5	3	15	8	3	24	11	3	33
2	4	8	5	4	20	8	4	32	11	4	44
2	5	10	5	5	25	8	5	40	11	5	55
2	6	12	5	6	30	8	6	48	11	6	66
2	7	14	5	7	35	8	7	56	11	7	77
2	8	16	5	8	40	8	8	64	11	8	88
2	9	18	5	9	45	8	9	72	11	9	99
2	10	20	5	10	50	8	10	80	11	10	110
2	11	22	5	11	55	8	11	88	11	11	121
2	12	24	5	12	60	8	12	96	11	12	132
3 times	0 are	0	6 times	0 are	0	9 times	0 are	0	12 times	0 are	0
3 ×	1 =	3	6 ×	1 =	6	9 ×	1 =	9	12 ×	1 =	12
3	2	6	6	2	12	9	2	18	12	2	24
3	3	9	6	3	18	9	3	27	12	3	36
3	4	12	6	4	24	9	4	36	12	4	48
3	5	15	6	5	30	9	5	45	12	5	60
3	6	18	6	6	36	9	6	54	12	6	72
3	7	21	6	7	42	9	7	63	12	7	84
3	8	24	6	8	48	9	8	72	12	8	96
3	9	27	6	9	54	9	9	81	12	9	108
3	10	30	6	10	60	9	10	90	12	10	120
3	11	33	6	11	66	9	11	99	12	11	132
3	12	36	6	12	72	9	12	108	12	12	144
4 times	0 are	0	7 times	0 are	0	10 times	0 are	0	13 times	0 are	0
4 ×	1 =	4	7 ×	1 =	7	10 ×	1 =	10	13 ×	1 =	13
4	2	8	7	2	14	10	2	20	13	2	26
4	3	12	7	3	21	10	3	30	13	3	39
4	4	16	7	4	28	10	4	40	13	4	52
4	5	20	7	5	35	10	5	50	13	5	65
4	6	24	7	6	42	10	6	60	13	6	78
4	7	28	7	7	49	10	7	70	13	7	91
4	8	32	7	8	56	10	8	80	13	8	104
4	9	36	7	9	63	10	9	90	13	9	117
4	10	40	7	10	70	10	10	100	13	10	130
4	11	44	7	11	77	10	11	110	13	11	143
4	12	48	7	12	84	10	12	120	13	12	156

DIVISION TABLE.　15

DIVISION TABLE.

2 in	2	1	times.	6 in	6	1	times.	10 in	10	1	times.
2	4	2		6	12	2		10	20	2	
2	6	3		6	18	3		10	30	3	
2	8	4		6	24	4		10	40	4	
2	10	5		6	30	5		10	50	5	
2	12	6		6	36	6		10	60	6	
2	14	7		6	42	7		10	70	7	
2	16	8		6	48	8		10	80	8	
2	18	9		6	54	9		10	90	9	
3 in	3	1	times.	7 in	7	1	times.	11 in	11	1	times.
3	6	2		7	14	2		11	22	2	
3	9	3		7	21	3		11	33	3	
3	12	4		7	28	4		11	44	4	
3	15	5		7	35	5		11	55	5	
3	18	6		7	42	6		11	66	6	
3	21	7		7	49	7		11	77	7	
3	24	8		7	56	8		11	88	8	
3	27	9		7	63	9		11	99	9	
4 in	4	1	times.	8 n	8	1	times.	12 in	12	1	times.
4	8	2		8	16	2		12	24	2	
4	12	3		8	24	3		12	36	3	
4	16	4		8	32	4		12	48	4	
4	20	5		8	40	5		12	60	5	
4	24	6		8	48	6		12	72	6	
4	28	7		8	56	7		12	84	7	
4	32	8		8	64	8		12	96	8	
4	36	9		8	72	9		12	108	9	
5 in	5	1	times.	9 in	9	1	times.	13 in	13	1	times.
5	10	2		9	18	2		13	26	2	
5	15	3		9	27	3		13	39	3	
5	20	4		9	36	4		13	52	4	
5	25	5		9	45	5		13	65	5	
5	30	6		9	54	6		13	78	6	
5	35	7		9	63	7		13	91	7	
5	40	8		9	72	8		13	104	8	
5	45	9		9	81	9		13	117	9	

図3-4　易しい算数　加算・減算・乗法・除法の一覧表が示されている.

一七世紀から一九世紀前半までの米国における数学の歴史を明らかにしたコーエン（Cohen, 1999）によれば、一九世紀初頭の米国では、商売や利子の計算は男性の仕事であり、数学など女性には必要ないうえ、そもそも理解できないと考えられていた。それゆえ女性の知的能力を証明しつつ、女性の経済的自立を達成しようとする者たちにとって、数学は重要な「戦場」となっていたと、コーエン（Cohen, 1999）は指摘している。[94]ビーチャーは、解説もなく解法が列挙されるばかりのダボールの教科書に強い不満を抱き、自分の復習のために書いたのが上記の教科書『易しい算数』であった。彼女は後に「数学は最も難しく、最もつまらない」と感じていたが、数学を女性に教えなければならないという事実だけが自分の学習意欲を支えていたと回想している[95]。

ビーチャーは、一八三二年には改良版『易しい算数―小学校・女性セミナリー・高校での使用に備えた三部構成―様々な年齢や到達度に適用可[96]』を出版した。ビーチャーの教科書の革新性は、以下三点に整理できる。

第一は、解法を丸暗記させる従来の方法を変え、「新しい分類方法」により操作の「一般原理」を理解できるようにした点である[97]。例えば加法は一ヶ所にまとめられ、一つの原理が単純な足し算から分数の足し算にまで適用されることを確かめる構造になっている。また学習動機も考慮され、当時最先端だった「ゲーム」の手法や正しく復唱できたときに「報償」を与える方法などを取り入れていた。

第二は、暗誦法と筆記法と両方を組み合わせた教授＝学習方法を採用した点である。当時は「精神の訓練」として暗誦法が一般的であったが、ビーチャーは「繰り返し」学習や「書く訓練」も重要として「筆記法」も採用していた[98]。

第三は、四歳児から二〇歳以上の成人まで含めた広範な学習者を対象にした点にある。男性学習者のみを対象にした従来の教科書執筆者と異なり、ビーチャーの場合は、基礎的な初等算数もおぼつかない女性たちを短期間で効率的に高等数学まで導くという、困難な役割を負っていた。それゆえ彼女は、児童向けの教授方法は成人にも同様に効果的であると主張し、教科書を「児童向け」、「年長学級向け」、「大学入学に求められる算数」の三部構成にしていた[99]。書名の「易しい」という語は、児童向け教科書に用いられる語であったが、ビーチャーはあえてこの語を用いたうえで「小学校、女性セミナリー、そしてハイスクールでの使用に備えた」という副題をつけたのである[100]。

②「女性性」の教育――「女性の領域」の知識の体系化

ビーチャーは、大学と同様の教養教育を基礎としたうえで、家事や育児など「女性の領域」全般に関わる知識と技術をカリキュラムに組み込んでいた。

彼女は、英国の骨相学者アンドリュー・クーム（Andrew Combe, 1797-1847）に学び、当時「科学的」とされた知見に基づいて、家政学や生理学、健康体操、道徳や宗教などの教科書を執筆し、知識と技術の体系化に力を注いだ(101)。特に「病気を治療する医者の仕事よりも、病気を予防し健康を維持する教師の仕事の方が重要(102)」と、公衆衛生や育児や看護に関する知識の普及に努めていた。

当時、教育は女性の性的機能に障害をきたすという見方が根強くあったうえ、実際の家事労働も過酷を極め、出産時に死亡する女性も多かった(103)。したがってビーチャーの教科書は「胃は消化に三時間、休息に二時間を必要とするため食事は五時間以上間隔をおく」「血行を阻害するので嬰児は冷水につけてはならない」といった詳細な説明に加え、人体の骨格や神経、内臓や血流の仕組み等が詳細に図解されている（図3-5）(104)。また当時「健康体操法（calisthenics）」と呼ばれた身体訓練法も独自に開発していた（図3-6）(105)。

これら家事や育児に関わる「女性の知識」は、「実践的目的」に関わる知識と技能であり、その教育は教職準備教育として位置づいていた。ビーチャーは「女性の知識は男性のものと異なり、文語的作品や知的専門職の知識を再生産するためのものではなく、行動（原文イタリック）の中で立ち現れる(106)」という。そして裁縫等の実技に加え、先住民チェロキー族のための慈善活動や牢獄、聴覚障害児の教育施設、精神病院への見学旅行なども自ら引率していた。

同校を見学したグリムケ（Angelina Grimke）は、ビーチャーは生徒に「女性にとって教師になることが他の何よりも最も有益と感じさせていた」と日記に記している(107)。一九世紀以前の女性教育の状況を叙述したウッドブリッジ（Woodbridge, 1877）が叙述しているとおり、一九世紀初頭においては「女性が学生などになったら、誰がプリンやパイを焼くのか？」と、女性教育が女性を家事から逃避させるとの批判が根強かったという(108)。したがって、実践的知識と技能の向上が教育内容に加えられることは、当時の社会に受容されるための必須要件でもあった。

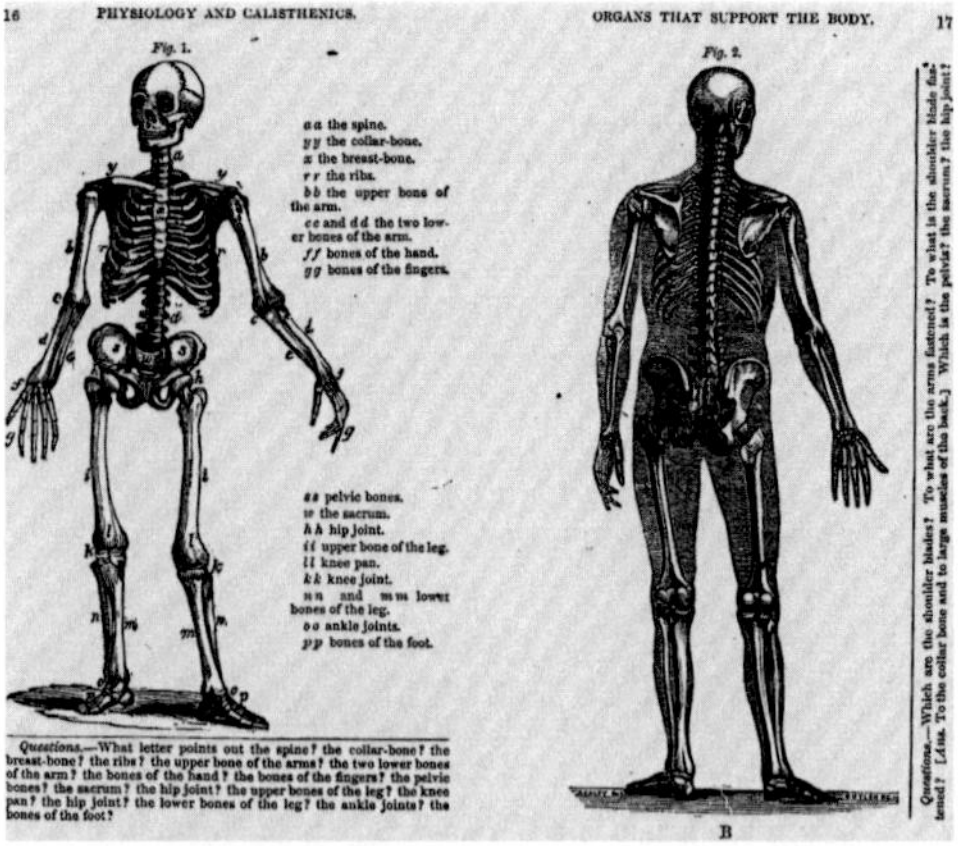

図3-5　骨格図　図の下には「背骨はどれ？」などの諸問題が記されている．

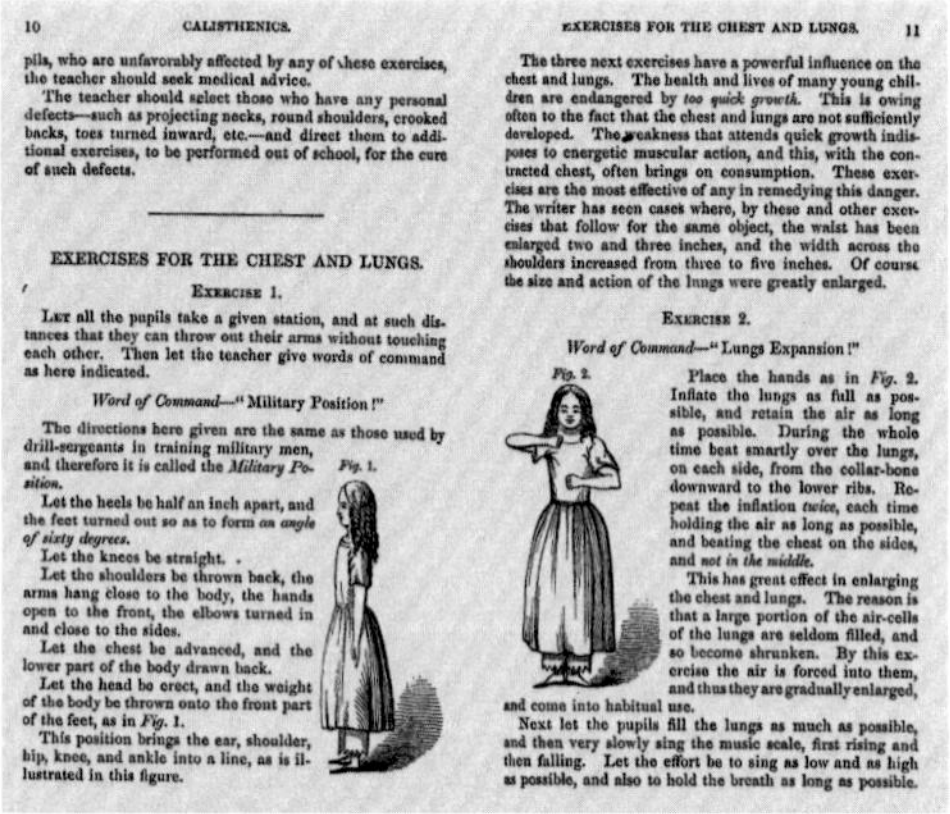

10 CALISTHENICS.

pils, who are unfavorably affected by any of these exercises, the teacher should seek medical advice.

The teacher should select those who have any personal defects—such as projecting necks, round shoulders, crooked backs, toes turned inward, etc.—and direct them to additional exercises, to be performed out of school, for the cure of such defects.

EXERCISES FOR THE CHEST AND LUNGS.

EXERCISE 1.

LET all the pupils take a given station, and at such distances that they can throw out their arms without touching each other. Then let the teacher give words of command as here indicated.

Word of Command—"Military Position!"

The directions here given are the same as those used by drill-sergeants in training military men, and therefore it is called the *Military Position*.

Fig. 1.

Let the heels be half an inch apart, and the feet turned out so as to form *an angle of sixty degrees*.

Let the knees be straight.

Let the shoulders be thrown back, the arms hang close to the body, the hands open to the front, the elbows turned in and close to the sides.

Let the chest be advanced, and the lower part of the body drawn back.

Let the head be erect, and the weight of the body be thrown onto the front part of the feet, as in *Fig.* 1.

This position brings the ear, shoulder, hip, knee, and ankle into a line, as is illustrated in this figure.

EXERCISES FOR THE CHEST AND LUNGS. 11

The three next exercises have a powerful influence on the chest and lungs. The health and lives of many young children are endangered by *too quick growth*. This is owing often to the fact that the chest and lungs are not sufficiently developed. The weakness that attends quick growth indisposes to energetic muscular action, and this, with the contracted chest, often brings on consumption. These exercises are the most effective of any in remedying this danger. The writer has seen cases where, by these and other exercises that follow for the same object, the waist has been enlarged two and three inches, and the width across the shoulders increased from three to five inches. Of course the size and action of the lungs were greatly enlarged.

EXERCISE 2.

Word of Command—"Lungs Expansion!"

Fig. 2.

Place the hands as in *Fig.* 2. Inflate the lungs as full as possible, and retain the air as long as possible. During the whole time beat smartly over the lungs, on each side, from the collar-bone downward to the lower ribs. Repeat the inflation *twice*, each time holding the air as long as possible, and beating the chest on the sides, and *not in the middle*.

This has great effect in enlarging the chest and lungs. The reason is that a large portion of the air-cells of the lungs are seldom filled, and so become shrunken. By this exercise the air is forced into them, and thus they are gradually enlarged, and come into habitual use.

Next let the pupils fill the lungs as much as possible, and then very slowly sing the music scale, first rising and then falling. Let the effort be to sing as low and as high as possible, and also to hold the breath as long as possible.

図3-6　胸と肺のためのエクササイズ

（3）教育方法の工夫

ビーチャーは、教育方法の工夫を通して教育の「効率性」を追究していた。教師の前で生徒にひたすら暗誦させる教授法がほとんどだった当時において、「視覚的道具の利用」を重視し、多くの図解を挿入した教科書を作り、図や黒板を使用して授業をおこなった(109)。

また、「初等部」と「高等部」という到達度別学級を編成するとともに、指示が「効率的に」伝わる学校建築を自ら設計し、校舎を「壁に黒板をしつらえた部屋」に「分割」して到達度別学習集団による教授学習を可能にしていた[110]。さらに、自らの教育方法改善の鍵概念として「分業（division of labor）」を強調する。ビーチャーは、教科書の執筆や教材の選択、資金繰りや寄宿舎の運営など種々雑多な仕事を、教師がすべて担当しなければならない現状を批判し、「分業」によって教師は授業に専念すべきだとした。しかも、当時女性セミナリーではすべての教科を一人で教えるのが一般的だったが、ビーチャーは、教師の担当教科を限定することによって授業の質を向上させるべきとした。更に「教育者（educators）」「教師（teachers）」「助手（assistant pupils）」「生徒（scholars）」という「分業」もしたという[111]。優秀な「生徒」を「助手」として雇用し、「教師」を援助させる。教師は「知性の発達」に専念し、「秩序の保持や建物の掃除、日常事務や学校日誌」など「統治」に関する仕事は「ガヴァネス（governess）」に任せる。そして「単なる知識の獲得だけでなく身体的・社会的・道徳的関心のケアを優先する」者を「教育者」と呼び、各学校に「少なくとも一人は、適切な資格をもった教育者が必要」と構想していた[112]。

ビーチャーの「分業」の本来の意図は、教授領域の専門分化や雑務の軽減により、教育の質や教職の地位を向上させることにあったと考えられる。しかし、マギー・ハム（一九九九）が「分業」を「社会および経済的生産における搾取関係のこと」と定義するように[113]、それは実質的には、教師と生徒の関係、そして教師と教師の関係を階層化する側面も有していた。ホレス・マンだけでなく、ビーチャー自身の思想の中にも、教職の階層化を促進する要素が含まれていたのである。

以上のようにビーチャーは、教職を人間が生まれてから死ぬまでの養護の機能（ケア）全般に関わる「専門職」として構想し、高度な学問的修養を前提としたうえで、女性教師のための専門的知識の体系化と専門的養成制度の設立を志向していた。

4　ビーチャーの教師教育の意義

最後に、ビーチャーの思想と教育活動の教師教育史における意義を考察しよう。

第一に、ビーチャーは一八二〇年代から明確に「専門職」としての教師像を提起し、そのための教師養成を開始していた。前章の事例とともに、州立師範学校創設以前に、女性セミナリーにおいて教師養成教育が存在していたことが、この事例からも確認できる。

第二に、ハートフォード女性セミナリーでは、大学レベルの高度な教養教育を基礎にして、育児や公衆衛生に関する知識や技能の教育が行われ、双方が同等に重視されていた。そして、視覚的理解を促す教授法など、効率的知識伝達をめざす教授法がとりいれられ、その革新的教授法による学習経験が教師養成教育として機能していた。この点も、前章でみたウィラードのトロイ女性セミナリーと同様であった。

第三に、ビーチャーの教師像は、結果として女性教師の雇用を促進する役割を果たしていた。しかし、彼女が提起した教師像は女性性だけでなく知性を中核とした点で、マンら男性指導者に採用された女性教師像とは異なるものであった。

第四に、ビーチャーは既存のジェンダー規範を受容しつつも、教職の専門職化を達成するためには、そもそも家事や育児や看護など「女性の領域」の労働全般が「不当な地位」におかれる状況を改善する必要があると指摘していた。病気になってしまった人を治療する医師の仕事は専門職として尊敬されるのに、病気になる前に「健全な身体と精神を養育する」仕事が専門職と見なされないのは一重に「女性の仕事自体が無視されてきた結果」であり、専門職概念の再検討が必要だ、というビーチャーの批判は示唆に富む。

彼女の指摘を踏まえれば、医師や弁護士のような男性専門職像を無自覚に前提とする教職の専門職化運動は、ジェンダーの視点から再検討する必要があることが提起できる。すなわち、教職が「準専門職」や「ピンク・プロフェッション」と揶揄されてきたのは、まさに教職が、知識伝達といった職務だけでなく、心理的ケアや食事の世話など生活に根ざしたケア・ワーク[114]を内包しているからなのである。もしも、教職の専門職化運動が、医師や弁護士のような専門職像を前提とした結果、ビーチャーのいう「見守り、看護し、育てる」行為としての教職の側面を失わせてしまうなら、その専門職化の是非を問い直す必要が生じる。この批判は、序章で言及したように、レアド（Laird, 1988）[115]など近年のジェンダー研究においてもすでに提起されている。

今後は、「専門職」の概念自体が「男性の領域」で創造されてきた歴史を再認識し、ケア・ワークの視点から教職の専門職像を再検討することが課題となる。一九世紀後半における「専門職」概念のとらえられ方については、第Ⅱ部および第Ⅲ部で明らかにしよう。

（1）ウィスコンシン歴史協会所蔵。

（2）Jerry A. Jacobs, *Gender Inequality at Work*（Thousand Oaks, CA: Sage Publications, 1995).

（3）「専門職」の定義に合致する医師や弁護士などの「完全専門職（full-profession）」に対し、教師、看護師、ソーシャル・ワーカーなど「専門職」の定義を十分満たさない諸職種は「準専門職（semi-profession）」と呼ばれている。「専門職」の定義は本文を参照。Myron Lieberman, *Education as a Profession*（Englewood Cliffs, NJ: Prentice-Hall, 1956).

（4）序章で明らかにしたとおり、本章においてもサッグの定義に従い、教職に求められる主な要素が「知性」から「母性」へと移行した変化（教師像の女性化）と、教師の大半が女性となった変化（教職労働力の女性化）の、二つの変化を「教職の女性化（feminization of teaching）」と呼ぶ。Redding S. Sugg, *Motherteacher: The Feminization of American Education*（Charlottesville: University Press of Virginia, 1978), 3.

（5） Willystine Goodsell, *Pioneers of Women's Education in the United States: Emma Willard, Catherine Beecher, Mary Lyon* (New York: McGraw-Hill Book Company, 1931). Ezra Brainerd, *Mrs. Emma Willard's Life and Work in Middlebury* (New York: Evening Post Job Printing House, 1893), 130–137.

（6） Mae Elizabeth Harveson, *Catharine Esther Beecher* (New York: Arno Press, 1969).

（7） Kathryn Kish Sklar, *Catharine Beecher: A Study in American Domesticity* (New Haven: Yale University Press, 1973).

（8） ジェイン・ローランド・マーティン、坂本辰朗、坂上道子訳『女性にとって教育とはなんであったか――教育思想家たちの会話』東洋館出版社、一九八七年。

（9） Joan N. Burstyn, "Catharine Beecher and the Education of American Woman," *New England Quarterly* 47, no. 3 (1974): 386–403.

（10） Sugg, *Motherteacher*, 62–85.

（11） Jeanne Mary Kelley Boydston, and Anne Throne Margolis, *The Limits of Sisterhood: The Beecher Sisters on Women's Rights and Woman's Sphere* (Chapel Hill: University of North Carolina Press, 1988).

（12） Milton Rugoff, *The Beechers: An American Family in the Nineteenth Century* (New York: Harper and Row, 1981).

（13） ドロレス・ハイデン、野口美智子、藤原典子訳『家事大革命』勁草書房、一九八五年。

（14） マージョリー・イースト、村山淑子訳『家政学――過去・現在・未来』家政教育社、一九九一年。

（15） 今井光映『アメリカ家政学前史』光生館、一九九二年。

（16） Ellen W. Gerber, *Innovators and Institutions in Physical Education* (Philadelphia: Lea and Febiger, 1971).

（17） Patricia Vertinsky, "Sexual Equality and the Legacy of Catharine Beecher," *Journal of Sport History* 6, no. 1 (1979): 38–48.

（18） 成田十次郎編『スポーツと教育の歴史』不昧堂出版、一九八八年、四〇頁。

（19） 福田公子「明治前期における女子教育と家政学の萌芽」『広島大学教育学部紀要第二部』第三八号、一九八九年、一五七頁。

（20）高橋裕子「駐米時代における森有礼と女子教育観」『史鏡』第三四号、一九九七年、五九頁。高橋裕子『津田梅子の社会史』玉川大学出版部、二〇〇二年に再録。
（21）Kim Tolly, "Symposium: Reappraisals of the Academy Movement." *History of Education Quarterly* 41, no. 2 (2001): 216–70.
（22）Sklar, *Catharine Beecher*, 3.
（23）Ibid., 173. Beecher Family Portrait, 1855, Katharine Day Collection, HBSCL.
（24）Ibid., 4.
（25）Boydston, and Margolis. *The Limits of Sisterhood*, 22.
（26）Sklar, *Catharine Beecher*, 28-38.
（27）Ibid., 217-9.
（28）Catharine Esther Beecher, *The Elements of Mental and Moral Philosophy Founded Upon Experience, Reason and the Bible* (S. l. [Hartford, Connecticut?], 1831): 243–75.
（29）Catharine Esther Beecher, and Harriet Beecher Stowe, *The American Woman's Home: Or, Principles of Domestic Science; Being a Guide to the Formation and Maintenance of Economical, Healthful, Beautiful, and Christian Homes* (New York: J. B. Ford and Company, 1869): 17–20.
（30）Sklar, *Catharine Beecher*, 91-2.
（31）Ibid., 212.
（32）Calvin Ellis Stowe, "Letter to Harriet Beecher Stowe," Beecher Stowe Collection, HBSCL, 1848.
（33）Sklar, *Catharine Beecher*, 111.
（34）Grimké, Angelina Emily, "Diary" unpaginated vol. covering 17 November 1829–18 May 1833, Weld-Grimke Papers, CLCUM, 1829.
（35）Catharine Esther Beecher, *Educational Reminiscences and Suggestions* (New York: J. B. Ford, 1874), 31.

（36）Catharine Esther Beecher, *Suggestions Respecting Improvements in Education: Presented to the Trustees of the Hartford Female Seminary, and Published at Their Request* (Hartford: Packer and Butler, 1829).

（37）Beecher, *Suggestions,* 7.

（38）Ibid., 7.

（39）Ibid., 4-6.

（40）Ibid., 7.

（41）Ibid., 8.

（42）Ibid., 9.

（43）Beecher, *American Women's Home,* 17-20.

（44）Ibid., 20. ビーチャーの「母」像については、以下の文献に詳しい。野々村淑子「一九世紀アメリカの『母』言説：不在とその効用―キャサリン・ビーチャー『母と教育者としての女性の専門職：女性参政権に対する反対意見に添えて』(1872) をめぐって―」『九州大学大学院教育学研究紀要』第四六集第三号、二〇〇〇年、七九―一〇五頁。

（45）Bruce A. Kimball, *The "True Professional Ideal" in America: A History* (Cambridge: Blackwell, 1992).

（46）Thomas Hopkins Gallaudet, *Plan of a Seminary for the Education of Instructers* [*Sic*] *of Youth* (Boston: Cummings, Hilliard, 1825).

（47）Beecher, *Suggestions,* 52.

（48）Catharine Esther Beecher, *An Essay on Slavery and Abolitionism* (Philadelphia: H. Perkins, 1837), 50, 128.

（49）Beecher, *Suggestions,* 4

（50）Ibid., 4.

（51）Catharine Esther Beecher, *The True Remedy for the Wrongs of Woman; with a History of an Enterprise Having That for Its Object* (Boston: Phillips, Sampson, and Co., 1851), 232.

(52) Edwin S. Gaustad, *A Religious History of America* (New York: Harper and Row, 1966), 231.
(53) Catharine Esther Beecher, "Letter to My Dear Lizzie," Beecher Stowe Collection, SLC, 1867.
(54) Catharine Esther Beecher, "Free Normal Schools for Female Teachers of Common Schools," *Godey's Lady's Book* (1853): 176–77.
(55) Beecher, *Suggestions,* 11.
(56) Ibid., 12.
(57) Ibid., 12.
(58) Ibid., 12.
(59) Ibid., 13.
(60) Ibid., 13.
(61) Ibid., 16.
(62) United States Census Office, *Sixth Census 1840* (Washington D. C.: Blair and Rives, 1841).
(63) Barbara Welter, "The Cult of True Womanhood: 1820–1860," *American Quarterly* 18, no. 2 (1966): 151–74.
(64) Beecher, *Suggestions,* 5.
(65) Ibid., 18–21.
(66) Lieberman, *Education as a Profession,* 1–18.
(67) United States Census office, and J. D. B. De Bow, *Seventh Census 1850, Statistical View of the United States* (Washington: A. O. P. Nicholson, 1854), 141–3.
(68) Massachusetts Board of Education, *Eleventh Annual Report of Massachusetts Board of Education* (Boston: Dutton and Wentworth, 1848), 83–5.
(69) [Catharine Esther Beecher], "Letter from Miss Catherine E. Beecher," in *Eleventh Annual Report,* 83–84.

(70) Richard M. Bernard, and Maris A. Vinovskis, "The Female School Teacher in Ante-Bellum Massachusetts," *Journal of Social History* 10, no. 3 (Spring 1977): 333.

(71) Mary Tyler Peabody Mann, *Life of Horace Mann* (Washington, D. C.: National Education Association of the United States, 1937), 424.

(72) Massachusetts Board of Education, *Fourth Annual Report of the Board of Education* (Boston: Dutton and Wentworth, 1841), 45–6.

(73) Massachusetts Board of Education, *Eleventh Annual Report,* 26.

(74) W. Randolph Burgess, and New York City Department of Education, *Trends of School Costs* (New York: Dept. of Education, 1920), 32.

(75) National Education Association of the United States Committee on Salaries Tenure and Pensions of Teachers, and Robert C. Brooks, *Report of the Committee on Teachers' Salaries and Cost of Living* (Ann Arbor, MI: The Association, 1913).

(76) Patricia Anne Carter, *Everybody's Paid but the Teacher: The Teaching Profession and the Women's Movement* (New York: Teachers College Press, 2002), 55–8.

(77) Massachusetts Board of Education, *Tenth Annual Report of Massachusetts Board of Education* (Boston: Dutton and Wentworth, 1847), 70.

(78) Association of Masters of the Boston Public Schools, *Remarks on the Seventh Annual Report of the Hon. Horace Mann, Secretary of the Massachusetts Board of Education* (Boston: C. C. Little and J. Brown, 1844), 22.

(79) Massachusetts Board of Education, *Tenth Annual Report,* 70.

(80) Calvin Stowe, "Calvin Stowe Says Women Should Be Employed in the Elementary Schools, 1837," in *Readings in American Educational History,* edited by Edgar Wallace Knight, and Clifton L. Hall (New York: Appleton Century Crofts), 414–5.

(81) "Notes and News: Teachers' Salaries in New York," *Educational Review* 35, (February, 1908), 211.

（82）　Sugg, *Motherteacher*, 129.

（83）　Sarah Stage and Virginia B. Vincenti, *Rethinking Home Economics: Women and the History of a Profession*（Ithaca: Cornell University, 1997）.

（84）　なぜ女性が多く就業する専門職が、男性専門職と同等の社会的地位や待遇を得られないかについては、ジェンダー研究や専門職研究の領域で現在も探究されている問いである。Barbara F. Reskin and Heidi I Hartmann, ed., *Women's Work, Men's Work: Sex Segregation on the Job*（Washington, D. C.: National Academy Press, 1986）.

（85）　Harveson, *Catharine Esther Beecher*, 35.

（86）　Beecher, Catharine Esther, and Hartford Female Seminary, "Catalogue of the Members of the Hartford Female Seminary 1826." Beecher Stowe Collection Folder 320, SLC, 1826.

（87）　Catharine Esther Beecher, "Hartford Female Seminary," *American Annals of Education* 2（1832）: 65.

（88）　Catharine Esther Beecher, "Female Education," *American Journal of Education* 2（1826）: 221. 各教科の時間配分等は明らかでない。

（89）　本章でいう教養教育とは、中世の大学においてラテン語で教授されていた自由七科（文法、修辞、論理の三学、および算術、幾何、天文、音楽の四科）を起源とする、人文・社会・自然科学の基礎的素養の教育のことと定義する。

（90）　Catharine Esther Beecher, *A Treatise on Domestic Economy, for the Use of Young Ladies at Home, and at School*（Boston: Marsh, Capen, Lyon, and Webb, 1841）.

（91）　フェルドマン（Feldman, 2002）によれば、一七七〇年から一八三五年頃までの米国では、女性も本名で著作を出版していたが、一八三五年以降になると女性への偏見や出版後の批判や差別を恐れて男性名のペンネームや匿名で出版する例が増えたという。

（92）　Catharine Esther Beecher, *Arithmetic Simplified, Prepared for the Use of Primary Schools, Female Seminaries, and High Schools, in Three Parts*（Hartford: D. F. Robinson and Co., 1832）.

(93) Nathan Daboll, *Daboll's Schoolmaster's Assistant, Improved and Enlarged: Being a Plain Practical System of Arithmetic: Adapted to the United States*. 8th ed. (Connecticut: Samuel Green, 1814).

(94) Patricia Cline Cohen, *A Calculating People: The Spread of Numeracy in Early America* (New York: Routledge, 1999), 142–143.

(95) Beecher, *Educational Reminiscences*, 15–16, 28–29.

(96) Beecher, *Arithmetic Simplified*.

(97) Ibid., 1–2.

(98) Ibid., viii.

(99) Ibid., 1.

(100) Ibid., 1.

(101) クームに関する言及は各所にみられる。例えば Beecher, *American Women's Home*, 145–149.

(102) Beecher, *Suggestions*, 5.

(103) Sklar, *Catharine Beecher*, 152–5.

(104) Catharine Esther Beecher, *Physiology and Calisthenics* (New York: Harper and Brothers, 1867), 16–7.

(105) Catharine Esther Beecher, *Calisthenics Exercises, for Schools, Families and Health Establishments* (New York: Harper and Brothers, 1867), 10.

(106) Beecher, *American Women's Home*, 256–7.

(107) Grimké, "Diary," CLCUM, 1829.

(108) William Channing Woodbridge, "Female Education Prior to 1800," *Barnard's Journal of Education* (1877): 276.

(109) Beecher, *Suggestions*, 26.

(110) Ibid., 23–5.

(111) Ibid., 39.

(112) ビーチャーは「効率的」な教室設計や「分業」の概念などは、当時ニューヨークで講演をおこなっていたランカスター(Joseph Lancaster, 1778-1838)に学んだと回想している。Catharine Esther Beecher, "Hartford Seminary and Its Founder: Autobiography," *American Journal of Education* 28 (1877): 81.

(113) マギー・ハム『フェミニズム理論辞典』明石書店、一九九九年、七八頁。

(114) 上野千鶴子『ケアの社会学』太田出版、二〇一一年。

(115) Susan Laird, "Reforming 'Women's True Profession': A Case for 'Feminist Pedagogy' in Teacher Education?" *Harvard Educational Review* 58, no. 4 (1988): 449-63.

第四章　女性による教職専門職化批判

――メアリー・ライアンの聖職者としての教師像

前章までの検討で、米国では一九世紀前半に教師像が変化して、教職には母性や情緒が必要と考えられるようになったこと、実際に多くの女性が教師として雇用されるようになったこと、しかし女性教師の給与は一九世紀を通じて男性の三分の一以下に留まったことを明らかにしてきた。この状況は、当時の女性指導者たちにどのように受けとめられていたのだろうか。

教職を専門職化しようとするビーチャーの言説に対し、女性教師の低賃金を積極的に肯定し正当化しようとする女性たちも存在していた。最も明確に肯定したのが、メアリー・ライアン（Mary Lyon, 1797-1849）である。彼女によれば教職は、私生活のすべてを犠牲にして全身全霊を捧げるべき神の職であり、経済的野心などはもってはならないという。しかもライアンは、聖職者としての教師像を前提に、前章で検討したビーチャーの教職の専門職化運動を明確に批判していた。

本章では、未婚女性の一時職としての教師像が、女性自身によってどのように正当化され普及されていったのかを明らかにするために、メアリー・ライアンが設立したマウント・ホリヨーク女性セミナリー（Mount Holyoke Female Seminary, 現 Mount Holyoke College）に焦点を合わせて、ライアンの教師像と教師教育の実際を明らかにする[1]。

ライアンは、一八二〇年代から女性教育と女性教師の養成をおこない、一八三七年に女性教師の養成を掲げてマウント・ホリヨーク女性セミナリーを設立した。彼女は、教職とは自己犠牲的に神に献身する聖職であるべきと主張し、教職を医師や弁護士に匹敵する専門職にしようとするビーチャー（Catharine Beecher）の専門職化論を批判していた。こうして教師の人件費を抑制することによって学費も安くし、貧しい女性の教育機会を拡大することに成功するとともに、全寮制下で厳しい生活指導と道徳教育をおこないつつ教師を養成するカリキュラムを創造したのである。輩出された教師たちは、各地で女性教育機関や黒人学校、先住民のための学校を設立するなど活発な教育活動を展開し、ライアンの教師像を各地の教育機関へと普及させている。

ライアンに関する研究は多領域で開拓されてきた。ライアンの思想や人生は、マウント・ホリヨーク大学の設立者として一九世紀末から注目され、ジョン・ダグラス夫人『メアリー・ライアンの生涯――マウント・ホリヨーク大学の設立者』（Douglas, 1897）[2]や、ベス・ギルクリスト『メアリー・ライアンの生涯』（Gilchrist, 1910, rep. 2009）[3]などが出版されていた。しかし、一九一〇年代以降はほとんど研究の対象とされてこなかった。

女性の高等教育の開拓者の一人として改めて研究対象とされるようになったのは、女性史研究が興隆した一九七〇年代になってからであった。その嚆矢となったのが、キース・メルダー「抑圧の仮面――米国における女性セミナリー運動」（Melder, 1974）[4]である。メルダーが取り上げた女性セミナリー運動の先駆者数名のうち、ライアンを取り上げて、その個人史を女性教育の開拓者としての観点から明らかにしたエリザベス・グリーン『メアリー・ライアンとマウント・ホリヨーク』（Green, 1979）[5]は、高く評価されている。

マウント・ホリヨーク女性セミナリーの教育についての研究も、多角的に蓄積されている。卒業生の実績については、デイビッド・オールメンディンガー「マウント・ホリヨークの学生が生涯設計の必要に直面する――一八三七―一八五〇」（Allmendinger, 1979）[6]が知られる。この研究は、米国教育史学会が一九七九年に企画した女性史研究の特集「教育における女性の影響」に掲載された論文の一つであり、創設期の卒業生三四六人の出身階層やその後の進路を詳細に分析した研究として参照されてきた。卒業生の進路研究については、その後ティツィアーナ・ロタ『真の女性と新の女性の間――一八三七―一九〇八年のマウント・ホリヨークの学生』(Rota, 1983)[7]によってまとめられている。教科領域別の教育成果を探究した研究も数多く蓄積され、主なものにハンドラーとシュムラック「厳格・決心・宗教――メアリー・ライアンと科学教育」(Handler & Shmurak, 1991)[8]、シュムラックとハンドラー「科学の城――マウント・ホリヨークカレッジと女性化学者の養成」(Shmurak & Handler, 1992)[9]、ジョー・アン・キャンベル「真のいらだち――マウント・ホリヨークの奉仕文化における学生の文筆活動」(Campbell, 1997)[10]などがある。日本においてもマウント・ホリヨーク女性セミナリーが大学に昇格する過程を明らかにした坂本辰朗『アメリカ教育史の中の女性たち』(坂本、二〇〇二)[11]、坂本辰朗監修『アメリカ女性教育のパイオニア――一九世紀人物資料集成』(Sakamoto ed., 2006)[12]など、米国高等教育史の領域で研究が進んでいる。

そのほか、ライアンはジョナサン・エドワーズ(Jonathan Edwards, 1703-1758)の神学を継承した点でも研究されてきた。宗教史の領域の研究蓄積として、ジョセフ・コンフォーティ「メアリー・ライアン――マウント・ホリヨーク大学の創設とジョナサン・エドワーズの文化的再興」(Conforti, 1993)[13]、およびアマンダ・ポーターフィールド『メアリー・ライアンとマウント・ホリヨークの使徒たち』(Porterfield, 1997)[14]などがある。

以上のようにライアンやマウント・ホリヨーク女性セミナリーを対象にした研究の蓄積は厚いが、ライアンの教師像の詳細な検討や、ライアンの業績の教師教育史における意義は、日米いずれにおいても検討されてこなかった。しかしライアンの事例の検討は、教師教育史においても重要な意義をもつ。すなわち、教職の待遇改善をめざす専門職化運動が一九世紀前半においてどのように批判されていたか、また未婚女性の仕事としての教師像が女性自身によってどう正当化され、教師養成にどう反映されたのかを明らかにできる。この解明は、現代米国における教師の賃金の低さや、結婚や育児を機に退職する米国女性教師の一般的ライフコースの史的起源を明らかにする意義をもつ。

以下、まずライアンの生い立ちと業績を概観し、ライアンの教育思想とキリスト教思想との関係を明らかにする。次に、ライアンの教師像、およびその養成のために創造された教育課程や教育方法の実際を明らかにし、最後に、彼女の思想と教育活動の教師教育史における意義を検討する。

考察の対象として、マウント・ホリヨーク大学図書館特別稀少書庫に保存されるライアンの著作や手紙、家族やセミナリー卒業生が残した書簡や回想録、セミナリー・カタログを用いる。二次資料として、マウント・ホリヨーク大学の大学史であるアン・エドモンズ編『マウント・ホリヨーク大学　一八三七―一九八七年』（Edmonds, 1988）[15]の他、一八五八年に編纂されたエドワード・ヒッチコック（アマースト大学教授で同セミナリー理事）による伝記『メアリー・ライアンの生涯と仕事にあらわれたキリストの慈悲の力』（Hitchcock, 1858）[16]、およびライアンの講演や講義の記録をまとめたフィデリア・フィスク『メアリー・ライアンの思い出』（Fiske, 1866）[17]等を中心に用いる。なおヒッチコックはライアンの手紙を多数収録したが、出版後ほとんどの一次史料を焼失させている。それゆえ本章では、彼の編集意図を批判的に検討しつつ、同書に掲載されたライアンの手紙も考察の対象に含める。

1　ライアンの生涯と教育思想

（1）　生い立ち

まず、ライアンの生涯を概観しよう。ライアンは、一七九七年二月二八日、マサチューセッツ州西北に位置するバックランド（Buckland）で、父アーロン（Aron）と母ジマイマ（Jemima）の二男六女の五番目の子どもとして生まれた[18]。バックランドは、一八世紀半ばにマサチューセッツ中央部やコネチカットからの移民により形成され、会衆派のホイッグ党支持者を中心に保守的な文化が醸成された町である。一九世紀初頭に活躍した女性教育者の多くは、第二章・第三章でみたウィラードやビーチャーのように中産階層以上の出自であるが、ライアンの家は中下層の農家であった（図4－1）[19]。

彼女の人生は、幼少時から貧しく過酷なものだった。一八〇二年一二月、ライアンが五歳の時に、父親が四五歳の若さで病死する。母は、当時まだ一歳四ヶ月だった末娘フリーラブ（Freelove）をはじめ七人の子どもを抱えており、その後七年余りの間、ライアンは厳しい生活を送ることになった。しかし、ヒッチコックによれば彼女はこの時期を、貧しいながらも皆で力を合わせて暮らした夢のような日々だったと回想していたという[20]。家にある本は聖書一冊だったというライアンの家庭環境は、セミナリーの教師の給与を削減してでも学費を抑制し、一人でも多くの貧しい生徒を受け入れようと努力した彼女の教育理念の基盤を形成したといってよい。

ライアンの人生の大きな転機となったのは母の再婚であった。母は一八一〇年、ジョナサン・テイラー（Jonathan Taylor）と再婚し、バックランドから南に数十マイル離れたアシュフィールド（Ashfield）へと転居した。その際、母が連れて行ったのは二人の妹だけで、一三歳だったライアンは姉二人・兄一人とともに、バックランドに残されたのである[21]。姉たちはまもなく結婚し、兄も一八一四年には土地を売却して移住することになり、ライアンは一七歳のこの年に一人で自立する必要に迫られた[22]。後年、自校を全寮制にして教師や生徒に「家族」の形成を訴えた学校経営法を生み出した背景には、一体感のある「家族」への彼女自身の憧憬があったとみることもできる。

図4－1　ライアン肖像　1845年当時のライアンといわれる．現在マウント・ホリヨーク大学でもこれがライアンの肖像とされているが，近年では同年代の教え子との類似が疑われているという．

(2) 被教育経験

一八一四年に、ライアンが初めて教壇に立ったのは、バックランド近郊の小さな学校だった。四歳から一〇歳の子どもを対象にした夏季教師の職であった[23]。一九世紀初頭のマサチューセッツ州において、初等教育の学校は二期制で、冬季学校の教師は男性であったが、農繁期で男子生徒が少なくなる夏季学校では独身女性教師が採用されはじめており、ライアンもその一人であった。彼女の給与は、「寄宿たらい回し制（boarding round）」の上で週七五セントだったという[24]。寄宿たらい回し制とは、生徒の家庭が交代して教師に宿と食事を提供する制度で、教師は方々の生徒の家を転々としなければならなかった。しかもグリーン（Green, 1979）によれば、当時の冬季学校の男性教師の平均給与は寄宿つきで月額一〇ドルから一二ドルであったから、ライアンの給与は男性教師の三分の一に満たないものであった[25]。

生活のために教壇に立つ一方で、ライアンは貪欲に学習機会を求め、一八一七年にはわずかな貯金と父の遺産を使い、サンダーソン・アカデミー（Sanderson Academy）で学び、さらにアマースト・アカデミー（Amherst Academy）に通いはじめる。大学のラテン語の教科書一冊を三日ですべて暗唱するなど、周囲を驚かせる学才をみせたライアンが、一八二一年に周囲の反対を押し切って父の遺産をすべて使い入学したのがエマソン牧師（Joseph Emerson）のバイフィールド女性セミナリー（Byfield Female Seminary）であった[26]。

このバイフィールド女性セミナリーは、米国でも最初期に設立された女性セミナリーの一つで、ヒッチコック（Hitchcock, 1858）によれば、ライアンは後にエマソンのことを「どんな教師よりも大きな影響を受けた[27]」と回想していた。当時の女性教育は、親の経済力を誇示するための消費やファッション、あるいは娘の結婚によって階層移動を果たすための投資としての側面を強く有していた[28]。しかしエマソンは、「女性の知的能力を高く評価し」「男性と女性とに同じように教え[29]」ようとしており、ライアンは男性と同等の教育を受ける機会を得たという。さらにエマソンは、一九世紀初頭の段階ですでに、教職の意義を認識していた数少ない知識人の一人であった。彼は、「適切に訓練」された教師は、「キリストの牧師を除けば他のどの専門職者よりもずっと、世界を啓蒙し改革し千年王国を紹介するために多くを果たすだろう」と述べていた。[30]ライアンはエマソンの下で、教職の重要性に着目するに至っている。

エマソンは、著名な牧師サミュエル・ホプキンス（Samuel Hopkins, 1743-1818）の門下生であり、第二次信仰復興運動で再評価されはじめていた神学者ジョナサン・エドワーズ（Jonathan Edwards, 1703-1758）の孫弟子にあたる人物であった。ライアンの教育活動とその思想には、後述するとおり、米国宗教界に今なお甚大な影響を与えるエドワーズの神学の影響を読み取ることができる。

（3）教育活動

ライアンは、女性セミナリーで本格的に教育の道を歩みはじめる。一八二三年アダムズ女性セミナリーの教師として教壇に立ちはじめ、一八二四年以降はサンダーソン・アカデミーで教えた。アダムズ女性セミナリーの校長を務めたジルパ・グラント（Zilpa Polly Grant Banister, 1794-1874）が一八二八年にイプスイッチ女性セミナリーを設立して以降は、同校でプリセプトレスとして教壇に立っている。[31]一九世紀初等の女性セミナリーにおける教職の職階は、校長（principal）、プリセプトレス（preceptress）、教師（teacher）の順であるのが一般的だった。[32]

彼女はすでにこの当時から、ジルパ・グラントと共に、女性教師養成の重要性をうたっていた。グラントとライアンは当初は信頼しあう関係にあり、『アメリカ教育雑誌（American Journal of Education）』といった当時最先端の教育雑誌を熟読し、教育方法の開発に力を注いでいた。例えば、「助教法（monitorial plan）」を一八二六年に導入し、入学者数を三倍に増やし、毎日三〇人以上の視察者を受け入れていた。[33]

ライアンは、「助教法」導入の様子を、妹フリーラブに宛てた手紙の中で興奮した筆致で語っている。

私たちは助教法を試みています。今学期は文法が始まったところです。（略）生徒たちは今ほとんど同じ進度なので、私は全体への質問の時間を半分にし、あとで少人数の助教クラスに分かれさせています。そして次から次へと助教クラスを移動し、必要に応じて助教を助けたり、暗唱を聞いたりします。この授業はとても楽しい。七〇人の生徒が、同時に同じ点に注意を注ぐ姿を観察するのは、とても刺激的です[34]。

そしてライアンは「上級クラスから常任の助教を指名」し、「五人から一二人の助教を各部署に採用した」ところ、「学校では暗唱のために通常の一時間しか使わなかったのに」「七〇人が約一週間で復習を始め」られるほどに成果をあげたと妹に報告している[35]。在学中のマリア・コールズは、父に宛てた手紙で「このシステムによって、若い女性たちの行動や性格が改善され、望ましい影響が出ており、私達は満足しています」と記している[36]。

「助教法」は、ランカスター（Joseph Lancaster, 1778-1838）がイギリスで開発した教育方法で、一八〇七年にランカスターの『教育の改善』の米国版がニューヨークで出版され話題になっていた[37]。この方法は都市部の貧しい子どもたちに教育機会をひらき、道徳水準を向上させることを目的として開発されたものであり、助教を用いた相互教授による経済性と効率性の追求、能力によるクラス分けと競争による動機づけ、体罰でなく「規則と反復」による「しつけ」と「恥」による道徳教育、非宗派教育の四点をその主要な特徴としていた[38]。しかもランカスターは、助教から首席助教を経て、教師として自校を開設できる道筋を作り、聖書が印刷技術で複製されたように多数の教師を一律に訓練しようとしていた。ケースル（Kaestle, 1973）が指摘するように、助教法は教育方法であると同時に、教員養成の機能をあわせもっていたのである[39]。

ライアンが描出した「助教法」も、相互教授や能力別クラス編成など上記四点においてランカスターの方法に準拠していたといえる。教育方法だけでなく、彼女の教育目的が、貧しい女性たちに廉価で教育機会を与え、動機づけによって学習からの脱落を防ぎつつ教師や宣教師として養成することにあった点、また貧しい階層の道徳教育の向上と教員養成を同時におこなおうとした点も、ランカスターと共通していた。一八三七年以降のマウント・ホリヨーク女性セミナリーにおいても、開学時のカタログの教師欄に、三人の生徒の名前が「助教（assistant pupils）」として教師欄に記されている。(40)

ライアンの知的水準の高さと教授技術の巧みさは、当時の教育者たちからも信頼を寄せられ、その名が広く知られるようになっていた。前章で検討したビーチャーは、一八二九年に彼女の初の教科書『易しい算数』を出版するにあたって、ライアンに意見を求めていた。(41)また、一八三三年から一八五六年にかけて米国の地図を創作したことで広く知られるイライジャ・バリット（Elijah Burritt, 1794-1838）も、『天国の地図』（Burritt, 1833）(42)の草稿準備中にライアンに意見を求めていた。(43)また一八三〇年以降ボストンで開催されたアメリカ教授協会（American Institute of Instruction）にも、通常女性の参加は許されない中で、ライアンは無料で招かれていた。一八三三年には『アメリカ教育雑誌』がイプスイッチ女性セミナリーの様子を取材し、高い評価を与えている。(44)

生徒からの評価も高く、一八二八年から二九年にかけてイプスイッチで学んだ生徒ユーニス・コールズは、雑誌『マサチューセッツの教師』に掲載された小論で、ライアンは「他の多くの教師がするように教科書の試験にばかり時間を費やすことをせず、授業を実に楽しく向上するための会話と爽快な精神活動の時間にして」おり、「どのように学ぶのかを示し、学ぶべき体系の基礎を自分たちで築くようにさせていた」と述懐している。(45)

ライアンは周囲の評価に自信を得つつ、教師教育に焦点化した女性セミナリーの設立を思い描くようになるが、一八三二年頃からイプスイッチ女性セミナリーの創設者グラントとは教育的にも財政的にも将来構想をめぐって意見の相違が鮮明になる。(46)結局ライアンは一八三四年頃から独自の女性セミナリーの設立に向けて奔走し、一八三七年一一

図4－2　ライアンの友オーラ・ホワイト・ヒッチコックにより描かれたサウス・ハドレー遠景図

月八日、ホリヨーク山の麓コネチカット州サウス・ハドレー（South Hadley）の地（図4－2）[47]に、マウント・ホリヨーク女性セミナリーを開学するに至った。これは、当時の女性セミナリーとしては珍しく独自の校舎をもち、男性パトロンの出資ではなく市民の寄付金によって建てられた女性セミナリーであった[48]。その後同セミナリーにおける教育活動に生活の大半を捧げ、ライアンは一八四九年に五二歳で病死している[49]。

（4）ライアンの教育思想

以上のライアンの教育活動を支えたのは、どのような思想だったのだろうか。キリスト教教育、女性教育、そして当時の社会運動との関係から分析しよう。

①キリスト教教育としての教師教育

ライアンの教育活動の基盤にあったのは、深い信仰心であった。『マウント・ホリヨーク女性セミナリーの原理とデザインの概要（以下、概要）』において、ライアンは、「この施設はキリストの慈悲を拡大するために設立された」と著している[50]。

彼女のキリスト教理解は、恩師エマソンに教えられたジョナサン・エドワーズの神学に依っていた。エドワーズは、マサチューセッツ植民地サザンプトンの会衆派教会の牧師であった。一七世紀後半のニューイングランドでは、「回心」と呼ばれる明確な信仰経験を得られない人々にも教会員としての資格を付与しようとする世俗化の傾向が生じていた。しかしエドワーズは、信徒が会衆の面前で「回心」の告白をする従来の教会員制度に立ち返る必要性を説き、一八世紀前半に「大覚醒（The Great Awakening）」と呼ばれる大規模な運動を展開していた。[51]

ライアンの半生は、復古主義的傾向がもう一度生じた一九世紀初頭の第二次大覚醒運動の隆盛と時期を共にしている。第二次信仰復興運動で最も読まれたのがエドワーズの著書群であり、ライアンの恩師エマソンや、エマソンの師サミュエル・ホプキンス、さらにはライアンが教鞭をとったサンダーソン・アカデミーの設立者サンダーソン（Alvan Sanderson, 1780-1817）も、エドワーズ派の牧師であった。マウント・ホリヨーク女性セミナリーの設立に尽力したトッド（John Todd, 1800-1873）やエドワード・ヒッチコック（Edward Hitchcock, 1793-1864）などライアンの主要な人脈は、エドワーズ神学を基礎とする会衆派の信徒であった。生涯を独身で通したライアンの社会的活動は、エドワーズ神学の布教という側面から正当化され社会的に是認されたのである。そして、一口少額の寄付を寄せてライアンの教育活動を経済面から支えたのは、第二次信仰復興運動の中心を担った中産階級の女性たちであった。

ライアン自身も、『神の救済史』[52]などエドワーズの著書数冊を必ず教科書として採用し、「私心なき博愛（disinterested benevolence）」という彼の鍵語を繰り返し用いている。エドワーズ神学によれば、当時世界は「千年王国（キリストが再臨してこの世を統治するという千年間）」の実現のただ中にあった。そしてその実現は、「キリスト的徳」によって自己利益を浄化された市民による、神の福音の普及によって完成されると考えられていた。そして「キリスト的徳」とは、現世でも来世でも報酬を期待せず、進んで受難に耐える「私心なき博愛」にあるとされたのである。[53]

ライアンのライフ・ワークとは、「千年王国」の完成のために、「私心なき博愛」を有する市民を育成することにあった。

②女性教育としての教師教育

「私心なき博愛」を有する市民の育成のために、ライアンが正面に掲げたのが、女性教師の育成であった。ライアンは『概要』の冒頭一行目から「この施設は主として女性教師の養成に捧げられる」と宣言している[54]。

なぜ女性教師なのか。ライアンは「教職はすべての有能な女性の真の仕事であ」り、「もう一つの性の教師に委ねることなどできないのは明らか」だという。なぜなら、一般に男性は「四方八方から権力や富が得られる望みが与えられ」「家族が増えるにつれ収入も必要にな」るため、権力や富への野心から離れることは難しい。なかには「私心なき博愛」に満ちた有能な男性もいるが、彼らは「牧師職の緊急募集」や「伝道先の地域からの苦悩に満ちた要請」に応じてしまい、「儲からない場所に教師として喜んで定住し」たりはしない[55]。しかし「女性はそうではな」く、「結婚前の短い期間」に限ってではあるが「博愛の面から、喜んでどこにでも住み仕事に専念する」ことが可能であり、「教職こそが、女性が求めているものなのである」という[56]。つまり教職は、経済的野心をもたない独身女性が、結婚前の短期間に従事すべき神への奉仕活動だというのである。

その上でライアンは、教職準備教育は「すべての女性に必要だ」という。なぜなら、女性は結婚後も家族の教育の担い手になるからだとして、以下のように述べている。

> すべての小さき子を育て、言葉や態度によって彼らの慈悲心を深め、聖霊の助けを得ながら子どもを幼児期から救主キリストに仕える者へと訓練してゆくのは誰だろうか？　これこそ、女性の努力に最適の領域ではないか？　すべての子どもや青年は、女性の手を避けて通ることができないのだ[57]。

以上のようにライアンは、教職準備教育と女性教育とを相即的にとらえていたのである。

③社会運動との関係

一方ライアンは、当時の女性参政権獲得運動や奴隷解放運動といった社会運動からは、一定の距離を取っていた。一八四五年には、ジェファーソン教会からライアンに反奴隷制運動への参加依頼の手紙が届くが、彼女は協力を断っている[58]。復古主義的な側面をもつエドワーズ神学に根ざしたライアンの教育思想は、当時の価値規範を変革しようとするものではなく、むしろ補強することに主眼をおいていた。

女性の義務はどんなものであれすべて、重要な意味で、社会的かつ家庭的である。それらの義務は、公的な領域から退いた私的なもので、男性の義務のように公的なものではない。女性が自分の家族を超えて行うことはすべて、社会的家庭的卓越をただ別の形で発揮したにすぎないようにしなければならない[59]。

共和国の存続は市民の徳性に依存し、将来の市民の育成にあたる母親こそが重要な政治的役割を負うというライアンの思想は、女性の社会的役割の重要性を強調しつつも、女性の領域は家庭であるという通念を積極的に肯定していた[60]。

ただしライアン自身も、従来のジェンダー規範との間での葛藤を、教育活動を開始した初期の頃から経験していた。ヒッチコック（Hitchcock, 1858）によれば、ライアンは一八三三年に当時共に働いていたジルパ・グラントに宛てた手紙のなかで以下のように書いていたという。

私はますます、あなたでも私でもなく、だれか慈悲深い男性に、この仕事を名目上委ねるべきだと感じるようになっています。そうすれば、不必要な仕事は減り、冷酷な批判は避けられ、嫉妬心が刺激されることもなくなり、この施設をよい方向に導くために私たち自身の影響がもっと有効に発揮されるでしょう。(61)

このように、ライアンは女性として社会的活動を展開する中で、従来のジェンダー規範に根ざした「批判」や「嫉妬心」に直面していた。ライアン自身も、正式に表明された言説とは別に、「名目上」の対応策を考えるなど、当時のジェンダー規範に対応するための戦略を練っていたのである。

2　ライアンの教師像——教職専門職化運動への批判

ライアンが養成しようとしていたのは、どのような教師だったのか。ライアンの教師像の特徴は、以下三点に指摘できる。

(1)　神の使徒としての教師

まず、ライアンの教師像の中核をなしているのは、「宣教の精神」である。彼女は、自校開学にあたって、「このセミナリーは、伝道運動を進めるために作られた」と宣言し、教職こそが「宣教の精神」の最高の表現形式だと表現している。(62)

ライアンにとって、教師とはすなわち宣教師であり、神の教えを正しく伝える者のことであった。このライアンの教師像は、上述の会衆派の教義に根ざしている。会衆派では、「教会は説教者すなわち牧師（minister = pastor = preacher）と、宣教の純正維持をはかる神学教師（teacher）と、信徒の訓練に携わる長老（elder）と、慈善に携わる執事（steward = deacon）の四種の奉仕者を必要とするとされ[63]」ており、ライアンが養成しようとした教師とは、牧師とは別の立場から、「宣教の純正維持」をはかりつつ神の教えを広め、神の国の実現に尽力する者であった。会衆派では当時、女性が牧師になることは許されず、ライアンにとって教師こそが「神の使徒」としてすべてを捧げうる職であった。彼女自身、生涯を単身で生き、生活を神に捧げていた。

宣教師としての教師像は、ライアンの記した『教師のための格言[64]』にも色濃く反映されている。まず、ライアンは教師の道徳心を強調する。「教師の有能さは、子どもに好かれるかどうかでなく、子どもへの道徳的影響力に依拠することをわきまえよ」と彼女は言う[65]。ウィラードやビーチャーと異なり、ライアンは教職に母性が不可欠とは主張しない。家事の技術や実践は女性の仕事ではあるが、重要なのは「彼女自身の家庭を越えて」「公共善」のために道徳的貢献をすることであり、自分の家庭や子どもにのみ腐心する女性は、むしろ批判の対象であった[66]。

第二は感情の制御である。『教師のための格言』には、「不適切な笑いを避けよ」「大声での談笑を避けよ」「常に感情を完全に統制せよ、そうすれば子どもの生意気な言動に赤面せずに済む」「間違えても、動揺を顔に出してはならない」「小さな試練は神の賜と思え[67]」などと記されている。

第三は男性、特に男性牧師への従属である。『教師のための格言』には、「牧師の説教の批評をしてはならない[68]」など、牧師との関係に関する項目が並ぶ。女性が教育を受けた結果、教会や男性牧師の権威を揺るがすような事態を招くことは、ライアンの望むところではなかった。

（2）自己犠牲の精神——未婚女性の一時職

ライアンの教師像の第二の特徴は、「私心なき博愛」という、徹底した自己犠牲の精神であった。『教師のための格言』にも「他者を幸せにするために自己を犠牲にする習慣をつけよ」「進んで全ての時間を学校に捧げ、最善のものにせよ」などの言葉が並ぶ[69]。

この特徴を端的に象徴するのが、教師は経済的報酬を期待してはならないという主張である。ライアンは、教職には徹底した自己犠牲のもと「全てを捧げる」必要があり、それが可能なのは結婚前の「短期間」にすぎないと主張する。したがって彼女は、教職専門職化運動を明確に否定する。

> 我々は、専門職としての仕事に一生を捧げる女性教師を、我が国に供給しようとしているのではありません[70]。

このライアンの教師像は、教職専門職化をめざす当時の動きに対立するものであった。第一章で検討したように、一九世紀初頭以降、トーマス・ギャローデット（T. Gallaudet）、ジェームス・カーター（J. Carter）、カルヴィン・ストウ（C. Stowe）といった男性知識人は、教職を一時職ではなく男性が勤務するにふさわしい職にすべきであるし、その地位も医師や弁護士と同等の「専門職」にする必要があると主張していた[71]。

ライアンの教師像は特に、教職への女性の適性を主張しつつ、教職の専門職化をめざしていたキャサリン・ビーチャーの主張とは鋭く拮抗していた。前章でみたように、ビーチャーは、教職を女性職として構想した上でなお、女性教師は医師や弁護士と同等の「富と影響力と尊敬」を享受する「専門職」であるべきだと主張していたからである。ビーチャーは、男性と同等の政治的・経済的・社会的地位をもつ「女性の真の専門職」を創造することによってこそ、

「女性の領域」の相対的な地位向上、ひいては共和国の道徳的状況の改善がもたらされると考えていたのである。[72] したがってビーチャーにとってライアンの主張は看過できない脅威であった。

一九世紀末にマウント・ホリヨーク女性セミナリーの歴史をまとめたサラ・ストウ（Sarah D. Locke Stow）によれば、ライアンのもとにはビーチャーから以下のような手紙が届いたという。

あなたは最初から間違いを犯しています。私達の専門職の利益を上げることが、偉大な諸計画の目的なのです。この点がもし守られなければ、われわれの専門職は、エネルギーに満ちた人からも才能のある人からも見捨てられ、愚か者や怠け者のたまり場になってしまいます。われわれの専門職は、宣教の精神では維持できないのです。牧師や宣教師は派遣できるかもしれないけれど、教師には通用しないのです。[73]

しかし、ライアンはビーチャーのこの手紙への返信のなかで、以下のように明白な返答をしている。

あなたは教師の報酬をあげることの重要性をおっしゃいます。しかし、私は教職への動機を列挙するなら、まず一番に、汝隣人を愛せよ、という偉大な動機を挙げます。それは、自然な心では理解されないものです。動機一覧の中に、二番目でもないにせよ、経済的理由が挙がることには慣れました。ですが私は、男性でなく女性の場合は、経済的理由はもっと下位に位置づけるべきであり、その方が神の国の制度と調和するという意見に傾いています。[74]

以上のように、ライアンにとって教職は、経済的野心をもたない女性が全身全霊を神に捧げるべき聖職であり、それは結婚を妨げない短期間の奉仕活動であった。そして教師としての奉仕活動は短期間であったとしても、教職につくために学んだことや教師としての経験は、その後女性が結婚し家庭をもったときに有効だと、ライアンは考えていたのである。

(3) 知識人

ライアンの教師像の第三の特徴は、高度な知性にある。『教師のための格言』には、「知識を得よ、そうすれば善行をおこなえる」「感情でなく原理原則にしたがって行動せよ」[75]などと、情緒よりも知性を重視する姿勢が目立つ。さらに、「一つ一つの授業の準備をする努力をせよ、そうすれば一人一人の生徒にわかりやすく面白い授業ができる」、「毎時間授業内容に関連して、勉強中の本に書かれていない、なにか興味深い内容を生徒に伝えなさい」[76]などと生徒の興味を引く授業を周到に準備せよとの教えが記されている。

この教師像は、マウント・ホリヨーク女性セミナリーの入学資格に現れている。第一に、ライアンは開学当初から「一六歳以上」の年齢制限を設けていた。[77]当時の女性セミナリーは、初等教育からポスト中等教育までおこない、一〇歳未満の子どもから十代後半の女性までが混在するのが一般的だったため、一六歳以上という年齢設定は異例だった。第二に、「男性カレッジに匹敵する」「三年制」の教育課程をうたい、入学時にはすでに「英文法、現代地理、合衆国史、ワッツの精神、[78]コルバーンの初等算数、アダムズの新算数のすべてか、相当する筆算」に習熟していることが求められていた。[79]

当時としては類例の少ない長期の教育課程にもかかわらず、開学初年度には定員九〇人に対し一一六人が入学している。この志願者の多さは、すでに一八二〇年代のライアンの教育実践が、高く評価されていたことを物語っている。翌年は約二〇〇人の志願者があり、毎年志願者は増えつづけた。さらに開校五年後の一八四一年には一七〇人、一八四八年には二〇〇人以上へと定員を増やしたが、五〇〇人以上の志願者が押し寄せ半数以上が不合格にされたという。

この状況は、同時期の男性大学が学生不足で経営危機に直面していたのと対照的であった[80]。

3　マウント・ホリヨーク女性セミナリーの教師教育

ライアンは以上の教師を、どのように養成していたのだろうか。同セミナリー（図4－3[81]）における教育の実際を検討しよう。

（1）教育課程

①教師陣

初年度の学校要覧には、タイラー牧師（William Tyler）を学長として一〇名の男性理事の名が挙げられていた。実際に教壇に立っていたのは全員女性であった。校長ライアンと副校長ユーニス・コールドウェル（Eunice Caldwell）、教師メアリー・スミス（Mary W. Smith）、アマンダ・ホジュマン（Amanda A. Hodgman）の教師陣の名が記されている。教師は、全員独身女性であった[82]。生徒は、入学試験の成績に応じて学年ごとに振り分けられた。開学時は、三年生四人、二年生三四人、一年生六九人、クラス未定が九名、合計一一六人であった[83]。

②時間割と科目名

授業は、年間四〇週に三学期制を導入していた。一、二学期は各一三週、三学期は一四週で、そのうち年間四週間は復習および試験と定められている[84]。各学期は生徒の実態に応じて数週間の「シリーズ」に分割され、特別に優秀な生徒を除きほとんどの生徒は、必修科目に加え各シリーズ二科目の履修が一般的だった。「シリーズ」を設定し、数

図 4－3　1838 年当時の最初期のマウント・ホリヨーク女性セミナリー校舎

科目を数週間集中して学ばせる方式は、一八二〇年代にイプスイッチ女性セミナリーで開発されていたものである。

必修科目は、聖書研究、英作文、カリセニクス（健康体操）、声楽であり、その他の履修科目は、学年ごとに定められていた。開学時の科目は、一年生は「英文法、古代地理、歴史、サリバンの政治学、植物学、ニューマンの修辞学、ユークリッド、人間生理学」、二年生は「上級英文法、代数、上級植物学、自然哲学、スメリーの自然史哲学、知的哲学」、三年生は「化学、天文学、地理学、シラの書の歴史、キリストの証、ワテリーの論理学、ワテリーの修辞学、道徳哲学、自然神学、バトラーの植物学[85]」であった。

教職準備を冠した科目名は見あたらない。ライアンにとっての教師養成とは、上述のとおり宣教の精神と自己犠牲の精神を修練させることであり、神の御技を理解する知性を獲得させることであった。したがって、教育課程すべてが教職準備教育という位置づけだったといえる。そのうえで、教職のための心得等に関する説諭は、以下のようにライアンが最も重視した礼拝や聖書研究時の説教の時間に、盛り込まれていた。

③大学相当の教育レベル

ライアンが心血を注いだのは、各教科の学習内容を、当時女性の入学が許されていなかった大学と同等のレベルに上げることであった。当時の女性セミナリーで一般的だったフランス語や絵画といったいわゆる装飾的科目は、開学当初からすべて排除されていた。科目の水準は年々向上し、一八四一年から一八四九年の教科書リストをみると、エマソンが編集したアイザック・ワッツ『精神の改善』（Watts, 1821）[86]やジョセフ・バトラー『宗教推論』（Butler, 1819）[87]など、アマースト大学と共通する教科書が一二冊使用されるに至っている。

最も重視されたのは、宗教と科学の諸科目であった。ライアンは「観察」こそが「改善の最初の手段」であり、「新しく発見しようという希望があなたをますます勤勉にする」と説いている。当時、科学はキリスト教と不可分であり、新しい科学的発見は、聖書やプロテスタント神学の教えの正しさを証明すると考えられていた[88]。これらの科目では、同セミナリー理事でアマースト大学教授のヒッチコックが特別授業をおこなうこともあったうえ、ライアン自身が教鞭をとっていた。ライアンは、アマースト大学教授イートン（Amos Eaton, 1776-1842）に学んだ経験をもとに、実験を重視した授業をおこなっていた。生徒の一人グッデールは一八三八年に、ライアンに指導されて水銀と錫から鏡を作った実験の感動を手紙につづり、一八四一年には同校を「科学の城だ」と記している[89]。マウント・ホリヨークは、一九世紀末に科学と宗教の対立が顕在化するまで、女性が最も積極的に科学を学ぶことができる場所の一つであった[90]。

ヒッチコックは、ライアンの授業を見終えた大学の学長二人が「どうしてこの若い女性たちは我々の大学の四年生よりずっと上手くバトラーを暗誦できるのだろう」、「わからないが、彼女たちのほうがよい教師を得ているのは確かだ」と会話するのを聞いたと述懐している[91]。ただし、一八三〇年代および四〇年代のすべての科目の教育水準が、実際に大学相当のものであったかどうかを判定することは難しい。一八三〇年代の一般的な大学カリキュラムが「ギリシャ語、ラテン語、数学」を中心に構成され、「二年生で発展的数学、三年生で科学、四年生で哲学」[92]が加えられていたが、初期の同校には、ギリシャ語科目はなく、開校三年後から履修科目に加えられたラテン語は初級のみであった。[93]

（2）教育方法

同セミナリーの教育方法の最大の特徴は、全寮制で教師と生徒に生活共同体を形成させ、二四時間体制の厳しい生活指導と道徳教育によって、教師を養成しようとした点にある。宗教学の立場からライアンの思想を検討したポーターフィールド（Porterfield, 1997）は、「彼女の学校はカトリック女性修道会のプロテスタント版[94]」と指摘している。ライアン自身がカトリック女性修道院の制度を参考にしたと記した史料は見つかっていないが、以下四点において、同セミナリーの教育組織は修道院と酷似していた。

①宗教教育と礼拝

第一に「あらゆる教育活動の基本」に「宗教」が位置づけられていた。週に一回の聖書の授業、一日二度のライアンの説教と礼拝に加え、毎日担任による説教と礼拝の時間が設けられ、さらに日常的に折に触れ聖書に基づく説教の時間が作られた。[95]ライアンの説教は、一八二〇年代から「一度聞いたら忘れられないもの」と評判で、一八三〇年の冬だけで九九人中四〇人の生徒が「回心（conversion）」の経験をしたという。[96]ライアン自身は会衆派だったが、生徒募集に際して宗派は問われなかった。

②時間管理

第二に、全寮制により生活共同体が形成されていた。全ての生徒は寄宿舎に入り、教師と生徒が「家族」として生活を共にした。そのうえで、正規の教育課程に「家事（domestic work）」を位置づけ、生徒の生活全般が指導されて

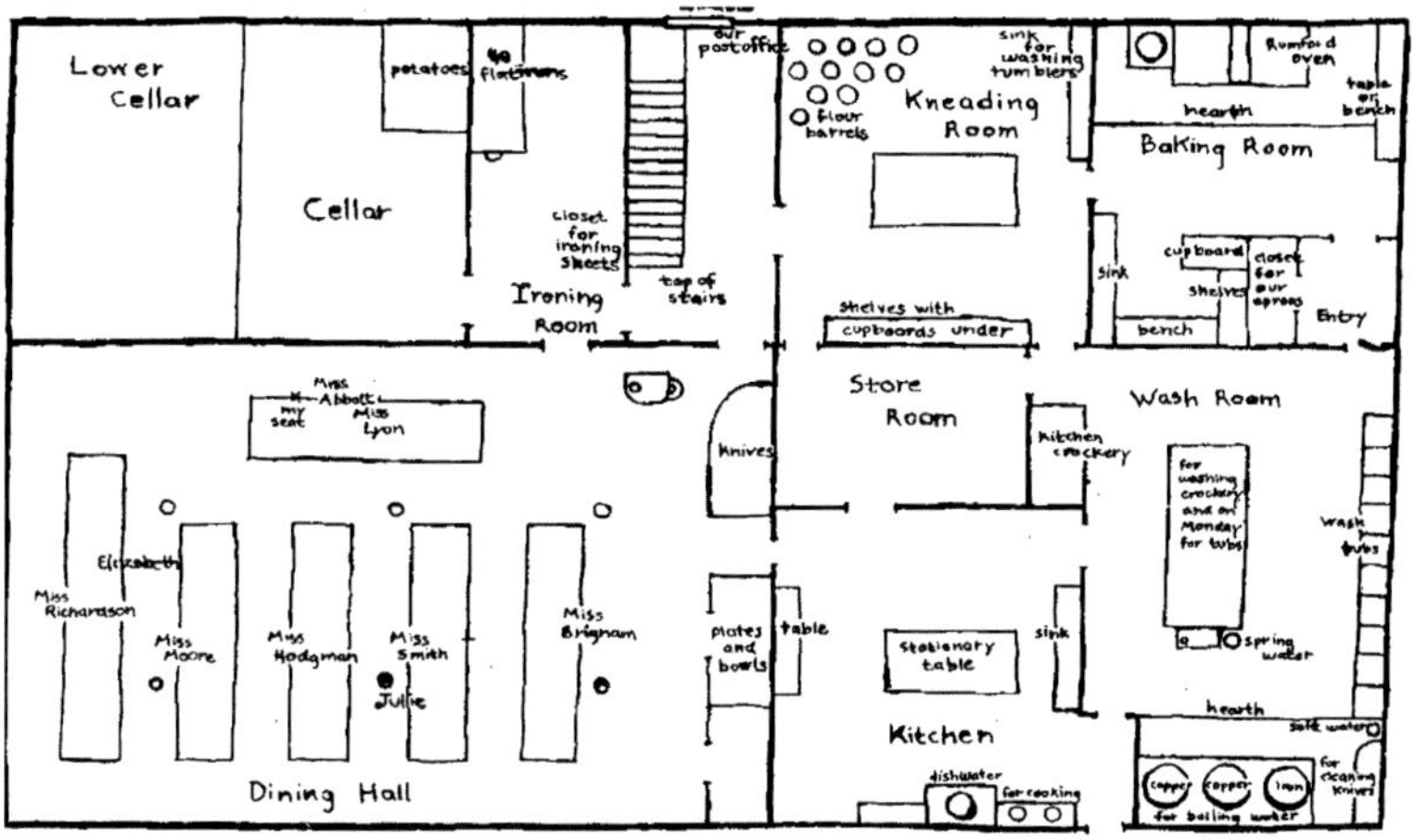

図4-4　セミナリー内部の描画　生徒のルーシー・グッデールが「素晴らしくデザインされている」ことに驚いて，家族への手紙に描いたもの．

いた（図4-4）[97]。生活指導は、五時の起床から一〇時の消灯に至るまで、分単位の時間管理によっておこなわれ、三〇分ごとに鐘が鳴らされた。授業や集会、食事や教会などあらゆる場所の座席がアルファベット順に定められ、消灯後も教師たちが廊下をパトロールし、生徒たちの行動は隅々まで監督の対象となった[98]。

③自己申告による懲戒

第三に、厳格な校則と自己申告による懲戒が定められていた。校則は、遅刻や私語の禁止はもちろん、洗濯や料理の方法から起床時間やコーヒーの禁止に至るまで、七〇項目以上に及んだ。規則違反者には「しつけ法（method of discipline）」が適用され、週一度の全校集会で全校生徒の前で懺悔させたという。これは、自分が犯した罪を自ら告白し懺悔させる方法で、一八二〇年代にグラントが、バイフィールドの女性セミナリーで開始した方法であった[99]。

④班活動による家事分業

第四は、班活動による家事分業制度である。生徒たちは、学期開始時に「サークル」と呼ばれる班に分けられ、「分業（division of labor）」と称して役割分担を定められていた。全寮制ゆえ、生活に必要な家事は、掃除や洗濯やアイロン、パン焼きやバターづくりや炊事、食材や家具調度の購入や手入れ、食事の支度から郵便の集配まであらゆる分野に及んだが、召使いなどを一切雇わず、生徒に「家事」をおこなわせて指導の対象とした(100)。

厳しい生活指導、特に「家事」の「分業」は、セミナリーの最も論争的な部分でもあった。生徒の一人ナンシー・エヴァレット（Nancy Everett）は「七九人の生徒と、ライアン先生と三人の先生、家事部門の監督と計八四人が一つの家族になっています」、「こんな幸せな家族がいたかしら！」と叔父に宛てた手紙に記している(101)。一方、重労働に対する学生からの苦情も後を絶たず、学校外ではこのセミナリーは花嫁学校だという評判が聞かれるようになっていた。一八二〇年代に教育活動を共にしたグラントでさえ、「家事は教育ではない」と否定的だった(102)。それでもライアンは、身辺自立を召使いや他者に頼ることは「人に奉仕しようとする女性には不適切」と説くとともに、「この教育部門は非常に重要です。でもこの学校はそのためにあるのではないのです」と噂を否定していた(103)。

（3）学費抑制

ライアンは教育課程への家事導入の目的を三点挙げていた。第一は、「毎日の練習の積み重ね」による家事技法の実践的訓練、第二は、協同作業や交渉を通しての「社会性の鍛錬」、第三は、友人や学校全体への奉仕活動を通して「全体の福祉」を考える訓練である(104)。

しかし、最大の実質的な目的は、学費抑制にあったといってよい。ライアンは清掃や調理などの労働を生徒にさせることで、人件費の「支出を三分の一か二分の一に抑え」、学費を抑制する経営手法をとったのである。ウィラードやビーチャーと異なり、農家に生まれ苦学したライアンにとって、貧しい家庭の女性に対しても門戸を開放することは悲願であった。彼女は「慈善寄付を求める一方で高い学費を要求できますか？」、「授業料は、富裕層や教育を受けた人々、あるいは農民や修理工にとっても妥当と思われるように設定しています」と述べている。[105] この学費抑制は、以下三点の意義をもっていた。

第一に、幅広い階層の女性に初等教育以上の学習機会をひらいていた。オールメンディンガー（Allmendinger, 1979）の調査によれば、一八三八年から一八五〇年のマウント・ホリヨーク女性セミナリーの生徒の半数以上が農家出身であり、中下層出身女性に学習機会をひらいていたことが窺える（図4－5）[106]。

第二に、幅広い階層の女性に、教職への道を開いていた。ライアンが組織した有志卒業生の「記念協会（The Memorandum Society）」の記録によれば、一八四七年には登録者五九三人のうち二七九人が、一八八七年までには三〇三三人の登録者のうち二〇〇〇人以上が、国内外で教職についていた[107]。また、ロナルド・ブッチャート（Butchart, 2002）の調査によれば、マウント・ホリヨークは幅広い階層から生徒を集め、卒業生からは、黒人や先住民チェロキー族など、マイノリティに対する教育に従事する教師たちも輩出していたという[108]。宣教師となった者も多く、ライアンの没した一八四九年で三五人が派遣され、一八八七年にはアメリカ海外伝道協会（American Board of Commissioners for Foreign Missions）の海外派遣者の五分の一近くをマウント・ホリヨークの卒業生が占めていた[109]。

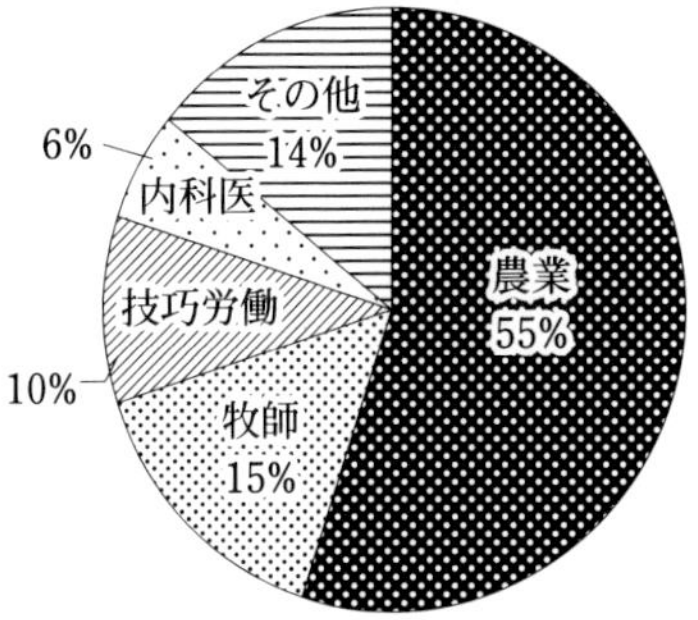

図4－5　卒業生の父親の職業
（Allmendinger, 1979, より筆者作成）

第三は、一八五〇年代以降の女性セミナリーの教育課程、ひいては東部の女性大学設立運動への影響である。廉価な学費で学生定員の拡大を実現したライアンの教育課程は、「マウント・ホリヨーク方式」としてチェロキー女性セミナリー（Cherokee Female Seminary, Oklahoma, 1851）、エリー湖女性セミナリー（Lake Erie Female Seminary, Ohio, 1859）、ミシガン女性セミナリー（Michigan Female Seminary, 1867）など中西部へと普及し、さらに西部女性セミナリー

(Western Female Seminary, Ohio, 1855) を経由して、ウェルズリー大学の創設者デュラント (Henry Durant, 1828–1910) をはじめ、一八五〇年代以降の東部の女性大学設立に影響を与えていた[110]。一九世紀初頭の女性セミナリーの場合、設立者の事情や死亡によって閉校に至る事例が多い中、ライアンの教育理念と教育課程は、その死後も受け継がれ全米へと伝えられていったのである。

4　ライアンの教師教育の意義

最後に、ライアンの教育活動の教師教育史における意義を考察しよう。

第一に、ライアンはすでに一八二〇年代から教師養成をうたって教育活動を開始していた。この事例は、前章までで検討したウィラードやビーチャーの事例とともに、米国では州立師範学校成立以前から、教師教育が女性教育として開始されていたことを示している。

第二に、ライアンは教職は経済的野心をもたない女性こそが、全身全霊を捧げるべき聖職であり、それは結婚を妨げない短期間の一時職であってこそ可能であると主張し、教職専門職化に反対していた。この事例によって、女性教師に対する賃金格差は女性自身によって積極的に正当化されていたことが指摘できる。現代米国における女性教師の報酬の相対的低さや、結婚や育児を機に退職するのが一般的な女性教師の文化の史的起源は、ライアンの教師像までさかのぼれるといえる。

第三に、ライアンは教師の人件費抑制や生徒による家事労働の導入によって徹底した学費抑制を実現し、幅広い階層の女性が就学する機会を拡大し、ひいては女性が教職につける道を拡大することに貢献していた。ライアンの教師像と教師教育は、教職への女性の参入を促し、女性教師の存在を社会的に容認させることに貢献していたが、同時に教職の専門職化を阻み、女性教師の厳しい勤務実態を正当化する素地を形成していた。

第四に、ライアンの事例は、ランカスターの助教法が女性セミナリーにおける教師教育の成立に大きな影響を与え、輩出される女性教師の量的拡大を支える方法論を提供していたことを示している。カール・ケースル（Kaestle ed., 1973, 前掲）やデイビッド・ホーガン（Hogan, 1989）[111]などによって助教法が米国公教育制度に与えた影響は研究されてきたが、助教法が教師教育に与えた影響についてのさらなる検討の必要性が示唆される。

第五に、マウント・ホリヨークの卒業生は、一八四七年以降日本にも教師兼宣教師として派遣されていた。同校に残る記録には、一八四七年に横浜に来日したスペリー（Henrietta Caroline Sperry）を皮切りに、一八六八年以前に九名、一九二四年までに計五三名の卒業生の名前が列挙されている。赴任地は、札幌、弘前、仙台、新潟、若松（会津若松）、前橋、豊橋、東京、横浜、名古屋、岐阜、大阪、京都、神戸、岡山、鳥取、松山、福岡、宮崎、熊本、長崎等、全国に及んでいた[112]。ライアンの教師像と教師教育が日本に及ぼした影響の詳細な検討は、今後の課題である。

（1）　マウント・ホリヨーク大学での史料収集にあたり、大森一輝（北海学園大学）、Tadanori Yamashita（Mount Holyoke College）, Patricia J. Albright（Mount Holyoke College Archives and Special Collections）, 各氏の多大な援助を得た。記して深く感謝したい。

（2）　Mrs. John Douglas, *Life Story of Mary Lyon: Founder of Mount Holyoke College*（Minneapolis: Beard Art and Stationery, 1897）.

（3）　Beth Bradford Gilchrist, *The Life of Mary Lyon*（Boston and New York: Houghton Mifflin Company, 1910）.

（4）　Keith Melder, “Mask of Oppression: The Female Seminary Movement in the United States,” *New York History* 55（1974）: 261–79.

（5）　Elizabeth Alden Green, *Mary Lyon and Mount Holyoke: Opening the Gates*（Hanover, N. H.: University Press of New

England, 1979).

(6) David F. Allmendinger, "Mount Holyoke Students Encounter the Need for Life Planning, 1837–1850," *History of Education Quarterly* (Spring 1979): 27–46.

(7) Tiziana F. Rota, "Between True Women and New Women: Mount Holyoke Students, 1837–1908," Ph. D. Dissertation, University of Massachusetts at Amherst, 1983.

(8) Bonnie S. Handler, and Carole B. Shumrak, "Rigor, Resolve, Religion: Mary Lyon and Science Education." *Teaching Education* 3, no. 2 (1991): 137–42.

(9) Carole B. Shumrak, and Bonnie S. Handler, "'Castle of Science': Mount Holyoke College and the Preparation of Women in Chemistry, 1837–1941," *History of Education Quarterly* 32, no. 3 (1992): 315–34.

(10) Jo Anne Campbell, "A Real Vexation: Student Writing in Mount Holyoke's Culture of Service, 1837–1865," *College English* 59, no. 7 (1997): 767–88.

(11) 坂本辰朗『アメリカ教育史の中の女性たち』東信堂、二〇〇二年。

(12) Tatsuro Sakamoto ed., *Biographical Sources of the 19th Century Pioneers of the American Women's Education* (Tokyo: Synapse, 2006).

(13) Joseph A. Conforti, "Mary Lyon, the Founding of Mount Holyoke College and the Cultural Revival of Jonathan Edwards," *Religion and American Culture: A Journal of Interpretation* 3, no. 1 (1993): 69–89.

(14) Amanda Porterfield, *Mary Lyon and the Mount Holyoke Missionaries,* New York: Oxford University Press, 1997.

(15) Anne Carey Edmonds, *A Memory Book: Mount Holyoke College 1837–1987* (South Hadley, MA: Mount Holyoke University, 1988).

(16) Edward Hitchcock, *The Power of Christian Benevolence Illustrated in the Life and Labors of Mary Lyon* (New York: American Tract Society, 1858).

（17）Fidelia Fiske, and Mary Lyon, *Recollections of Mary Lyon: With Selections from Her Instructions to the Pupils in Mt. Holyoke Female Seminary* (Boston: American Tract Society, 1866).

（18）Green, *Mary Lyon*, 8.

（19）Daguerreotype of Mary Lyon, Mary Lyon Collection, MHCASC.

（20）父の死亡時、長女イレクタ（Electa）は一七歳、次女ジェミマ（Jemima）一五歳、長男アーロン（Aaron Jr.）一三歳であった。八人兄弟のうち、次男は四歳で死亡している。Hitchcock, *The Power of Christian Benevolence*, 18.

（21）長女は一八〇八年にすでに結婚しており、再婚時家にいたのは六人の兄弟だった。母が連れて行ったのは末娘フリーラブ九歳、ロシーナ（Rosina）一一歳だけであった。Fiske, *Recollections*, 30.

（22）Fiske, *Recollections*, 29-30.

（23）Green, *Mary Lyon*, 17.

（24）Ibid., 17.

（25）Ibid., 17.

（26）Ibid., 18-19.

（27）Ibid., 17; Hitchcock, *The Power of Christian Benevolence*, 261.

（28）Ann Douglas, *The Feminization of American Culture* (New York: Random House, 1977).

（29）Ralph Emerson, *Life of Rev. Joseph Emerson, Pastor of the Third Congregational Church in Beverly, Ms., and Subsequently Principal of a Female Seminary* (Boston: Crocker and Brewster, 1834), 246.

（30）Emerson, *Joseph Emerson*, 420-3.

（31）Green, *Mary Lyon*, 27.

（32）プリセプトレスは、一九世紀後半になると、州立師範学校共学校において、女性教育担当の最高責任者の名称にも用いられ、校長に次ぐ要職として位置づけられるようになる。第Ⅲ部参照。

(33) Green, *Mary Lyon,* 51.

(34) Mary Lyon, "Letter For Freelove Lyon," Londonderry, New Hampshire, 25 October 1826. Vol. 2, Letters 1839–1849, MHCASC, 1826.

(35) Mary Lyon, "Letter For Freelove Lyon."

(36) Maria Cowles, "Letter for Rev. Henry Cowles," March 29, 1831, Ipswich, MHCASC.

(37) Carl F. Kaestle, ed., *Joseph Lancaster and the Monitorial School Movement; a Documentary History* (New York: Teachers College Press, 1973), 34–7.

(38) Joseph Lancaster, "Improvements in Education as it Respects the Industrious Classes of the community," in *Joseph Lancaster,* ed. Carl F. Kaestle, 62–87.

(39) Kaestle, *Joseph Lancaster,* 34.

(40) Mary Lyon, and Mount Holyoke Female Seminary, *First Annual Catalogue of the Officers and Members of the Mount Holyoke Female Seminary, Mass., 1837–8* (South Hadley, MA: Mount Holyoke Female Seminary, 1837), 2.

(41) Mary Lyon, "Letter to Zilpa Grant, Buckland, 20 January, 1830," MHCASC, 1830.

(42) Elijah H. Burritt, *The Geography of the Heavens, or, Familiar Instructions for Finding the Visible Stars and Constellations* (Hartford: F. J. Huntington, 1833).

(43) Mary Lyon, "Letter to Zilpa Grant, Ipswich, 18 March, 1832," Vol. 1, Letters, 1825–1839, MHCASC, 1832.

(44) "Motives to Study in the Ipswich Female Seminary," *American Annals of Education* 3, no. 2 (1833): 75–80.

(45) Mrs. Eunice Caldwell Cowles, "Notice of Miss Mary Lyon," *The Massachusetts Teacher* 2, no. 4 (1849): 123–25.

(46) Green, *Mary Lyon,* 86–91.

(47) Orra White Hitchcock, plate, "Gorge Between Holyoke and Tom," in the Edward and Orra White Hitchcoch Papers, Box 11, Folder 20, Archives and Special Collections, Amherst College Library.

(48) Green, *Mary Lyon,* 113.

(49) Ibid., 340.

(50) Mary Lyon, *General View of the Principles and Design of the Mount Holyoke Female Seminary* (South Hadley: Direction of the Trustees, 1837), 1.

(51) 斎藤眞「アメリカ革命と宗教―文化的多元性・政教分離・統合」森孝一編『アメリカと宗教』日本国際問題研究所、一九九七年、六四―九四頁。

(52) Edwards Jonathan, *History of Redemption, on a Plan Entirely Original* (New York: T. and J. Swords, 1793).

(53) Jonathan, *History of Redemption;* Green, *Mary Lyon,* 162.

(54) Lyon, *General View,* 1, 6.

(55) Ibid., 6.

(56) Ibid., 7.

(57) Mary Lyon, *Female Education, Tendencies of the Principle Embraced and the System Adopted in the Mt. Holyoke Female Seminary* (South Hadley: Mount Holyoke Female Seminary, 1839), 7.

(58) Jefferson Church, "Letter to Mary Lyon, Springfield, Nov. 17, 1845," MHCASC.

(59) Lyon, *Female Education,* 10.

(60) Linda K. Kerber, *Women of the Republic: Intellect and Ideology in Revolutionary America* (Chapel Hill: University of North Carolina Press, 1980).

(61) Hitchcock, *The Power of Christian Benevolence,* 172.

(62) Mary Lyon, "Mount Holyoke Seminary, 15 June, 1835," MHCASC, 12.

(63) 児玉佳與子「ワスプの宗教思想――メインライン・プロテスタント伝統の批判的検討」井門富二夫編『アメリカの宗教――多民族社会の世界観』弘文堂、一九九二年、一四一頁。

（64） Mary Lyon, "Maxims for Teachers." MHCASC, no date [1830?].
（65） Ibid., 7.
（66） Porterfield, *Mary Lyon,* 11–47.
（67） Lyon, "Maxims for Teachers," 9.
（68） Ibid., 9–12.
（69） Ibid., 9.
（70） Lyon, *General View,* 7. ただし、ライアンは低賃金であれ、就職時に明確な契約を取り交わすよう卒業生に勧めていたという。Green, *Mary Lyon,* 267.
（71） 例えば Thomas Hopkins Gallaudet, *Plan of a Seminary for the Education of Instructers* [*Sic*] *of Youth* (Boston: Cummings, Hilliard, 1825).
（72） Catharine Esther Beecher, *Suggestions Respecting Improvements in Education: Presented to the Trustees of the Hartford Female Seminary, and Published at Their Request* (Hartford: Packer and Butler, 1829). 詳しくは、第三章を参照。
（73） Sarah D. Locke Stow, *History of Mount Holyoke Seminary, South Hadley, Mass., During Its First Half Century, 1837–1887* (Springfield: Springfield Printing Company, 1887), 43.
（74） Mary Lyon, "Letter to Catharine Beecher, 1 July, 1836." MHCASC.
（75） Lyon, "Maxims for Teachers," 1–2.
（76） Ibid., 2–3.
（77） Lyon, *First Annual Catalogue,* 10.
（78） アイザック・ワッツ著『精神の改善』（Watts, 1821）のこと。脚注86参照。
（79） Lyon, *First Annual Catalogue,* 8.
（80） Lyon, "Mount Holyoke Seminary," 3.

（81）Mount Holyoke Female Seminary in 1838, MHCASC.

（82）Lyon, *First Annual Catalogue*, 2.

（83）Ibid., 3-7. 冬学期は七七人、夏学期は八九人。生徒数の変化は、単学期のみの入学者や、仮入学を認められたものの成績不振で入学後に不合格になった者などの存在による。

（84）Ibid., 9.

（85）Ibid., 9.

（86）Isaac Watts, *The Improvement of the Mind*（Boston: J. Loring, 1821）.

（87）Joseph Butler, *The Analogy of Religion, Natural and Revealed, to the Constitution and Course of Nature*, 3rd American ed.（Hartford: Samuel G. Goodrich, 1819）.

（88）Shumrak, and Handler, "'Castle of Science'", 318.

（89）Lucy Goodale, "Letter to Her Family, 2-13 July 1838." MHCASC.

（90）ただし、当時の科学は近代科学とは異なっていた。科学が重視されたのは、精神的な真実に関する疑問は自然界の真理をアナロジーにして確かめるしかないと考えられたからである。例えば自然界において毛虫が蝶に変態するという事実は、人間の死後も永遠の命が存在することの証左とされた。この科学に対する宗教的アプローチは、同セミナリーの科学教師マン（Margaret Mann）の祈りに象徴されている。「願わくば私の植物学がシャロンのバラ、谷の百合とならんことを。私の地理学がニューエルサレム山の千歳の岩とならんことを。私の化学が神秘的な三位一体の見えざる要素とならんことを」Porterfield, *Mary Lyon*, 42-3.

（91）Hitchcock, *The Power of Christian Benevolence*, 453.

（92）Robert Samuel Fletcher, *A History of Oberlin College from Its Foundation through the Civil War*（Oberlin, Ohio: Oberlin College, 1943）, 694; Green, *Mary Lyon*, 219.

（93）女性の高等教育史を編纂したトーマス・ウッディは一八三〇年から一八七一年に開校されていた女性セミナリーのうち、

一〇七校は男子対象の大学の三・四年生と同じ科目を、六割は論理学、八割は哲学、九割は科学を教えていたとしている。一九世紀初頭の米国の高等教育は、現在のように階層化されておらず、セミナリーとカレッジの境界線も明確でなく、アカデミックな水準も必ずしも大学の方が高いともいえなかった。ただし明確な違いは、女性セミナリーではスペリングなどの基礎的科目や、絵画や裁縫などの実学的科目が提供されていたことにあった。Thomas Woody, *A History of Women's Education in the United States,* Vol. 1 (New York: The Science press, 1929), 418.

(94) Porterfield, *Mary Lyon,* 38.

(95) Lyon, *Female Education,* 7.

(96) Porterfield, *Mary Lyon,* 54-62.

(97) Green, *Mary Lyon,* 183.

(98) Ibid., 174.

(99) Ibid., 50.

(100) Ibid., 173-81.

(101) Everett, Nancy, "Letter to Her Uncle, South Hadley, 26 November 1837," MHCASC.

(102) Porterfield, *Mary Lyon,* 39.

(103) Mary Lyon, *Prospectus of Mount Holyoke Female Seminary* (Boston: Perkins and Marvin, 1837), 8; Porterfield, *Mary Lyon,* 38.

(104) Lyon, *General View,* 5.

(105) Mary Lyon, "Letter to Catharine Beecher, 1 July, 1836." MHCASC; Green, *Mary Lyon,* 157.

(106) Allmendinger, "Mount Holyoke Students," 27-46.

(107) 例えば Mary Lyon, "Candidates for Teachers," MHCASC, 1845; Mary Lyon, "Record of Supply of Teachers, 1847-1848," MHCASC, 1848.

(108) Ronald E. Butchart, "Mission Matters: Mount Holyoke, Oberlin, and the Schooling of Southern Blacks, 1851-1917," *History of Education Quarterly* 42, no. 1 (2002): 1-17.

(109) Green, *Mary Lyon,* 264-71; Stow, *History of Mount Holyoke,* 204, 319-22.

(110) Margaret Nash, "A Salutary Rivalry: The Growth of Higher Education for Women in Oxford, Ohio, 1855-1867," In *American Colleges in the Nineteenth Century,* edited by Roger L. Geiger (Nashville: Vanderbilt University Press, 2000), 169-82.

(111) David Hogan, "The Market Revolution and Disciplinary Power: Joseph Lancaster and the Psychology of the Early Classroom System," *History of Education Quarterly* 29, no. 3 (1989): 381-417.

(112) "Mount Holyoke College Missionaries to Japan," MHCASC, no date.

第Ⅱ部　初期州立師範学校の実際

第Ⅱ部では、一八三九年に全米初の州立師範学校が成立し、一八六五年南北戦争終結後に急速に全米に普及し始めるまでの時期を対象とし、初期の州立師範学校の実態を概観したうえで、そこで教鞭をとっていた女性の教師像とその影響を明らかにする。

第五章　初期州立師範学校の実際——背負わされた宿命

日本では今までほとんど指摘されてこなかったが、米国では、州立師範学校は女性のための教育機関として設立され、教師の多くも女性であった。州立師範学校で教鞭をとった女性や学生たちは、何をどのように教えたり学んだりしていたのだろうか。

本章では、初期州立師範学校の創設過程をあらためて整理したうえで、初期州立師範学校における教師教育の実際、および創設に至る過程で州立師範学校が背負わされた課題を明らかにする。さらに、次章で検討する州立レキシントン師範学校（移転後に州立ウェスト・ニュートン師範学校）が、南北戦争終結以前に設立された初期州立師範学校のなかでも、最も典型的な事例として位置づけられることを明らかにする。

既述のように日本の先行研究において、米国における初期州立師範学校の設立の経緯は、三好信浩（一九七二）[1]、小野次男（一九八七）[2]によって、すでに丁寧に整理されてきた。しかし、その叙述の多くはマサチューセッツ州のみを対象としており、全米を視野にいれた検討、特に女性教育との関係は、数十年を経た現在においてもほとんど看過されていた。

1　州立師範学校の成立過程

一八三〇年代までの学校教師たちの多くは、第Ⅰ部で指摘したとおり、初等教育を受けただけで何の養成教育も受けず、また何の資格もないまま教壇に立っていた。一八四〇年の全米統計局の調査によれば、ニュー・イングランド地方では公立小学校の就学率が九二・五%、アカデミーおよび文法学校が七・〇%、大学は〇・五%であった[3]。この状況のなかで、全米初の州立師範学校が一八三九年に開校されたのである。

なぜ州立師範学校が必要とされたのか。まず、州立師範学校の成立過程を明らかにし、当時他にも存在していたさまざまな教師教育機関のなかで、州立師範学校がどのような意義をもって成立したのかを検討する。

（1）南北戦争以前の米国社会

州立師範学校創設の目的は、税金で維持される無償公立学校制度の普及にあった。まず、その公立学校の普及がめざされた、南北戦争以前の社会状況を確認しておこう。

有賀貞ら（一九九四）が明らかにしているとおり、ジャクソン大統領の時代は、白人男子普通選挙制が広まるとともに大統領選挙方法が民主化され、庶民の政治的関心が高まりをみせた時期だった。さらに、工業化・都市化が進展し、伝統的な秩序や社会道徳に混乱が生じ、社会全体が大きく変容していた[4]。例えば、第二次信仰復興運動によって社会道徳の復活と勤労倫理の回復をめざす人々が社会改革者となり、各領域でさまざまな改革運動が展開されていた。例えばマサチューセッツ州では、女性改革者ドロシア・ディックス（Dorothea Lynde Dix, 1802-1887）の働きかけで初の州立精神病院が建設され、犯罪者や精神病者への処遇改善がめざされたし、貧困や犯罪の原因としてアルコールが敵視され禁酒運動が展開された。(5) 公立学校を普及させようとする動きは、これら北部改革運動の一環であった。

一八四〇年代後半になると、全米において、ジャクソン時代からの政党制度の拡充を基盤として、選挙権のない一般の人々も改革運動や政治にかかわろうとするようになった。政党制度の拡充は、地方選挙においてさえ遊説や公開討論会を催す文化を形成し、男性の政治参加は、普通選挙制度の確立によって一層促進されていった。(6) 従来の米国史の一般的な時期区分において、一八四〇年代から南北戦争前までの時代がアンテベラム期（戦前期の意味）として相対化されてきたゆえんである。

市民としての権利のめざめは、庶民の政治的関心を高め、個人の自由を重んずる自由主義と、公共善を重んじ徳性あるリーダーに政治を委ねる共和主義との対立を加速させていた。その対立は、政治的にはジャクソニアン期に生まれた二大政党制である民主党とホイッグ党、一八四〇年代以降のアンテベラム期に成立した民主党と共和党の競合関係に表現されていた。(7) この競合関係は、経済的・文化的には奴隷制拡大に反対する自由労働論と奴隷制擁護論の対立として、一般庶民の日常生活においても激しく議論されるようになっていた。(8) 第七章で検討するごく普通の女性たちの日記や手紙からも、彼女たちが自分のこととして奴隷制について思いをめぐらせ、情報を得たいと思っている様子が窺える。

普通選挙権の外におかれた女性たちによって、女性の権利拡張運動も始まっていた。一八四八年には、エリザベス・スタントン（Elizabeth Cady Stanton, 1815–1902）とルクレシア・モット（Lucretia Coffin Mott, 1793–1880）の呼びかけで、ニューヨーク州セネカフォールズにおいて、米国史上初の女性の権利を訴える大会が開かれた。(9) 白人女性たちは中上層階級の社交の場では「淑女」として上位におかれ、独特の公共圏を形成して社会に対して独自の影響力を発揮していたが、選挙権の観点からみれば、白人女性たちは労働者階級の男性よりも下位におかれていたからである。(10)

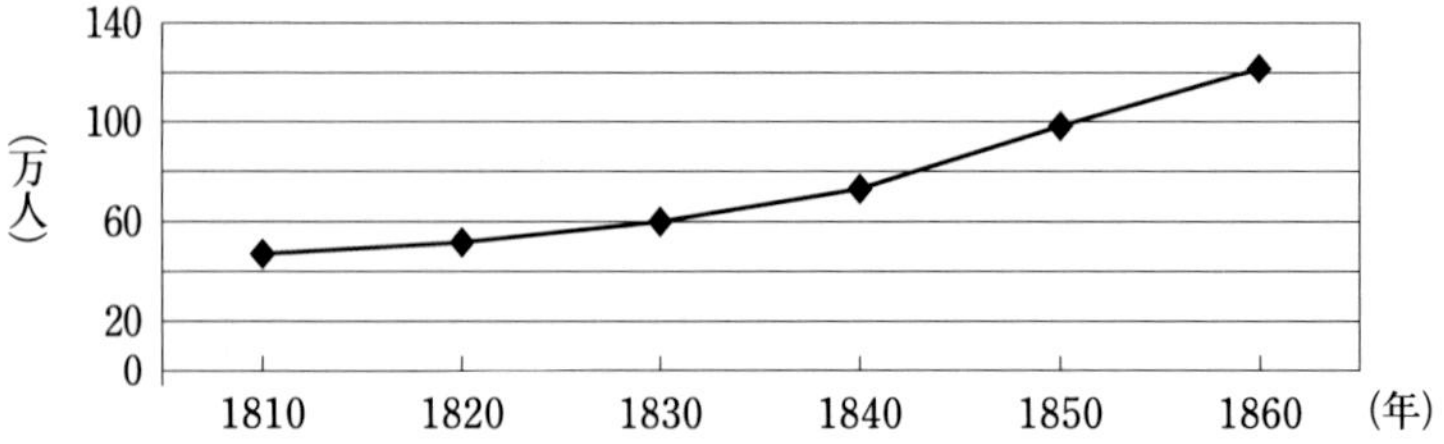

図5-1　マサチューセッツ州の人口増加　1810-1860年.

(2) 州による教育行政管理の開始

以上のような庶民の政治的関心の高まりを背景に、どのような公教育制度が望ましいかについての議論もさまざまにおこなわれていた。

デイビッド・タイヤック（Tyack, 1974）によれば、結果的に各州に普及したのは、州が教育に関する行政権を獲得し、中央集権的な制度の確立によって公費負担の無償公立学校を普及させる方式である。この方式を初期から採用していたのがマサチューセッツ州であった[11]。同州では、都市部を中心に人口が増加しており、初等教育を普及させる必要性が高まっていた（図5-1）[12]。ボストンを中心に商業資本が蓄積していた経済状況も、普及の実現可能性を高めていた。

マサチューセッツ州の場合、州の教育に関する行政権の獲得は、およそ三段階を経て、進められていった。まず、ホレス・マン（Horace Mann）らホイッグ党は、学校区の反対を押し切り、一八二六年教育法によって各学校区内の学校に対する町の学校監督権を成立させた。次に、一八三四年には州が学校基金を設定し、その収益金を各町に配分した。州による教育関与のメリットを、学校区に明示したのである。そのうえで第三段階として、一八三七年には州教育委員会の設立に至り、教育長としてホレス・マンが選任された。これが全米初の州教育委員会の実現となった[13]。

(3) 全米初の州立師範学校成立

ただし、成立当初の州教育委員会や教育長の権限は限定的で、予算も微々たるものにすぎなかった。マンに法的に与えられた権限は、年次報告書の作成や改善策の建議、啓蒙活動などに制限されており、学校の監督権も教師の任免権も全くない状況だったのである。したがって、州教育委員会は、一八三八年二月一日における州議会への最初の報告書においてもその経済的窮状を訴え、教師教育機関創設の必要性と困難を訴えていた⑭。

この訴えが功を奏し、一八三八年三月に教育委員エドモンド・ドワイト（Edmund Dwight, 1780-1849）からの個人的寄付をきっかけとして、四月に州立の教師教育機関の設立が決定された。ドワイトの一万ドルの寄付が、州政府が同額の公費を支出することを条件としていたため、公費一万ドルの支出が認められたのである⑮。州教育委員会とホレス・マン教育長は、寄付と公費合計二万ドルの支出案を練り、四つの重要な決定をおこなった。第一は、州内の三地域に実験的な学校として一校ずつ設けること、第二は、各学校は既存のアカデミーと差異化し、教師教育を主たる目的とすること、第三は、州教育委員会が直接管理権を握ること、さらに第四に、各学校では男性のみを対象としても入学者が得られないし、既存の教師養成校との差異化を図れないことから、最初に設立する学校は女性のみを対象とすること、の四点である。また、一八三八年六月には、名称を「師範学校（normal school）」とすることを投票で決定したという⑯。

師範学校の永続的な設置を州議会が決定したのは、一期三年の「実験」を二期繰り返した六年後の、一八四五年三月になってからのことである。このとき正式に「州立師範学校（State Normal School）」という名称に変更されることとなった⑰。

重要なのは上述の第三の決定、すなわち二万ドルの予算の使途に関する権限が、すべて州教育委員会に与えられたことであった。上述のようにほとんど何の権限ももたずに成立した州教育委員会が、唯一予算と実権を握ったのが、州立師範学校の設置と運営であった⑱。州立師範学校は、州教育委員会が州内の公立学校の普及や改善に関して直接の裁量権を発揮するための重要な手段としての意味をもって成立したのである。

なお州立師範学校設立に尽力する一方で、ホレス・マンは、子どもの学校への通学を促す、さまざまな法律の制定を、各方面に働きかけていた。州教育委員会は、一八三七年に学齢期の児童が製造工場などで労働することを禁止するとともに、一八五二年には全米初の義務教育法を制定し、八歳から一四歳までの子どもに、年間一二週間以上の通学を義務づける措置をとった[19]。

（4）師範学校《ノーマル・スクール》という名称のもたらした影響

新しい教師教育機関の名称としては、上述のように「師範学校（normal school）」が用いられた。この語の名称を主張したのはホレス・マンだった。マンはその理由について、以下のように記している。

ノーマル・スクールという語は、米国の有識者には知られるようになってきている。教師の資質を高めるための学校が長い間成功裏に運営されているプロイセンでは、それらの学校はノーマルという形容詞で広く知られている。プロイセンの制度を一部模倣したフランスは、その名称を借用し、それによってこの制度の明確な特徴が知られている。ノーマル・スクールとは、教育のさまざまな分野における実践の規則や指導や指示の原理が教授される学校を意味している。この名称は短く、語源が描写され、したがって誤解されたり濫用されたりする危険性がない[20]。

傍線部のマンの理解、すなわちノーマル・スクールという語の語源がプロイセンにあるという理解は誤りであると、歴史家アーサー・ノートン（Arthur O. Norton）は、一九二六年に指摘していた[21]。英語のノーマル・スクールは、もともとフランス語のエコール・ノルマール（École Normale）を英訳したものであり、エコール・ノルマールという語は、

第I部で検討したクザンの報告書によって米国にもたらされたものであったからだという。

第I部でみたように、当時のさまざまな識者の議論では、新たな教師養成機関については主に「教師セミナリー(teachers' seminary)」という名称が使われていた。セミナリーというドイツ語由来の語が、なぜ正式名称として採用されなかったのかについては、先行研究において多様に議論されてきたが、正確な理由は現在に至るまで不明とされている。

なぜノーマル・スクールという語が採用されたかについて、教育哲学者ジョン・ブルーバッハーは、州教育委員会が師範学校反対論への対応策として意図的にドイツ語のセミナリーという語を避け、フランス語のノーマル・スクールにしたのではないかと指摘している。(22) 中央集権的で上位下達的なイメージが流布したプロイセンの制度を米国に導入することに対しては、地方自治への脅威として反対論が根強かったため、新しい教師教育機関はそれとは異なるものであることを印象づけようとしたという解釈である。

いずれにせよ、結果的にこの名称は少なからぬ混乱をもたらしたという指摘がある。一八六八年、ニュー・ジャージー州立トレントン師範学校長ハートは「ノーマル・スクールという言葉は不幸な誤称であり、それを一般的に採用したことは、多くの思想を混乱させた」と述べていた。すなわち、英語のノーマルという語は「規範の、模範の」という意味をもつことから模範学校としてのイメージが流布してしまい、実態と違うという批判を招く結果となったというのである。(23)

2　初期州立師範学校の実際

（1）女性教師養成という目的——先行していた教職の女性化

以上の経緯のなかで成立した初期州立師範学校の内部では、実際にどのような教育がおこなわれていたのだろうか。全米初の州立レキシントン師範学校（後にウェスト・ニュートンを経て、フラミンガムに移転）は、一八三九年七月三日に開校式をおこなった。開校式に出席したのは、わずか三名の女子学生だった。この三名は、ハンナ・デーモン（Hannah M. Damon）、サラ・ホーキンス（Sarah Haukins）、マリア・スミス（Maria L. Smith）だったという。

州立師範学校設立の目的は、公教育の質を向上させるために「専門的な」教師を養成することにあった。ただし、実際に州教育委員会が同年二月二七日に告示した学生募集要項には、「公立学校に勤務を希望する女性教師の資質向上のため」と記されていたことに注意が必要である[24]。設立の目的は、女性教師の養成にあった。

全米初の師範学校が、「女性教師の資質向上」を目的として記した背景には、以下の状況があった。すなわち、ヘルプスト（Herbst. 1989）の整理に明らかなように、一八三〇年代の後半の時点ですでにマサチューセッツ州教師総数の六二％を女性が占めるようになっており、その数は増加の一途をたどっていた。「教職の女性化」がすでに進展していたのである（図5-2[25]・図5-3[26]）。

教職に女性が多く採用されるようになっている現状の一方で、女性が初等教育以上の教育を受けるのは困難なままだった。法的権利も男性に比して制限され、参政権もなく、相続権も制限されて経済的にも厳しい状況下で、学費を支出できる家庭は限られていた。そのうえ、女性の入学を許可する学校も限られていた。当時、初等教育以上の教育

図 5－2　全米初のレキシントン州立師範学校の初期卒業生　左からサラ・ライト，イライザ・ロジャース，メアリー・スウィフト．

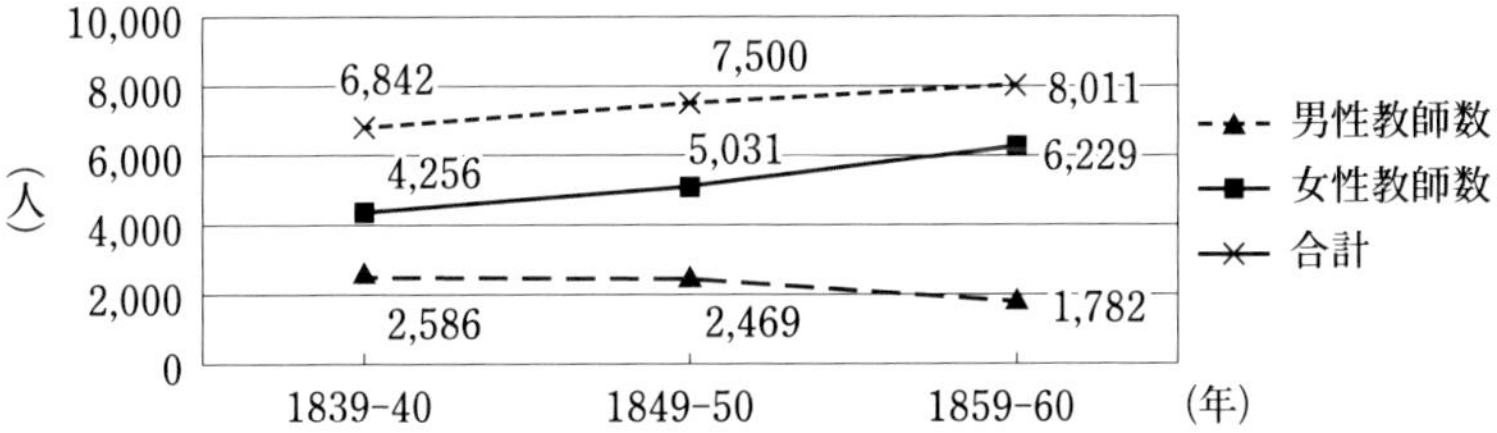

図 5－3　19 世紀半ばマサチューセッツ州における女性教師の増加

をおこなう学校としては、高等学校かアカデミーがあったが、それらは主に都市部に位置し、非都市部の学生が通学するのは困難であった。したがって州教育委員会は、教職につく女性たちが初等教育程度の教育しか受けていない状況の改善を、急務として認識していたのである[27]。

しかし、マサチューセッツ州教育委員会は、州立師範学校を設置すれば徐々に男性の教師志願者が増え、教師の能力と社会的地位が向上するだろうという見通しをもっていた[28]。州知事エドワード・エヴァリット（Edward Everett, 1794-1865, 州知事在任期間一八三六―四〇）は一八三九年の開校式において、女子学生を対象とした師範学校の入学式であるにもかかわらず、教師のことを「スクール・マスターズ（school masters）」と表現し、代名詞も「彼（he）」を用いて演説していた[29]。またホレス・マンは、一八四八年の『マサチューセッツ州教育委員会年報』において、教職は有能な志願者を獲得する競争において「専門職として競合する他の職業と同等の機会を得たことは一度もない」と嘆きつつも、師範学校の水準が向上し「教師の資質が非常に高くなれば、教職は真の専門職になる」し、「同じ男性教師を年間を通して教壇に立たせることができるようになる」と記していた[30]。マンは、教師養成機関が充実しさえすれば、教師の能力が向上し、さらには教職の社会的地位も改善するだろうという展望をもっていたのである。

その後マサチューセッツ州教育委員会は、その後二校目となるバール校の学生募集要項からは「女性教師の資質向上のため」という文言を削除し、バール校および三校目のブリッジウォーター校は共学校として成立させていた。しかし現実には、州の期待とは裏腹に、共学校として位置づけられた二校も女性のための教育機関としての性格を強めていった。二校における学生数の性別比をみてみると、バール校（後にウェストフィールドに移転）の一八五五年までの入学生の七一%が女性だった。その後も女子学生は増え続け、一八六八年から一八七六年までの女子学生の割合は九〇・四%に達していた[31]。

米国における教師教育が女性教育としての側面をもって出発したことは、初期州立師範によせられた期待と現場が直面した現実との間に、大きな乖離を生む要因の一つとなった。入学志願者の多くを教育水準の高くない女子学生が占めたことが、州立師範学校の入学基準の改定やカリキュラム改革を困難にしたのである。この詳細な経緯については、第Ⅲ部で検討する。

（2）入学資格の高さ

州教育委員会が当初掲げた入学資格は、「専門的な」教師の養成という目的に即して、当時の女性にとっては高い水準に設定されていた。まず、「一六歳に達していること」という年齢資格が定められ、次に学修期間も「一年以上の在籍」のうえ「全課程三年」の教育課程が想定されていた[32]。一六歳という年齢は、一般の学区学校の教壇に立ち働くことが可能な年齢だったし、一六歳を超えてなお三年も働かずに学業に専念せよという要求は、当時の多くの女性の経済水準からすれば容易ならざるものであった。

入学資格としてはさらに、「すぐれた知的能力、および高い道徳的性格」に加え、「予備試験を受けて、綴り、読み、書き、英文法、地理、算術に充分精通していること」が定められていた[33]。この六科目はマサチューセッツ州の学区学校で一般的に教えられていた科目であり、入学前の教育水準については、初等教育よりレベルの高い諸科目の学修は求めていなかったことがわかる。年齢や学修期間に関して高い資格水準を設定したうえで、さらに初等教育科目に「充分精通していること」という資格以上の水準を設定するのは、現実問題として困難だったのであろう。

したがって、修了後に公立学校に就職することを条件に学費は無料とされていた[34]。学費無料の措置は、上述したとおり、女性も含め多くの人々に初等教育以上の教育機会を公的に拡大したという点で、史的意義をもつものだった。

（3）学生の年齢と教育水準の実際

実際のところ、以上の入学資格や教育水準を満たせる学生は多くなかった。七月三日の開校式当日に入試を受けるために来校した女性は、わずか三名であり、一〇月一日に最初の学期を終えた段階でも学生は一二名しかいなかった[35]。その後も州立師範学校は、公式文書に明示された以上は一六歳という年齢制限を厳守せねばならず、入学生の少なさに悩まされることになる。一八五〇年代になっても一六歳以下の入学志願者が後を絶たなかったという記録から[36]、入学資格と志願者の現実とが一致していなかったことが窺える。

入学した学生の年齢平均をみると、一八三九年から四四年は一八・二七歳、一八四五年から五二年は一八・三五歳、一八五二年から六〇年は一八・六二歳であった。ヘルプストによればこれは、一八四〇年代のハーバード大学入学生の平均年齢一八・七六歳や、その近郊のウィリアムズ大やアマースト大の入学生平均年齢一九・九〇歳（すべて男子学生）とほぼ同等であった(37)。

入学者の被教育水準についてみると、初等教育以上の水準に達している学生は、設立後数年たってもほとんど現れなかった。次章で検討するイレクタ・ウォルトンをみても、州立師範学校入学前にはボストンで女性が経営する私塾に通ったにすぎなかった。

学修期間についてみると、やはり三年間の養成を修了する者は少数にすぎなかった。初めて正式に三年コースが設置され、卒業証書が発行されるようになるのは一八五〇年になってからのことである。一八五〇年以前は卒業認定自体が制度化されていなかったため、数ヶ月間の学期の区切りごとに、希望者が学校を離れていった。一八三九年入学者の場合、七月の開校式当日三名だった学生は、半年後の一八四〇年一月には二三名に増加していたが、そのうち三名は数ヶ月で学校を去り、一年後の総在籍者数は一五名、一年半在学した者は一一名であり、三年間在籍した者は、二名にすぎなかった(38)。

学修期間が、州教育委員会の期待よりも短く推移した背景には、経済的問題があった。確かに州教育委員会は学費を無料とし、この措置に救われた学生も多かったが、学生にはその他に実費負担が生じていた。教科書代に加えて、週二ドルの寄宿料や食費、燃料費や洗濯費などを負担しなければならなかった。卒業して教壇に立ったとしてもその給与は低く、一八四〇年の教員給与は、マサチューセッツ州平均月給で男性一六・五一ドルなのに対し、女性は一一・八五ドル（週給だと平均二・九ドル）と低く、昇給率も男性教員より低かった(39)。したがって、学費を借金したとしても卒業後に教職勤務では返済する目処がたたないのが一般的な状況だった。以上のように、事実上の学費負担や、卒業後の教員給与の低さが、学生志願者数の少なさや早期退学者の続出を生む契機となっていた。

（4）学生の出自

入学したのは、どのような家庭の学生たちだったのだろうか。

一八四八年から一八六九年までのウェスト・ニュートン師範学校入学生の一一九三名の、親の職業を分類すると、最大は農業で三五六名（二九・八％）、それ以外のブルー・カラーが三四一名（二八・六％）、ホワイト・カラーのうち牧師など専門職が一〇二名（八・五％）、それ以外のホワイト・カラーの家庭出身が三〇四名（二五・五％）、不明九〇名（七・五％）である。このように、入学者は約三割の農家出身者を含み、ほとんどの学生が中流層かそれ以下の出自をもつことがわかる[40]。

また学生集団には、初期の頃から多様な民族的・文化的少数者が含まれていた。ホレス・マンをはじめ、州立レキシントン師範学校の初代校長サイラス・パース（Cyrus Peirce, 1790–1860）や、二代目校長サミュエル・メイ（Samuel Joseph May, 1797–1871）など、州立師範学校の指導者には奴隷制廃止論者が多かった[41]。そのため州立師範学校は、自由黒人やネイティブ・アメリカンなど白人以外の民族的・文化的少数者も受け入れていた。当時の白黒写真ではどの学生が黒人かを特定することは困難であり、正確な人数は把握できないが、第六章で検討するイレクタ・ウォルトンのクラスメイトのメアリー・マイルズ（Mary E. Miles, 生没年不明）や、一八四九年入学のクロエ・リー（Chloe Lee, 生没年不明）らは黒人だったことが確認できる[42]。

民族的・文化的少数者を受け入れる校風は一九世紀後半まで続いている。一八七九年に州立フラミンガム師範学校に入学したオリビア・デイビッドソン（Olivia Davidson Washington, 1854–1889）は、後にブッカー・T・ワシントンと結婚し、夫と共にアラバマで黒人のための師範学校タスキーギ・インスティテュート（Tuskegee Institute）の設立に尽力したことで知られている。また、一八八九年に同校に入学したアニー・ドーソン（Annie Dawson）はノースダコタ出身のネイティブ・アメリカンであった[43]。

（5）教師集団

注目されるのは、創設から三年間は専任教師が校長だけだったことである。州教育委員会は校長に「管理と教授の一切の業務を監督し遂行すること」を課し、授業者としては校長のみを想定していた[44]。当時の公立学校の多くは、たった一人の教師により管理運営と授業の双方が担当されるのが一般的であり、州立師範学校もそれらの公立学校と同等の扱いだったといってよい。

それゆえ校長は、多忙を極めていた。州立レキシントン師範学校の場合、設立当初は、すべての教科の授業と学生の生活の世話、三〇人の子どもが在籍する模範学校の監督指導、入試や教育委員会への対応など学校運営に関わるすべての業務に加えて、ストーブの準備から真冬の水くみや雪かきの雑用に至るまで、すべてが校長の仕事であった[45]。

州教育委員会は、校長補助をおこなう「補助教師（assistant teacher）」の任命を可としていたが、その人件費は、もともと薄給の校長給与から支出されることになっていたため、初期州立師範学校では採用されていなかった。例えば、州立レキシントン師範学校の初代パース校長は、一人も補助教師を採用せずに、上記の業務をたった一人で処理していた。後に学校史を編纂したイレクタ・ウォルトンは、パースは多忙ゆえ一日四時間以上の睡眠をとることはめったになかったと記している[46]。この激務によってパースは身体を壊し一八四二年に辞職に至っている。同校では、この年以降に女性補助教師が採用されるようになった[47]。

バール校やブリッジウォーター校でも、補助教師が採用されていく。パースのように、師範学校長就任以前に教職経験のある校長の場合は、体調を崩しながらもかろうじて雑多な業務に対応できたが、教職経験をもたない校長らは、学校の維持管理に加えて女子学生を対象に諸科目の授業をおこなうことに困難を感じたためだという[48]。

補助教師は、女子校の場合はすべて女性で、共学校の場合でも多くは女性であった。また、補助教師は基本的に卒業生から採用されていた。補助教師たちは、担当教科の授業を一人で実施したり、実際に模範学校の子どもたちに模擬授業をおこなったりするなど、教育活動に重要な役割を果たしていた。また、男性校長と女子学生の橋渡しをおこなうとともに、女子学生の重要な役割モデルとしての機能も果たしていた。[49] 彼女たちの教育活動の実際とその史的意義は、次章で検討しよう。

（6）カリキュラムと授業の実際

次に、初期の州立師範学校のカリキュラムを検討しよう。

マサチューセッツ州知事エヴァリットが一八三九年のバール校開校式の席上で発表した構想によれば、初期州立師範学校のカリキュラムは後述する四群から構成されていた。[50] 全米四地域の州立師範学校カリキュラムの比較研究をおこなった教育史家オグレン（Ogren. 2005）によれば、一八六五年までに設立された初期州立師範学校一八校のカリキュラムの構成や課外活動は、おおよそ共通していたという。オグレンは「先行研究で教師教育史家らは、各州立師範学校長の思想の違いを強調してきたが、全米中の師範学校において学生たちはかなり似通った経験をしていた」と指摘している。[51] 以下、具体的に検討する。

①小学校の教科内容の復習

第一の領域は、学生が将来小学校で教えることになる諸教科の「丁寧な復習[52]」である。入学者の実際の学修水準を想定すれば、カリキュラムの大半は初等教育程度の水準に留まらざるをえないことは、州としてもはじめから想定していたことだった。

州立レキシントン師範学校に設置された科目名をみると、「正書法（綴り方）」「作文」「算術、代数、幾何」「地理、統計、一般史」「生理学」「精神哲学」「音楽」「憲法、マサチューセッツ州史および米国史」「自然哲学と天文学」「自然史」「キリスト教各宗派に共通する道徳性」「教授法」などがあった[53]。例えば、「作文」の授業では毎日の日誌と、週一回のエッセイ提出に加え、毎日日記を書いて定期的に提出することが義務づけられていた。算数では、ウォレン・コルバーン（Warren Colburn）のベストセラー教科書『代数の導入』[54]が使われ、地理では州や国や世界の地図の見方が教えられていた[55]。

カリキュラムのほとんどの時間が初等教育の復習にあたる内容に費やされる実態は、師範学校の教育水準が低すぎるという批判を生む素地となっていく。したがって一八五〇年代以降になると、男子学生を増やしたい共学校の中からは、小学校の復習レベルだけでなく、それよりも発展的な内容を扱うコースを設置する州立師範学校が出現する。例えば、ブリッジウォーター校のニコラス・ティリングハスト校長（Nicholas Tillinghast, 1804-1856）は、一八五一年に学校の目的が小学校教師養成にあることを確認したうえで、「それらの教育の基礎として」ラテン語やフランス語の学習を求めていた[56]。

②教授技術および学校統治に関する科目

第二は「教授技術（art of teaching）」であり、第三の領域は「学校の統治に関わること（school government）」であった。この「学校の統治」とは「学生に最もふさわしい道徳的影響を発揮するための最善の方法」を意味していた[57]。当時の米国には、教授技術や学校運営に関する研究はほとんど存在しておらず、教科書として出版されているのもごく少数であった。教育技術論を記した初期の教科書には、例えばデイビッド・ペイジ（David Perkins Page, 1810-1848）の『授業の理論と実践』[58]があった。ペイジは、ニューヨーク州初の州立アルバニー師範学校の校長職を一八四四年の開校から一八四八年まで務めた人物である。内容は、第二次信仰復興運動におけるキリスト教的価値観に基づいて、教師が従うべき規範など道徳的内容を記したものである。

オグレン（Ogren, 2005）が指摘するとおり、一九世紀中頃までの諸学校では、教授＝学習の主要な様式は「暗唱」と「反復」であり、教師の主要な仕事は「授業（teaching）」ではなく「学校の維持（school keeping）」であった。そして学校統治とは教師の人間性によっておこなわれるものとされ、州立師範学校における学校統治についての学習は、校長訓話によっておこなわれていたことを、オグレンは明らかにしている(59)。

この状況は一九世紀末までの各校の学校史や学生の回想録でも確認できる。例えば、マサチューセッツ州の州立ブリッジウォーター師範学校史を出版したアーサー・ボイデン（Arthur Clarke Boyden, 1852-1933）によれば、父アルバート・ボイデン（Albert Gardner Boyden, 1827-1915）は、「ティリングハスト校長こそが私たちの授業の理論と技術の生きた教科書だった」と述べていたという(60)。教授技術の体系化や科学化が模索されるようになるのは、第八章で検討するとおり一八六〇年代以降になってからであった。

③教育実習

第三のカリキュラム領域は教育実習であった。マサチューセッツ州知事エヴァリットは、「師範学校における教授や練習の助けとなるように、公立学校または学区立の学校を実習校として設置し、師範学校長の指導のもとで若い教師たちが実際の授業の練習をおこなえるようにする」と述べていた(61)。実習用の学校の名称は「模範学校（model school）」「教育実習校（practice school）」などがあったが、一八六〇年代半ばまでは「模範学校」の方が一般的だった(62)。「模範学校」の名称には師範学校教師による模範的な授業がおこなわれる学校という示唆が込められ、子どもを通わせる保護者の理解を得るには「教育実習校」という名称より好都合だったからだろうと、オグレン（Ogren, 2005）は推測している[63]。

マサチューセッツ州では、レキシントン師範学校の初代校長パースや、ブリッジウォーター師範学校長ティリングハスト、セーレム師範学校長リチャード・エドワーズ（Richard Edwards, 1822–1908）らが教育実習を重視し、苦労して実習のための小学校を付設してその維持に取り組んだ。しかし、南北戦争以前の初期州立師範学校では、実習のための学校を付設するための資金が限られていたため、実際に教育実習をおこなえた学校は、マサチューセッツ州以外ではニューヨーク州立オスウィーゴー師範学校などに限定されていた。例えば、ミシガン州では一八四九年の師範学校法に模範学校の付設が盛り込まれていたが、当初は実現せず、やっと一八五三年に付設された学校も観察や実習に不向きな教室環境のためあまり活用されなかった[64]。

教育実習を重視したマサチューセッツ州の師範学校でも、実習のための小学校の運営は困難の連続だった。レキシントン州立師範学校では、初代校長パースが教育実習を重視したため実習校の維持に取り組んでいたが、模範学校用には同じ校舎内の別室を一つしか用意できず、またパース自身が模範学校の教育課程づくりから子どもへの指導や保護者への対応、模擬授業や実習生への指導まですべて一人でおこなっていた[65]。一八四九年には第三代校長イーブン・スターンズ（Eben S. Sterns, 1819–1887）が隣地の公立学校を模範学校にし、模範学校専属の校長としてジョージ・ウォルトン（George Walton, 1822–1908）を雇うなど教師の増員を図るが、管理運営の大変さを理由に一八五四年に閉校になり一八六一年まで途絶えてしまっている[66]。

ブリッジウォーター校でも一八五〇年から一八八〇年代後半まで閉校になっていた。また、ウェストフィールド校でも一八五五年に閉校になり、一八六八年に地元の公立学校を模範学校として再度開校したものの、入学した子どもの親から実験台にされることへの反発が起こったため、観察は可能だが実習はできない状態になっていた[67]。模範学校の設置や活用には、多大な労力が払われたにもかかわらず、初期州立師範学校においては十分に機能していなかったといってよい。

④相互教授法（mutual instruction）

模範学校が付設されない場合でも、学生たちが相互に模擬授業をおこなうことで、授業の実習とする試みがおこなわれていた。

相互教授法とは、一八四〇年代マサチューセッツ州で普及していたライシーアム運動と呼ばれる住民の自主学習活動[68]において、中心的な学習の方法として知られた語であった。初期州立師範学校では、学生が相互に教師役と生徒役をつとめながら模擬授業を実施する方法として用いられていた。マサチューセッツ州立師範学校レキシントン校の学生メアリー・スウィフト（Mary Swift. 1822-1909）は一八三九年の日記に相互教授の様子を以下のように記している。

八月一六日金曜日。パース校長が今朝、哲学の時間に、学生の一人を教師にして暗唱をおこなってもらう実験を試みたいとおっしゃった。そして校長は私を暗唱の責任者になさった。（略）私は短時間だけ教師役をやることができた。[69]

また、州立ブリッジウォーター師範学校のマーシャル・コナント校長（Marshall Conant. 1801-1873）も「私は数人の学生を選び、皆の前で授業をさせ、その後で他の学生から相互に示唆や批判をさせ、最後に私自身の批評を加えた」と記している。[70]

⑤学生の課外活動

正規のカリキュラムの他に、学生たち自身がさまざまな課外活動を組織しており、課外学習が大きな意味をもっていたとオグレンは指摘する(71)。

例えば一八四〇年代のマサチューセッツ州では、当時の参加的民主主義の盛り上がりを背景に、ライシーアム運動と呼ばれるタウン住民の自発的な学習機関の設置運動が活発に展開されていた。師範学校の学生たちは、地元のライシーアムに課外活動として積極的に出かけ、政治や宗教などの時事問題についての著名人の講演会や、対話集会や討論会等に参加していた。師範学校内においても、男子学生は「師範ライシーアム」を結成して課外の相互教授や学習活動を展開し、あるいは女子学生は「師範の本（Normal Offering）」を出版していた。また、男子学生の政治サークルでは時事問題が討論されたり、女子学生の文学サークルでは、正規の授業中に扱われた作品について議論が交わされたりしていた。田舎から都会に出てきた中下層出身者が多い州立師範学生にとって、これらの課外活動は、学習の意味や意義を社会との接点でとらえなおしたり、さまざまな知己を得て人脈を広げたりする機会となり、彼らの学習や階層移動に大きな役割を果たしていたという(72)。

3　州立師範学校の拡大と合衆国の領土膨張

（1）マサチューセッツ州内での広がり

州立レキシントン師範学校が開校された後、同一八三九年にはバール師範学校が、翌一八四〇年にはブリッジウォーター師範学校が実験的に設置されていたが、開校から六年後の一八五四年に恒久的な設置が決定された。またこの年、四校目としてセーレム師範学校が開設された。マサチューセッツ州では、一八七〇年代まで新たな州立師範学校は設立されず、この四校が全米の州立師範学校の先駆けとして、各州立師範の教師らを輩出するなど、全米の師範学

表５-１　マサチューセッツ州立師範学校各校における年次別性別入学者数

年次	学期	フラミンガム		ウェストフィールド			ブリッジウォーター			セーレム	
		女	年間合計	男	女	年間合計	男	女	年間合計	女	年間合計
1857	1	18	54	6	21	78	17	19	55	44	80
	2	36		15	36		10	9		36	
1858	1	28	41	11	27	83	13	24	78	33	74
	2	13		12	33		13	28		41	
1859	1	31	57	14	36	88	23	12	52	52	86
	2	26		7	31		7	10		34	
1860	1	20	39	9	30	86	14	22	52	50	95
	2	19		8	39		9	7		45	
1861	1	25	50	12	32	93	19	14	64	40	64
	2	25		10	39		10	21		24	
1862	1		61	10	40	90	25	15	58	35	74
	2			11	29		1	17		39	
1863	1		65	3	26	68	11	21	62	42	80
	2			11	28		7	23		38	
1864	1		70			60	6	19	40	41	83
	2						4	11		42	
1865	1	27	51	4	20	48	7	20	55	37	77
	2	24		1	23		8	20		40	
1866	1	25	60	1	34	73	8	15	43	35	84
	2	35		2	36		8	12		49	

校間ネットワークの拠点となっていく[73]。

しかし、州立師範学校から輩出される教師数は多いとはいえなかった。表５-１[74]に示すように、各校の年次別・性別入学者数をみると、四校あわせても一八七〇年代に至るまで、毎年の入学者数は二〇〇人から三〇〇人である。このなかから卒業する者は、一八七〇年に至っても各校で四分の一以下であった。例えば、一八七九年の州の調査では、セーレム校は在籍者二七五人中卒業生五四人、ブリッジウォーター校は在籍者一九九人中卒業生五五人、フラミンガム校は在籍者八一人中卒業生二二人、ウェストフィールド校は一一五人中卒業生二七人、合計一五八人にすぎなかったから[75]、マサチューセッツ州の教師全体からすれば数％を輩出するにすぎなかったことがわかる。

表5－2　1865年南北戦争終結以前に設立された州立師範学校一覧

設立年	州	立地都市	学校名
1839	マサチューセッツ州	レキシントン	州立師範学校
1839	マサチューセッツ州	バール	州立師範学校
1840	マサチューセッツ州	ブリッジウォーター	州立師範学校
1844	ニューヨーク州	アルバニー	州立師範学校
1850	コネチカット州	ニュー・ブリテン	州立師範訓練学校
1853	ミシガン州	イプシランティ	州立師範学校
1854	マサチューセッツ州	セーレム	州立師範学校
1854	ロード・アイランド州	プロビデンス	州立師範学校
1855	ニュー・ジャージー州	トレントン	州立師範・実習学校
1857	イリノイ州	ブルーミントン	州立師範学校
1859	ペンシルバニア州	ミラーズヴィル	第一州立師範学校
1859	サウス・カロライナ州	チャールストン	州立師範学校
1860	ミネソタ州	ウィノナ	州立師範学校
1861	ペンシルバニア州	エディンバラ	北西州立師範学校
1862	カリフォルニア州	サン・ホセ	州立師範学校
1862	ペンシルバニア州	マンスフィールド	州立師範学校
1864	メーン州	フラミントン	西部州立師範学校
1865	カンザス州	エンポリア	州立師範学校

（2）東部・中西部への広がり

一八四〇年代以降、州立師範学校は、マサチューセッツ州の外でも設立されるようになる。一八四四年にはニューヨーク州アルバニーに一校が設立された。一八五〇年代に入ると、ニュー・イングランドからの移住者によってできたミシガン、イリノイ、ミネソタなど中西部の諸州、さらには西部移住のための主要街道であるオレゴン・トレイルおよびサンタフェ・トレイルを抱えたカンザス州にも州立師範学校が設立され、南北戦争が終結する一八六五年までに一八の州立師範学校が設立されていく（表5－2）[76]。

なお、一九世紀末以降になると、全米において州立師範学校の大学昇格化が進むが、マサチューセッツ州は初等教育教師の養成を重視した結果、大学化は全米で最も遅くなっていく[77]。以上の経緯からも、州立師範学校史において、東部、特にマサチューセッツ州立師範学校の検討は、重要な意味をもっていることが指摘できる。

（3）合衆国の領土拡張と南北戦争

以上の州立師範学校の拡大は、アメリカ合衆国自体の領土拡張の反映でもあった。一八三〇年代の米国の関心は、上述したように経済開発や種々の社会改革運動など、主に国内問題に集中していたが、一八四〇年代以降にはその関心は外部に向かい、まだヨーロッパ諸国の影響が薄かった東アジアに対して積極的な外交が展開されていた[78]。

また国内的には、大陸内における領土拡張の気運を生んでいた。「若いアメリカ」運動の提唱者ジョン・L・オサリヴァン（John L. O'Sullivan, 1813-1895）は、この気運を「神によって割り当てられたこの大陸に伸びひろがっていくというわれわれの明白な運命（manifest destiny）」と表現し、領土拡張をアメリカ国民の使命として倫理的に正当化したことは広く知られている[79]。

一八四四年に領土膨張主義を唱えるジェームズ・ポーク（James Knox Polk, 1795-1849, 在任期間　一八四五―四九）が第十一代大統領に就任すると、米国は一八四五年にはテキサスを併合、一八四六年にはオレゴンを併合して、領土を太平洋まで到達させた。また、メキシコ戦争に勝利して一八四八年にはメキシコ北部のニュー・メキシコとカリフォルニアを獲得、さらに一八五三年にはメキシコ北部ガズデンを購入して、大陸国家としての輪郭をほぼ完成させるに至った[80]。特に、一八四八年にカリフォルニアで偶然に金鉱脈が発見されると、空前のゴールド・ラッシュが起こり、西部への人口移動と西部の人口増加に拍車がかかった[81]。カリフォルニアの人口が一気に一〇万人にふくれあがったことが、一八六二年にサン・ホセにおいて、全米でも初期のうちにカリフォルニア州立師範学校が設立された背景にある。

これらの領土拡張は、同時に国内での地域間対立を激化させていた。北部は産業革命を迎えて工業化が進み、欧州との競争を背景に自国産業保護貿易を求めたが、南部では綿花産業とその輸出を主産業として、自由貿易と関税撤廃を求め、南北間の緊張が高まっていた。また、重工業化の進んだ北部では、労働力不足から黒人奴隷を解放して労働者として雇用していたが、南部ではプランテーション農業の維持に黒人労働力を必要とし、奴隷制をめぐる対立も表面化していた[82]。一八六〇年に共和党エイブラハム・リンカン（Abraham Lincoln, 1809-1865, 在任期間　一八六一―六五）が大統領に就任すると、南部奴隷州がこれに反発して南部連合を結成して連邦を離反、南北戦争となってゆく。

4　一九世紀中葉の教職専門職化運動

最後に、米国において成立した州立師範学校の特徴を整理し、次章で検討する州立レキシントン師範学校の位置づけを明らかにする。そのうえで、教職の専門職化を進めるために同時期に結成された諸団体の動向を検討する。

（1）州立師範学校の宿命

以上の成立過程や教育内容の実際から、米国の州立師範学校の特徴は大きく三点に整理できる。

第一の特徴は、初期の州立師範学校が、公教育のなかでも特に初等教育を改善するための手段として明確に意識され成立したこと、すなわち初等教育を担う教師を養成することを目的として成立したことである。このことは、卒業生を小学校教師として送り出すという使命を課せられた州立師範学校が、その教育機関としての社会的地位を、小学校教師という職業の社会的地位の低さと密接に関連づけられる宿命を負ったことを意味していた。

第二の特徴は、米国の場合、公的教師養成制度が設立されるよりも以前に、すでに教職の女性化が進展しており、州立師範学校は女子校か、共学であっても実際はその学生の多くを女性が占める状況から出発していたことである。つまり州立師範学校は、入学希望者の教育水準の低さを前提としたカリキュラムを構築せざるをえなかったのである。すでに一定程度以上の教育を受けた男子学生を獲得したくても、小学校教師の社会的・経済的地位の低さから男子学生は教職を志望せず入学を希望しないという二重の荷を負い、教育内容の質の向上に困難を抱えることとなった。設立当初から現在に至るまで、米国の教師教育機関は女性の社会的状況と密接に関連づけられることとなる。

第三の特徴は、当時教師養成をおこなっていた他の教育機関（アカデミーやセミナリーなど）と異なり、州立師範学校が州教育委員会の直接の管理下におかれたことにある。つまり州立師範学校は、初の公的教師養成機関としての意義をもっていた。すでにみたように、学費そのものは無料として設置され、多くの人々、特に中下層の男性や女性、民族的・文化的少数者に新たな教育機会を提供したのであった。

一方、公的教育機関であることは同時に、教育の内容や方法について州政府の意向による影響を強く受けざるをえないことを意味していた。この点は、州立師範学校のその後の史的展開が、州教育行政の制度化や官僚化の展開と密接に相関せざるをえなかったことを示唆している(83)。

以上三点の特徴は、州立師範学校が早期に成立した東部諸州、特にマサチューセッツ州において明瞭に見いだされる。女子校として創設された全米初のレキシントン州立師範学校は、南北戦争以前に設置された初期州立師範学校の群の中でも、最も典型的な事例の一つとして位置づけられる。

（2）教職団体の結成

以上の初期州立師範学校の特徴、すなわち第一に初期州立師範学校の目的が初等教育教師養成にあったこと、第二にしかし初等教育教師のほとんどが当時すでに女性であったこと、第三に公的機関として州政府や納税者の意向による制約を受けていたこと、の三点は、当時の教育関係者に十分に意識されていた(84)。そのため、一八五〇年代後半になると、これらの諸問題に対処するために、州の壁を超えた組織が結成されるようになった。

①全米教師協会

まず、一八五七年には全米教師協会（National Teachers Association）が結成された。これは、マサチューセッツ州教師協会会長のトーマス・ヴァレンタイン（Thomas W. Valentine, 1818-1879）を中心に、すでに結成されていた一〇州の州教師協会会長が連名で、「人びとの教師たちが一つの大きな教育団体へと集結すべき時がきている」と全米の教師に呼びかけをおこない、同年八月二六日にフィラデルフィアで結成された組織である。全米教師協会の目的は「教職という専門職（profession of teaching）の質を高め利益を増進すること」および「合衆国における民衆教育運動を促進すること」とその憲章に記された[85]。

大桃敏行（二〇〇〇）が指摘するとおり、全米教師協会の意義は以下二点で新しい組織であった[86]。すなわち、第一に全米教師協会は、初めてニュー・イングランド地域を越えて教師の全国的組織たることを意図した組織であった。第二に、会員を教師に限定した「専門家協会（professional association）」としての理念がうたわれていた。この結成時は、南北戦争開始の四年前にあたり、すでに南北間で地域的対立が生じていたにもかかわらず協会が結成された背景には、前節で整理した教職をめぐる諸問題によって、教職の専門職化を推進する必要が意識されていた状況があった[87]。

ただし、協会憲章に記された会員資格には、まず「常勤の紳士」であることが第一条件とされ、「教職についている女性」には正会員資格は与えられなかった。女性教師は「理事会の推薦によって名誉会員になりうる」とされ、役員選出に際しての投票権等は与えられず、「書面で意見を提出する権利」のみが与えられた。意見表明権も直接のものではなく、提出された書面は「協会事務局長あるいは委任された会員によって代読され」たうえで、「議論の対象になりうる」とされたのである[88]。これは、当時のジェンダー規範による規定であるだけでなく、当時の交通網の整備状況など社会的状況による側面をもっていたといえる。一般の女性教師が年次大会に出席するために毎年全米各地を旅行することなど、時間的にも経済的にも想定しがたいことであった[89]。「専門家協会」をうたう全米教師協会は、男性教師を対象として教職の専門職化を構想していたといえる。

②アメリカ師範学校協会

また、一八五九年にはアメリカ師範学校協会（American Normal School Association）が設立された。州立師範学校の全米への普及に伴って、師範学校相互の情報交換が求められるようになっていたためだという[90]。初代会長のウィリアム・フェルプス（William Franklin Phelps, 1822-1907）は、同年ニュー・ジャージー州トレントンで開催された第一回大会の会長挨拶で、「師範学校は一般に教師セミナリーとしてよく知られて」おり、「この師範学校を宣伝し広めることを目的として、この大会が開かれた」と述べたうえで、「師範学校の救済策は一つしかない、それはすなわち師範学校を真の専門職養成校（professional school）にしていくこと」と、師範学校を専門職養成機関にする構想を掲げていた[91]。

次章では、州立レキシントン師範学校を事例として、州立師範学校が教師養成にどのような機能を果たしたのか、また教育活動を実際に担ったのは誰だったのかを、詳細に検討する。

（1）三好信浩、前掲書。
（2）小野次男、前掲書。
（3）United States Census Office, *Sixth Census 1840* (Washington D. C.: Blair and Rives, 1841); Maris Vinovskis, and J. Bernard. "Beyond Catharine Beecher: Female Education in the Antebellum Period," *Signs: Journal of Women in Culture and Society* 3 (Summer 1978): 859.
（4）有賀貞他編『アメリカ史1』山川出版社、一九九四年、三〇二頁。

（5）同右書、三二〇―三三四頁

（6）同右書、三〇二―三一九頁。

（7）同右書、三〇二―三一九頁。

（8）同右書、二八八―三二〇頁。

（9）同右書、三二五頁。

（10）Nancy Isenberg, *Sex and Citizenship in Antebellum America* (Chapel Hill, NC: The University of North Carolina Press, 1998).

（11）David Tyack, *The One Best System: A History of American Urban Education* (Cambridge: Harvard University Press, 1974).

（12）United States Census Office, and Richard Swainson Fisher, *Eighth Census of the United States of America 1860* (New York: J. H. Colton, 1861).

（13）Massachusetts Board of Education, *First Annual Report of the Board of Education* (Boston: Dutton and Wentworth, State Printers, 1838), 5-17.

（14）Ibid., 10.

（15）Horace Mann, "Normal Schools in Massachusetts," *Connecticut Common School Journal* 1, no. 8 (1839): 33-7.

（16）Massachusetts Board of Education, *Second Annual Report of the Board of Education* (Boston: Dutton and Wentworth, State Printers, 1839), 5-24.

（17）Massachusetts Board of Education, *Ninth Annual Report of the Board of Education* (Boston: Dutton and Wentworth, State Printers, 1846), 9.

（18）Ibid., 12-3.

（19）Massachusetts Board of Education, *Sixteenth Annual Report of the Board of Education* (Boston: Dutton and Wentworth,

State Printers, 1853), 8.

(20) Horace Mann, "Normal Schools in Massachusetts Continued from No. 8," *Connecticut Common School Journal* 1, no. 9 (1839): 98.

(21) Peirce Cyrus, Mary Swift Lamson, and Arthur O. Norton. *The First State Normal School in America; the Journals of Cyrus Peirce and Mary Swift, with an Introduction by Arthur O. Norton* (Cambridge: Harvard University Press, 1926), 260. なおノートンは本文引用部のホレス・マンの記述の出典を *Common School Journal* と記している（頁数も記入されていない）がこれは誤りで、正しい出典は上記のとおり *Connecticut Common School Journal* である。

(22) John Seiler Brubacher, *A History of the Problems of Education* (New York: McGraw Hill Book Company, Inc., 1947), 510. 三好信浩、前掲書、一三八頁。

(23) J. S. Hart, Schools for Professional Education for Teachers, *Barnard's American Journal of Education* 18 (1868): 401.

(24) "Normal School," *The Connecticut Common School Journal* 2, no. 2 (1839): 95.

(25) Photo of three early graduates of Lexington State Normal School, HWLA.

(26) Herbst, *And Sadly Teach*, 26. 同様のデータは Kathryn K. Sklar, "The Founding of Mount Holyoke College," in *Women of America: A History*, edited by Carol Berkin and Mary Beth Norton (Bosotn: Houghton Mifflin, 1979), 181 にもある。

(27) Horace Mann, "Normal School," *The Connecticut Common School Journal* 2, no. 3 (1840): 39.

(28) Massachusetts Board of Education, *Second Annual Report*, 14–5.

(29) Edward Everett, "An Address by Edward Everett, Governor of Massachusetts at the Opening of the Normal School at Barre, September 5, 1839," *American Journal of Education* 13 (1863): 758–70.

(30) Massachusetts Board of Education, *Eleventh Annual Report of the Board of Education* (Boston: Dutton and Wentworth, State Printers, 1848), 98–9.

(31) United States Office of Education, *Report of the Commissioner of Education for the Year* (Washington D. C.: U. S.

Government Printing Office, 1875–1915).

(32) "Normal School at Lexington," *Common School Journal* 1, no. 6 (1839): 96.

(33) Ibid., 96.

(34) Ibid., 96.

(35) 上述した最初の入学生、すなわちデーモン（Hannah M. Damon）、ホーキンス（Sarah Haukins）、スミス（Maria L. Smith）は、八ヶ月後の一八四〇年四月に学校を去っている。スミスだけが教職についたことが記録されている。Framingham State Normal School, *State Normal School Catalogue of Teachers and Alumnae 1839–1900* (Boston: Wright and Potter Printing Co., 1900), 11.

(36) Electa N. Electa N. L. Walton, "Journal 1848–1849," MHS, 1849.

(37) Herbst, *And Sadly Teach*, 67.

(38) [Cyrus Peirce?], "Normal School Terms and Vacations, 1839–1840," Box 9, Folder 73, HWLA, 1840. 著者不明だが、筆跡から校長パース直筆と推定される。

(39) Carl F. Kaestle, and Maris Vinovskis, *Education and Social Change in Nineteenth-Century Massachusetts* (New York: Cambridge University Press, 1980), 156.

(40) Herbst, *And Sadly Teach*, 68.

(41) Ogren, *American State Normal School*, 30–1.

(42) Framingham State Normal School, *Circular and Register of the State Normal School from Its Commencement at Lexington, July 1839–Dec 1846* (Boston: William B. Fowle, 1846), 6–7.

(43) Mary V. Estrabrook, "Dormitory Life at Haven House Framingham, S. N. S. 1883–5," Box 9, Folder 4, HWLA, 1939.

(44) Massachusetts Board of Education, *Third Annual Report of the Board of Education* (Boston: Dutton and Wentworth, State Printers, 1840), 5–7.

(45) Cyrus Peirce, "Journal," Box 9, Folder 22, HWLA, 1839.

(46) Electa L. Walton, "Historical Sketch of the First State Normal School in America," in *Historical Sketches of the Framingham State Normal School,* edited by Framingham State Normal School Alumnae Association (Framingham: Framingham State Normal School, 1914), 32.

(47) Framingham State Normal School, *State Normal School Catalogue,* 2.

(48) Walton, *Historical Sketches,* 31.

(49) Ibid., 32.

(50) Everett, "An Address," 758-70.

(51) Ogren, *American State Normal School,* 30.

(52) Everett, "An Address," 758-70.

(53) Framingham State Normal School, *Circular and Register,* 19-20.

(54) Warren Colburn, *An Introduction to Algebra Upon the Inductive Method of Instruction* (Boston: Hilliard, Gary, Little, and Wilkins, 1826).

(55) Mann, *The Common School Journal* 3, 80.

(56) Bridgewater Normal School, *Catalogue and Circular, 1851,* Maxwell Library Archives, Bridgewater State University; Nicholas Tillinghast, *American Journal of Education* 16 (September 1866): 451; Herbst, *And Sadly Teach,* 451.

(57) Everett, "An Address," 758-70.

(58) David Page, *Theory and Practice of Teaching, or, the Motives and Methods of Good School-Seeping* (Syracuse, New York: Hall and Dickson), 1847.

(59) Ogren, *American State Normal School,* 32-3.

(60) Arthur C. Boyden, *Albert Gardner Boyden and the Bridgewater State Normal School: A Memorial Volume* (Bridgewater:

Arthur H. Willis, Printer, 1919), 138.

(61) Everett, "An Address," 758–70.

(62) Ogren, *American State Normal School,* 40–4.

(63) Ibid., 44.

(64) Daniel Putnam, *A History of the Michigan State Normal School at Ypsilanti, Michigan, 1849–1899* (Ypsilanti, MI: The Scharf Tag, 1899), 65–9; Ogren, *American State Normal School,* 40.

(65) Walton, *Historical Sketches, 31.*

(66) Ibid., 42–3.

(67) Boyden, *Albert Gardner Boyden,* 30.

(68) ライシーアム運動については以下の論考に詳しい。古川明子「ライシーアム運動の再評価——一八三〇・四〇年代のコンコード・ライシーアムにおける『相互教授』の思想と実践を中心に」『教育学研究』第六九巻第三号、二〇〇二年、三七九—三八八頁。

(69) Mary Swift, "Journal of Mary Swift, August 16, 1839", in *The First State Normal School,* ed. Norton, 90.

(70) Boyden, *Albert Gardner Boyden,* 32.

(71) Ogren, *American State Normal School,* 50.

(72) Ibid, 50. 多くの学校では課外活動も男女別におこなわれており、男女共に活動した例は、ミシガン州立イプシランティ校など少数であった。

(73) Boyden, *Albert Gardner Boyden,* 4-7; 小野次男、前掲書、一〇七頁。

(74) 小野次男、前掲書、一〇六頁。

(75) Massachusetts Board of Education, "Normal Schools," *Forty-Fourth Annual Report of the Board of Education 1879–1880* (Boston: Rand, Avery and Co., Printers to the Commonwealth, 1881), 138.

（76）Ogren, *American State Normal School*, 213-35.

（77）Ibid., 213-35.

（78）この外交政策を背景に、州立師範学校にはインドや日本などからの留学生が受け入れられていた。日本に関しても、一八五三年のペリー来日と一八五四年の日米和親条約による徳川幕府開国は、この米国の外交政策に位置づいており、日米の国交開始が、後にマサチューセッツ州立師範学校に伊沢修二ら欧米派遣小学師範学科取調員らが派遣される素地となる。

（79）有賀貞他、前掲書、三五一頁。

（80）同右書、三五二―三五八頁。

（81）同右書、三五九頁。

（82）同右書、三七三―三九六頁。

（83）中西部など東部よりも後に開拓された諸州の場合は、第Ⅲ部で検討するように、州立師範学校には教師養成機関としての機能だけでなく、自宅から通学できる地元の高等教育機関としての機能も期待されていた。したがって、中西部の州立師範学校のなかからは、初等教育教員の養成よりも、むしろ教育行政官や学校管理職の養成によって、高等教育機関としての威信を得ようとする学校群が現れることとなる。

（84）American Normal School Association, *American Normal Schools: Their Theory, Their Workings, and Their Results, as Embodied in the Proceedings of the First Annual Convention of the American Normal School Association, Held at Trenton, New Jersey, August 19 and 20, 1859* (New York: A. S. Barnes and Burr, 1860).

（85）National Teachers Association, *Addresses and Journal of Proceedings* (Washington, D. C.: National Teachers' Association, 1857), 11.

（86）大桃敏行『教育行政の専門化と参加・選択の自由』風間書房、二〇〇〇年、一六―一八頁。

（87）同右書、一八―二〇頁。

（88）National Education Association of the United States, "VI The Constitution," *Fiftieth Anniversary Volume: 1857-1906*

(Winona, Minn.: The Association, 1907), 534. 女性教師に正会員資格が認められるのは、一八六六年の憲章改訂によって資格要項の「紳士」という語が「人物」と変更されてからであった。

(89) 大桃敏行、前掲書、八五頁。

(90) American Normal School Association, *American Normal Schools,* vii.

(91) William Franklin Phelps, “Address of the President,” in *American Normal Schools,* edited by American Normal School Association (New York: A. S. Barnes and Burr, 1860), 17–9.

第六章　校長補助教師と呼ばれた女性たち

――イレクタ・ウォルトンの葛藤

初期の州立師範学校で学んだり教えたりした女性たちは、何をどのように学び、どのように暮らしていたのだろうか。

本章では、マサチューセッツ州立ウェスト・ニュートン師範学校の卒業生かつ校長補助教師の一人であった、イレクタ・ウォルトン（Electa Lincoln Walton, 1824–1908）[1]に焦点を合わせて、初期州立師範学校における教師教育および女性補助教師の実際を明らかにする。

州立師範学校で教鞭をとった者の多くは、女性であった。正規教師は校長一人である場合がほとんどだが、校長は学校運営のあらゆる業務を背負っていたため、校長を補佐する「補助教師（assistant teacher）」と呼ばれる女性が、学生に対する教育に大きな役割を果たしていたのである。補助教師は、少数の例外を除き州立師範学校の卒業生であり、女性であった。

ウォルトンは、州立レキシントン師範学校の最初期の入学生の一人で、いったん教職についた後に母校に戻り、校長補助教師として尽力した人物である。彼女は、学生に授業をおこないつつ、自ら学生の役割モデルとなるとともに、校長不在期間には正式な校長代理として公的行事も取り仕切り、事実上の校長として授業や学校運営に重要な役割を果たした。しかし女性であるがゆえに校長就任は許されなかった。結婚退職後も、女性としてのさまざまな制約のな

図6-1　イレクタ・リンカン・ウォルトン肖像

かで、師範教育のための数学教科書の執筆や師範学校史の執筆に取り組み、その後の州立師範学校において女性管理職が誕生していく道を切り開いていた。

　三好信浩（一九七二）[2]や、小野次男（一九七六、一九八七）[3]は、州立師範学校において女性が教鞭をとっていた事実を指摘していない。クリスティーン・オグレン『米国州立師範学校』（Ogren, 2005）[4]は、州立師範学校に女性教師が存在していたことを記述した研究として重要である。しかし、オグレンはその存在を指摘するに留まっており、具体的な叙述はおこなっていなかった。

　ウォルトンについては、一九〇四年に『ニュー・イングランド地方の代表的女性』を編纂したジュリア・ハウ（Howe, 1904）が項目をたて「彼女こそが全米で初めて州立師範学校校長に就任した女性である」と評価していた（図6-1）[5]。しかしその後は、長い間、歴史研究の対象とされてこなかった。一九七〇年代以降の女性史研究の興隆のなかで、ウォルトンを再評価した唯一の研究として、ビヴァリー・ワイズ「米国初の州立師範学校における学生かつ教師――イレクタ・リンカン・ウォルトン」（Weiss, 1995）[6]が挙げられる。これは、州立フラミンガム師範学校史の執筆に携わったワイズが、州立レキシントン師範学校の第一期生であった女性たちについて触れたうえで、ウォルトンの生涯も概観した小論である。補助教師であったウォルトンの生涯を取り上げた点で、この研究の意義は大きい。しかしワイズは、あくまで女性教師としてのウォルトンの生涯を概観したにすぎず、ウォルトンの教師教育に関する業績の詳細や、その史的意義についての検討はおこなっていなかった。本書における検討は、州立師範学校における補助教師の役割を解明するうえで、日米の教師教育史研究において大きな意義をもつ。

対象史料として、筆者が米国調査によって発掘した未刊行の一次史料を用いる。すなわち、マサチューセッツ歴史協会稀少書庫に所蔵されていたウォルトン直筆の日記、フラミンガム州立大学ヘンリ・ホイットモア図書館特別稀少書庫に所蔵されていた学生による学校日誌や受講ノート類、フラミンガム州立大学同窓会事務所の所蔵資料、米国国会図書館に保管されるウォルトン執筆の数学教科書などを中心に用いる。

なお日記や日誌、メモなどはすべて、さまざまな書体で書かれた手書きの史料であり、判読して活字化する作業から筆者自身がおこなった。当事者の乱筆等により判読不能の部分については、やむなく検討および引用の対象からはずした。

1　ウォルトンの生い立ち

ウォルトンは、一八二四年五月一二日、ニューヨーク州ウォーター・タウンで、父マーチン・リンカン（Martin Lincoln）、母スーザン・リンカン（Susan W. Freeman Lincoln）の末娘として生まれた。父も母も、後に第十六代大統領となるエイブラハム・リンカン（1809-1865）の遠縁にあたる人物であった。ジュリア・ハウ（Howe, 1904）によれば、父マーチンは、後に大統領となるエイブラハムの曽祖父モルディカイ（Mordecai）の異母兄弟ジェイコブ（Jacob）の孫であったという（図6-2）(7)。

父マーチンは、マサチューセッツ州ランカスターの公立学校とランカスター・アカデミーで教え、晩年はボストンで私立学校を経営した教師だった。また、ユニテリアン派の執事（重要な教会役員）も務めていたという。ウォルトンの追悼文を書いたスーザン・ホワイティング（Susan A. Whiting）によれば、イレクタはボストンにあるソロー姉妹の「学校」(8)に通いながら、父に初等教育を授けられたという(9)。なお、ウォルトンがエイブラハム・リンカンと面識が

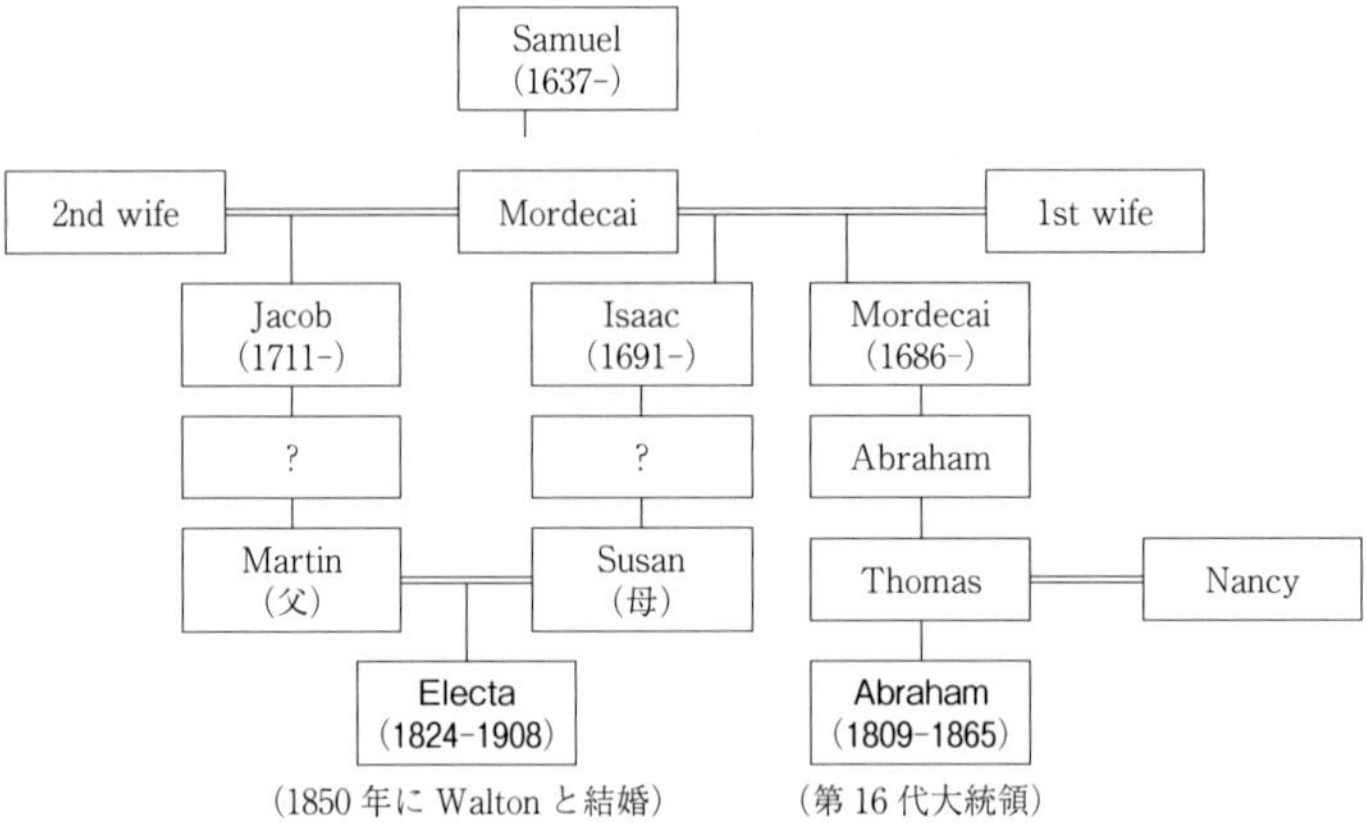

図6-2　イレクタ・リンカン・ウォルトンとリンカン大統領との関係

あったかどうかは、現存する史料からは明らかでない[10]。

2　人生の転機としての州立師範学校

(1)　州立師範学校の困難

ウォルトン（当時はリンカン）は、一八四一年に一七歳で州立レキシントン師範学校に入学した。一年半在籍した後、一三名の級友と共に一八四三年五月に卒業している。その後、ボストンにあるフランクリン文法学校に教師として就職した[11]。

前章でみたとおり州立レキシントン師範学校は、ウォルトンの入学当時、設立後わずか二年の新設校であった。同校は州教育委員会が一八三九年に、三年間の期限付きで州内三地域に一校ずつの設立を決めた実験学校のうちの最初の一校であり、女子校であった。

州政府はその目的を、質の高い教師を養成することにおき、入学資格として一六歳以上という制限を設けていた。しかしほとんどの入学生が、入学前には初等教育しか受けていなかったし、一六歳以下の入学志願者が後を絶たなかった[12]。上述したようにウォルトンも、入学前に受けた教育は初等教育程度であった。

そのうえ、州政府が期待する三年という長い期間を、働かずに学業に専念できる学生は少数だった。教職の給与が低く労働条件が劣悪な社会状況のもとでは、就職後の安定した生活も見込めないため、卒業証書が発行されるようになる一八五〇年までは、大半の学生が数ヶ月ごとの学期の区切りで学校を去っていた[13]。学費は無料であったが、教科書代や燃料費など学習や生活に必要な経費は自己負担であり、中下層出身者の学生には大きな負担となっていたからである。また当時の米国においては、教師の多くは養成などされずに採用されていたし、州立師範学校に長く在籍しても給与や待遇が上がる保証はなかったため、短期で学習を終えて就職する方が自然であった。一八三九年七月の開校式当日に三名だった学生は、一八四〇年一月の次学期開始時には二三名に増加したが、一年後の総在籍者数は一五名、一年半在学した者は一一名であり、三年間在籍した者は二名にすぎなかった[14]。

以上のように、州政府の掲げた高い理想とは裏腹に、就職先となる教職の待遇や社会的地位が劣悪な当時の米国においては、州立師範学校のみの努力では入学志願者の質を確保することも、志願者を長く学校に留めて養成教育の質を確保することも、事実上困難となっていたことが窺える。

（2）人生の転機としての州立師範学校

それでもなお、学費無料で初等教育以上の教育を得られる州立師範学校は、当時の女性たちにとってはその後の人生を大きく変えうる教育機関であった。ウォルトンの人生を大きく変えたのも、州立師範学校であった。彼女は、州立師範で得た教育と人脈によってアイデンティティを確立し、教師教育に尽力する人生を歩むこととなった。

特にウォルトンにとって、州立師範学校在学時に民族的・文化的少数者である学生と机を並べて学んだ経験は大きな意味をもっていた。写真だけではどの学生が黒人かを特定することは困難であり、正確な人数は把握できないが、少なくとも級友のメアリー・E・マイルズ（Mary E. Miles）や一八四九年入学のクロエ・リー（Chloe Lee）など、複数名の黒人が存在していたことは確認できる。[15] この時に、民族的・文化的少数者である学生たちの聡明さに感化されたウォルトンは、南北戦争後には黒人やネイティブ・アメリカンの教育のために設立されたバージニア州ハンプトン・インスティテュートで教鞭をとっていた。また、一八七九年同校入学のオリビア・デイビッドソン（Olivia Davidson Washington, 1854-1889）が夫ブッカー・T・ワシントン（Booker Taliaferro Washington, 1856-1915）と共に設立に尽力したタスキーギ師範学校のための募金活動を継続した記録も、同校特別稀少書庫に保存されている。[16] ウォルトンは、生涯にわたって、奴隷制廃止論者として黒人の教育機会拡大のためにも協力を続けていた。[17]

3　女性補助教師という存在

州立師範学校は、ウォルトンのその後の人生をどのように変えたのだろうか。また、ウォルトンは、女性補助教師としてどのような役割を果たしていたのだろうか。

（1）校長補助教師という仕事

ウォルトンは、州立レキシントン師範学校を卒業した後、ボストンにあるフランクリン文法学校の教壇に立っていたが、わずか四ヶ月で母校に呼び戻されることになった。一八四三年五月、二代目校長である恩師サミュエル・メイ（Samuel Joseph May, 1797-1871）が、補助教師（assistant teacher）として彼女の採用を決定したのである。メイは前年に、初代校長サイラス・パース（Cyrus Peirce, 1790-1860）の辞職によって二代目校長に就任し、その際キャロライン・ティルデン（Caroline Tilden, ?-1848, 在任期間　一八四二―四七）とエミリー・ジョンソン（Emily Johnson, 生没年不明、在任期間　一八四二―四三）を「補助教師」に採用したが、ジョンソンが四月に退職したため、ウォルトンに白羽の矢をたてたという⑱。ウォルトンが採用された当時、師範学校で教鞭をとっていたのはメイ校長と、補助教師ジョンソンのみであった⑲。

補助教師への給与は、メイ校長自身の給与から支出されていた。メイは、牧師であり福祉活動家だったため、パース校長のように教師としての豊富な経験があったわけではなく、補助教師が必要と独自に判断していた。実際、校長は教育委員会への対応など授業以外の仕事も多く、女子学生の学習や生活の世話をする毎日の仕事の大半は、ティルデンとウォルトンの役割となっていた。ティルデンが主に代数と算術と英文法を、ウォルトンが地理、読みと線画を担当していた⑳。

つまり補助教師は校長の仕事の一部を下請けし、補助といえども一人の教師として学生を相手に、数科目の授業を担当していたのである。

（2）補助教師の学問的水準——学ぶことが仕事

一年半前に母校を去ったばかりのウォルトンが、補助教師として最初に取り組んだのは、学ぶことであった。彼女を最も悩ませたのは、補助教師として学生を指導するに足るほどの学識や教養を持ち合わせていないことだったという㉑。それゆえ、彼女は師範学校の教壇に立つ傍らで、必死に学んでいた。この姿は、女性セミナリー設立当初に学生らと共に学んでいたウィラードやビーチャー、ライアンらの姿と重なる。

ウォルトン自身の学習にとって幸いしたのは、校舎が都市部に移転されたことだった。民家を改装しただけの校舎が手狭になり、一八四四年に師範学校はウェスト・ニュートンへ移転され、学校名も州立ウェスト・ニュートン師範学校と改称された。この町は、移転前年の一八四三年に、ホレス・マンがメアリー・ピーボディ（Mary Tyler Peabody Mann, 1805-1887）と結婚し新居を構えた町であり、マン夫妻の家は、多くの知識人が出入りするサロンとなっていた。[22]

ウォルトンの追悼文を執筆したホワイティングによれば、ウォルトンはメアリー・マンにフランス語を、前校長パース夫人のハリエット・パース（Harriet Peirce）に植物学を、悲劇作家ジェームズ・マードック（James Murdock）とマサチューセッツ州議会議員ウィリアム・ラッセル（William A. Russell）に雄弁術を学んだという。さらに、「ピットマン式の速記術や数学、油絵」などを学んでいた。ウォルトンが師範学校補助教師として教えた科目は「読解、発声法、初等・高等数学、地理、速記術、油彩」であり、彼女自身が学んだ内容を、そのまま州立師範学校の学生たちに教えていたことが読み取れる。[23]

以上のウォルトンの姿は、当時の師範学校生にはよくみられるものだった。オグレン（Ogren, 2005）は、多くの州立師範学校生は非都市部の中下層家庭出身であったため、州立師範学校が存在する都市文化やそこで出会う中上層の人々が大きな刺激となったことを指摘している。[24]州立師範学校が都市部にあったことは、重要な潜在的カリキュラムとして機能し、学生たちの学習や就職や結婚、ひいては階層移動の原動力となっていたのである。

（3）学生の役割モデルとして

ウォルトンの学識は、大学卒の校長に比べれば決して高くはなかったが、彼女が学生たちから絶大な人気と信頼を得ていたことが、本人の日記（図6-3）や、当時の学生たちの日記から読み取れる。

ウォルトンは、学生たちが彼女こそ「師範学校の精髄」であり、自分たちの「生き甲斐」だと評価し、他の人が評価しない自分の「持ち味まで評価してくれる」ことを記している。

私はたびたび、師範学校の学生たちがこんなふうに表現しているのを耳にする――「彼女こそが師範学校生活の精髄だし、私た

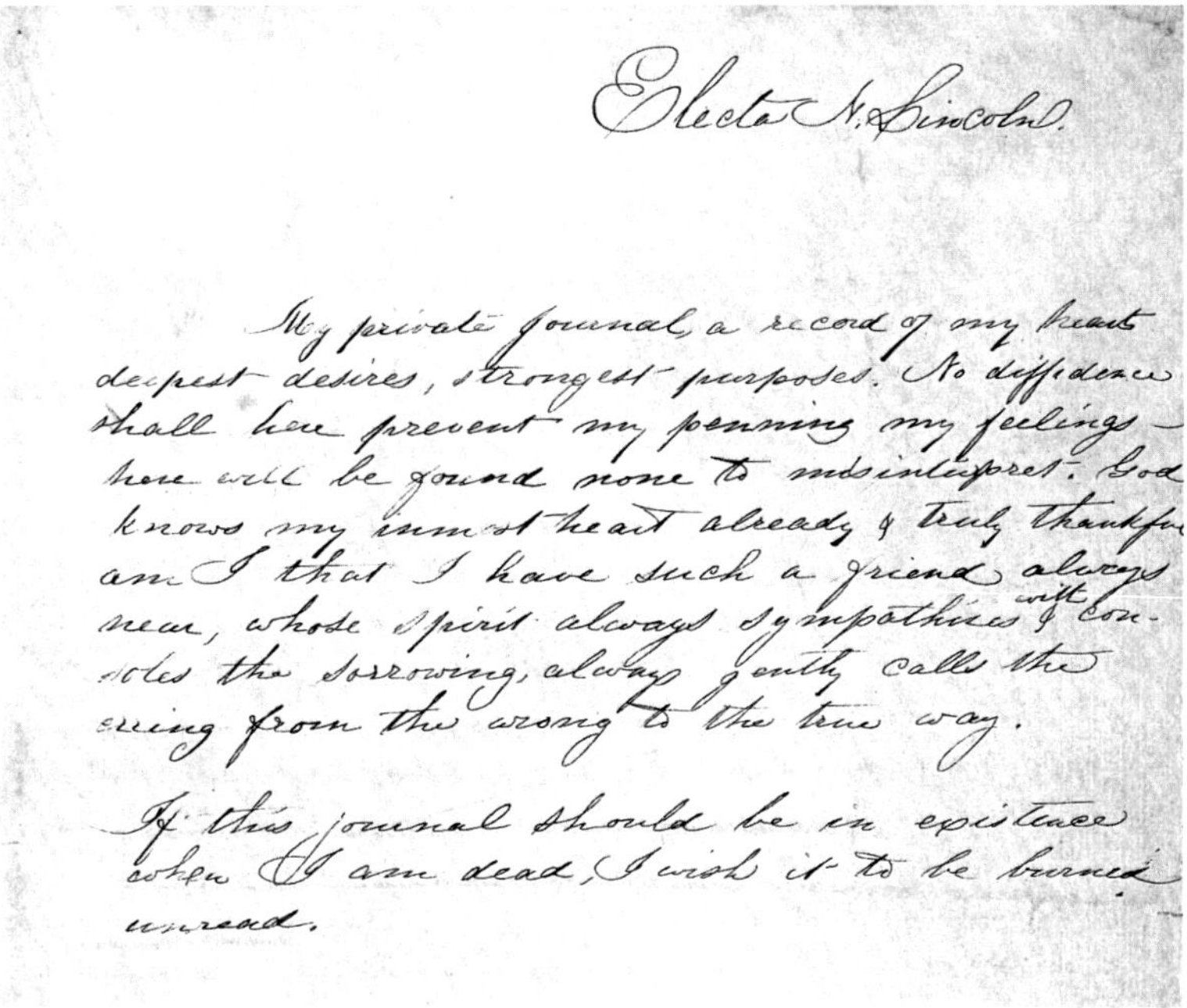
Electa N. Lincoln.

My private journal, a record of my heart's deepest desires, strongest purposes. No diffidence shall here prevent my penning my feelings — here will be found none to misinterpret. God knows my inmost heart already & truly thankful am I that I have such a friend always near, whose spirit always sympathises with & consoles the sorrowing, always gently calls the erring from the wrong to the true way.

If this journal should be in existence when I am dead, I wish it to be burned unread.

図6-3　ウォルトンの日記，最初の頁　「私が死んだとき，もしもこの日記が存在していたら，読まずに焼却してほしい」と記されている．

ち学生の生き甲斐だ」などなど。実際の私はそんなふうではないので、困ってしまう。（略）彼女たちは私を大切に思ってくれるので、私の授業の荒さを見逃してくれるし、他の人にはみえないような私の持ち味まで評価してくれる（傍線部引用者、以下同様）[25]。

また、当時の学生の一人エミリー・ワード（Emily Ward）は、一八四九年の三代目校長イーブン・スターンズ（Eben S. Sterns, 在任期間一八四九—五五）の就任時にウォルトンが辞職しないことを知って喜び、できるだけ長く学校にいてほしいと記している。

私たちの親愛なる教師リンカン先生が、引き続き学校にいてくださるらしい。できることなら一年間いてくだされればよいのに[26]。

ただしウォルトン自身は、学生からの評価を嬉しく思いながらも、学生たちは自分を「過大評価」しすぎているのではないかと、常に不安を抱えていた。

七月一六日日曜日。私がもっとよい教師で、もっとよい女性だったらよかったのに！　どうしてここ（師範学校）の学生たちは私を好いてくれるのだろうか？　私はすべきことを全然できていないのに。（略）もう一つのことも、私を悩ませている。私の愚かさを見逃し私を好いてくれる学生たちは、いつもあまりにも私を過大評価して他の人に話すので、彼女たちの話を聞いた人が実際に私に会ったら、きっと落胆するのではないかと心配になる。（略）私にもいいところがあると思うし、こうやって評価されることも、正しいことをして進歩したいと願うことも、恥ずかしいことではない。（略）でも、やっぱり私は、いろいろと叫びたくなってしまうことを恥ずかしく思う。神様の助けによって、学生たちがもっともっと成長していくことを、私は信じる。(27)

また、ウォルトンの記述は、学生たちの知的好奇心や努力を称える賛辞や、「よくやってくれた」という学生への謝辞を多く含んでいる。この点は男性の校長たちの記述、すなわち入学してくる女子学生の学修水準が低いことに対する苛立ちの記述などが多く含まれるパース校長やメイ校長の記述と、異なっている。(28)ウォルトンは、女性として、あるいは同じ学び手として、学生の側に近い感性をもち、校長とは異なるまなざしで学生たちを見つめていた。

以上のように、学生の日記からは、ウォルトンのような若く身近な女性が必死に一歩先の学習を続けながら師範学校に存在するまさにその姿が、女子学生たちに重要な意味をもっていたことが窺える。また、ウォルトン自身も、男性校長とは異なるあたたかなまなざしを学生に注いでいたことが窺える。

（4）隠れたカリキュラム

州立師範学校において多くの女性補助教師が実際に教鞭をとり、学生を支援しつつ彼女たちの役割モデルとなっていた点は、州立師範学校の潜在的カリキュラムとして、指摘しておく必要がある。

校長と補助教師がほとんどの科目を教えるという状態は、ウェストフィールド州立師範学校の場合、一九〇〇年代まで変わっていない[29]。そして、同校に補助教師として一八六五年までに採用された二八名は、すべて女性だった。ウォルトンは、後に学校史で「学校の繁栄の大半は、補助教師として従事した女性たちに負うものだ[30]」と叙述している。また、補助教師のほとんどが州立師範学校卒業生であった。同校の一八六五年までの補助教師のうち、特例の二名を除いた全員が自校卒業生であったことが確認できる[31]。

つまり州立師範学校は、卒業生の主要な就職先として機能すると同時に、卒業生の働きによって支えられていた。一九一四年に卒業生の就職先を調査し整理したグレース・シェパード（Grace F. Shepard）も、「フラミンガム卒業生のうち、かなりの者が他の師範学校や教師訓練校で教鞭をとっており、それを通して彼女たちの初等教育への影響を増幅させていた」と記述している[32]。

（5）ウォルトンの教職観

では、ウォルトンは教職をどのような職業としてとらえていたのだろうか。学生に対する演説のなかに表現されたウォルトンの教職観として、二つの特徴を指摘できる。

第一の特徴は、神に献身する教師像である。ウォルトンは、教職は外面のしつけを「つくろう」仕事ではなく、「真のキリスト者としての教え」を生活のなかで子どもに「しみこませる」仕事であり、教職を遂行することこそが「善をおこなう」行為として神に「献身」することを意味すると学生たちに語っている[33]。すなわち、ウォルトンにとって教職は、道徳的で情緒的なかかわりを通してキリスト教の教えを広める神の職（calling）として認識されていた。この点では、第四章で検討したメアリー・ライアンの教職観に近い。ウォルトンは、ビーチャーのように教職を専門職として考えてはいなかった。

第二の特徴は、教職は神への献身だけでなく、州立師範学校および校長への献身を実現する手段であるという教職観である。ウォルトンは、州立師範学校の学生に対して、優れた教師になることによって卒業後も州立師範とその校長に献身しなければならないと訴えている。例えばウォルトンは当時の師範学校不要論者らを「敵」と呼び、学生に「憤然として抵抗せよ」と呼びかけたうえで、学生に以下のように語りかけている。

それゆえ、みなさんはぜひ、真実そのものを価値づけ、真実を追究する者を尊敬し、正しく聖なる生活によって、敵に抵抗してください。あなた方の将来の教師としての行動によって、また社会コミュニティの一員としての行動によって、師範学校で過ごした時間がよいものであったことを示してください。また、師範学校において校長先生が、学生のために犠牲になること以上に素晴らしいことはないという手本を自ら示してくださっていたことを、他者への自己犠牲の精神によって示してください。あなたの神への信仰は、師範学校で学んだことによって薄れるどころか、より一層深まり、強くなり、輝くようになったことを、神の教えを広める熱意によって示してください。一言でいえば、あなた方が祈りのなかで正しいと考えたことを恐れることなく実行し、すべての反対を忘れさせてしまいましょう――慎ましく、楽しく、しっかりと。きっとできます。(34)

パースも含め、校長に就任する男性の多くは牧師でもあった。この、男性校長＝牧師のために女性教師として働くことが神への献身につながるというウォルトンの論理は、当時の信仰復興運動に基づくものだった。すなわち、当時急速に拡大しつつあった資本主義の拡大や都市化の進展に伴って、人々の生活様式が急激に変化し、生活における家庭と信仰の価値が低下しつつあることに強い危惧が生じており、牧師と教師が共同して道徳の価値を回復することが、共和国の改善につながると考えられていたのである。(35)

4　ジェンダー規範との相克

ウォルトンは、以上のように州立師範学校によって教育や就職の機会を得たうえ、学生のよき役割モデルとなっていた。しかし一方で、第Ⅰ部で検討した女性セミナリー設立者とは異なり、男性の下で働く「補助」としての役割との葛藤に苦しんでいた。

（1）校長補助としての業績——州立師範批判への対抗

ウォルトンは徐々にその才覚をあらわし、一八四四年に校長に復職したものの体調不良が続くパース校長に代わって、授業だけでなく学校行事も取り仕切るようになっていた。

ウォルトンの学校運営に関する最大の業績は、当時の州立師範学校に対する州議会からの批判に対抗する集会を成功させたことであった。創立九年目にあたる一八四八年七月二六日に、二〇〇〇人以上が列席しておこなわれた第三回記念集会および諸行事のすべては、ウォルトンが事実上の校長代理として準備と運営をおこなったものだった[36]。ウォルトンは事後処理も終えた後、ようやく日記に次のように記している。

八月一九日土曜日、ボストンにて。このところ、いつもよりずっと、本当に忙しかった。私は、かつてなかったほど集会のための準備をしなければならなかった。パース先生もパース夫人も、準備からは完全に手を引いていらした。サラ・ワトソン（もう一人の補助教師—引用者注）も病気のため日常の学校業務をするだけで精一杯だったので、ほとんどの主要な責任は私が負わなければならなかった。効率的にすべし、そして私自身でするべし、と心に決めて、きちんと実行した。そしてすべてうまくいったと思う。[37]

九周年行事は、州立ウェスト・ニュートン師範学校にとって特別な意味があった。一八四八年は、三年期限の実験学校として一八三九年に開学した同校が、試行二期目が終わる一八四五年に永続設置となった後、さらに三年を経過した年にあたっていた。一八三九年以降、マサチューセッツ州では州立師範学校批判が途絶えることはなく、三期目を区切りに州立師範学校を廃止せよという不要論が州議会で唱えられるなかで、同校は学校としての成果を社会に示さなければならない時期だったのである。[38]

当時の州立師範学校批判は、一八四〇年に設置された州政府内の「教育に関する委員会」の議事録によれば、主に二つの立場から展開されていた。一つは、州に教育権限を付与することは中央集権的で反民主的であり、教育委員会制度自体が政治的・宗教的自由を侵害するという理念上の反対であった。もう一つは、州立師範学校の設置や維持は、既存のアカデミーやハイ・スクールの教師教育と重複しているため州税の無駄使いであり、しかも州立師範学校は赤字経営を続けているため廃止すべきだという財政上の反対であった。[39]

さらに、公立学校に女性教師が増え続けることへの批判も根強かった。例えばボストン公立学校教師協会は、教師の代名詞として一貫して「彼（he）」を用いながら、ホレス・マンが教師と生徒の関係における要素として「まず愛情を第一に」考慮していることを批判しつつ、女性教師の増加および州立師範学校による影響を懸念していた。[40]

以上のように州立学校を批判する世論があるなかで、ウォルトンは体調不良のパース校長に代わり、学校代表として集会冒頭の演説をおこなうとともに、的確な運営で九周年記念行事を成功させていた。集会の記録には「イレクタ・N・リンカンは立ち上がり、壇上において簡潔で素晴らしい歓迎演説をおこな」い、「出席者から高い評価を得た」と記述されている。[41]

（2）事実上の校長代理として

記念集会を成功させた後も、パースの健康状態は安定せず、校長業務は事実上ウォルトンがおこなっていた。一八四九年二月にパースが長期休暇を取得することになった時、彼女は不安を訴えつつも、しかし前向きな気持ちをこう日記に記している。

一八四九年二月一八日。家に一人、さみしい。いろいろなことで頭がいっぱい。考えがぐちゃぐちゃで、感情がかき立てられている。（略）父と母とメアリーは、あと三週間でチャンピオンに引っ越す。家族ごといなくなり、私は一人で残されてしまう。一人きり・一人きり・一人きり。（略）パース先生がご病気で、しばらく学校をお休みになり、校長職はなんと私が担当することになった——どれほど不安なことか——すべてがうまくいかなくなるのではないか——だがしかし、もしもそれが私の責務だとするなら、私は何を恐れる必要があろうか？ 神の公平なご判断のもとでは、問題は「どんな成功が汝の労働に与えられるか」ではなく、「どのような神への忠誠が尽くされたか」なのだろう。神よ、どうか私を奮起させ、恐れることなく希望をもたせたまえ。(42)

その後ウォルトンは一八四九年四月には、とうとう辞職に至ったパースの代わりに、校長代理を務めることになった。ウォルトンの評伝を書いたジュリア・ハウ（Howe, 1904）によれば、パース校長はウォルトンを次期校長に推薦したにもかかわらず、学校運営理事会が女性を校長にすることに難色を示したためであったという。(43)

ウォルトンは、正式に校長職が空席になったので自分が校長給与を支給されるのではないかという希望を日記に記している。

パース氏が辞職した。まだ後任が選ばれていない。そしておそらく、私がこの秋まで学校を率いなければならない。さて、私が望む二つのこと。一つは、この学校の友人達を満足させること。もう一つは、パース氏の給料を得ることだ。(44)

日記からは、女性であることが校長就任への支障になった経緯を彼女自身が知っていたことが読み取れ、「女性にも師範学校を運営できる」と、強い意気込みを記している。

私は今学期、この試みを失敗せずに一生懸命やりとおしてみせる。多くの人々は女性には無理だと思っている。私は女性にも師範学校を運営できること、しかもうまくできる――少なくとも一学期間は――ということを示したい。私のモットーは、ペイジ氏の「成功せん、さもなくば死を」にして、成功すると信じよう。強い希望をもっている。(45)

ウォルトンは、校長代理に就任した翌日から精力的に校長業務を遂行し、従来のやり方を踏襲しつつも彼女なりの運営方法を実施していた。例えば、州立師範学校における教師の人事について、理事会が重視する学歴や性別ではなく、女子学生たちから慕われる人柄であるか、また従来の伝統を尊重できるかなどを重視する新方針を打ち出した。(46)また、校長訓話に際して、パース校長の精神的説諭とは異なり、具体的で実際的な学習への指示（時間厳守やマナーの維持など）を含めるようになっていた。(47)

ところが、スターンズが五月に第三代校長に就任すると、ウォルトンは再び補助教師に戻された。残存する日記は四月一九日までのものであるため、校長代理まで務めて大規模な記念集会で演説までおこなった彼女が、ふたたび補助教師に降格させられた時にどのような気持ちだったのかは確認できない。彼女は、そのまま一年間スターンズを補佐した後、師範学校を退職し、結婚している[48]。

以上のように、ウォルトンは病欠しがちなパース校長に代わって事実上の校長代理を一年以上、そして正式な校長代理を一ヶ月務めたが、最後まで校長の称号を与えられることはなかった。しかし、校長代理としてのウォルトンの実績は、第Ⅲ部で検討するような女性州立師範学校校長が誕生する素地となった。女性参政権獲得に尽力したジュリア・ハウは、『ニュー・イングランドの代表的女性』に（Howe, 1904）ウォルトンを取り上げ、「彼女こそが全米で初めて州立師範学校校長に就任した女性である」と評価したうえで、「当時の識者にとっては、女性を校長にすることはあまりにも革新的すぎた」と述べている[49]。

（3）結婚退職と出産

ウォルトンは、七年間の勤務の末一八五〇年に師範学校を退職し、同年八月二七日にジョージ・ウォルトン（George Walton, 1822–1908）と結婚した。二六歳であった[50]。

夫となったジョージ・ウォルトンは、一八二二年二月一八日マサチューセッツ州サウス・リーディング（現在のウェイク・フィールド）に生まれ、結婚当時二八歳だった。彼は一八四〇年設立の州立ブリッジウォーター師範学校に一八四四年に入学し、一八四七年に卒業後、すぐに当時イレクタが教えていた州立ウェスト・ニュートン師範学校付属模範学校の校長として着任していた。校長職を一年務めた後、一八四八年にはマサチューセッツ州ローレンスにあるオリバー文法学校の校長として転出している（当時のグラマー・スクールは、教師は校長一人だった[51]）。

イレクタの日記からは、ジョージがウェスト・ニュートンから転出した一八四八年六月には、すでに二人が親密な交際をしていたことが読み取れる[52]。州立師範学校が、二人の出会いの場となったと推測される。

イレクタ・ウォルトンは退職後、五人の子どもを出産し、当時の女性に望ましいとされたライフ・コースを歩んだ[53]。

しかし彼女は出産後から八四歳で亡くなる最晩年まで、州立師範学校と密接な関係を保つとともに、各地の師範学校において延べ一五年間にわたり教鞭をとるとともに、師範教育用の数学教科書を執筆するなど、師範教育などの活動に尽力する生涯を送った[54]。州立師範学校は、ウォルトンのその後のアイデンティティ形成に大きな役割を果たしていたのである。

（4）シャドー・ワークとしての教科書執筆

①数学教科書の執筆

結婚退職したウォルトンが、子育てに一段落した一八六〇年代になって取り組んだのは、夫ジョージと共に数学教科書を執筆する仕事だった。一八五〇年代から六〇年代は、米国に紹介されたペスタロッチ理論が徐々に普及し、師範教育の内容やテキストの改善が取り組まれていた時代だった。

ただし、なぜ数学の教科書だったのか、彼女自身は明確に語ってはいない。数学の教科書を書くきっかけは、夫からもたらされたと推測もできる。夫のジョージ・ウォルトンは、例えば州立ブリッジウォーター師範学校同窓生のダナ・コルバーンと共著で、一八四九年に『はじめての数』（Colburn & Walton, 1849）[55]を執筆していた。

そのうえ当時数学は、第Ⅰ部で検討したように、女性にとっては特別な意味をもっていた。数学は、経済的に自立するために実用的な意義をもっていただけでなく、女性の知的能力そのものを疑う世論が強いなかで、女性の知性やその可能性を証明する「戦場」としての社会的意義ももっていたのである[56]。

②教科書の特徴

ウォルトン夫妻の教科書は、どのようなものだったのだろうか。第三章で取り上げたビーチャーの数学教科書が執筆された一八二〇年代と、比較しながら検討しよう。

第一に、想定読者に対応した内容や構成が工夫されていた。同じ初等数学でも、『ウォルトンの師範シリーズ』（図6－4）[57]など想定読者に女性が多く含まれる実用数学については、「連邦貨幣」など、硬貨の図を大きく掲載しながら金額の計算法に一章を割いたり、銀行利子の計算方法などを大きく扱ったりしている。一方、『コモン・スクールと上級学校のための筆記算数』（George A. Walton & Electa N. L. Walton, 1864）のように、十代の男性が復習を目的に使用する可能性を含むものについては、挿絵もなく、独学用にひたすら計算問題を並べた構成となっている[58]。

この背景には、一八六〇年代になっても初等数学レベルの内容が公立学校だけでなく高等学校や師範学校でも学ばれる必要があったという、当時の中等教育の状況がある。学校種ごとの水準や序列が曖昧という状況は、ビーチャーが執筆した一八二〇年代とさほど変わっていないが、一八六〇年代になると教科書ごとに想定読者を設定し、構成を変えて出版する傾向が強まっていたことが窺える。

図6－4　ウォルトン教科書表紙

第二に、公立学校での使用を念頭におき、教師がそのまま読めば子どもへの発問になるような構成となっていた。「この絵の一番前に黒いウサギが見えますか？　ほかにウサギは何匹いるでしょう」「さあ子どもたち、ここまでで一から一〇までの数について学んできました」などである（図6－5）[59]。ビーチャーが執筆した一八二〇年代より、公立学校が普及していた状況の反映であろう。

第三に、数学のなかでも特に算数の教科書については、師範教育にも併用されることが意識されていた。例えばジョージ・ウォルトンとイレクタ・ウォルトン『知的算数』

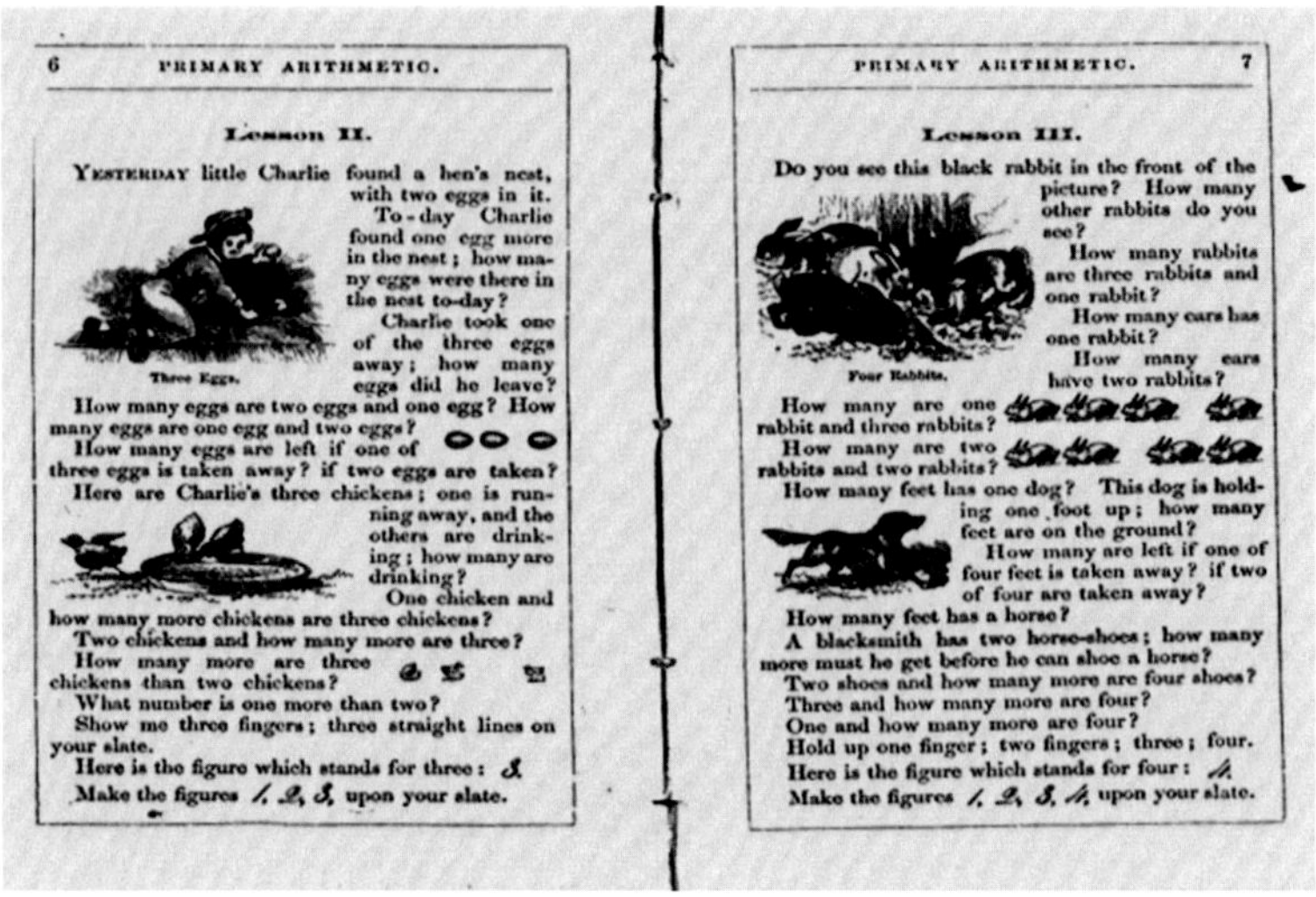
6 PRIMARY ARITHMETIC.

Lesson II.

YESTERDAY little Charlie found a hen's nest, with two eggs in it. To-day Charlie found one egg more in the nest; how many eggs were there in the nest to-day? Charlie took one of the three eggs away; how many eggs did he leave?

Three Eggs.

How many eggs are two eggs and one egg? How many eggs are one egg and two eggs?

How many eggs are left if one of three eggs is taken away? if two eggs are taken?

Here are Charlie's three chickens; one is running away, and the others are drinking; how many are drinking? One chicken and how many more chickens are three chickens?

Two chickens and how many more are three?

How many more are three chickens than two chickens?

What number is one more than two?

Show me three fingers; three straight lines on your slate.

Here is the figure which stands for three: 3.

Make the figures 1, 2, 3, upon your slate.

PRIMARY ARITHMETIC. 7

Lesson III.

Do you see this black rabbit in the front of the picture? How many other rabbits do you see? How many rabbits are three rabbits and one rabbit? How many ears has one rabbit? How many ears have two rabbits?

Four Rabbits.

How many are one rabbit and three rabbits?

How many are two rabbits and two rabbits?

How many feet has one dog? This dog is holding one foot up; how many feet are on the ground? How many are left if one of four feet is taken away? if two of four are taken away?

How many feet has a horse?

A blacksmith has two horse-shoes; how many more must he get before he can shoe a horse?

Two shoes and how many more are four shoes?

Three and how many more are four?

One and how many more are four?

Hold up one finger; two fingers; three; four.

Here is the figure which stands for four: 4.

Make the figures 1, 2, 3, 4, upon your slate.

図6-5　ウォルトンの算数教科書の挿絵

(George A. Walton & Electa N. L. Walton, 1869)[60]の冒頭部には「教師への示唆」として、詳細な教科書使用方法や教授方法の「一般原理」を解説する部分が設けられていた。

ウォルトン夫妻の教科書で最も販売部数が多かったのが、公立小学校用に出版された算数の教科書を「ウォルトンの師範シリーズ」として改装丁した三冊だった。これらは、想定読者として女性教師が強く意識された作りになっている。図6-4にみられるように、「ウォルトンの師範シリーズ」の表紙には、女性教師と子どもたちが学ぶ様子を描いた緑色の絵表紙が付けられるなど、装丁にも女性への配慮が窺える。

第四に、「実物教授法のために」という文言が表題に含まれる著作があることに象徴されるように、ペスタロッチに学んだ視覚や触覚を重視する教育方法が意識されていた。挿絵が多く入れられるとともに、教師用解説のなかでも「実物教材の準備」が力説されていた。例えば『実物教授法のための絵入り初等算数』(Walton, 1866)では、「教師への示唆」として、「挿絵は子どもが想像するには大きな助けとなるが、数概念の獲得には実物の使用にまさるものではない」、「すべての小学校は、備品として、少なくとも大量の豆やトウモロコシ粒を用意し子どもが数えたり測ったりできるようにすべき」、「授業の前に教師は貝殻を準備しておく」などと書かれている[61]。触れたり操作したりできる実物を提示するよう力説している点は、当時オスウィーゴー師範学校を拠点として米国に普及されていたペスタロッチの影響だったといえるだろう。

③シャドー・ワークとしての執筆

これらの教科書は、最初はすべて夫の単著として出版されていた。出版社が女性の名前を執筆者として表紙に掲げることを拒絶したためであった。ジョージ・ウォルトンの名で出版された著作のうち、何冊にイレクタ・ウォルトンが関わったかは定かでない。彼が初めて単著として出版した著作『コモン・スクールと上級学校のための筆記算数』(George A. Walton, 1864)の「序」のなかで、彼はこの本が妻イレクタとの共著であったことを以下のように記し、この本の成果が「等しくそれぞれの著者が責任を負う」ことを示している。

> 出版社からの要請により、本書の表紙には著者として一人の名前のみが記されているが、この本はマサチューセッツ州立師範学校の元教師であるE・N・L・ウォルトンという名前の人物との共著である。そして、この本がもつ長所も欠陥も、等しくそれぞれの著者が責任を負っている。我ら著者二人は、『はじめての数(First Steps in Numbers)』の校正作業に入っており、この本も魅力的な形で出版され、算数学習の導入教材として役立つものになるだろう[62]。

引用部のように、夫ウォルトンは共著者のことを「州立師範学校の元教師」「E・N・L・ウォルトンという人物」と表現している。「妻」「ウォルトン夫人」と表現していないばかりか、姓以外は伏せられ性が判別できないようになっている。共著者が女性であると公表できなかったと解釈できる。また「州立師範学校の元教師」という社会的立場で共著者を紹介している点、また「等しく責任を負う」という表現は、イレクタが執筆作業に対等かそれ以上の役割を果たしていたことが読み取れる。もし彼女が付随的な役割しか果たしていなかったなら、共著者の存在を明記するには至らなかったと推測されるからである。

初めてイレクタ・ウォルトンの名が表紙に刻まれたのは、一八六九年になってからのことだった。三冊とも、初版時には夫ジョージの単著とされていたものであるが、同年にブルーワーとタイルストン社は「ウォルトンの師範シリーズ」として、それまでに出版された教科書三冊を、「師範シリーズ」化して再装丁したのである。女性教師向けに販売するには、むしろイレクタの名前が入っていることが販売促進に好都合と考えられた可能性が高い[63]。その背景には南北戦争後に出版市場が急速に発達し、増加した女性読者の嗜好に応えるために出版物の内容も変化するようになっていた状況があった[64]。

しかし、初版で掲載されていたイレクタの名が、その後削除されるケースもあり、同じ内容の書籍にイレクタ・ウォルトンの名前が掲載されたり、されなかったりする事態は一九世紀末まで継続していた[65]。夫ウォルトンは三〇種類以上の数学テキストを執筆しているが、共著者としてのイレクタの立場は曖昧なまま残された。ジョージ・ウォルトンの著作のうち、何冊の執筆に実際にイレクタが関わっていたのかは、結局のところ不明である。

ウォルトンがこの事態に対する思いを、公に述べた記録は見つからない。ウォルトンの評伝を書いたジュリア・ハウ（Howe, 1904）は、「彼女が共著者であるにもかかわらず、夫の名前の載る表紙に彼女の名前を載せるべきではないという出版社の決定」が、「女性も男性と同等の権利をもつという彼女の信念を増大させた」と記している[66]。

（5）女性の視点からの州立師範学校史の執筆

ウォルトンの名前が単独で記された著作は、もう一つある。「レキシントン―フラミンガム師範学校」と題された学校史である。初出は一八九〇年に出版されたマサチューセッツ教育委員会第五三次年報であり、州立師範学校設立五〇年の節目に師範学校の歴史を総括する項に位置づけられている(67)。

これとほぼ同じ内容のものが、創立七五周年を記念して編纂された初の学校史『州立フラミンガム師範学校の歴史的素描』にも加筆再録されている。この学校史は、卒業生協会が出版を企画し、一九一四年に出版されたものである。同書は二五年ごとに時期区分をした三部構成になっている。第一部は「一八三九年から一八六四年までの素描」として、第四代校長による一八六四年の二五周年式典演説が再録された内容、第二部は「一八六四年から一八八九年までの素描」としてイレクタが上述の単著に加筆したもの、第三部は「一八八九―一九一四年までの素描」として、当時ウィートン大学の教師になっていた同校卒業生グレース・シェパード（Grace F. Shepard）が執筆したものとなっている(68)。ウォルトンは出版の二年前に永眠しているが、第二部冒頭には執筆を引き受けるに至った経緯が記されていることから、彼女自身が加筆修正にあたったことが確認できる(69)。

ウォルトンの執筆部は、自覚的に女性の視点から叙述されていたことが、以下二点から読み取れる。第一は、補助教師への着目である。ウォルトンは「学校の繁栄の多くは、補助教師として務めた者たちに負う」として、確認できる限りの補助教師の名前と人物描写、補助教師退任後の動向を記録したのだった(70)。学校史の叙述に、校長の業績やカリキュラムの構成に加えて、社会的地位を築いた卒業生の人物記を短く挿入する手法は珍しくなかった。しかし、特筆すべき社会的地位や業績のない女性補助教師の存在に光をあてる叙述は、当時としても異例だった。

第二に、女性にとっての正当性の視点からの叙述である。ウォルトンは、叙述を一人称でおこないながら、史料をもとに当時の女性補助教師や女性校長の給与の不当さを批判していた。ウォルトンは、「州教育委員会視学官であるメイソン氏とウォッシュバーン氏が、補助教師の給与は彼女たちが生み出す価値に比べて低すぎる、と彼らの報告書のなかで繰り返し指摘していたことを、私は発見した」と述べている。そして、一八六六年の報告書から「女性補助教師は、他の師範学校の男性補助教師の半額以下の対価で、男性と同等の仕事をしている」という記述を引用しつつ、「私はここに、給与の観点からのこの不当な差別が、何人もの優秀な補助教師や校長が短期間しか勤務せずに辞職した原因になったことを指摘する」と明確な批判を叙述していた(71)。

補助教師としての自らの業績が正当に評価されなかったという思いに加えて、結婚後も女性の名前は表紙に掲載しないという出版社の扱いを経験したウォルトンの思いが、晩年に女性史の先駆けともいえる叙述を生み出していたことが推察される。

（6）女性規範とのはざまでの葛藤

以上のようにウォルトンは、女性セミナリーを自ら創設したウィラード、ビーチャー、ライアンよりも明瞭に、男性の補助としての性別役割の枠組みのなかに置かれていた。

ウォルトンは、上述した教職観にみられるように男性の補助としての女性役割を積極的に受容しつつも、自らの仕事が正当に評価されない現実に直面するなかで、強い葛藤を経験していた。特に、州立師範学校勤務時における葛藤は、一八四八年から翌年にかけて執筆された日記のなかに、以下のように表現されていた。

第一に、一八四八年の時点では彼女自身が、男性が担うべき仕事を自分がおこなうのは「女性がでしゃばること」であり、それを「女性として恥ずかしい」とためらう気持ちをもっていた。さらに彼女が内面化したジェンダー規範は、たとえ自分の仕事を評価されたとしても、その評価自体が「男性に期待するほど女性への期待が高くないから」与えられたという解釈を導き、「私はその賛辞には値しない」「うぬぼれてはならない」という厳しい自己評価へと帰結している(72)。

第二に、しかし一方で、「主要な責任」を負っている以上は与えられた職務をきちんと遂行して「賛辞を得たい」

という思いもあり、葛藤を抱えていた。パースの辞職が決定した日、彼女が真っ先に記したのは、長いあいだ事実上の校長業務をおこなってきた自分に今度こそ「パース校長と同じ給与」を支給してほしいという経済的報酬への期待だった[73]。その後の彼女の日記には、給与についての記述は全くみられないため、彼女の希望は叶わなかったものと推察される。ジェンダー規範を内面化しつつも、自分の仕事を正当に評価してほしいという希望も、評価されないことへの不満も自覚されていたのである。

第三に、この葛藤により彼女は深い「孤独」に苛まれていた。校長代理就任後は日記さえ徐々に書けなくなり「一言私自身のために書かなければ」と書きつつも「書こうとすると筆が止まり、ペンを落とし、書くことが変わってしまう」という状態に至っていた[74]。

第四にウォルトンは、当時のジェンダー規範への批判意識も当時から醸成させていた。「女性がでしゃばること」を「恥ずかしい」と書きつつも、しかし校長代理職を遂行することによって「女性という性を高めていく努力をしようと決意」したと記述している。そして「女性の地位が低いのはすべて女性のせいだというわけではない」、「男性というものが普遍とされており、直接的であれ間接的であれ女性を貶める原動力となっている」とジェンダー規範が社会的に構築されたものであることを一八四〇年代から意識化していた[75]。

その後、女性であるために出版社に著作者として認められなかった一八六〇年代の経験を経て、女性の権利に関するウォルトンの意識はさらに高まり、一八八〇年代にはさまざまな女性の権利拡張運動に参加するに至っていた。一八八〇年代には、ウェスト・ニュートン女性教育クラブの代表や、ニュー・イングランド女性クラブのボストン支部の会長、マサチューセッツ女性参政権協会の役員などを歴任した他、一八八三年にはウェスト・ニュートン女性参政権連盟を組織していた。同年九月二一日の発足記念パーティには、夫の妻に対する法的支配を拒絶したことで著名なルーシー・ストーン（Lucy Stone, 1818–1893）とヘンリー・ブラックウェル（Henry Browne Blackwell, 1825–1909）夫妻も

えでなお、その規範との相剋を経験し、女性運動へと誘われていたといえる。

5　女性補助教師が担った二重の役割

最後に、女性教育機関としての側面を有していた初期州立師範学校の特質と、そこで女性補助教師が果たすことになった役割を整理しておこう。

（1）初期州立師範学校の特質と教師教育における位置

ウォルトンが学び、また卒業後に教鞭をとった初期州立師範学校は、女性セミナリーやアカデミーなど、当時教師を養成していたさまざまな教育機関の一つであった。

教師の数からみれば、レキシントン州立師範学校は創立から一〇年間で延べ約三〇〇名の教師を輩出しているにすぎず、州内の他の州立師範学校からの輩出数をあわせても、州全体の教師総数に占める割合は数%にすぎなかった[77]。また教育水準としても、エヴァレット州知事が構想したような、十分な教職準備教育が可能な状況にはなかった。当時の教育界全体の状況下にあっては、女性入学者の被教育経験は、初等教育修了程度かそれを少し上回る水準にすぎなかったからである。

一方で州立師範学校は、授業料無償で設置された初の公的教育機関として意義をもち、その意義は特に女性や民族的・文化的少数者にとって大きなものとなっていた。実質的な学費負担が重かったとはいえ、授業料そのものは無償となり、校長たちが中産階層出身で、中下層の男性、女性や移民、先住民などにも、積極的に門戸を開放していたためである。

総じて、南北戦争前の初期州立師範学校は、設立目的とされた専門的で質の高い教師を養成する教育機関としてよりも、中下層の男性や、女性、民族的・文化的少数者に対しての教育機会を拡大する教育機関として、重要な機能を果たしていたといえる。

（2）女性補助教師が担った役割とその意義

また初期州立師範学校では、女性補助教師が少なからぬ役割を果たしていた。ウォルトンをはじめとする女性補助教師は、在学生より少しばかり前に学校を去ったばかりの卒業生であり、ウォルトン自身が絶えず自覚していたように、特筆すべき学識をもつわけではなかった。しかし彼女たちは「師範学校の精髄」として学生に身近な役割モデルとして機能し、州立師範学校の教育活動には欠かせない存在であった。そして、ウォルトンの実績は後の州立師範学校で女性校長や女性管理職が誕生する礎となっていた。

しかし州立師範学校の女性補助教師は、第Ⅰ部で検討した女性セミナリー設立者らとは異なる位置に置かれていた。女性が女性のために私的に設立した女性セミナリーとは異なり、州政府の下部組織としての州立師範学校において、男性校長の「補助」として位置づけられ、同時に男性に仕える姿を身をもって示す役割を負っていたからである。

ウォルトンはこの点で、胸に秘めた葛藤とは裏腹に、当時の州教育委員会が奨励していた男性優位の待遇格差や階層化を、結果として進展させていたといえる。多くの町では、急激な就学人口の増加に対応するために低賃金で雇用できる女性教師を雇用したが、女性教師への批判や不安を払拭するために教職の階層化を進行させていた。つまり、二つ以上の学区の冬季学校を統合したうえで、低学年に女性教師を採用し、高学年に男性教師を配置して男性の方を校長にするなどの形で、男性教師たちの不満に対処したのである(78)。

ウォルトンのように初期州立師範学校で補助教師として教壇に立った女性の経験は、今後さらに明らかにされる必要がある。

（1）マサチューセッツ歴史協会に収蔵される彼女の日記の冒頭には、「これは私のプライベートな日記である。私の心の奥底の欲望や、最も強い意志を記録したもので、何ごとも私の感情を偽って書かせることはできない。（略）もしも私が死んだとき、この日記が存在していたら、読まずに焼却してほしい」と記されている。故人の遺志に反して日記を読み、かつ研究に使用することに対して、この場を借りて謝罪と謝意を記したい。

（2）三好信浩『教師教育の成立と発展――アメリカ教師教育制度史論』東洋館出版社、一九七二年。

（3）小野次男『アメリカ教師養成史序説』啓明出版、一九七六年。小野次男『アメリカ州立師範学校史――マサチューセッツ州を主とする史的展開』学芸図書、一九八七年。

（4）Christine A. Ogren, *The American State Normal School: "An Instrument of Great Good"* (New York: Palgrave MacMillan, 2005).

（5）Julia Ward Howe, "Electa Nobles Lincoln Walton," in *Representative Women of New England*, ed. Julia Ward Howe et. al. (Boston: New England Historical Publishing Company, 1904), 247-9.

（6）Weiss, Beverly J. "Student and Teacher at the First State Normal School in the United States, Electa Lincoln Walton (1824-1908)," in *Lives of Women Public Schoolteachers: Scenes from American Educational History*, ed. Madelyn Holmes and Beverly J. Weiss, 31-52 (New York: Garland, 1995).

（7）Howe, "Electa Nobles Lincoln Walton," 247. イレクタの母スーザンの曽祖父 Isaac（一六九一年生）は、リンカン大統領の曽祖父 Mordecai（一六八六年生）と兄弟（弟）であった。この兄弟は、父 Mordecai（一六五七年生）の最初の妻の子どもたちであり、Mordecai の後妻の息子 Jacob（一七一一年生）が、イレクタの父マーチンの曽祖父にあたる。つまり、イレクタの父マーチンの曽祖父は、リンカン大統領の曽祖父の、異母兄弟にあたる。

(8)　詳しい記録は残っていないが、これはいわゆる「おばさん学校（Dame School）」と考えられる。おばさん学校とは、もともとイギリスの既婚婦人が家庭において、家事の合間に読み書きや聖書を教えた私塾のような学校であり、植民期に米国に伝わって以降、都市部に広がっていた。Frederick Eby, *The Development of Modern Education, in Theory, Organization, and Practice* (New York: Prentice-Hall, 1952), 266-8.

(9)　Susan A. Whiting, "In Memoriam: Mrs. Electa L. Walton," *The Woman's Journal* 28 (1908): [no page], HWLA.

(10)　"Recent Deaths: A woman of rare qualities-Mrs. Electa N. L. Walton, Widely known as a Club and Church Woman, Dies at West," no journal title, no date [Jan. 1843?], FSUAA. ウォルトンはエイブラハムの大統領就任を引き金として勃発した南北戦争時には婦人支援会を組織し、積極的に北軍の後方支援にあたっていたという。

(11)　Howe, "Electa Nobles Lincoln Walton," 248.

(12)　Ibid., 247-9.

(13)　Framingham State Normal School, *State Normal School Catalogue of Teachers and Alumnae 1839-1900* (Boston: Wright and Potter Printing Co., 1900), 11-6.

(14)　[Cyrus Peirce?]. "Normal School Terms and Vacations, 1839-1840." Box 9, Folder 73, HWLA, 1840.

(15)　Framingham State Normal School, *Circular and Register of the State Normal School from Its Commencement at Lexington, July 1839-Dec 1846* (Boston: William B. Fowle, 1846), 6-7.

(16)　Olivia Davidson File, HWLA.

(17)　Electa L. Walton, "Historical Sketch of the First State Normal School in America," in *Historical Sketches of the Framingham State Normal School*, ed. Framingham State Normal School Alumnae Association (Framingham: Framingham State Normal School, 1914), 50.

(18)　Alumnae Association, *Historical Sketches*, 34.

（19）Ibid., 33; Weiss, "Student and Teacher," 48-9.
（20）Alumnae Association, *Historical Sketches,* 33.
（21）Whiting, "In Memoriam."
（22）Mann, Mary, *Life of Horace Mann* (Boston: Walker, Fuller and Co., 1865), 168-72.
（23）Whiting, "In Memoriam."
（24）Ogren, *American State Normal School,* 30.
（25）Electa Lincoln Walton, "Journal 1848-1849," File Ms. S-117, MHS, 1849.
（26）Emily Ward, "Journal," FSUAAO, 1849.
（27）Walton, "Journal," 16 July 1848.
（28）Cyrus Peirce, "Journal," Box 9, Folder 22. HWLA.
（29）ただし、補助教師以外の教え手としては、一八四六年以降に音楽科の教師と実習校校長各一名が加わり、一八六六年以降は裁縫科担当の教師一名、一八七七年以降はフランス語教師一名、一八七六年と七七年のみ「読み方」の教師が配置されている。Framingham State Normal School, *State Normal School Catalogue,* 2-10.
（30）Alumnae Association, *Historical Sketches,* 44.
（31）ウェスト・ニュートン校初の補助教師ティルデン（Caroline Tilden）は、一八四〇年に設立されたブリッジウォーター師範学校の卒業生だった。一八五九―一八六六年に在任したナンシー・J・ビゲローは、四代目校長の娘であり、病気がちだった父の代わりに実質的な校長職務もこなしたという。Alumnae Association, *Historical Sketches,* 45.
（32）Ibid., 126. シェパード自身も州立フラミンガム師範学校の卒業生であり、彼女は当時ウィートン大学の the English Department の教師をしていた。ウィートン大学は、この学校史出版の直前一九一二年に Wheaton Female Seminary から College に変わったばかりの大学だった。前身のウィートン女性セミナリーは一九三四年設立で、設立時にメアリー・ライアンが設立者ウィートンらの相談にのったことで知られる。シェパードの名前は、現在のウィートン大学の教師住宅「シェパーズ・コート」や「グレース・シェパード・ファイ・デルタ・カッパ奨学金」などに残されている。

（33） Electa N. Lincoln, "Salutatory Address", *Proceedings of the Third Triennial Convention of the West Newton State Normal School, July 26, 1848* (Boston: Leonard C. Bowlers, 1848), 11-7.

（34） Lincoln, "Salutatory Address," 16.

（35） Framingham State College Historical Publication Subcommittee, D. Justin McCarthy, P. Bradley Nutting, Eleanor Wells, and Beverly J. Weiss, *Pioneers in Education: A History of Framingham State College* (Framingham: Framingham State College, 1989), 9.

（36） West Newton State Normal School, *Proceedings of the Third Triennial Convention of the West Newton State Normal School, July 26, 1848* (Boston: Leonard C. Bowlers, 1848).

（37） Walton, "Journal," 16 July 1848.

（38） West Newton State Normal School, *Proceedings*, 2-10.

（39） "Committee of the Legislature on Education: Majority Report, Against Normal Schools, 1840," in *The First State Normal School in America: The Journals of Cyrus Peirce and Mary Swift*, ed. A. Norton (Cambridge, Harvard University Press), 265-74.

（40） Association of Masters of the Boston Public Schools, *Rejoinder to the "Reply" of the Hon. Horace Mann, Secretary of the Massachusetts Board of Education, to the "Remarks" of the Association of Boston Masters, upon his Seventh Annual Report* (Boston: C. C. Little and J. Brown, 1845).

（41） West Newton State Normal School, *Proceedings*, 1.

（42） Walton, "Journal," 18 February 1849. チャンピオンとは、おそらくニューヨーク州ジェファーソン郡の町のことだろう。この日の記述は、パースの辞任より家族の引越しについての方が圧倒的に多い。

（43） Howe, "Electa Nobles Lincoln Walton," 247; Weiss, "Student and Teacher," 41.

（44）Walton, "Journal," 12 April 1849.
（45）Ibid., 12 April 1849.
（46）Ibid., 13 April 1849.
（47）Ibid., 14 April 1849.
（48）Whiting, "In Memoriam." スターン校長は、彼女の退職時に「疲れることのない熱意と誠実さで私を助けた。他の人では務まらなかったろう。彼女の実例と楽しい精神に励まされた」と語っていたという。
（49）Howe, "Electa Nobles Lincoln Walton," 247.
（50）Ibid., 248.
（51）Arthur C. Boyden, *The History of Bridgewater Normal School* (Bridgewater: Bridgewater Normal Alumni Association, 1933), 26-7. ジョージ・ウォルトンは結婚後も、一八六八年まで二〇年間文法学校の校長として働き、その後はニューヨークやバージニア等で教師養成講習（Teachers' Institute）の講師を務めたほか、二五年間マサチューセッツ州教育委員会の委託仕事も務めた。また、数学関係の著書を多数執筆し、一九〇八年に八六歳で生涯を閉じるまで、三〇冊以上の数学の教科書や指導書、教育委員会のレポートを執筆・出版し、当時のニュー・イングランド地方で識者として名の知られた人物となっていく。
（52）Walton, "Journal," 29 June 1848. ジョージ・ウォルトンがイレクタの社会的立場を尊重する姿勢をみせていたことも読み取れるため、ジョージの転出には結婚への準備の意味が含まれていた可能性も推測できる。
（53）五人のうち二人は幼くして死亡したが、三人が成人している。娘ハリエット（Harriet Peirce Walton）は、後にマサチューセッツ州最高裁判所判事ジェームズ・R・ダンバー（James R. Dumbar）の妻となり、息子ジョージ（George Lincoln Walton）は一八七五年にハーバード大を卒業し、一八八〇年に医学博士号を取得し神経科医になっている。また末娘アリス（Alice Walton）は一八八七年にスミス大学を卒業し、カーネル大学で一八九二年に博士号を取得した後、ウェルズリー大学でラテン語と考古学を教える教授になったという。Howe, "Electa Nobles Lincoln Walton," 249.

（54）ホワイティングの追悼記事によれば、ウォルトンは結婚後もマサチューセッツ州立ティーチャーズ・インスティテュートで八年間、バージニア州立のティーチャーズ・インスティテュートでも五年間、バージニア州立師範学校でも二年間、教鞭をとったとされているが、その間の詳しい史料は未だ発見されていない。Whiting, "In Memoriam."

（55）Dana P. Colburn, and George A. Walton, *First Steps in Numbers, Designed to Lead the Pupil to a Thorough, Practical Acquaintance with the Elementary Operations on Numbers and the Application of the Decimal System*（Boston: Benjamin B. Mussey, 1849).

（56）Patricia C. Cohen, *A Calculating People*（Chicago: the University of Chicago Press, 1982), 143.

（57）George A. Walton, and Electa N. L. Walton, *Intellectual Arithmetic*（Boston: J. H. Butler, 1869).

（58）George A. Walton, and Electa N. L. Walton, *A Written Arithmetic, for Common and Higher Schools: to which is adapted a complete system of revieus, in the form of dictation exercises*（Boston, Brewer and Tileston, 1864).

（59）George A. Walton, *A Pictorial Primary Arithmetic*（Boston: Brewer and Tileston, 1866), 7, 18.

（60）George A. Walton, and Electa N. L. Walton, *Intellectual Arithmetic*（Boston: J. H. Butler, 1869), 5.

（61）George A. Walton, *A Pictorial Primary Arithmetic: On the Plan of Object-Lessons*（Boston: Brewer and Tileston, 1866), 3.
この著作は、表紙にはジョージ・ウォルトンの著者名しか記されていないが、二頁の「序文」において「表紙には一人の名前しか出ていないが、本書はウォルトン夫人にもよるものであり、彼女も私と同等の著者であることを述べなければならない」と記されている。

（62）George A. Walton, *A Written Arithmetic, for common and higher schools: to which is adapted a complete system of revieus, in the form of dictation exercises*（Boston, Brewer and Tileston, 1864), 4. なお、共著と予告されたこの改訂版にも、イレクタの名前は記されていない。

（63）師範シリーズ第一巻『実物教授法のための絵入り初等算数』（*A Pictorial Primary Arithmetic: On the Plan of Object-Lessons*. Boston: Brewer and Tileston, 1866）は、ジョージの単著として一八六六年に初版が刊行されていたが、一八六九年のシリーズ化の際は、著者名に突然イレクタ・ウォルトンが掲載され共著として再版されている。内容は同じである。George A. Walton, *A Pictorial Primary Arithmetic: On the Plan of Object-Lessons*（Boston: Brewer and Tileston, 1866）; George A. Walton, and Electa N. L. Walton, *A Pictorial Primary Arithmetic: On the Plan of Object-Lessons*（Boston: Brewer and Tileston, 1869）. 一八七七年にウィリアム・ウェア社から再版された時も、イレクタの名は記されたままである。George A. Walton, and Electa N. L. Walton（Boston: William Ware and Co., 1877）.

第二巻『知性的算数：筆記算数への手引き付き』（*Intellectual Arithmetic: with an introduction to written arithmetic*）も、一八六六年初版時はジョージの単著とされていたが、一八六九年の師範シリーズ化とともにイレクタの名前が共著者として出現している。

第三巻『絵付きで実践的な算数―自然法を用いて―公立学校、高等学校、師範学校、そしてアカデミーにおける暗唱テスト付き』（*The Illustrative practical Arithmetic by a natural method*）も、一八六五年初版時にはジョージ・ウォルトン単著とされていた。George A. Walton, *The Illustrative Practical Arithmetic by a natural method: with dictation exercises for common schools, high schools, normal schools, and academies*（Boston, Brewer & Tileston, 1865）; George A. Walton, and Electa N. L. Walton, rep.（Boston, Brewer & Tileston, 1869）.

（64）南北戦争後には女性読者層の増加に伴い、女性作家が本名で文学や詩作を発表できる機会も増えたが、匿名やペンネームをあえて選択する者も少なくなかった。また論文や書評は匿名で発表する慣例は残った。Louise L. Stevenson, The Victorian Homefront: American Thought & Culture, 1860–1880（New York: Cornell University Press, 2001）, 30.

（65）例えば、一八六九年に発刊された『絵付きで実践的な算数のための解答集（*A Key to the Illustrative practical arithmetic*）』は、初めからイレクタも共著者としてブルーワーとタイルストン社から出版された。しかし、一八七七年にウィリアム・ウェア社から刊行された版で再びイレクタの名は削除され、ウォルトンの単著として出版されている。Walton, George A., & Walton, Electa L., *A Key to the Illustrative practical arithmetic*（Boston: Brewer and Tileston, 1869）; George Walton, *A Key to the Illustrative practical arithmetic*（Boston: W. Ware and Co. 1877）.

（66）Howe, "Electa Nobles Lincoln Walton," 248.

（67）Electa N. Walton, "Lexington-Framingham School", Massachusetts Board of Education," in *Fifty-Third Annual Report of the Board of Education* (Boston: Wright & Potter Printing Co., 1890), 91-112.

（68）この一八六四年の式典には、ウォルトン本人も卒業生代表として出席し、初期の師範教育を回想する演説をおこなった。Framingham State Normal School, *Memorial of the Quarter Centennial Celebration of the Establishment of Normal Schools in America, held at Framingham, July 1, 1864* (Boston: C. C. P. Moody, 1866); Weiss, "Student and Teacher," 46.

（69）Walton, "Historical Sketch of the First State Normal School in America," in Alumnae Association, *Historical Sketches,* 26.

（70）Ibid., 44-7.

（71）Ibid., 41.

（72）Walton, "Journal," 19 August 1848.

（73）Ibid., 12 April 1849.

（74）Ibid., 15 April 1849.

（75）Ibid., 19 August 1848.

（76）Whiting, "In Memoriam."

（77）創立九周年の一八四八年までの間に、延べ四八二名の学生を送り出し、そのうち二三名が死亡、五二名が結婚しており、残り四〇〇名のうち約三〇〇名が教壇に立っていたという。West Newton State Normal School, *Proceedings,* 8.

（78）National Education Association of the United States Committee on Salaries Tenure and Pensions of Teachers (Appointed 1911), and Robert C. Brooks, *Report of the Committee on Teachers' Salaries and Cost of Living* (Ann Arbor: The Association, 1913).

第七章　女性教師の日常世界

——日記と手紙から

前章までの検討で、一九世紀初頭から女性の教職への適性を説く言説が唱道され、実際に教職の女性化が進展したこと、そして一八三九年以降に州立師範学校が設立されはじめたが、ほとんどの教師たちは養成教育を受けずに教壇に立っていたことを明らかにしてきた。養成教育を受けずに教壇に立った当時の一般的な女性たちは、実際にはどのような思いで教職につき、子どもたちとどのような関係を築き、どのような生活を送っていたのだろうか。

本章では、一九世紀半ばのニュー・イングランド地域における女性教師たちの手紙や日記の検討を通して、当時の一般的な女性教師の心性や生活の実態を明らかにし、前章までみてきた女性教師言説との異同を考察する。[1]

女性教師の日記や手紙を一次史料として当時の女性教師の実態に迫る研究は、米国において多角的に探究されてきた。なかでも、バーバラ・フィンケルシュタイン『子どもの管理——一九世紀米国の一般的な小学校における教師の行動』（Finkelstein, 1989）[2]は、一次史料の発掘を通して女性教師たちの言動を明らかにし、女性たちが反抗する男子の暴力に怯えながら、自己防衛や体罰のために鞭をふるっていた実態を明らかにしていた。本章でも女性教師が体罰をふるう記述が読み取れることを明らかにする。

さらに先行研究においては、女性教師の心性がいつ頃どのように変容したのかが争点となってきた。すなわち、トーマス・ダブリン『女性職の転換——産業革命期ニュー・イングランドの生活』（Dublin, 1994）[3]は、一九世紀の女性労働実態の観点から、当時の女性にとって教職は靴加工など他の賃金労働の一つにすぎず、多くの女性は教師としての特別な心性をもってはいなかったことを指摘した。しかし一方で、キャサリン・ワイラー『田舎の女性教師――カリフォルニア農村部の教職　一八五〇―一九五〇年』（Weiler, 1998）[4]は、インタビュー調査と史料調査を併用しつつ、一九世紀後半から二〇世紀にかけてのカリフォルニア農村の女性教師たちが、女性教師の劣悪な労働条件に不服を感じつつも、ジェンダー規範に抵触せずに賃金を得られる教職に対して、誇りを抱く心性をもっていたことを明らかにしていた。本章では、一九世紀半ばの女性教師の日記からは、すでに現代の教師と共通する教師の心性が読み取れることを明らかにする。

日本において米国の教職史は、坪井由実『アメリカ都市教育委員会制度の改革』（坪井、一九九八）[5]、八尾坂修『米国合衆国免許制度の研究』（八尾坂、一九九八）[6]、大桃敏行『教育行政の専門化と参加・選択の自由』（大桃、二〇〇〇）[7]、北野秋男『アメリカ公教育思想形成の史的研究』（北野、二〇〇三）[8]などにより明らかにされてきた。しかし、これらの研究は制度史や言説史の視点から叙述されており、一次史料をもとに教師たちの生活や心性を描写することは課題とされてこなかった。

一方、日本におけるアメリカ史研究では、小檜山ルイ『アメリカ婦人宣教師』（小檜山、一九九二）[9]、篠田靖子『米国西部の女性史』（篠田、一九九九）[10]、大井浩二『日記のなかのアメリカ女性』（大井、二〇〇二）[11]など、一次史料をもとに女性の生きざまを明らかにする研究が蓄積されてきたが、当時の女性と教職の関係を主題とする研究は、久田由佳子「学校教師と女工――十九世紀前半ニューイングランドの場合」（久田、二〇〇四）[12]など少数にとどまってきた。

本章では検討の対象として、筆者の訪米調査により収集した一次史料を用いる。主たる史料として、一九世紀マサチューセッツを生きた女性ケイト・フォスター（Kate Foster）が保管していた手紙を用いる。これらの手紙は、ケイト・フォスターの子孫にあたる歴史家ジョー・プレストン（Jo Anne Preston）から個人的に閲覧を許されたものである。また、ラドクリフ大学シュレジンジャー図書館に特別収蔵されるメアリー・マッジ（Mary Mudge）という女性教師の日記を中心史料とする。マッジの日記は、ジェラルディーン・クリフォード「米国における女性教師とポリティクス――一八五〇―一九三〇」（Geraldine Jonçich Clifford, 1987）[13]という小論によって一次史料としての存在が指摘されていた。その後サリ・ビクレン「信じやすい女性――一九世紀の教師の日記」（Biklen, 1990）[14]がマッジの日記叙述を取り上げたが、ビクレンの小論は教師の日記の一次史料としての価値を主張することを主題としており、マッジの日記の検討自体は十分におこなわれてはいなかった。

なお、本章で用いる日記や手紙はすべて手書きの史料であり、判読して活字化する作業からすべて筆者自身がおこなった。したがって判読不能の部分については、考察の対象から除外する。

1　女性教師の日常世界

（1）採用の実態――教師になる女性たち

マサチューセッツ州ウィンザーのジュリア・ピアス（Julia Pierce, 生没年不詳）は、友に宛てた手紙の中で、教師として採用された経緯を以下のように伝えている。

一八三九年一一月二四日日曜の夜に、MAウィンザーにて。親愛なる友へ。（略）その晩ヘンリー・Bがここに来て、学校の集会に行ったら、学区では冬学期が始まる前に、もう一つ女性教師による学校を作ることになった、というのです。（略）。次の金曜の晩にナイト氏のお宅にうかがい、面接をされました。三週間教えたことがありますが、もう一度教えることになったのです。

私はこの学校がとても気に入りました。生徒は二五人から三〇人くらいで、一週間に二ドルです。[15]

シュレジンジャー図書館稀少書庫に保存された記録によれば、ピアスはマサチューセッツ州ウィンザーの生まれで、父親の職業が農業とあることから農家出身の白人女性であった。被教育経験としては「マサチューセッツ州ヒンズデイルの学校」という記録があるだけであり、初等教育か中等教育の初歩程度を学修した程度であったろう。[16] 当時多くの女性たちは、この記述にみられるように人づてに紹介されたうえで、簡単な面接を経て教師として採用されていた。面接も、後述するように初歩的な読み書き算が本当に可能か、また信仰心をもっているかを口頭で確認する程度のものであった。

（2）契約内容と教職準備

教職につくことは多くの場合、生まれ育った土地を離れ、不安と危険を伴う旅を経て、たった一人で見知らぬ任地に赴き、教え子の家々を転々と寄宿生活することを意味していた。一九世紀前半から半ばの東部諸州の場合、一回の教職契約は、数週間から長くて数ヶ月であり、契約が切れれば自宅に戻って、期間をあけて再び別の任地に赴くのが一般的であった。

ニューヨーク州フーレンの農家の娘、オーリーリア・スミス（Aurelia Smith）は一八五〇年頃に両親と兄弟にあてた手紙で、赴任は「気が進まない」と明確に記している。

昨日は教職への申込書を書き、一ヶ月か二ヶ月教職につくことにおおよそ同意しました。ランズフィールドという町で、ここから四マイル離れています。（略）もし私が採用されれば、一週間で一・五ドルだそうです。行くべきだと思いますか?　私は、全

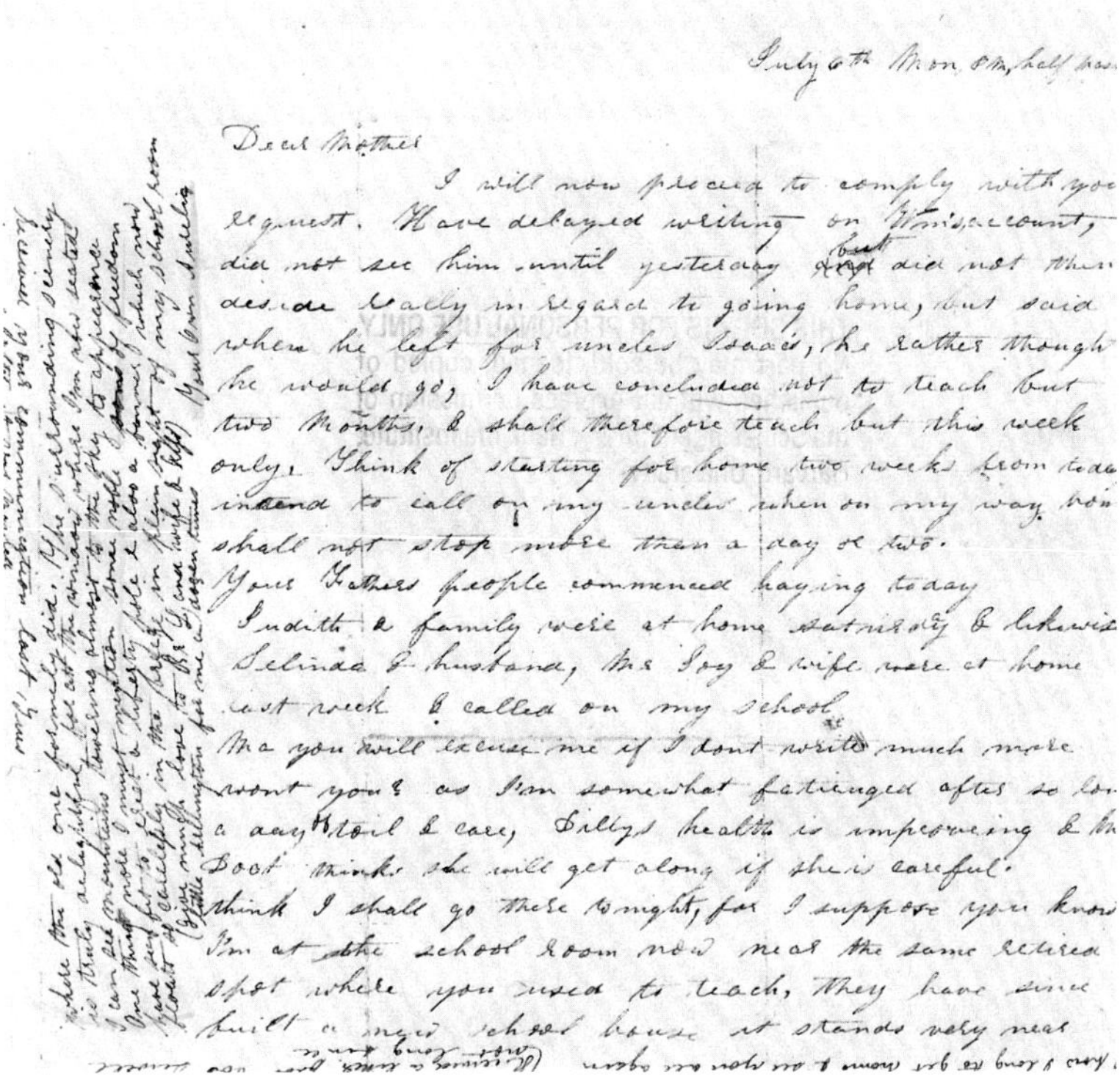
July 6th Mon. P.M. half past

Dear Mother

I will now proceed to comply with your request. Have delayed writing on Wm's account, did not see him until yesterday but did not then decide fully in regard to going home, but said when he left for uncles Isaac's, he rather thought he would go, I have concluded not to teach but two Months, I shall therefore teach but this week only. Think of starting for home two weeks from today intend to call on my uncles when on my way home shall not stop more than a day or two.

Your Fathers people commenced haying today

Judith & family were at home Saturday & likewise Selinda & husband, Mr Foy & wife were at home last week I called on my school

Ma you will excuse me if I dont write much more wont you? as I'm somewhat fatiegued after so long a day's toil & care, Lilly's health is improving & the Doct thinks she will get along if she is careful.

think I shall go there tonight, for I suppose you know I'm at the school room now near the same retired spot where you used to teach, they have since built a new school house it stands very near

図7－1　スミスの手紙　手紙は小さく折りたたまれ，余白にもぎっしり書き込まれていた．

く知らない人達のところに行くのには気が進みません。おばさまは、私が帰りたくなったら、いつでも迎えにきてくださると言っています。⑰（図7－1）

また上述のピアスも、シュレジンジャー図書館の史料で確認できる範囲に限っても、一八三九年から一八四五年の六年間に、マサチューセッツ州内のペルー、ワシントン、ウィンザー、プレインフィールド、フェニックスの五ヶ所で教鞭をとっている⑱。彼女は赴任するたびに、馬車による長旅の様子や、無事の到着を手紙で家族に知らせていた。

座席はなかったけれども、まあまあ幸運のうちに到着しました。ミシガンらしきところを通過するとき、二回か三回、席を譲りました。（略）ピッキングの機械のところも、心配していたような問題はなく、通過することができました。翌朝、学校を始めました。夜には家に手紙を書いたわ。先週は二五人生徒がいて、今日は四〇人以上いました。彼らは概して小さくて、勉強が遅れています。でも私はかなり好きよ。安息日学校（土曜日の学校—引用者注）でも教えています。今まではアレン氏の家に寄宿していたけれど、今はブリード氏のところに寄宿しています。[19]

右の引用に「今まではアレン氏の家に寄宿していたけれど、今はブリード氏のところに寄宿しています」とあるように、ピアスは数日ごとに家族に滞在先の変更を知らせている。寄宿先の情報は、多くの手紙の重要事項となっていた。教師の宿と食事については、「寄宿回り（boarding around）」と呼ばれる慣習があり、生徒の家が順番で担う形で支給されていたからである。寄宿先の家が貧しい場合は、食事に事欠いたり、露骨に邪魔扱いされたりすることも少なくなかった。歴史家エルズブリー（Elsbree, 1939）の調査によれば、この寄宿回り制度は一八六〇年代まで全米で広くおこなわれていたという。[20]

（3）志望動機――現金収入と向学心

長旅の危険や寄宿先を転々とする生活に不安を感じながらも、女性たちは何故、教職についたのだろうか。教師たちの手紙は、経済的動機が大きな理由の一つだったことを示している。一九二〇年におこなわれたニューヨーク市の調査研究によれば、一八四一年頃の小家族の平均的生活費は一週間あたり七ドル程度であったから、[21] 週一・五から二ドルの現金収入は女性たちにとって大きな魅力だった。ピアスはマサチューセッツ州ワシントンには「あまり行きたくなかった」が、「一週間二ドル」で「学校の近くの」「一カ所だけ」に寄宿するなら赴任すると交渉し、その条件が受け入れられたと記している。

一八三九年一一月二四日日曜の夜に、MAウィンザーにて。親愛なる友へ。（略）ワシントンにはあまり行きたくなかったのですが、うまく逃れられませんでした。一週間二ドルで、さらに学校の近くの一カ所だけに寄宿させてもらえるなら行くと言ったら、この条件をのんでくれたのです。[22]

さらに、メアリー・マッジ（Mary Jane Mudge）は、一八五四年の日記に、「女性教師の給料を上げる」ための署名活動がおこなわれたことを記録している。

一月二七日金曜日　快晴　ソリ日和。（略）八時半ごろトラスク夫人とエリサが来た。ミス・トロウとミス・ニッカーソンも来た。そしてドッジが私に、女性教師の給料を上げる請願書に署名してほしいと言った。彼女たちと一緒にミセス・ニューホールのところにいった。ニューホールもアンナも、みんな署名した。[23]

第I部でみたように、当時の言論界では「経済的野心を持たない」女性教師像が唱道されていたが、実際には女性たちは現金収入を求めて教職についていた。一九世紀前半から半ばにかけては、女性が現金収入を得る手段は、綿工業や製靴などの工場労働、婦人服裁縫や家内奉公、そして教職に限られていた。[24]女性たちは少しでもよい賃金を得るために交渉し、待遇改善の運動さえおこなわれていた。

現金収入の他、もう一つ重要な志望動機は、向学心であった。教職は、学びつづけたい女性にとって重要な機会を提供していた。子どもたちを教えることよりもむしろ、自分自身が学び続けることに喜びを見いだし、教職の傍らで積極的に種々の学習機会や文化的集会に参加しようとする女性も少なくなかった。例えばマッジは、選挙権がないにもかかわらず選挙の行方に関心をもち、地域の文学活動や講演に頻繁に参加していた。

三月三〇日木曜日　快晴。もう一度市長選挙があった。T・P・リチャードソンが当選。ジョージ・フォスターという私達の学校の老教師がホイッグ党に担がれたが、当選しなかった。(25)

一一月一一日土曜日　朝快晴、午後から雨。一日具合が悪い。（略）夜は集会場に、ヘンリー・ワード・ビーチャーの愛国主義についての講演を聞きにいった。ひどい豪雨だったのにホールは満杯だった。（略）早めに行ったので、私たちが到着した時はまだ二十人ほどしかいなかったが。素晴らしい講演だった。全ての人が聞くべきだった。(26)

他の女性の手紙からも、時事問題や社会動向に深い関心を寄せる姿がみてとれる。例えば、オーリーリア・スミスは母に宛てた手紙の中で、一八五〇年九月一八日に法制化されたばかりの逃亡奴隷法（Fugitive Slave Law）について、父親の感想を求めている。

お父様は逃亡奴隷法について、なんとおっしゃっていますか。ここオールド・マサチューセッツでは、この話題で持ちきりです。(27)

2　都市部の教職の実態

教師になった女性たちは、学校の中でどのような授業をし、子どもたちとどのような関係を築き、何を感じながら生活していたのだろうか。ここでは特に、メアリー・マッジの日記を史料として検討しよう。

マッジは、一八三〇年三月二日生まれの白人女性で、二四歳になった一八五四年の元旦から大晦日までの記録を、一日も書かさず日記に残している。彼女の職場は、ボストンから二〇キロほど北に位置し、製靴を主産業とする中規模工業都市リン（Lynn）であった[28]。当時の国勢調査によれば、マッジは寄宿せず、自宅で未亡人の母と八人兄弟と共に暮らしている[29]。一家の生計は兄タイラーと姉ルイスが製靴工場勤務で担っており、彼女の家も中下層と考えるのが妥当であろう。

学期は大きく、九月から翌年五月半ばまでの冬季学校と、五月末から九月までの夏季学校に分けられ、それぞれがさらに二学期に分割されていた。マッジはこの年、学期ごとにリンの同一学区内を移動し、延べ四学級を教えている。マッジは一月二日から二月一八日までは中間学校（intermediate school）[30]、二月二七日から五月一九日までは小学校、五月二九日から八月四日までは中間学校、そして九月四日から一二月二二日までは、新校舎に移った中間学校で教鞭をとっていた。冬季も教えており教職七年目であるという記述は、当時の女性教師の離職率の高さや勤務状況から勘案すれば、マッジは熱心なベテラン教師の事例とみることができる。

（1）就学状況と在籍児童

マッジの学級には、いずれも五〇人から六〇人程度の生徒が在籍していたことが読み取れる。マサチューセッツ州では一八四六年法に続き、一八五二年に全米初の義務教育法が施行され、八歳から一四歳のすべての子どもが毎年継続して一二週間就学することが義務づけられていた。マッジの記述にも、学校委員会が就学状況を改善しようと通達を出す様子が示され、義務教育制度の普及過程が垣間見える。

五月一九日金曜日　快晴で暖かい。（略）私は今学期五四人の生徒を受け持ち、いまは五二人になった。四〇人を表彰した。一八人は今学期ずっと皆勤だったし、三〇人は六週間皆勤だった(31)。

七月二九日土曜日　快晴。今朝アトヴィル夫妻が、学校が終わる前にきて、両親にむけたお知らせを持ってきた。きちんと出席させるという新しい規則を守るように、との内容だ。彼はとても社交的だったが、私は彼が本当にそんなことを言えるのかわからない。学校は死ぬほど大変だ。午前中私の声がかすれていたので、第一クラス（小集団のこと―引用者注）のほとんどの生徒はコルバーンの算数をやらなかった。（略）すごく気分が悪く、昼は横になった(32)。

マッジは、生徒の出席日数を日記に毎日記しており、マッジ自身にも生徒の出席数は重要な事項と受け止められていたことがわかる。そして彼女は、皆勤者を表彰し賞品を与えるなどして登校を促す努力をしていた。しかし、生徒の多くは農家や製靴業に従事する家庭の子どもで、その労働力をあてにして登校させない親も少なくなかった。例えば、P・E・エステスという女児の欠席について「母親が彼女を家で必要としていたのだろうが、試験が近いので、欠席されるのがとても嫌だ」と記している。在籍児童の中には、自由黒人の子どもも在籍していたことが記されている。

八月一日火曜日　快晴で暑い。リディア・インガルスが昨日学校でネックレスをなくした。エマ・ゴラー（黒人の女子）が盗んだのではないかと思うが、どうしたらいいかわからない(33)。

わざわざ「（黒人の女子）」という括弧書きを残している点からは、紛失事件と人種を結びつけるマッジのまなざしが窺える。ただし「どうしたらいいかわからない」という戸惑いが、正確には何に関しての戸惑いなのかは、この短い記述からはわからない。

（２）生徒へのまなざしと体罰

特徴的なのは、マッジの日記にはほぼ一日も欠くことなく、授業の出来や生徒との関係に一喜一憂する様子と、思うようにいかない時に一人で頭を抱える孤独な心情が記されていることである。マッジは、生徒との関係が良好な時は、授業最終日を目前にして生徒たちとの別れを惜しみ、最後には生徒からプレゼントをもらって皆で泣いたという。

二月一六日木曜日　雪と雨。学校はとても楽しかった。（略）あと数日で第一クラスと第二クラスが修了してしまう。ものすごく恋しく思うだろう。ああ！　きっとどうしていいかわからなくなるだろう。来年は私の学校はとても寂しくなるに違いない。[34]

二月一八日土曜日　快晴で暖かい。（略）エミリー・ニールが私に、ヘンリーの詩集をプレゼントしてくれた。とてもきれいなプレゼントだ。私は彼女を忘れないだろう。生徒たちはとても悲しそうだった。ほとんどの女子は泣いていた。私もいい涙を流した。[35]

充足感に満ちた記述の一方で、生徒たちの騒々しさや怠学状況に困惑し、いらつき、疲れ切る様子も、赤裸々に綴られている。マッジはたびたび喉を痛め、体調を崩し、午後だけ学校を休みにして寝込んだりし、それを子どものせいにせずに、自分を責めている。

三月三一日金曜日　曇で、嵐のようだ。夜は雪。午前中は喧嘩がいくつも起きた。この学期は、私は学校に全く満足できない。

こんな風に感じたことは今までなかった。私が彼らのことを学ぶ忍耐力をもつべきなのに、できていないように感じる。家では毛織物のスカートの作業をした。(36)

六月三〇日金曜日　快晴。授業があまりよくなかった。ああ。どうしよう。学校でこんなに一生懸命だったことはなかったのに、まったく功を奏さない。(37)

言説との関係で注目に値するのは、体罰の使用である。「おしゃべりで騒々しい」生徒に業を煮やしたマッジ自身が、生徒を罰する様子も随所に記述され、どのような罰が効果的か、試行錯誤した様子も窺える。居残りをさせる方法、当該生徒の「父親に言いつけ」てムチ打ちを依頼する方法、マッジ自身がムチをふるう方法など体罰も含まれた。教室を統制するために、体格の大きな男子生徒への恐怖と戦いながら体罰に臨む叙述は、他の手紙にもしばしばみられる。マサチューセッツ州の女性教師メアリー・オールドリッジ（Mary Aldridge）は、友人フォスターへの手紙の中で、護身のために「武器」を持って教壇に立ち、力の限り強くムチで二〇回殴ったと報告している。

四週目の終わりには、万一に備えて、私は武器を持ちました。長さ一ヤード、幅二インチの皮製のムチです。（略）それを二重に巻いて、できる限り強く、彼を二〇回殴りました。(38)

第Ⅰ部でみたように、当時の言説では女性教師は母性や慈愛をもつことが強調されていたが、実際の女性教師たちは、場合によっては子どもに辟易したり、体格の大きな男子生徒を恐れて積極的に体罰をおこなったりしていた。

（3）授業内容とその方法

授業は、学級の中にさらに「クラス」と呼ばれる小集団を設けておこなわれていた。当時は単学級学校が主流だったため「スクール」は今で言う教室を意味し、「クラス」は教室の中で同じ科目を同時に暗唱する小集団のことを指していた。マッジの学校には複数の教室があったが、マッジは自分の教室を「マイ・スクール」と表現している。マッジの記述からは、小集団は生徒の習熟度別に編成されていたように読み取れる。教科数や教科書は小集団によって異なるが、共通する教育内容は、読み書き算と英文法、歴史と地理であった。読み書きと地理・歴史は、アメリカの建国と発展は神の摂理による、と教えるうえで重要な支柱であり、下記のようにプロテスタント的道徳感が色濃く反映されていた。

一月五日木曜日　快晴だが、道のぬかるみがひどい。ギャラップ博士とアンブラー氏が午後に学校に来た。午後、第一クラスが「父の教え」を朗読するのを聞き、たくさんの質問をした。彼らは、私が授業で教えていなかった単語を生徒に書かせた。ハリエット・ブラウンはわからず答えられなかった。第二クラスは「父なる神」を読んだ。（略）地理の最初のクラスもよくできていたが、彼らはグリーンランドが何年に発見されたかは答えられなかった。博士はとても楽しかったと感想を言ってくれた。「地理と算数はよくやっていた、暗唱ではもう少し声が大きければもっとすばらしい読み手になるだろう」と言われた。また、秩序が整っていると褒められた。(39)

具体的な授業技術についての記述はなく、マッジにとって授業とは基本的に、教科書の朗読とその暗唱、暗唱を確認する質疑応答の三要素を意味していたようである。一八五四年当時のマサチューセッツ州では、一八三九年のレキシントンを皮切りに、すでに六校の州立師範学校が設立され、教授法の研究書などが出版されつつあった。ニューヨーク州立師範学校初代校長のペイジが記した『教授の理論と実践』[40]は広汎に読まれていたとされているが、マッジがそれらを読んでいた痕跡は読み取れない。一八五四年九月一三日にはリンに近いセーレムに州立師範学校が新設されているが、それについての言及もない。リンのような都会であっても、一般の女性教師には、まだ州立師範学校は身近なものにはなっていなかったようである。

（4）教師の勤務評定

教師としてのマッジの最大関心事は、年二回行われる「試験日」だった。「試験日」とは、「学校委員会」から派遣されてくる視察者や地域住民、他校の教師たちに授業が公開され、生徒たちの学習成果を確認してもらう学校最大の行事であった。それは、教師の晴れ舞台であると同時に、教師の指導力が評価される勤務評定の場としての性格も有していた。マッジの以下の記述からは、各教師に対する評価が「学校報告書」に実名入りで発表され、次学期の契約条件に直結するうえ、町に複数の学校がある場合は教師間での相互評価や風評のもとにもなっていたことが読み取れる。

一二月一一日月曜日　道がぬかるんでいる。（略）試験の日にどんなに悪くても、今日よりできが悪いことはありえないと思う。（略）夜、私の第一クラスは集まって、コルバーン（算数の教科書のこと―引用者注）と歴史と朗読の暗唱をした。全員居眠りなどせず、すばらしくがんばった。そして遊んだ。生徒達にりんごをあげて、少しピアノを弾いてあげて、それから九時に家に送り届けた。とても楽しんだ様子だった。明日彼らには頑張ってほしい。もしダメだったら、どうしたらいいかわからない。[41]

マッジの試験にかける意気込みと緊張は相当なものだった。当日の日記には「試験日」と大きく書かれ、「一二月一二日」という日付は、ぐるぐると三重の円で囲ってある。そして朝から「期待と不安」で緊張し、午後になって試験がおこなわれ、講評を受けるまでの様子が、詳細に描写されている。

一二月一二日火曜日　試験当日　快晴。今朝は心配で目が覚めた。（略）最下クラスの朗読から始めた。Mr. A（アンブラー氏という視察者―引用者注）は一六頁の作品を選んだ。ほぅ！　生徒たちはとても上手に読んで、『私たちは七歳』と書いた。（略）私の予想以上に訪問者がたくさんいた。生徒達は五八人いた。私は生徒達にとても満足した。下のクラスはあまりよくなかったが、最上クラスはできていた。（略）学級の秩序がとても良く保たれたとは思わない。でもニール氏もアトヴィル氏も高く評価してくれた。おばあさまの家に行き夕飯を食べて、九時に家に帰る。ひどい頭痛。（略）試験がおわって嬉しい。結果が良くてよかった。不安も吹き飛んでよかった。偏見かもしれないけど、私の生徒達のほうが、Miss. H（他学級の教師―引用者注）の生徒達より、ずっとよくやったと思う。(42)

マッジは、下記のように他の試験日にも「ああ！　期待と不安！」から始まり「一年を通しての私の困難と痛みが報われたような気がする」という感極まった記述を残しているが、勤務評定が公表された日には淡々とした記述しか残していない。「学校報告書が出た。私の部分はとても短くて、昨年と同じだった。何の非難もなかった」などと短い一文があるだけである。

二月七日火曜日　快晴。今日は私の試験の日だ。ああ！　期待と不安。今朝は、昨日欠席だった生徒のうち何人かは来ていたが、午前中には全員揃わなかった。一番賢い男子が病気だが、最善を尽くそう。アイザック・ブラウンが、朝のうちしばらく居た。

算数のクラス（の暗唱─引用者注）を一通りきいた。生徒たちはとてもよくやっていた。午後もこの調子でやってくれたらと願う。一時半すぎに、リチャード氏とたくさんの婦人をお連れした。「シロアム」[43]を歌って開始した。第三と第四の読み方のクラスは「丁寧な対話」「ジョン・グリフィン」を読んだ。スペルもとてもよく書けていた。第二クラスは、「人間と動物」「死について」「冬の夜」、それから「秩序への愛」の一部を読んだ。説明もスペルもよくできていた。（略）それから第三と第四クラスの地理では、リチャード氏が質問をした（略）。第四クラスは、たくさんの頁にわたって質問を受けたが、よくできていた。（略）その後マッジ氏は感想を述べ、子どもたちがとても正確にできていて嬉しいとおっしゃった。（略）続いてブルフィンチ氏も、感心した、読み方が素晴らしいとおっしゃった。他の委員は学校についての意見を言わなかった。（略）一五人の訪問者がいた。（略）今日は、私にはとても楽しい日だった。一年を通しての私の困難と痛みが報われたような気がする。[44]

公開試験のほか、文法学校への進学試験も公開でおこなわれていた。学校委員会からの視察者には女性も含まれ、地元有力者の夫婦が委員になっていたことが窺える。マッジの生徒のうち約半数は、試験に合格している。

二月一八日土曜日　快晴で暖かい。（略）午前中アンブラー夫人とブルフィンチ夫人が学校にきて、文法学校の試験をした。第一クラスと第二クラスの三〇人を、行かせる決定をした。（略）[45]

（5）学校の制度化と教師の裁量幅

当時のマサチューセッツ州の都市部では、義務教育制度の普及とともに、教師の人事管理制度も整備されつつあった。しかしマッジの日記には、通達されてくる種々の新しい「規則」が、現場の実態にそぐわず、教師と子どもが戸惑う様子が記述されている。そして実際には、教師も生徒も「規則」どおりには動いていなかったようである。

四月二五日火曜日　快晴でとても暖かい。全員出席。すべてが楽しい。何度か落胆させられたことがあったけれど、やっと、私の学校をまた好きになってきたと思う。すばらしい授業だった。（略）アンブラー氏が新しい規則を送ってきた。一部を生徒に読み聞かせた。生徒はかなり厳しいと思ったようだ。これからは、学校が始まる二〇分前に学校にいなければならず、時間を守らなくてはならない。(46)

特に始業や終業、休業といった「時間」に関する規則は実態としてはあまり守られておらず、教師の裁量の余地がまだ大きく残されていたようだ。例えばマッジは、恋人「B」の「母親の葬儀に出席するために」、学校を「午前一一時で閉校」したと書いている。

（6）人生における教職の意味

マッジは教職をどのようなものとしてとらえていたのだろうか。マッジにとっての教職の意味を端的に示すのは、求婚された時の記述である。彼女は一〇月九日に、恋人「B」にプロポーズされるが、その日は「しばらく考える」と返事をし、二日後に結婚延期を申し出た。その理由に、心理的・経済的に教職に大きな意義を感じていることを挙げている。

一〇月一一日水曜日　リン　一八五四年　快晴　今日は悲惨な授業だった。でも第一クラスと延長部はよくできた。夕食の後、サラのために皿を洗い拭いた。今晩はエイブル・パイクが来たので、家に帰って待っていた。私はBに、プロポーズのことを考えたけれどもう一年待つと決心した、と告げた。彼はそれならば前向きに頑張りたいといった。私は今ほど学校にうまく根づいたことはなかったし、給料がこれほど高かったことはない。賢い決断をしたのだといいのだが。[47]

結婚を延期したマッジは、その後「B」と結婚している。一八六〇年の国勢調査には、マッジはフィリップ・ブライアント（Philip. C. Bryant）の妻として「家で教えている」と記述されている。[48]マッジは、学校を結婚退職した後も、自宅に近所の子どもたちを集め、私塾を開いたのであろう。教職に働きがいを感じ、結婚さえ延期してしまうほどの事例は、当時の一般的事例とはいえない。しかしこの事例から、単なる収入源としてではなく、それ以上の価値を教職に見いだす女性教師が出現していたことは確かである。

ただし、その教職の価値は、女性自身にとっても、周囲にとっても、当時のジェンダー規範に規定される女性役割の延長線上に位置づけられていた。結婚を延期してまで教職を続けようとしたマッジも、女性役割を積極的に担おうとしていたし、教職を続けるための結婚延期に関して「B」や家族が強い抵抗感を示した記述も見あたらない。ジェンダー規範からの逸脱に関しては、むしろマッジ自身が厳しい批判のまなざしを向けている。例えば、新婚六ヶ月で出産した友人への批判の記述は、何日にも及んでいる。

三月七日火曜日　快晴。今日はとても疲れた。（略）サラ・ハッチンソンは息子を出産したそうだ。信じられない。彼女は結婚してまだ六ヶ月なのに。あまりにひどい。[49]

三月八日水曜日　豪雨。朝マーサに会った。彼女も私の言うことを信じられないといった。アンナとマーサと私で、午後マリアの家に行こうとしたが、雨がひどすぎた。ローラのところに行った。彼女はまだサラのことは知らなかった。ひどすぎると感じたようだった。[50]

三月九日木曜日　まだ曇り。マーサと私は、サラの赤ちゃんを見に行った。丸々と太ってベンに似ていて、鼻はサラに似ている。体重が八と四分の三ポンドある。彼女はこんなに早く出産すると思わなかったと言った。ペギーは、彼は十分太っているわといった。(51)

このように、結婚から出産までの日数があわないことを訝しがり、わざわざ友人宅を訪問して赤ん坊の体重を聞き、早産でないかを確認する労までとったうえ、周囲にゴシップを吹聴するほどである。マッジにとって当時の社会規範や道徳規範は自明のものであり、逸脱した当事者の事情や気持ちへの言及はない。マッジにとって女性教師として生きることは、第Ⅰ部の女性教育者たちが構想したような社会的活動として意識されていたわけではなかった。マッジにとってそれは、当時の性別役割分業観における女性役割の範囲内で、経済的自立や自己実現を模索する現実的方途の一つとなっていた。

3　女性教師言説との異同

以上が一九世紀半ばニュー・イングランド地方に生きた教師たちの声である。

まず、本章で検討した女性たちの日記や手紙には、州立師範学校が最も早く設立された東部地域の記録であるにもかかわらず、その存在に触れた記述は見いだせなかったことを確認しておこう。一九世紀半ば頃までの州立師範学校の規模は小さく、その影響力が限定的であったことの一つの現れと解釈することができるだろう。

次に、前章までで検討してきた女性教師像をめぐる言説と、教師となった女性たちの実際との異同を整理しておこう。多くの女性たちは不安を抱えつつも教職に参入していた。一八五〇年代には、マッジのように、結婚を延期してまで教職を継続する女性の存在が確認でき、教職の重要性を力説した女性教育者の教育言説は、教職を単なる雇用機会以上のものとしてとらえるまなざしとして、現実のものとなっていたことが窺える。

しかし女性たちは、唱道された女性教師像をそのまま体現していたわけではなかった。例えばウィラードは母性愛と道徳心に満ちた教師像を描いていたが、実際の女性教師たちは子どもたちの私語や怠学に手を焼き、自分より体格の大きな男子生徒を恐れ、積極的に体罰をおこなっていた。ライアンは、神の使徒として自己を犠牲にして公共善に奉仕する教師像を描いたが、実際には多くの女性たちが経済的・文化的な自己実現の手段として教職に参入していた。ビーチャーは、既存のジェンダー規範の枠内で「女性の領域」における専門職樹立を志向していた。確かに女性たちは、低賃金や劣悪な労働条件を少しでも改善するために、したたかに交渉や運動を重ねていたが、教職を医師や弁護士と同等の専門職としてとらえようとするまなざしは、ほとんどみられなかった。

ただし、一九世紀半ばを生きた教師の叙述には、現在の教師のそれと共通する要素も見いだせ、注目に値する。例えば教育社会学者ローティは、今も頻繁に参照される『学校教師』（Lortie, 1975）[52]で、教師の心性として以下三点を指摘している。第一に教師は、経済的報酬や上司からの評価もさることながら、子どもからの感謝という「精神的報酬」を最も重視すること[53]、第二に、どう対応したとしても確実な教育成果が約束されているわけではないという「教職固有の不確実性」に起因して、教師たちは日々一喜一憂を繰り返し、子どもへの対応の是非について思案し続けること[54]、第三に教室で孤立させられた中で子どもへの対処を迫られ、孤独を多々感じること[55]、である。これらの点は、マッジの記述の中に明確にみることができ、現在の教師文化の諸特徴の起源は、一九世紀半ばまでさかのぼれることが指摘できる。アメリカの教師文化に関する史的研究は、今後の大きな課題である。

（1）　ケイト・フォスター（Kate Foster）関係の史料は、その子孫にあたるジョー・プレストン（Jo-Anne Preston）氏に提供を受けるとともに、多大な示唆を受けた。記して謝意を表したい。

（2）Barbara Finkelstein, *Governing the Young: Teacher Behavior in Popular Primary Schools in Nineteenth-Century United States* (New York: Falmer Press, 1989).

（3）Thomas Dublin, *Transforming Women's Work: New England Lives in the Industrial Revolution* (Ithaca, New York: Cornell University Press, 1994).

（4）Kathleen Weiler, *Country Schoolwomen: Teaching in Rural California, 1850–1950* (Stanford, CA: Stanford University Press, 1998).

（5）坪井由実『アメリカ都市教育委員会制度の改革――分権化政策と教育自治』勁草書房、一九九八年。

（6）八尾坂修『アメリカ合衆国免許制度の研究』風間書房、一九九八年。

（7）大桃敏行『教育行政の専門化と参加・選択の自由』風間書房、二〇〇〇年。

（8）北野秋男『アメリカ公教育思想形成の史的研究――ボストンにおける公教育普及と教育統治』風間書房、二〇〇三年。

（9）小檜山ルイ『アメリカ婦人宣教師――来日の背景とその栄養』東京大学出版会、一九九二年。

（10）篠田靖子『アメリカ西部の女性史』明石書店、一九九九年。

（11）大井浩二『日記のなかのアメリカ女性』英宝社、二〇〇二年。

（12）久田由佳子「学校教師と女工――十九世紀前半ニューイングランドの場合」北米エスニシティ研究会編『北アメリカ社会を眺めて』関西学院大学出版会、二〇〇四年、一二三―一四四頁。

（13）Geraldine Jonçich Clifford, "Lady Teachers' and Politics in the United States, 1850–1930," in *Teachers: The Culture and Politics of Work,* ed. Martin Lawn and Gerald Grace (London: Falmer Press, 1987), 3–30.

（14）Sari Knopp Biklen, "Confiding Woman: A Nineteenth-Century Teacher's Diary," *History of Education Review: Journal of the Australian and New Zealand History of Education Society* 19, no. 2 (1990): 24–35.

（15）Julia Pierce, "Letter to Her Friend on 24 November 1839" Hooker Box 1, A 133, Folder 5, SLC, 1839.

(16) Julia Pierce, "Letter to Her Friend."
(17) Aurelia Smith, "Letter to Her Mother, No Date [1850?]" SLC.
(18) Julia Pierce, "Letter to Her Friend."
(19) Julia Pierce, "Letter to Her Sister, No Date [1845?]" SLC.
(20) Willard S. Elsbree, *The American Teacher: Evolution of a Profession in a Democracy* (New York: American Book Company, 1939): 287–92.
(21) W. Randolph Burgess, and New York City Department of Education, *Trends of School Costs* (New York: Dept. of Education, 1920). ニューヨーク市から委託を受けてこの調査をおこなったウォーレン・バージェス（一八八九―一九七八年）は、当時ニューヨーク市の銀行家で、アイゼンハウアー大統領時代に財務副長官となった人物である。
(22) Julia Pierce, "Letter to Her Friend."
(23) Mary Mudge, "Diary," on 27 January 1854, SLC.
(24) Sari Knopp Biklen, *School Work: Gender and the Cultural Construction of Teaching* (New York: Teachers College Press, 1995), 47–76.
(25) Mudge, "Diary," on 30 March 1854.
(26) Ibid., on 11 November 1854.
(27) Aurelia Smith, "Letter to Her Mother, No Date [17 or 18 October 1850?]" SLC.
(28) Joanne S. Foley, *Lynn: Images of America* (Dover, NH: Arcadia, 1995), 72.
(29) Massachusetts Secretary of the Commonwealth, and Francis DeWitt, *Abstract of the Census of the Commonwealth of Massachusetts* (Boston: W. White, 1857).
(30) 文法学校（古典教授を中心として大学入学準備をおこなう中等教育機関）への進学の道が開ける学校のこと。
(31) Mudge, "Diary," on 19 May 1854.

（32） Ibid., 29 July 1854.
（33） Ibid., 1 August 1854.
（34） Ibid., 16 February 1854.
（35） Ibid., 18 February 1854.
（36） Ibid., 31 March 1854.
（37） Ibid., 30 June 1854.
（38） Mary Aldridge, “Letter to Kate Foster on 18 December 1870,” Kate Foster Papers, personally owned by Jo-Anne Preston.
（39） Mudge, “Diary,” on 5 January 1854.
（40） David P. Page, *Theory and Practice of Teaching, or, the Motives and Methods of Good School-Seeping*（New York: A. S. Barnes, 1847）.
（41） Mudge, “Diary,” on 11 December 1854.
（42） Ibid., 12 December 1854.
（43） シロアム（Siloam）とは、イエスの指示に従った盲人が目を癒された奇跡の池とされるエルサレムの「シロアムの池」を題材にした歌のこと。
（44） Mudge, “Diary,” on 7 February 1854.
（45） Ibid., 18 February 1854.
（46） Ibid., 25 April 1854.
（47） Ibid., 11 October 1854.
（48） Massachusetts Office of the Secretary of State, and George Wingate Chase, *Abstract of the Census of Massachusetts, 1860: From the Eighth U. S. Census, with Remarks on the Same*（Boston: Wright and Potter, State Printers, 1863）.
（49） Mudge, “Diary,” on 7 March 1854.

(50) Ibid., 8 March 1854.
(51) Ibid., 9 March 1854.
(52) Dan C. Lortie, *Schoolteacher: a Sociological Study* (Chicago: University of Chicago Press, 1975).
(53) Ibid., 101–8.
(54) Ibid., 134–61.
(55) Ibid., 96–100.

第Ⅲ部　州立師範学校の普及と変容

第Ⅲ部では、一八六五年の南北戦争終結から、一九一八年に第一次世界大戦が終結するまでの時期を対象とし、当時の州立師範学校が直面していた問題状況を整理したうえで、女性でありつつも管理職に登用された女性の思想と実践を明らかにする。

第八章　州立師範学校の普及と変容

——教育需要の拡大と序列化競争

本章では、一九世紀後半の州立師範学校が直面していた問題状況を明らかにする。以下第2節では、州立師範学校の量的拡大過程を検討し、教師養成機関全体のなかでも主要な位置を占めるようになったことを明らかにする。第3節では、中西部や西部・南部の各地域において発展した州立師範学校が、東部地域のそれとどう異なるのかを検討する。最後に第4節で州立師範学校の質的変化を検討し、次章以降で検討する事例を位置付ける。

1　州立師範学校の量的拡大

南北戦争後から一九世紀末までのいわゆる「金ぴか時代（gilded age）」に、州立師範学校は急激に増加し、全米各州で創設されるに至った。まず、量的拡大過程を概観しよう。

（1）州立・公立・私立師範学校数の推移

州立師範学校数は、一八六五年以降、急に増加の度合いを増し、一八六五年の一八校から一八七五年には六一校、一八八五年には八五校、一八九五年には一一九校へと増加していた（図8-1①）。
また、学生数をみると、一八七五年から一九一五年までの間で、三万人弱から一二万人弱と、約四倍に増加していた（表8-1②）。一九世紀末までに州立師範学校は、機関数としても学生数としても、主要な教師養成機関としての位置づけを、確かなものにしていたのである。

重要なのは、師範学校のうち、私立師範学校や郡立・町立師範学校は新設と閉校が頻繁におこなわれてきたのに対し、州立師範学校のほとんどが現在に至るまで存続している点である。各地域が州立師範学校を必要とし、税負担に応じてきたことの現れといえる。

ただしそれは師範学校の側からすれば、対外的に州政府や地域社会の要望に必死で応じつつ、内部で大論争を繰り返しながら組織の生き残りを模索してきた歴史でもあった。結果としてほとんどの州立師範学校は存続してきたが、同時に教師養成機能に複雑な問題を生じさせる結果ももたらしてきた。州立師範学校がどのような生き残り戦略をとったのか、またそれがどのような問題を生じさせてきたのか、その類型に関しては後述する。

（2）州立師範学校の位置

以上の州立師範学校の拡大を、他の教師教育機関との関係でみてみよう。

図8-1からも明らかなように、南北戦争後は州立も含め、公立師範学校全体が増加していた。南北戦争後は、人口増加による教師の需要増加に対応するために、特に都市化の進んだ町や郡において公立の教師教育機関が設置されるようになり、教師養成機関が増加していたのである。

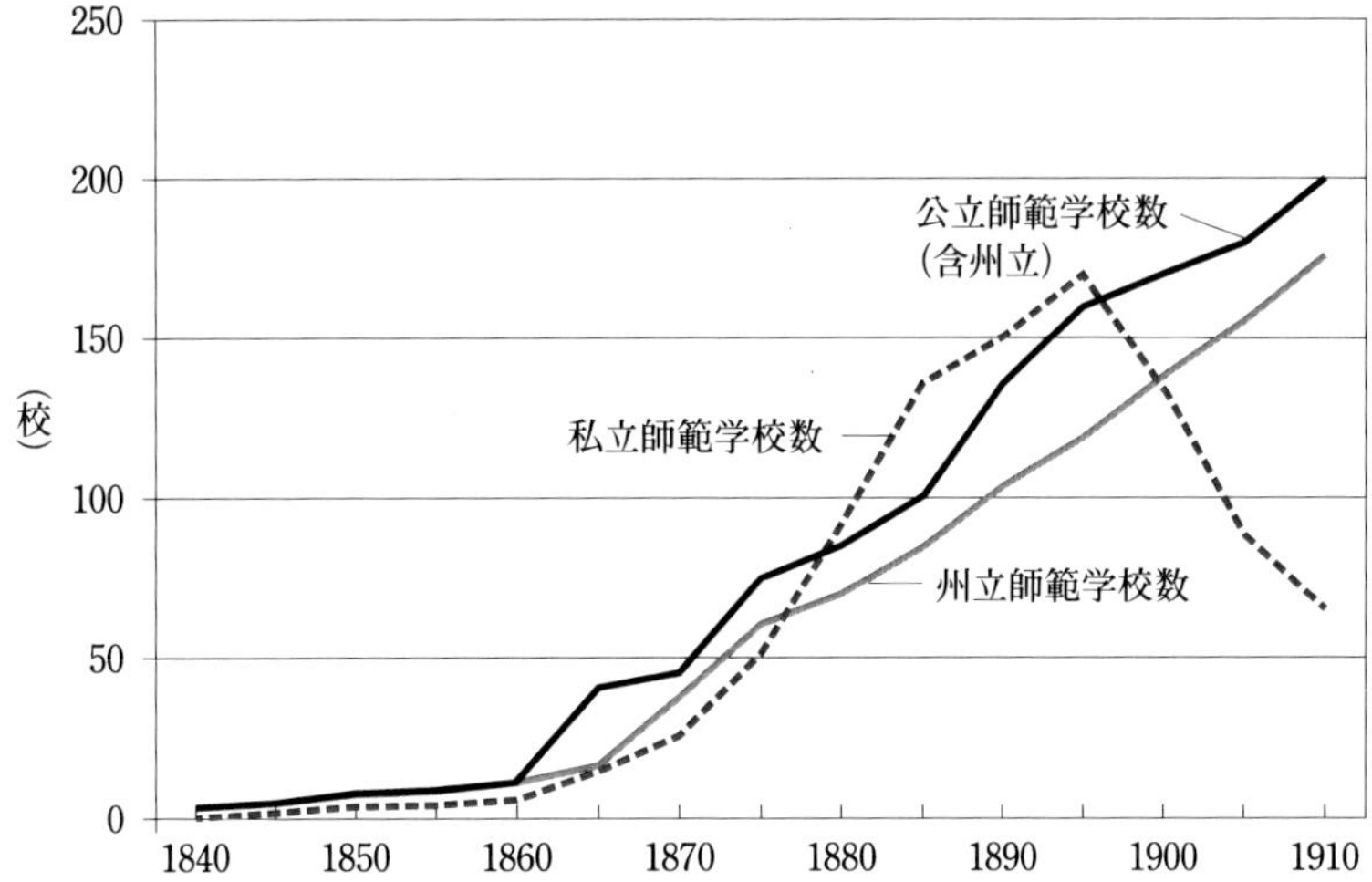

図 8-1　州立・公立・私立師範学校数の推移　1840-1910 年.

表 8-1　師範学校入学者数の推移（1874-1915 年）

	師範学校入学者数			
	師範学校全体	公立師範学校	州立師範学校のみ（公立の内数）	私立師範学校
1874-1875	29,100			
1879-1880	43,100	25,700		17,400
1884-1885	55,100	32,100		23,000
1889-1890	51,700	40,400		11,300
1894-1895	64,000	36,800		27,200
1899-1900	116,600	67,900	(60,300)	48,700
1904-1905	131,300	95,600	(76,600)	35,700
1909-1910	132,500	111,100	(94,100)	21,400
1914-1915	119,000	110,800	(102,700)	8,200

①町立・郡立の師範学校・師範学級

一九三三年に連邦教育局がおこなった全米教師教育調査によれば、一九世紀末の町立・郡立の公的教師教育機関は主に四種類に分類できるという。第一の類型は高等学校卒業者のみを受け入れる純粋に職業的な師範学校、第二は高等学校に付設された師範学部、第三は高等学校と師範学校を合体したもの、第四は簡素な師範学級のみのもの、である[3]。

人口一〇万人以上の都市の多くは、独自の師範学校（第一の類型）を有していた。ただし前述したとおり、町立・郡立の教師教育機関は、都市の人口動態や政策によって短期間で廃止され、長期的に継続されたものは多くなかった[4]。「特に言及する価値のある公立師範学校」として上述の全米教師教育調査（United States Office of Education, 1933）が指摘しているのが、イリノイ州シカゴにあるクック郡立師範学校である。クック郡は「毎年一万五千ドルもの予算を計上し」、一八八三年から一八九九年までフランシス・パーカー（Francis W. Parker）が校長を務め「中西部だけでなく全米にその名を知られている」と叙述されている[5]。このクック郡立師範学校は、その後ジョン・デューイが教鞭をとったことでも広く知られている。

②私立師範学校

私立の教員養成校も、機関数としては一九世紀末まで数多く存続していた。一八八〇年には、一一四校の私立校が確認されたという。私立校のほとんどは、私立アカデミーやセミナリー、大学や総合大学の師範学部を意味していたが、なかにはカトリック教会による師範学校も含まれていた。それらの私立校は一八九〇年代以降、大学や総合大学、あるいはその師範学部となってゆき、一九二〇年代までにほとんど消滅したという[6]。

例えば、第Ⅰ部で検討したマウント・ホリヨーク女子セミナリーも、一八九三年にマウント・ホリヨーク大学へと継承されていた。また、一九世紀前半におこなわれていた私立アカデミーにおける教師養成は一八五〇年代を境に減少に転じ、一八七〇年代にはほとんどおこなわれなくなっていた[7]。

③短期教師養成機関

一九世紀末には州になっていなかったオクラホマやアリゾナ、インディアン領地などの地域では、より短い期間に講習会のような形式で教師を養成する講習会が実施されていた[8]。一八六七年に合衆国に加入したネブラスカ州では、夏季郡立教師講習会（summer county teachers' institutes）が一九一四年まで継続され、小規模師範学校（junior normal schools）と通称されていた[9]。教師講習会は一九一〇年代までに衰退したが[10]、夏季に教師養成や現職教育の講習会をおこなう伝統は、現代に継承されるに至っている。

④州立師範学校の位置と影響力

以上のように、一九世紀後半には、州立師範学校が機関数としても学生数としても、最も主要な教師養成機関として米国社会のなかに位置づくようになっていた。

しかし、州立師範学校の学校現場や教職への影響力は限定的だった。一八九八年までに一六七校の公立師範学校が設立され、一八九七年には全米で約八〇〇〇人、私立師範学校は約三〇〇〇人の卒業生を輩出したが、教師養成機関すべてをあわせても、その供給力は需要の五分の一にも満たなかった。州立師範学校が全米で最も発達したマサチューセッツ州においてさえ、一八九七年の教師数に占める州立師範学校卒業者の割合は三二・五％にすぎず、中途退学者を含めても三八・五％にすぎなかった。

全米規模でみれば、領土拡大、人口増加、中等教育の拡大を背景にした教師需要の増加の勢いが急激で、公的機関の創出が追いつかなかったのである。一八九六年度に教師だった約四〇万人のほとんどは、公立・私立の師範学校を経ずに採用されていた[11]。

（3）州立師範学校増加の要因——南北戦争後の急激な近代化

一八六五年以降に州立師範学校が増加した背景には、米国社会の大きな変化があった。以下、主な増加要因を六点に整理しておこう。

①総力戦としての南北戦争と教職の女性化

第一は、南北戦争を契機とする教師不足である。一八六一年四月に始まった南北戦争は、一八六五年四月に南部連合軍リー将軍の降伏による終結まで四年間にわたって継続し、第六章のウォルトンの事例にみられたように、銃後の女性や子どもも巻き込んだ総力戦となっていた。最終的には北軍一五六万人、南軍九〇万人の男性を兵力として動員し、死者は両軍あわせて六二万人に上り、現在まで含めても合衆国史上最悪の犠牲者数となっている[12]。

したがって南北戦争後は、男性労働力に対する需要の増加や、その結果としての男性教師不足が、女性の教職への参入にいっそう拍車をかけていった[13]。女性教師の需要の増加は、女性の中等・高等教育への需要を下支えし、師範学校のみならず多くの高等教育機関が女性に門戸を開く契機となった。教職の女性化が、女性の高等教育拡大を後押しした側面を有していたのである[14]。

②奴隷解放と公教育制度拡大

第二に、南部における公教育の拡大がある。エイブラハム・リンカンによる一八六三年の奴隷解放宣言後から、黒人は行動の自由や労働環境の改善などさまざまな要求をおこない、社会的・経済的・文化的な利害対立のなかで、新たな南部社会が形成されていた。一八七〇年代以降は、特に黒人のための公教育制度に向けた取り組みが開始されるとともに、[15]それを支えるための師範学校が設立されていった（後述）[16]。

初期に設立されていた東部の師範学校は、南部の指導者の学習拠点になっていた。また、第六章のイレクタ・ウォルトンがそうであったように、東部の師範学校関係者が南部の師範学校に支援をおこなう事例も少なくなかった。[17]

③領土拡大によるフロンティアの消滅

第三に、米国領土そのものの拡大がある。州立師範学校数の増加は、南部における公教育の拡大だけでなく、南北戦争後の米国の領土そのものの拡大によってももたらされていた。一八六七年から一九一二年の間に、大平原から山岳高原地帯にかけての「最後のフロンティア」が開拓され、ノースダコタ州やサウスダコタ州といったフロンティア・ストリップと呼ばれる地域、さらにはアリゾナ州やニューメキシコ州といった南西部など、新たに一二州の広大な地域が合衆国に加わり、一八九〇年には「フロンティアラインの消滅」が宣言されるに至った。アラスカとハワイを除く現在の合衆国の領土が、ほぼこの時期に開拓され、全米各州において州政府による教育行政が展開されるようになった。[18]州立師範学校新設の基盤が、この時期に全米に整ったのである。

④産業構造の変化と都市化による教育需要の拡大

第四に、産業構造の変化による教育需要の拡大がある。一九世紀後半の米国では、大陸の両端へと拡大した領土において、ミシシッピ川と太平洋との間の地域に大陸横断鉄道が建設されるなど、流通網や交通網が拡充され市場の広域化が起こった。工業や商業が著しく発展し、米国は一八九〇年代にはイギリスを抜いて世界一の工業国となっていた。鉄道業や鉄鋼業、金融業等で莫大な資産を築いた資本家たちが出現し、政府中枢で金権政治が繰り広げられたことが、この時代が「金ぴか時代」と称されるゆえんである。⑲

産業構造の変化は、都市化にも拍車をかけていた。有賀貞ら（一九九三）の叙述によれば、合衆国の人口は一八六〇年から一九〇〇年までにほぼ倍増し、この間に人口八〇〇〇人以上の都市の人口が総人口の三分の一に達した。一九〇〇年には、国民の二割が人口一〇万人以上の都市に、その一割が人口一〇〇万人以上の大都市に居住するようになったという。例えば中西部イリノイ州のシカゴは、「一八四〇年には人口わずか四〇〇〇の集落だった」のが、「一八九〇年には人口一〇〇万の大都市」へと変貌したという。⑳

これらの変化は、教育に対する市民の需要や、学校教育のあり方そのものを根底から変換させていた。例えば、農繁期は閉校し冬季にのみ開校する学校教育のスタイルは通年型へと変化し、教師の需要も増加させていた。また教育内容についても、例えば数学では利子の計算や簿記の学習など、実学的な内容に対する需要が高まり、それらに対応できる教師の養成が急務となっていた。㉑

⑤都市新家庭と中等教育機関の発展

第五に、以上の変化を受けて中産階層が拡大し、中等教育の需要が飛躍的に高まったことが、特に中等教育の教師需要を増加させていた。

産業構造の変化によって、都市中産階層の大部分をサラリーマンが占めるようになり、その数は約七倍になったといわれる。都市の中産階層の生活において、家庭は実業世界からの避難場所となり、既婚女性が子どもへの愛情と教育意欲を高める新家庭が成立していた。㉒これらの中産階層の期待を受けて、南北戦争後には高等学校と呼ばれる中等教育機関が飛躍的に増加したのである。

高等学校は、植民地時代のラテン文法学校や一九世紀前半のアカデミーのような上層階層のための大学進学予備校としてではなく、一般の人々が初等教育を継続的に受けるための教育機関として歓迎された。特に、一八七二年ミシガン州カラマズーで、住民が高等学校のための公費支出は違法として訴えたが敗訴したカラマズー判決以降、高等学校は大衆のための中等教育機関としての性格を明確にした。[23] 高等学校が公費により維持され、一般人の生活に必要な内容を取り入れたカリキュラムを提供した結果、中等教育が広く普及することになった。高等学校の普及とその教師の需要増加は、小学校教師の養成を主眼としていた州立師範学校に、大きな課題を突きつけることになった。

⑥新移民

第六に、移民の増加による教師需要の増加、および学校は移民が引き起こす諸問題に対応してほしいという期待の高まりが要因として指摘できる。

都市へ流入したのは、都市周辺の農民だけでなく、海外からの移民でもあった。合衆国の人口は一八七〇年から一九〇〇年の間に約三六〇〇万人増加したが、この間だけで一二〇〇万人の移民が到来したといわれている。人口増加分の約三分の一を、移民が占めていたのである。[24] 米国生まれの市民と移民との間での種々の摩擦が顕在化するにつれ、移民の子弟をどう米国化していくかが課題となり、移民の教育やその教育を担う教師の養成が社会的関心を集めるようになっていく。

しかも、産業構造の変化に伴って、流入する移民の性格が一八八〇年代以降変化していた。従来の北・西ヨーロッパからの移民が減少し、一方でイタリア人・ポーランド人・オーストリアやロシアからのユダヤ人など、いわゆる新移民が増加していた。これら南・東欧からの移民は、職と機会を求めて産業都市に集中し、都市の下層労働者となり、スラムを形成していった。[25] スラムの問題と同時に、児童労働を強いられていた移民の子弟への教育は、一九世紀末以降大きな教育問題となっていく。

2 州立師範学校の地理的拡大と地域差

次に、以上のような州立師範学校の量的拡大を地域ごとに検討し、州立師範学校は地域ごとに異なる性格をもって普及したことを明らかにしよう。

(1) 中西部・西部への拡大

中西部において、ミシガン、イリノイ、ウィスコンシン、オハイオ、インディアナなど早くからニューイングランドの植民者が移住したミシシッピ川以東の諸州には、州立師範学校は一八四〇年代から創設されはじめていた。中西部で最も早く州立師範学校を開設したのはミシガン州で、一八四九年に設立法が成立し、一八五三年にイプシランティに州立師範学校が開校した。当時のミシガン州には、アン・アーバーにすでに州立ミシガン大学が存在していたためである。一方、イリノイ州には州立大学が存在していなかったので、一八五七年に州立師範大学（Illinois State Normal University）が設立された。中西部では、東部と異なり州政府だけでなく政治家や地元納税者からも支持されて設立されていたことが重要である[26]。

一八六〇年以降はミシシッピ以西にも普及し、最初にミネソタ州のウィノナ校が一八六〇年に開校し、その後はカンザス州立師範学校エンポリア校が一八六五年に設立された。アイオワ州では、一八四七年に州立大学が設置された際、毎年五〇人のコモン・スクール教師を養成することが義務づけられ、翌年に師範学部が設置されたが、師範学部の学生が未熟で大学水準の内容についてこられないことが明らかとなり、一八七六年になって別の組織として州立師範学校シダー・フォールズ校が設置される経緯をたどった[27]。

（2）中西部や西部における州立師範学校の特徴

中西部の州立師範学校は、東部州立師範学校とは異なる以下三点の特徴をもって成立していた。この特徴は、後述するように一八九〇年代以降に州立師範学校が大学化していく過程に大きな影響を与えた点で、重要な意味をもつ。

①多目的教育機関を求める学生や地元の需要

中西部の州立師範学校の第一の特徴として、地域に根ざした教育機関としての期待が挙げられる。この期待をヘルプスト（Herbst 1989）は、「民衆の大学（people's college）としての期待」と表現している[28]。

中西部では中等教育や高等教育が東部ほど発達していなかったため、州立師範学校が地元のさまざまな教育需要を受け止め、幅広い機能を果たさねばならなかった。例えば一八六〇年に設立されたミネソタ州立師範学校ウィノナ校の場合は、一八六〇年から一九〇〇年までの平均女子学生率は八五％に達し、その七五％は非都市部出身だった。学生の二四・一％は当時増加しつつあった中流階層出身者で、その両親は中小企業のサラリーマンや起業家らであった。彼らの州立師範学校への期待は、地元で中等教育以上の教育をうけられる教育機関としての機能であり、教師養成という職業教育機能への期待はさほど高くなかった[29]。東部とは異なり、中西部においては設立当初から、教師教育機関としてよりも、それを含む多目的教育機関としての需要の方が高い地域が多かったのである。

②ランド・グラント法による財政基盤

第二の特徴として、ランド・グラント法による堅固な財政基盤が挙げられる。中西部の州立師範学校の多くは、その設立の資金を、連邦政府の土地交付法によって獲得していたため、財政的に恵まれていた㉚。ランド・グラント法とは、もともとは一七八五年の土地条例によって、北西部の国有地を公立学校維持のために交付することを定めたもので、それ以後、連邦所有地が州に交付されて教育目的に使用されるようになっていた。一八六二年にはあらたにモリル・ランド・グラント法が制定され、三万エーカーの連邦所有地を農業や工業など新しい実用的な科目を教える教育機関設立のために州政府に供与することが決定された㉛。例えばミシガンの場合、モリル法によってミシガン州立師範学校には岩塩鉱床地の一〇区画が校舎建築費に、一五区画が教師の給与に充当され、州立師範学校、州立農業学校、州立工業学校がそれぞれ設立されていた㉜。

③大学としての設立

第三は、東部より遅れて成立した諸州では、初等教育以上の教育制度が全体として未発達だったため、州立師範学校のなかには設立当初から総合大学と対等、またはそれに近い位置づけを与えられて出発した学校がみられた点である㉝。

例えば、イリノイ州の場合は、当時まだ州立大学そのものが存在していなかったため、一八五七年には州立師範学校ではなく、師範学校と総合大学が一体化された新しい教育機関として「州立師範大学」という名称で設置された。一つの教育機関で、初等教育教師の養成から高等学校教師の養成、教育行政官の養成などが同時にめざされたのである㉞。

以上の三点に明らかなように、中西部や西部の州立師範学校は東部地域とは異なり、師範学校としての機能よりもむしろ地域に根ざした多目的な高等教育機関としての機能を期待されて発足した側面を有していた。

（3）南部への拡大

南部では、一八七〇年以前には州立師範学校は存在しなかった。公教育制度自体が、南北戦争後にようやく開始され、教師養成の動きも一八六〇年代後半になって開始されたからである[35]。南部ならではの州立師範学校の特徴は、主に以下三点を指摘できる。

第一に、南部では女性問題だけでなく、人種問題も大きな課題となっていた。黒人に対する公教育の普及が遅く、教師教育機関も人種別に設置されてゆく経緯をたどっている[36]。

第二に、黒人のための教師教育機関に対し州費を投入することには異論が多く、黒人のための教師教育機関は、州政府よりも前に、さまざまな出資者によって多様に設置されていく過程をたどった。例えば、連邦政府は一八六七年にハワード総合大学に出資し、そのなかに師範部門と養成部門が設置された。宗教的慈善団体が一八六四年にメリーランド州にボルチモア黒人師範学校を、一八六八年にはバージニア州にハンプトン師範農業学校（the Hampton Normal and Agricultural Institute）を設立していた。キリスト教各宗派の団体も黒人師範学校を設立しており、米国宣教師協会は一九〇〇年までに四三校を支援していた。南部の州政府の動きは遅く、一八七一年ミズーリ州立黒人師範学校カークスビル校およびミシシッピ州立黒人師範学校ホーリー・スプリングス校の設立以降のことであった[37]。

第三に、南部の師範学校には、教師養成に特化しない幅広い職業教育への期待が地域から寄せられていた。黒人師範の場合は特に、師範学校という名称をもっていても、そのカリキュラム内容は教師教育だけでなく工業教育や農業教育など、さまざまな実業的な職業訓練を同時におこなう場合が多かった。例えば、ブッカー・T・ワシントン（Booker Taliaferro Washington, 1856-1915）が一八八一年に設立したことで広く知られるアラバマ州のタスキーギ師範工業学校（Tuskegee Normal and Industrial Institute）は、後にタスキーギ・インスティテュート（Tuskegee Institute）と改名したが、教師養成と技術者養成の機能を維持しつづけていた[38]。

3　後期州立師範学校が直面していた問題状況

最後に、一九世紀後半の州立師範学校の実際を概観し、州立師範学校が直面していた問題状況を整理しておこう。

（1）学生の階層とエスニシティ

まず一九世紀後半の州立師範学校の学生集団は、どのようなものだったのかを概観する。

①性　別

第Ⅱ部で明らかにしたように、州立師範学校は女子校として創設され、一九世紀半ばにはすでに学生の大半が女性によって占められるようになっていた。女子学生の割合は教職の女性化の進展に伴って全米各地で上昇し、一九世紀後半には共学の州立師範学校においても、学生の六割から九割は女性によって占められるようになっていた（表8-2）[39]。一九世紀末頃までに州立師範として設立された全米の教育機関全二一〇校のうち、女性のみを対象とした学校は一〇校にすぎなかった。しかし重要なのは、学生数の割合から考えれば州立師範の女性教育機関としての側面は、一九世紀後半の方が前半よりも強まっていたといえる点である。

この様子は、例えば米国で最初期の女性写真家の一人として知られるフランシス・ジョンストン（Frances Benjamin Johnston, 1864-1952）が一八九九年に撮影した師範学校の植物科の講義の写真、すなわち男子学生が一人だけ物憂げに女子学生に囲まれて座っている一場面に、端的に表現されている（図8-2）[40]。

表 8-2　全米 4 地域の共学州立師範学校における女子学生の割合

	東部	中西部	西部	南部
	ニューヨーク州立ジェネセオ師範学校	ウィスコンシン州立オシュコーシュ師範学校	カリフォルニア州立サン・ホセ師範学校	アラバマ州立フローレンス師範学校
	1871 年設立	1871 年設立	1862 年設立	1873 年設立
1874-1875	59.1	59.4	82.6	24.6
1879-1880	記録なし	58.4	85.9	34.8
1884-1885	記録なし	64.1	85.2	50.9
1889-1890	65.9	61.4	93.6	39.6
1894-1895	70.5	64.5	92.6	59.0
1899-1900	71.8	68.6	90.4	61.6
1904-1905	74.2	72.8	93.4	57.3
1909-1910	80.8	79.8	96.3	56.1
1914-1915	83.3	66.5	94.3	58.2

出典：*Report of the Commissioner of Education* (Washington; Government Printing Office, 1875-1915).

図 8-2　ワシントン D. C. の師範学校における植物科の授業　1899 年

ていた。

②人種、民族的・文化的少数者

州立師範学校は一九世紀後半にも、黒人や民族的・文化的少数者に開かれた教育機関としての性格を維持しつづけていた。

南部では、二〇世紀初頭に至るまで多くの高等教育機関が黒人に門戸を閉ざしていた。しかし一九世紀末になると、篤志家によって職業訓練を主たる使命とする教育機関が設立されるようになっていた。黒人教師の養成を目的とした師範学校もその一つであった。よく知られているのは、上述したブッカー・T・ワシントンが学んだハンプトン師範農業学校や、彼が後に校長となったタスキーギ師範工業学校である㊶。

北部の州立師範学校においても、学生数としては多くないが、設立以来の伝統として、民族的・文化的少数者の学生が積極的に受け入れられていた。例えば、州立フラミンガム師範学校において、黒人やネイティブ・アメリカンの学生の存在が確認できるし㊷、ロードアイランド州立師範学校プロビデンス校では、一八八〇年代に学生の一七％以上がカトリックであり、その大部分は移民だったことが確認できる。同様に、ミネソタ州立マンケート師範学校においても、一八七〇年代から一八八〇年代には、八％の学生がヨーロッパ生まれであり、そのなかにはロシア人やアイルランド人も含まれ、宗教的にもカトリック教徒やユダヤ教徒が含まれていた㊸。

さらに、移民だけでなく、日本やインドなど海外からの留学生も受け入れていた。一八七五年八月一四日に欧米派遣小学師範学科取調員としてニューヨークに到着した伊沢修二、高嶺秀夫、高津専三郎の三名は、ボストンを訪れ「教育事務局書記官」にセーレム師範学校への入学を願い出たという㊹。三名および日本政府は、当時開校されていたマサチューセッツ州立師範学校四校のうち二校が女子校であったことを知らなかったのである。当然のことながら、「当校は女生徒而已に付」、つまり女子校だからと却下されるが、ボストン当局は共学校二校でそれぞれ一人ずつ（伊沢修二をブリッジウォーター校で、高嶺秀夫をオスウィーゴー校で）受け入れ、高津専三郎はニューヨーク州に回してオルバニー師範学校で受け入れる決定を下している[45]。日本から一八七〇年代に派遣された欧米派遣小学師範学科取調員らが当時の州立師範学校に受け入れられたのも、民族的・文化的少数者に開かれた州立師範学校の文化に負うところが大きかったものと考えられる。

③階　層

性別や人種や民族的・文化的出自がどうあれ、学生たちに共通していたのは彼らの社会階層が中下層に位置づいていた点である。この点も設立当初から変化していない。

多くの学生は中下層の家庭の出身だった。例えば、オグレン（Ogren, 2005）の調査によれば、ロードアイランド州立師範学校プロビデンス校の一八七二年から一八九八年の記録をみると、学生の親の職業のうち最多は農業で三六％、第二位は大工で一二％、第三位は宝石商（七％）、第四位は機械工（七％弱）であったという[46]。また、同時期のアイオワ州立師範学校シダー・フォールズ校の学生の三分の二は農家出身だったし、一八八九年のカンザス州立師範学校エンポリア校の記録をみても、六三九名中の四二八名が農家出身で、やはり三分の二を占めていたという[47]。学費の安い師範学校は、肉体的につらく経済的にも不安定な農業から離れることを可能にする好機となっていたのである。

それゆえアイオワ州立師範学校シダー・フォールズ校では、各郡に対しその人口ごとの定員枠を与えて過疎地域の学生たちの入学を支援し、学校要覧に「本校は実質的にすべての学生に対して開かれている」と記載していたという[48]。このように、多くの州立師範学校では、経済的困難を抱える学生たちへの支援策が準備されていた。

④学問的・文化的水準

学生たちの出身階層は、その文化的・学問的状況も規定していた。多くの学生たちは、入学資格を十分に満たす被教育経験をもっていなかった。例えば、一八七〇年に開催されたアメリカ師範学校協会第六回年次総会において、初代会長で当時はミネソタ州立師範学校ウィノナ校の校長を務めていたウィリアム・フェルプス（William Franklin Phelps, 1822-1907）は、「多くの師範学校において、入学志願者の大多数は小学校程度の知識が著しく不足しているばかりか、そもそも知識と呼べるようなものさえ何も持たない」[49]と述べて、入学資格の標準化を提案していた。ただし、後述するようにその提案された入学資格は「英語を正しく書ける」「標準的英語をすらすら読める」など、初等教育程度の最低限の能力を問う水準であった[50]。英語力に劣る日本からの留学生が受け入れられた背景には、英語の読み書きに支障をきたす学生が他にも多数存在していた状況があった。

また文化的にも、多くの学生は米国の中上層の文化や学問に触れた経験をもたなかった。一九世紀初頭にブリッジウォーター州立師範学校史を編纂したジョージ・マーチンは、「これらの学生達は信じがたいほど田舎くさかった。学生のほとんどは、自分の育った町からこれほど遠くに来たことがなかったのである」と評していた[51]。実際、ノースカロライナ州立師範学校グリーンズボロー校の記録では、一九〇〇年当時在籍学生の六割以上が人口二五〇〇人以下の小さな町の出身で、さらにそのうちの半数以上は人口五〇〇人以下の過疎地域出身者だった。ウィスコンシン州立師範学校オシュコーシュ校でも、半数以上の学生が過疎地域出身で、ミルウォーキーやマジソンといった都市出身者は一～二％以下にすぎなかった[52]。

以上のように、一九世紀後半の州立師範学校は、中下層の男性や民族的・文化的少数者らに、教育機会を与えて階層移動を可能にする機能を果たしていた。ただし、中下層の人々が高等教育を階層移動の手段としてみなすようになるのと同時期に、中上層以上の人々は高等教育を彼らの社会的地位を守る手段としてとらえるようになり、一九世紀末以降はそれまで下層からの貧しい学生も受け入れていた高等教育機関らは、徐々に排他的傾向を強めていく[53]。師範学校が大学化した後の各大学では、中産階層の学生が多くなり、上層の学生たちが男子学生クラブ（fraternity）や女子学生クラブ（sorority）などの社交と結束を目的とした組織を創設し、下層学生たちはそれら組織から排除されるようになっていく[54]。

（2）州立師範学校の教師の階層と出自

州立師範学校において、以上のような困難を抱える学生たちを受け入れる文化が形成された素地は、校長をはじめとする教師たちの出自にもあった。

①校長職の実際

校長は、二〇世紀に至るまでそのほとんどが男性だった。また校長の三分の一から二分の一は、師範学校出身者によって占められていた[55]。つまり、校長たちのなかにも、農家など中下層の家庭環境で育ち、経済的理由で牧師になるなどした者が多く含まれていた。

少数ではあるものの、女性も校長になっていた。一八八〇年の連邦教育局報告書によれば、全米の公立師範学校全一〇六校のうち、名前から少なくとも八名の女性校長がこの年に校長を務めていたことがわかる。例えば第九章でみるマサチューセッツ州立師範学校フラミンガム校のエレン・ハイド（Ellen Hyde）、ミズーリ州立大学師範学部長のグレイス・ビブ（Grace C. Bibb）、バージニア州立大学フェアモント校長のマーガレット・ディッキー（Margaret L. Dickey）などである[56]。

また同記録の以前にも以後にも、ミネソタ州立師範学校マンケート校長を務めたジュリア・シアーズ（Julia Sears,

一八七三―七四年在任）や、メリーランド州立師範学校ボルチモア校長のサラ・リッチモンド（Sarah E. Richmond, 一九〇九―一七年在任）など、複数の女性校長が存在していたことが確認できる。[57]

②性別と担当科目

学生だけでなく、教師集団も民族的・文化的少数者に親和的文化を形成していた。歴史家チャールズ・ハーパーの叙述によれば、一九〇〇年時点において州立師範学校で教鞭をとる者の五七・五％が女性であったという。[58] 全米で五校の抽出調査をおこなったオグレン（Ogren, 2005）によれば、州立師範学校の教師集団に占める女性の割合は学生の男女比と相関しており、アーカンソー州立師範学校パイン・ブラフ校のように女子学生が少ない学校では女性教師も少ないが、カリフォルニア州立師範学校サン・ホセ校のように女子学生の割合が高い場合は、教師も女性が多く七割以上を占めていたという。[59] 当時の大学や総合大学では一七・一％にすぎなかったから、これは高い割合だと解釈できるとオグレン（Ogren, 2005）は指摘している。[60]

担当科目は教師の性別と相関していた。女性教師が担当するのは古典語を除く語学関係科目、歴史関係の諸科目、音楽や芸術関係、科学分野では生理学や植物学、動物学などで、第Ⅰ部で検討した一九世紀前半に女性が学び得た諸科目と大きな変化はなかった。ただし、なかには古代言語や数学、科学など、男性領域の教科を担当する者もいた。[61]

③学問的・文化的水準

多くの校長や教師は、海外に独自に留学に赴くなどして研鑽を積み、それら学問的な努力の成果を出版しており、それは女性も同じだったとオグレン（Ogren, 2005）は指摘している。例えばニューヨーク州立師範学校オスウィーゴー校の教師メアリー・リー（Mary V. Lee）とメアリー・シェルドン（Mary Sheldon）は、二年間ヨーロッパを視察旅行してケンブリッジ大学で学んでいたという。あるいはバージニア州立師範学校ファームビル校で一八八三年から一八九三年まで教鞭をとっていたシレスト・パリッシュ（Celeste Parrish）は、男子学生がほとんどを占めるハムデン・シドニー大学に毎週土曜日に通学していたし、その他の女性教師も男子のみのバージニア大学において「特別学生」として学んでいたという[62]。

彼女たちは、師範学校の教壇に立つ前に、自分自身で初等教育の教壇に立った経験をもっていた。そして州立師範学校において初めて学問に触れ、教養教育や高等普通教育によってその視野を広げられた経験をもち、それら教養教育が実生活上でもつ活力を、身をもって知っていた。したがって、教職準備教育の重要性と、その基礎となる高等普通教育の重要性の双方を理解する傾向にあり、州立師範学校における理論と実践の架け橋としての機能を果たしていたといえる。

（3）カリキュラム

一九世紀後半の州立師範学校において最も変化していたのは、そのカリキュラムであった。オグレン（Ogren, 2005）は、州立師範学校五校のカリキュラムを検討し、いずれにおいても一八七〇年代以降変化が生じていたと指摘している[63]。以下、オグレンの議論を参考にしながら、当時のカリキュラムの概要を整理する。

①複数コースの実現

まず、ほとんどの州立師範学校は一八七〇年代以降、入学生の準備学習に応じて複数のコースを提供するようになっていた。大別すると、「初等コース」と「発展コース」である[64]。内容は州によって異なるが、概して初等コースは基本的に初等教育内容の復習と若干の発展内容を主とし、修了によって期限付きで初等教育の教壇に立つことを可能にするものであり、発展コースは高等教育に値する発展的学問内容を主とし、修了によって学位や免許などが正式に授与されるとともに、中等教育の教壇に立つことを可能にするものであった。

複数コースの創設は、学生の被教育水準が低いことへの対応であった[65]。すでに触れたように、一八七〇年に開催されたアメリカ師範学校協会第六回年次総会でウィリアム・フェルプスは、師範学校における初等コースの入学資格の標準化を提言していたが、そこで提言された八つの入学水準とは初等教育程度の読み書き算であった。すなわち「1．正しく綴る能力、2．判読できるように手で書ける能力、3．すらすら読んで日常生活で使う単語をはっきり発音する能力、4．一般的な英語の構文を作れる、5．初等算数から歩合までの全ての過程を容易に解くことができる、6．米国の計量地理学と政治地理学の主要事実についての知識、7．道徳的な人柄であることの充分な証拠、8．身体の健康」であった[66]。

②修業年限の延長

初期の州立師範学校の修業年限は一年間で、実質的には数ヶ月の履修期間で学校を離れる事例がほとんどだった。マサチューセッツ州立師範学校フラミンガム校から毎年発行された学校要覧を一八六〇年代から一八九九年のものを確認すると、一八六〇年代後半に師範学校内に複数のコースが設置されはじめ、七〇年代以降は二年間が標準になり、八〇年代には初等コースと発展コースと両方を修了すれば、合計で四年制になる教育課程となっていた[67]。オグレン（Ogren, 2005）によれば、七〇年代に二年間コースが標準になり、八〇年代には発展コースまで終えれば四年間になる教育課程になったという変化は、全米の州立師範学校におおよそ共通するものであった[68]。州立師範学校の修業年限が一年から二年へと延長されるのには、三〇年から四〇年の歳月が費やされ、簡単な変更ではなかったことがわかる。

③教員免許制度との連携

一九世紀末頃になると教員免許制度が創設され、州立師範学校においては、初等コースでは期限付きの免許が、発展コースでは生涯有効の免許が授与される等の差異化が制度化されるようになっていた[69]。しかし、一九三三年の全米教育局の調査によれば、教員免許授与の権限を握る州は一八九〇年になっても未だ多くなく、教師養成機関における教育を免許授与の前提にする州は一八九七年になっても全米で半数程度だったという[70]。

④別学だが同じプログラム

重要なのは、修業年限に違いがあるにせよ、各コースを履修した学生には、性別による隔てなく単一のプログラムが提供されていた点である。共学校の場合であっても、学習する教室は男女別ではあったが、提供される学習内容は男女に共通していた[71]。オグレン（Ogren, 2005）は、このカリキュラムの構造が学問においてはすべての学生が正当で有能な参加者だという暗黙のメッセージを発し、学生の活発な課外活動の基礎となっていたと指摘している[72]。

（4）近代的心理学と教育学の興隆

また、一九世紀末の州立師範学校の大きな変化として、子どもの発達を学ぶための教職科目が登場した点が挙げられる[73]。

これらの科目は、一八六〇年代以降の教育方法に関する探究を基盤にしていた。一つは、一八六〇年代以降のペスタロッチ運動である。ニューヨーク州オスウィーゴー市の教育長シェルドン（Edward A. Sheldon）が、自ら設立した市立師範学校（一八六六年に州立に移管し自ら校長に就任）を中心に、ペスタロッチの理念と実物教授法の理念を紹介していった。第Ⅰ部で検討したとおり、ペスタロッチの理念そのものは一九世紀初頭からすでに米国に紹介され、女性教育に少なからぬ影響を与えていたが、イギリスの女性教育者エリザベス・メイヨー（Elizabeth Mayo）の著作をシェルドンが編集して出版した『実物教授』（Mayo & Sheldon, 1863）[74]などを契機として、実物教授法は全米に知られるところとなった[75]。第十章で検討するミシガン州立師範学校イプシランティ校のウェルチ校長（Adnijah Strong Welch）らは、このペスタロッチ運動の影響を受けた人物であった[76]。

第二は、イリノイ州立師範学校を中心とするヘルバルト主義である。同校で教鞭をとっていたクック校長（John W. Cook）、マクマリー兄弟（Charles McMurry and Frank McMurry）、ドガーモ（Charles DeGarmo）らが積極的にヘルバルト（Johann Friedrich Herbart, 1776-1841）の教授法を米国に紹介し、一八九五年には全米ヘルバルト協会が結成されていく。特に、チャールズ・マクマリーが紹介した五段階教授法は、米国の州立師範学校において科学的教授法理論として急速に受容されていった[77]。

第三は、スタンリー・ホール（Granville Stanley Hall, 1844-1924）の心理学に影響された児童研究である。ホールが一八八九年マサチューセッツ州ウースターにあるクラーク大学の初代総長となって、一八九二年にアメリカ心理学会を組織すると、州立師範学校ウースター校（Worcester State Normal School）のラッセル校長（Elias Harlow Russell）の試みを皮切りに、全米の州立師範学校で教職科目に「心理学」や「児童研究」といったタイトルの科目が取り入れられるようになった。これは子どもの行動を徹底して観察し、科学的に記録するよう学生に求める科目群で、記録の多くはホールら心理学者の元に送付されたという[78]。

ただし、心理学や児童研究といった科目はほんの少数にすぎず、カリキュラムのほとんどは、教師になった時に教える教科の内容について学習する科目群であった。建前としては、それら教科内容の科目群のなかで、各教科内容の教え方が扱われることが前提とされていたが、学生たちの要求は教職教育よりも高等普通教育の方にあったため、実際には全く触れられない場合もほとんどであったとオグレン（Ogren, 2005）は指摘している[79]。この状況が、一九世紀後半の師範学校におけるカリキュラム論争の主たる争点となっていく。

（5）課外活動

以上のカリキュラムに加えて学生たちに大きな影響を与えていたのは、課外活動だった。正規の教育課程の他に、学生たちの自主的な課外活動が活発に展開されていたのである。各州立師範学校において、講演者を招いて社会問題を学ぶ講演会の企画運営や、芸術コンサートの開催などの他、学問的なクラブやソサイエティ活動などが、多彩に展開され、学生たちの知的探究の拠点となっていた。[80]

例えば、すべての州立師範学校において、講演者を招聘する企画が多彩に展開されていた。それは女子校であっても同様で、当時の中上層の人々が関心を寄せる社会的・文化的問題について、一流の著名人が招聘されていた。女子校として知られるノースカロライナ州立師範学校グリーンズボロー校では、学生たちが課外活動でセオドア・ルーズベルト（Theodore Roosevelt, Jr., 1858–1919）、ウィリアム・ブライアン（William Jennings Bryan, 1860–1925）などの政治家や、ノースカロライナ男女平等協会会長で南部の女性参政権運動家として知られるヘレン・モリス・ルイス（Helen Morris Lewis, 1852–1933）などを招いていたという。[81] カリフォルニア州立師範学校サン・ホセ校では、シカゴのハル・ハウスで活動していたジェーン・アダムズ（Jane Addams, 1860–1935）を招いたり、マサチューセッツ州立師範学校フラミンガム校では詩人シドニー・レニアー（Sidney Clopton Lanier, 1842–1881）を招き、詩の朗読と講演などをおこなったりしていた。[82]

学問的なクラブ活動も盛んで、すべての州立師範学校でほとんどの学生がなんらかのクラブや協会（society）に参加していた。最も多く存在したのが文学協会で、州立ブリッジウォーター師範学校や、州立イプシランティ師範学校などで、多彩なライシーアム活動が展開されていた。天文学や自然史のクラブも数多く、それらクラブは部室や収集図書や備品をもち、正規カリキュラムでは教えられない発展的な内容を探究していた。中西部や西部では、教師が監督し、知的活動として認めて単位認定される場合もあった[83]。

これら活動は、多くの学生を中産階層の文化にいざなう機能を発揮していた。多くの学生は、都市出身でも中産階層出身でもなかったため、師範学校が置かれた都市の文化に積極的に学ぼうとしていた。オグレン（Ogren, 2005）は、これらの課外活動を通じて得られた社会資本や文化資本こそが、学生たちの階層移動を可能にしており、学生たちにとっての州立師範学校の真の魅力となっていたと指摘している[84]。

（6）直面していた問題

一方、一九世紀末から二〇世紀初頭にかけての州立師範学校は、新たな問題群に直面するようになっていた。全米に共通した問題状況を、以下七点に整理しておこう。

①教師需要急増への対応

第一の問題は、教職の需要増加があまりにも急激で、養成数が追いつかない状態が長く続いていたことにあった[85]。需要の急増は、中等教育教師について顕著だった。公立学校の児童数の増加率をみると、小学校児童数は一八九〇年に一二五二万人だったものが、一九三〇年には二一二八万人へと約一・七倍になり、高等学校の生徒数は一八九〇年に二〇万人だったものが、一九三〇年には四四〇万人と約二二倍も増加していた[86]。中等教育段階の教師は一万六〇〇〇人が二三万五〇〇〇人へと増加し、それでも教師不足の状態が継続していた。一八九〇年から一九二〇年頃までは、全米の教師の需要は年間約一〇万人程度で推移していたとみられる[87]。

従来は、高等学校の教師は主に大学卒業生から供給されていたが、需要の急増に大学の供給力のみで対応できないことは明らかであり、師範学校が対応する必要が生じていた。それゆえ、上述のとおり州立師範学校は急速に新設され全米へと普及したが、問題は、州立師範学校の供給規模をはるかに上回る水準で、中等教育教師の需要が拡大しつづけたことにあった。しかし州立師範学校は、次章以降で検討するとおり、学校教師の供給にも質の向上にも十分に貢献していないとして、厳しい批判にさらされ、その存在意義を問われるようになっていった。

②教職の分化、階層化、専門職化への対応

第二の問題として、中等教育の拡大や教育行政制度の整備に伴って、それまでひとくくりに教師とされていた教職の内部で分化が進み、初等教育教師、中等教育教師、教育行政職など、それぞれの学問的水準や職務内容に応じた養成教育が求められるようになった点が挙げられる。

大桃敏行（二〇〇〇）が指摘するとおり、一九世紀半ば頃まで、「教師」という語は広く教育関係者一般に用いられていた[88]。例えば第五章で検討したように、一八五七年の全米教師協会（National Teachers Association）結成当時の会員資格は「常勤の紳士」に与えられたが、その詳細は「公立・私立の小学校、大学または総合大学の教職、私的家庭教師、教育雑誌編集者、教育長」であった[89]。次章以降に検討するエレン・ハイドやジュリア・キングの事例からも、同一人物が学校教師や家庭教師を経て、教育行政職に携わった後、師範学校や大学で教鞭をとるといった経歴をもつ場合が少なくなかったことが看取できる。

しかし、一八六六年に全米教育長協会（National Association of School Superintendents）が結成されたことに象徴されるように、教育行政職についても独自の職能集団であることが自覚されるようになった。また中等教育の拡大によって初等教育、中等教育、高等教育の水準の違いが徐々に広がっていた[90]。したがって、それぞれ分化した職務に応じた内容の養成教育が求められるようになっていたのである。

そしてこれらの教職の専門分化は、ポール・マッティングリー（Mattingly, 1975）が分析したとおり教職内部での階層化を伴っており、その階層の最底辺に位置づけられたのが初等教育の教職であった[91]。例えば、アメリカ師範学校協会は、専門分化に対応しつつ組織の維持存続を目的として、一八七〇年の第六回年次大会において全米教育協会（National Education Association）結成に参加し、師範学校部会（Department of Normal School）になることを決議していた[92]。しかし、タイヤックとハンソット（Tyack & Hansot, 1982）が指摘するとおり、女性教師が正会員の資格を付与されたのは一八六六年以降であったし、全米教育協会の会員のほとんどは男性で、教室教師と呼ばれる役職をもたない教師の大半を占める女性はほとんど包摂されていなかった[93]。

したがって州立師範学校は、教職の専門職化をめざすにあたって、教育関係職すべての専門職化に取り組むのか、一部の教職のみを専門職化しようとするのか（例えば設立時の目標どおり初等教育の教職を専門職にしようとするのか、それとも教育行政職や高校以上の教職を専門職にしようとするのか）という選択を迫られ、選択の方針をめぐって内部に対立を抱えていた。例えば、一八七〇年にオハイオ州クリーブランドで開催されたアメリカ師範学校協会の第六回年次大会で、会長のジョン・オグデン（John Ogden, 1824-1910）は、「これからは、師範教育は純粋に専門的なものとして最も高い水準を維持すべき」であるとして、小学校教師養成は師範学校の任務から外すべきことを宣言していた[94]。一方、初代会長ウィリアム・フェルプスは、同大会で小学校教師養成の水準の低さを指摘しつつも、「解決しがたい問題を無視してはならない」として小学校教師養成も維持しつつ、いかにしてその水準を高めるべきかを追究すべきと主張していた[95]。

いずれの方針を採用するかは、州立師範学校ごとに異なって展開していった。詳細は次章以降の事例検討で明らかにする。

③他の教師養成教育機関との競合

第三に州立師範学校は、他の高等教育や教師養成の諸機関と競合する状況に投げ込まれ、その独自の存在意義を示す必要に迫られていた。教育人口の拡大は、初等・中等教育にとどまらず、高等教育にも及んでいたからである。[96] 州立師範学校は、中等教育段階の教師の需要に対応しなければ、州の主要な教師養成機関としての存在意義を問われることになるが、逆に需要に対応して新たに養成に乗り出せば、それまで高等学校教師を養成していた大学や総合大学の既得権益を侵し競合する事態を招くという、ジレンマ状況におかれていた。[97]

一方、大学や総合大学の側からすれば、高等学校と大差ない教育水準の州立師範学校が高等学校の教師養成をおこなうことは、生徒の利益となる改革とはとらえがたかった。また、高等学校の教師養成は、増加する大学卒業生の進路先を確保するための重要な事業として認識されるようになっており、州立師範学校の進出は自校卒業生の進路先確保の観点からも、歓迎しかねる事態であった。[98]

したがって東部や、中西部でもシカゴのように古くから大学が多数存在する地域の州立師範学校は、他の教育機関との競合関係を意識しなければならない状況におかれた。

④高等教育の序列化競争および研究機関化への対応

第四に、州立師範学校は、高等教育諸機関のなかで生じていた序列化競争への対応を余儀なくされていた。デイビッド・リースマン（Riesman, 1956）[99] によれば、建国後まもない一九世紀初頭の米国では、中等教育機関と高等教育機関の区分も明確でなく、アカデミーや高等学校、大学、師範学校などのカリキュラムには重なる部分も少なくなかったし、それら諸機関の間に明確な序列も存在してはいなかった。しかし、一九世紀後半以降になると、米国型の「研究総合大学（research university）」が登場し、拡大する高等教育界のなかでは研究大学を頂点とした序列化や格付けが形成されつつあった[100]。

つまり州立師範学校は、四重の課題に直面していた。一方では、研究大学を頂点とする高等教育機関の序列化が進むなかで、いかに大学としての性格を整えていくかが課題となっていた。学位授与権の獲得や大学昇格化は、教師養成のためにも、すなわち優秀な男子学生を獲得するためにも、避けては通れない問題だった。しかし他方で州立師範学校は、本来の設立目的である教師養成をいかに維持するかという課題にも直面していた。州立師範学校が大学としての性格を強めると、既存の高等教育機関と競合しなければならず、独自の存在意義を示す必要に迫られるからである[101]。

さらにその際、中等教育段階の教師の養成に特化すれば、すでにその養成をおこなっている大学や総合大学との競合関係にさらされ、教育機関としての存続自体が危ぶまれる事態になる。しかし競合を避けて独自性を出すために初等教育教師の養成機能に特化すれば、大学程度の教育水準をもった志願者の確保が事実上困難となり、教師養成機関としては存続できても大学には昇格できないというジレンマ状況におかれていたのである[102]。

⑤男性教師像への対応

第五に、一九世紀後半の州立師範学校は、中等教育の男性教師像への対応を余儀なくされていた。当時は中等教育教師は男性が望ましいと考えられていたため、その需要拡大に対応するために、なんとかして男性の入学希望者を獲得しなければならなかった。

しかし、教職の給与や社会的地位は高等教育を修了した男性に相応する水準に達しておらず、教職と強く結びつけられた州立師範学校が男子学生を惹きつけることは困難だった。当時の教職は高等教育を修了した男性に相応する収入を得られる職業とは言い難い状況にあった。ニューヨーク市教育局がランドルフ・バージェスに委託して一九二〇年におこなった調査によれば、一八七〇年代の平均的教師の週給額は、都市部で男性教師は三五・四二ドルであり、女性教師の一一・八八ドルよりは三倍ほど高かったが、一九一〇年代に入っても三六・四二ドルと値上がりせず、農村部では一七・一一ドルと地域によっても大きな差があった。[103] この状況は二〇世紀初頭になっても続いており、例えば全米教育協会の「教師の給与と生活費委員会」は、一九一三年の報告書において、教師の給与が当時の物価や生活費の上昇に見合うものでないことを厳しく指摘していた。[104]

したがって師範学校は、他方では「中等教育教師は女性にもつとまる」と内外にアピールしなければならなかった。[105] 教職の社会的地位は州立師範学校の努力だけでは解決できない問題であったにもかかわらず、州立師範学校はこの問題への対応を余儀なくされていたのである。

⑥水準を上げられないジレンマ

六点目の問題として州立師範学校は、中等教育教師の養成に向けて、カリキュラムを高等教育相当の水準へ向上する必要とともに、入学資格を高等学校卒業に上げる必要に迫られていた。上述した全米教育協会師範学校部門は、一八九九、一九〇七、一九〇八、一九一二年に、高等学校卒を入学資格にすることを、繰り返し各校に勧告している。[106]

しかし、教職の待遇の悪さを承知の上で州立師範学校への入学を希望する学生たちの多くは、上述したような非都市部出身の貧しい男子学生や、女性や民族的・文化的少数者であった。彼らは概して十分な被教育経験をもたなかったため、入学条件を厳しくして厳格に適用すれば志望学生の多くを入学させられないというジレンマがあった。入学志望者の減少は、師範学校の財政という点からも、また供給を低下させ教師不足に拍車をかける点からも、避けなければならなかった。したがって、一九一〇年でもなお大多数の師範学校は、予備部門を設けて低レベル入学者を受け入れていた。個別ガイダンスを実施したり経済的支援を拡大したりして、より低位の学生を受け入れようとする学校も少なくなかった[107]。

⑦カリキュラム改革のジレンマ

七点目として、州立師範学校は、誰の求めに対応して、どのようなカリキュラム改革をおこなうかという問題に直面していた。

非都市部の貧しい家庭から入学してきた学生たちは、好待遇とは言い難い教職への準備教育よりも、生まれ育った狭い世界から解き放たれるような視座を得る、教養教育や大学進学教育を求めていた。しかし、州立師範学校は輩出する教師の質の向上を州議会から求められ、教師養成教育をこそ充実させなければならない状況におかれていた[108]。

さらに議論を複雑にしていたのは、量的拡大に伴って生じていた高等学校の大衆化や質的変化であった。高等学校はその大衆化に伴って、上層家庭の少数の生徒に対して大学入学準備教育をおこなうエリート機関としての性格から、多数の生徒に普通教育をおこなう中等教育機関へと、その性格を変化させつつあった[109]。したがって、高等学校の教壇に立つ教師たちには、入試に備える教育以外の役割も求められるようになっており、大卒後に高等学校教師になったような従来型の教師には求められてこなかった知識や技能が必要とされるようになっていたのである。それら教育現場の変化への対応も、教師養成機関のカリキュラム改革に求められるようになっていた[110]。

以上の問題状況の詳細を、次章以降で詳述していく。

（1）　高等学校の師範クラスは含まない。Ellwood Patterson Cubberley, *Public Education in the United States* (Boston: Houghton Mifflin Company, 1919), 294 より筆者作成。

（2）　United States Office of Education, *Report of the Commissioner of Education for the Year* (Washington D. C.: U. S.

Government Printing Office, 1875–1915). 一八七五年版から一九一五年版をもとに筆者作成。Christine A. Ogren, *The American State Normal School: An Instrument of Great Good* (New York: Palgrave Macmillan, 2005), 58 も参照した。

(3) United States Office of Education, Department of the Interior, and W. B. Frazier, et. al., *National Survey of the Education of Teachers* 5 (Washington D. C.: U. S. Government Printing Office, 1935), 31–2.

(4) Frazier, *National Survey,* 18–23.

(5) Ibid., 31–2.

(6) Ibid., 32.

(7) Ibid., 19.

(8) オクラホマが州として合衆国に加入するのは一九〇七年、アリゾナは一九一二年になってからのことである。

(9) Ogren, *American State Normal School,* 56.

(10) Ibid., 57.

(11) Frazier, *National Survey,* 30–32.

(12) 有賀貞他『アメリカ史1』山川出版社、一九九四年、三九七―四〇八頁。

(13) Paul H. Mattingly, "Workplace Autonomy and the Reforming of Teacher Education," in *Critical Studies in Teacher Education,* edited by Thomas S. Popkewitz (New York: Falmer Press, 1987), 36–56; Amitai Etzioni, ed., *The Semi-Professions and Their Organization: Teachers, Nurses, Social Workers* (New York: Free Press, 1969), 17.

(14) Patricia Albjerg Graham, "Expansion and Exclusion: A History of Women in American Higher Education," *Sings* 3, no. 4 (1978): 759–73.

(15) James D. Anderson, *The Education of Blacks in the South, 1860–1935* (Chapel Hill: University of North Carolina Press, 1988).

(16) Frazier, *National Survey,* 32.

(17) Ogren, *American State Normal School,* 60-1.

(18) 有賀貞他『アメリカ史2』山川出版社、一九九三年、三一一八頁。

(19) オットー・ベットマン、山越邦夫他訳『目で見る金ぴか時代の民衆生活』草風館、一九九九年。

(20) 有賀貞他『アメリカ史2』前掲書、三五頁。

(21) David Tyack, *The One Best System: A History of American Urban Education* (Cambridge: Harvard University Press, 1974), 28-77.

(22) Sara M. Evans, *Born for Liberty: A History of Women in America* (New York: Free Press, 1989, 2nd edition, 1997), 138-147.

(23) R. Freeman Butts, and Lawrence A. Cremin, *A History of Education in American Culture* (New York: Henry and Company, 1953), 417-21.

(24) 有賀貞他『アメリカ史2』前掲書、四二頁。

(25) 同右書、四三頁。

(26) Jurgen Herbst, *And Sadly Teach: Teacher Education and Professionalization in American Culture* (Madison: University of Wisconsin Press, 1989), 109.

(27) Ibid., 118-23.

(28) Ibid., 5.

(29) Ogren, *American State Normal School,* 66.

(30) Herbst, *And Sadly Teach,* 110.

(31) Ogren, *American State Normal School,* 61. 一八九〇年にはさらに追加予算を承認する第二モリル法も制定されている。

(32) Egbert R. Isbell, *A History of Eastern Michigan University, 1849-1965* (Ypsilanti: Eastern Michigan University Press, 1971); Cubberley, *Public Education,* 210-1.

(33) Herbst, *And Sadly Teach,* 95-8.

（34） Ibid., 110.

（35） Ogren, *American State Normal School,* 60.

（36） Ibid., 61.

（37） Ibid., 60.

（38） Anderson, *The Education of Blacks.* 南部地域や西部地域の州立師範学校の史的展開については、ジェンダーの問題に加え人種の問題を複合的に考察する必要が生じるため、オリジナルな事例研究は今後の課題とする。

（39） United States Office of Education, *Report of the Commissioner of Education*; Ogren, *American State Normal School,* 66.

（40） "Botany Lesson," taken by Frances Benjamin Johnston in Washington D. C., in 1899, Library of Congress, LC-USZ62-50873.

（41） Ogren, *American State Normal School,* 67.

（42） Framingham State Normal School, *Circular and Register of the State Normal School from Its Commencement at Lexington, July 1839-Dec 1846* (Boston: William B. Fowle, 1846), 6-7.

（43） Ibid., 6-7.

（44） 伊沢修二著、信濃教育会編『伊沢修二選集』信濃教育会、一九五八年、一〇一八頁。平田宗史『欧米派遣小学師範学科取調員の研究』風間書房、一九九九年、九九頁。

（45） 平田宗史、同右書、一〇〇頁。

（46） Ogren, *American State Normal School,* 68.

（47） Ibid., 69.

（48） Molen, Clarence Theodore, "The Evolution of a State Normal School into a Teachers College: The University of Northern Iowa, 1876-1916" (Ph. D. Dissertation, University of Iowa, 1974), 50-51; Ogren, *American State Normal School,* 79.

（49） William F. Phelps, "Report on a Course of Study for Normal Schools," in *Addresses and Journal Proceedings of the American Normal School and the National Teachers Associations,* edited by American Normal School and National Teachers

Associations (Washington: James H. Holmes, 1871), 14.

(50) Phelps, "Report on a Course of Study," 18.

(51) George H. Martin, "The Bridgewater Spirit," in *Seventy-Fifth Anniversary of the State Normal School, Bridgewater, Massachusetts, June 19, 1915* (Bridgewater: Arthur H. Willis, 1915), 14.

(52) Ogren, *American State Normal School,* 72.

(53) Ibid., 68.

(54) Ibid., 68.

(55) Ibid., 75.

(56) U. S. Office of Education, *Report of the Commissioner of Education for the Year 1880* (Washington D. C.: U. S. Government Printing Office, 1882), 464-7.

(57) Ogren, *American State Normal School,* 76.

(58) Charles Athiel Harper, *Development of the Teachers College in the United States, with Special Reference to the Illinois State Normal University* (Bloomington, IL: McKnight and McKnight, 1935), 98-9.

(59) Ogren, *American State Normal School,* 90.

(60) Ibid., 90.

(61) Bugaighis, Elizabeth T. "Liberating Potential: Women and the Pennsylvania State Normal Schools, 1890-1930." Ph. D. dissertation, Pennsylvania State University, 2000, Ch. 2; Ogren, *American State Normal School,* 90.

(62) Ogren, *American State Normal School,* 123.

(63) Ibid., 122.

(64) U. S. Office of Education, *Report of the Commissioner of Education for the Year 1880,* 464-7.

(65) Phelps, "Report on a Course of Study," 18.

(66) Ibid., 18.

(67) Framingham State College, *Catalogue and Circular*, 1867–1899. HWLA.

(68) Ogren, *American State Normal School*, 121.

(69) David L. Angus, *Professionalism and the Public Good: A Brief History of Teacher Certification* (Washington D. C.: Thomas B. Foundation, 2001).

(70) Frazier, *National Survey*, 24.

(71) Ogren, *American State Normal School*, 90.

(72) Ibid., 153.

(73) Frazier, *National Survey*, 24.

(74) Elizabeth Mayo, and E. A. Sheldon, *Lessons on Objects, Graduated Series; Designed for Children between the Ages of Six and Fourteen Years* (New York: American Book Company, 1863).

(75) 村山英雄『オスウィーゴー運動の研究』風間書房、一九七八年。

(76) Daniel A. M. Putnam, *A History of the Michigan State Normal School at Ypsilanti, Michigan, 1849–1899* (Ypsilanti, MI: The Scharf Tag, 1899), 17–21.

(77) Charles Alexander McMurry, *The Elements of General Method Based on the Principles of Herbart* (Bloomington: Public School Publishing Company, 1893).

(78) Ogren, *American State Normal School*, 132.

(79) Ibid., 126.

(80) Ibid., 142.

(81) Allen W. Trelease, *Making North Carolina Literate: The University of North Carolina at Greensboro from Normal School to Metropolitan University* (Durham, NC: Carolina Academic Press, 2003); Ogren, *American State Normal School*, 107.

(82) Ogren, *American State Normal School,* 107.
(83) Ibid., 111.
(84) Ibid., 151-200.
(85) Frazier, *National Survey,* 43.
(86) Ibid., 49.
(87) Walter Scott Monroe, *Teaching-Learning Theory and Teacher Education, 1890 to 1950* (Urbana, University of Illinois Press, 1952), 261.
(88) 大桃敏行『教育行政の専門化と参加・選択の自由』風間書房、二〇〇〇年、三〇頁。
(89) National Education Association, *Fiftieth Anniversary Volume, 1857-1906* (Winona, MN: The Association, 1907), 534. 大桃敏行、同右書、三〇頁。
(90) 大桃敏行、同右書、三〇頁。
(91) Paul H. Mattingly, *The Classless Profession* (New York: New York University Press, 1975).
(92) 全米教育協会は、一八五七年に結成された全米教師協会（National Teachers Association）を母体とし、アメリカ師範学校協会および一八六六年結成の全米教育長協会の併合によって結成された。American Normal School Association and National Teachers Associations. "Constitution of the National Educational Association," in *Addresses and Journal of Proceedings of the American Normal School, and the National Teachers' Associations at Cleveland, Ohio, Sessions of the Year 1870* (Washington: James H. Holmes, 1871), 215-7.
(93) David B. Tyack, and Elisabeth Hansot, *Managers of Virtue: Public School Leadership in America, 1820-1980* (New York: Basic Books, 1982), 158-9.
(94) John Ogden, "Opening Address by the President," in *Addresses and Journal of Proceedings of the American Normal School and the National Association,* 8.

（95）　Phelps, "Report on a Course of Study," 11–20.

（96）　Herbst, *And Sadly Teach,* 171–4.

（97）　Ibid., 174–5.

（98）　Ibid., 175–81.

（99）　David Riesman, *Constraint and Variety in American Education* (Lincoln: University of Nebraska Press, 1956).

（100）　Ibid., 21–62.

（101）　Geraldine Jonçich Clifford, and James W. Guthrie, *Ed School: A Brief for Professional Education* (Chicago: University of Chicago Press, 1988).

（102）　Herbst, *And Sadly Teach,* 149–60.

（103）　W. Randolph Burgess, and New York City Department of Education, *Trends of School Costs* (New York: Department of Education, 1920), 32–3.

（104）　National Education Association of the United States Committee on Salaries Tenure and Pensions of Teachers (Appointed 1911), and Robert C. Brooks, *Report of the Committee on Teachers' Salaries and Cost of Living* (Ann Arbor: The Association, 1913).

（105）　David B. Tyack, "An American Tradition: The Changing Role of Schooling and Teaching," *Harvard Educational Review* 57, no. 2 (1987): 171–74.

（106）　National Education Association of the United States Department of Normal Schools Committee on Normal Schools, *Report of Committee on Normal Schools, July 1899* ([S. l.]: National Education Association, 1899).

（107）　Mellicent McNeil, *A Comparative Study of Entrance to Teacher Training Institutions* (New York: Teachers College, Columbia University, 1930); 三好信浩『教師教育の成立と発展』東洋館出版社、一九七二年、二三四頁。

（108）　Ogren, *American State Normal School,* 85–119.

(109) National Education Association of the United States Committee of Ten on Secondary School Studies, *Report of the Committee of Ten on Secondary School Studies; with the Reports of the Conferences Arranged by the Committee* (New York: American Book Co., 1894).

(110) Herbst, *And Sadly Teach*, 171-4.

第九章　女性校長の出現とその意味

——アニー・ジョンソンとエレン・ハイドの思想と実践

第Ⅱ部で検討したウォルトンは、女性であるために管理職への登用を拒まれていたが、普及期にはなぜ女性管理職が誕生し、それは何を意味していたのだろうか。また、管理職についた女性はどのような教師教育を切り開き、どんな葛藤に直面したのだろうか。

本章では、マサチューセッツ州立フラミンガム師範学校を対象にし、同校において全米初の女性州立師範学校長となったアニー・ジョンソン（Annie Johnson, ?–1894, 校長在職期間　一八六六—七五）と、その後を継いだエレン・ハイド（Ellen Hyde, 1838–1926, 校長在職期間　一八七五—九八）[1]という二人の女性の思想と実践を明らかにし、州立師範学校普及期に女性教師の担った役割とその意義を明らかにする。

ジョンソンについては、フラミンガム州立師範学校が一九一四年に編纂した『州立フラミンガム師範学校の歴史的風景』[2]に初代校長としての存在が指摘されていたにもかかわらず、現存史料の乏しさゆえにほとんど歴史研究の対象とされてこなかった。フラミンガム州立大学の委嘱により歴史家ビヴァリー・ワイズらが一九八九年に編纂した『教育の開拓者——フラミンガム州立大学史』（Framingham State College Historical Publication Subcomittee, 1989）[3]があらためてジョンソンの存在に光をあてたが、その叙述においても簡潔に触れられるに留まっている。

ハイドについては、その業績の史的意義を評価した研究として、ビヴァリー・ワイズ「米国初の州立師範学校における教師かつ校長――エレン・ハイド（1838-1926）」（Beverly J. Weiss, 1995）[4]が挙げられる。これは、上述の『教育の開拓者――フラミンガム州立大学史』の執筆に携わったワイズが、ジョンソンおよびハイドの女性校長としての実績を概観した小論である。州立師範学校における女性校長の存在を再評価した点で、この研究の意義は大きい。しかしワイズは、ハイドの生涯を概観したにすぎず、ハイドの教師教育に関する思想の検討や実践の考察はおこなっていなかった。

ジョンソンとハイドの教師教育に関する思想と実践を明らかにすることは、以下四点の意義をもつ。第一に、一九世紀後半の州立師範学校が、どのような教育機関として機能していたのかを明らかにできる。米国の先行研究においては、クリスティーン・オグレン『米国州立師範学校』（Ogren 2005）[5]が、州立師範学校に女性校長が存在していたことを指摘していたが、オグレンはその存在を指摘するに留まっており、女性校長の生きざまや業績に関する具体的な叙述はおこなっていなかった。二人の女性校長の事例を検討すれば、一九世紀後半の州立師範学校では、教職経験のある女性が校長に就任することによって、女性である一般の教室教師と良好な関係を築きつつ教育実習指導をおこなえる教師教育の環境が整ったことが明らかになる。

第二に、一九世紀末の州立師範学校が、学生だけでなく教師としても女性を採用し、女性に開かれた教育機関となっていた事実を具体的に解明することが可能になる。例えばオールブジャーグ・グレイアム（Graham, 1978）は、米国の高等教育機関は革新主義時代よりも一九世紀後半の方が、進学先としても就職先としても女性に開かれていたことを指摘していた[6]。しかしグレイアムの検討は、セブン・シスターズ・カレッジと呼ばれる有名女性大学のみを対象にするにとどまり、師範学校や師範大学は検討の対象になってこなかった。本事例の検討を通して、一九世紀末の州立師範学校においても一九世紀の方が女性に開かれていたというグレイアムの指摘があてはまることを明らかにできる。

また、ヘレン・ホロヴィッツ『母校――一九世紀初頭から一九三〇年代までの女性大学におけるデザインと経験』（Horowitz, 1984）[7]、パトリシア・パルミエリ『アダムのいないエデンの園――ウェルズリーにおける女性教授団のコミュニティ』（Palmieri, 1995）[8]などは、女性大学で教鞭をとった女性の生活や経験を主題としたが、州立師範学校で教鞭をとった女性については主題とされてこなかった。したがって、ジョンソンやハイドら女性州立師範学校長の存在や、彼女たちが排他的に女性教師を採用しようとした学校経営の事実を明らかにすることは、従来の高等教育史や女性教育史の叙述に州立師範学校を位置づける必要を提起する意義をもつ。

第三に、ハイドの思想の検討によって、師範学校の女性教師によっても、幅広い教養教育と教職教育の双方を重視する教師養成カリキュラムが探究されていたことが明らかになる。先行研究において、例えばモンロー（Monroe, 1952）[9]やボロウマン（Borrowman, 1956）[10]は、従来のアメリカ教師教育史のカリキュラム改革理念を整理していたが、その検討はすべて男性の理念を対象にしたものであった。

第四に、ハイドの事例によって、なぜ東部地方、特にマサチューセッツ州立師範学校の大学昇格化が全米で最も遅れたのかを、具体的に解明することが可能になる。チャールズ・ハーパーの『米国におけるティーチャーズ・カレッジの発達』（Harper, 1935）[11]など一九八〇年代頃まで主たる叙述枠組みとして参照されていた諸研究は、師範学校の大学昇格化を、学校史や制度史として叙述してきた。しかし、教師教育史の具体像に迫るためには制度の内側からの視点を内包した叙述が欠かせない。

本章における検討は、現フラミンガム州立大学ヘンリー・ホイットモア図書館稀少史料室（Framingham State University Henry Whittemore Library Archives & Special Collections）において、筆者自身が訪米調査によって収集したハイド直筆の草稿類、講義ノート、手紙を主たる対象としておこなう。日記や日誌、メモなどは、すべて手書きの史料であり、判読して活字化する作業からすべて筆者自身がおこなった。当事者の乱筆等により判読不能の部分については、やむなく引用の対象からはずした。二次史料として州立フラミンガム師範学校および大学の歴代学校史（一九〇〇年版、一九一四年版、一九五九年版、一九八九年版、二〇〇三年版[12]）を用いる。

1　州立師範学校における女性校長の誕生

（1）アニー・ジョンソンの生い立ち

フラミンガム州立師範学校の校長に、初めて女性が就任したのはアニー・ジョンソン（Annie Johnson, ?–1894, 校長在職期間 July. 1866–August. 1875. 図9－1[13]）である。これが、全米初の女性州立師範学校長の誕生であった。しかし、ジョンソンの記録はほとんど残されていない。現在では初の女性校長として大学史に名前が刻まれているにもかかわらず、出生年すら不明のままとなっている。これは後述するとおり、ジョンソンの業績が当時から正当に評価されていなかったこととの反映とも解釈できる。

第六章で検討したイレクタ・ウォルトンの回想によれば、ジョンソンはメイン州の長老派牧師の家に生まれたという。学校には通わず、父や父の友人である大学教授たちに個人的に学ぶ機会を得て、ラテン語、天文学、形而上学、建築学、植物学などを学んだ後、一五歳で教壇に立ち、州立師範学校に採用されるまでに高等学校も含めてあらゆる学年を教えた経験をもっていたという[14]。女性教師としての経験が、校長としてのジョンソンの学校改革に少なからぬ影響をもったことは想像に難くない。

（2）アニー・ジョンソンが校長に就任できた理由

ジョンソン校長の就任式で演説したマサチューセッツ州知事アレキサンダー・ビュロック（Alexander Bullock, 1816-1882）は、校長に女性を登用することを「実験的な試みだ」と述べていた(15)。

第六章で検討したウォルトンは、実績を挙げながらも女性であるがゆえに校長職には登用されなかったのに、なぜジョンソンは校長職に採用されえたのであろうか。

フラミンガム州立師範学校でジョンソンが校長に就任した要因として、学校内の状況を四点、および学校外の状況を二点、計六点を指摘できる。

まず学校内の要因として第一に、前章で検討したように、すでに一八四三年からイレクタ・ウォルトンが校長代理として実績を上げた前例が存在していたことが挙げられる。第二に、ジョンソン自身が、一八六一年から第四代校長ジョージ・ビギロウ（George N. Bigelow, 1825-1866, 校長在職期間　一八五五―六六）の下で補助教師を務めており、補助教師としての人柄や実績が校長からも教育委員会からも評価されていたうえ、第三に、ビギロウが体調不良で不在になった一八六五年秋から約一年間、校長代理として学校運営を順調に進めた実績があったことが挙げられる。第四に、同校が女子校で、女性校長に対して学生が不満をもつ可能性が共学校よりも少なかったことも大きな要因だった。教師集団に占める女性の割合も高く、同校で教えていた教師一一名のうち、九名が女性であった。二名の男性教師の反応は記録には残されていない(16)。

図9-1　アニー・ジョンソン肖像

学校外の要因としては二点挙げられる。第五の要因として、当時の教育委員会側の担当者が女性就任に積極的であったことを指摘できる。当時のマサチューセッツ州教育委員会においてフラミンガム校の査察と監督を担当する「訪問者」は、前州知事エモリー・ウォシュバーン（Emory Washburn, 1800-1877. マサチューセッツ州知事在任期間　一八五四―五五）と弁護士デイビッド・メイソン（David Haven Mason, 1818-1873）であった。彼らは、当時の男性教師と女性教師の扱いを「不公平」で「不合理」と考える思想の持ち主であったことが、『マサチューセッツ州教育委員会教育局年報』第二九号に残された彼らの記述から窺える。[17] フラミンガム校をかねがね訪問し、ジョンソンの校長代理ぶりを観察していたウォシュバーンとメイソンは、ビギロウ校長の体調不良が決定的になった時点でジョンソンの校長就任を強く推薦し、「彼女はあらゆる点で素晴らしく、女性によっても完璧に師範学校の教授のプロセスを遂行できるといえる」[18] と教育委員会に進言していた。

第六に、ウォシュバーンらの推薦が州教育委員会に受け入れられた素地として、歴史家ビヴァリー・ワイズは、当時の州教育委員会の政治的立場があったと指摘している。[19] 当時の州教育委員会は、ビュロック州知事のもと、急増しつつあった文法学校や高等学校における教師の需要増加に対応するため、中等教育機関で女性教師の採用を推進する立場をとっていた。「中等教育機関の教師は男性であるべき」という保守派の主張を批判していた州教育委員会が、女性であるからという理由でジョンソンの就任を認めないわけにはいかなかったのだろうとワイズは推測している。[20]

ジョンソン校長就任後、州教育委員会は同校に「通常より頻繁に」査察者を派遣したが、「大変満足した」と、一八六八年の教育委員会年報に公表している。

> 訪問者たちは、昨年度この師範学校を通常より頻繁に検討してきたが、見聞きしたことに大変満足した。彼らは未だ、女性校長のもとで生じた問題をみつけておらず、逆に若い女子学生たちは男性教師のもとで受けられるよりも、よりよいケアを受けていると、さまざまな点で観察された。[21]

(3) 女性州立師範学校長誕生が意味するもの――「開かれた州立師範」の象徴

一九世紀後半には、少数ではあるが、他の州立師範学校においても女性校長が誕生するようになっていた。ジョンソンや後述するハイドの他にも、ミネソタ州立師範学校マンケイト校校長を務めたジュリア・シアーズ(Julia Sears, 在職期間 一八七三―七四)や、メリーランド州立師範学校バルティモア校校長を務めたサラ・リッチモンド(Sara E. Richmond, 在職期間 一九〇九―一七)などが挙げられる。

州立以外の郡立や町立の師範学校を含めれば、より多くの女性校長が確認できる。一八八二年の全米一〇六校の公立師範学校統計をみると、明らかに女性と判別できる名前として、一八八二年度だけで少なくとも八名の女性校長の存在が確認できる[22]。

この背景には、一九世紀後半に女性や移民をはじめとする民族的・文化的少数者の学生が大幅に増加したことがあった。以下、当時の州立師範学校がどのような人々によって構成されていたのかを、学生、スタッフ、校長のそれぞれの観点から、具体的にみてみよう。

①学生に占める女性割合の増加

女性校長誕生の背景には、まず、全米各地の各州立師範において、学生に占める女性の割合が上昇していたことが挙げられる。フラミンガム州立師範学校は女子校だったし、前章で検討したように、共学校においても女子学生の割合が時代を経るごとに上昇していた[23]。一九世紀末の時点で多くの共学校で八割から九割を女性が占め、共学校の女子学生率が最も低い学校でも約六割を女性が占めるようになっていたため、女性校長が出現しやすい環境が成立していた。

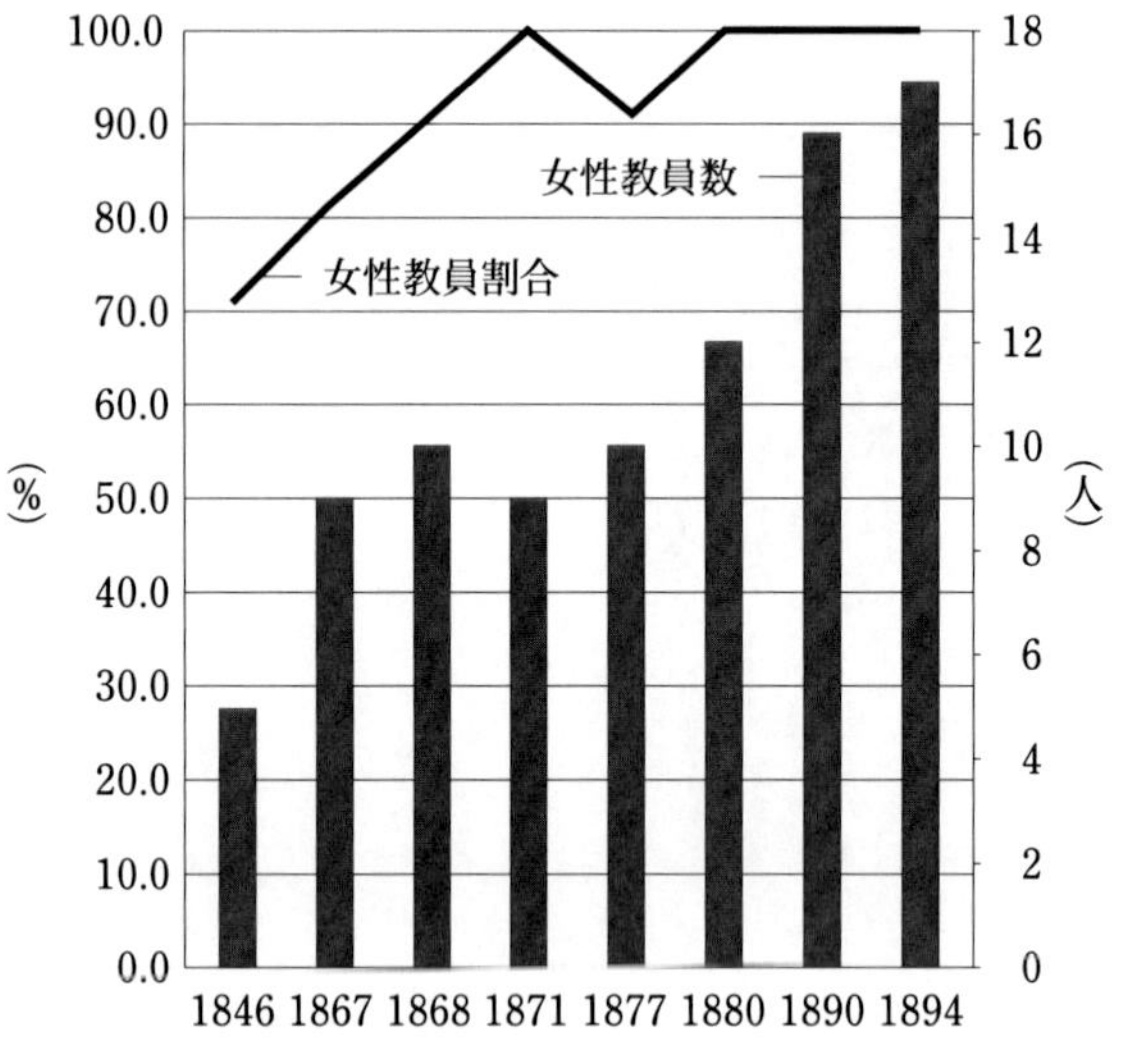

図9－2　州立フラミンガム師範学校・大学の教師集団に占める女性教師数および割合

②教師集団

州立師範学校の教師集団に占める女性の割合も増加していた。女子校だったフラミンガム校の場合、設立当初から補助教師のほとんどは女性で、男性は多くても一人か二人で推移している。後述するハイド校長の時代には全員が女性であった（図9－2）[24]。

オグレン（Ogren. 2005）の叙述によれば、一九〇〇年の時点で共学校を含めたすべての州立師範学校の教師集団のうち、五七・五％を女性が占めているという。また同じ統計で大学または総合大学の教師集団に占める女性の割合は一七・一％にすぎなかったことを考えれば、州立師範学校の教師集団に占める女性割合は大学よりも高かったことが指摘できるという[25]。

さらにオグレン（Ogren. 2005）によれば、教師集団に占める女性割合は州立師範学校のなかでも女子校において高く、また共学校でも「実際的な教授法訓練にかかわる教師」を積極的に採用しようとする州立師範で高くなる傾向を有していたという[26]。初等教育の教師の多くが女性となっていた当時の状況では、教室教師としての経験をもつ者を採用しようとすると女性の占める割合が高くなるのは自然なことであった[27]。州立師範学校は、学習の場としても就職先としても、女性に開かれた教育機関であった。

③校長職

またオグレン（Ogren, 2005）は、女性校長の存在は、男性の州立師範学校長らの校長文化によって容認されていたと指摘している[28]。前章で検討したとおり、師範学校の校長職の給与は大学等と比較して低く、男性校長の多くは農家など経済的に裕福でない中下層から輩出されていた[29]。彼らは州立師範学校出身で、州立師範を通して初等教育以上の教育機会や階層移動のチャンスをつかんだ者たちであり、中下層出身の男性に対してだけでなく、向学心をもつ女性や民族的・文化的少数者に対しても寛容な文化を形成していた。

例えば、多くの校長は、学費や生活費捻出に困窮する学生たちに理解を示し、私財を投じて困窮学生に経済的支援をおこなっていた[30]。さらにはイリノイ州立師範大学のリチャード・エドワーズ（Richard Edwards, 在職期間　一八六二―七六）や、ルイジアナ州立師範学校ナッキトッシュ校のトーマス・ボイド（Thomas Duckett Boyd, 在職期間　一八八八―九六）など、女性と男性は知的に対等だという見解を公式に表明する校長らも存在していたという[31]。

以上の状況が、女性州立師範学校長の誕生を支えていた。女性校長の存在は、女性や民族的・文化的少数者を積極的に受け入れ、彼らの教育機会拡大を支援しようとする、州立師範学校の文化を象徴していたといえるだろう。

（4）ジョンソンの校長としての実績

ジョンソン自身が執筆した一次史料は、筆者の調査では確認することができなかった。したがって、州立フラミンガム師範学校史『教育の開拓者――フラミンガム州立大学史』（Framingham State College Historical Publication Subcommittee, 1989）[32]およびビヴァリー・ワイズ「米国初の州立師範学校における教師かつ校長――エレン・ハイド（一八三八―一九二六）」（Beverly J. Weiss, 1995b）[33]の記述を基に、ジョンソンの校長としての実績を、以下三点に整理しよう。

①二年コースの新設

第一は、修業年限の延長と教育内容水準の向上である。ジョンソンは、州教育委員会に発展コースの設置を熱心に働きかけたという[34]。当時全米では修業年限一年のコースが主だったが、ジョンソンは一八六五年に修業年限二年のコースを新設するとともに、一八六九年にはより水準の高い発展コース（ラテン語、フランス語、高等数学、倫理学、自然科学、英文学を求める）も設立した[35]。高等学校の教師需要の高まりに対応しようとしたためであった。全米の多くの州立師範学校においても修業年限の延長が試みられていた[36]。

②教育実習校の復活

二点目の実績は、附属模範学校の復活である。初代校長パース以来、フラミンガム校には実習校の設立と運営を重視する伝統があった。しかし、同校が一八五三年にウェスト・ニュートンからフラミンガムに移転した時に新しい模範学校の設置に難航して以来、実習校は設置されないままになっていた。続く第四代校長ビギロウの下でも、学生の学問的な水準の向上が優先され、教育実習は重視されなかったと、ワイズ（Weiss, 1995）は指摘している[37]。

教育実習の軽視は、全米の州立師範学校に共通する傾向だったことが、アメリカ師範学校協会編『アメリカの師範学校』（American Normal School Association, 1860）から看取される[38]。当時はほとんどの学校で実習校運営に課題を抱え、学生に有意義な実習経験を提供できているとは言い難い状況にあったという。困難な状況は、第五章で検討した模範学校か教育実習校かという名称の違いには関係なく生じていた。主な理由は、以下四点である。

まず、実習校の教室は師範学校校舎内に設置されることが多かったが、学生の人数が増加するにつれ、実習校用の教室確保が困難になっていた。なかにはニュージャージー州立トレントン師範学校のように、一八五五年設立当初から師範学校の校舎横に独自の実習校を建設したうえ、実習校に校長を別途配置する学校もあったが、これは稀な事例であった[39]。第二に、予算の制約から実習校専属のスタッフを雇用することが難しく、師範学校生が交代で実習校の子どもを対象にした授業をおこない、それを校長が監督する状況となっていた。牧師や学者出身の校長の場合は、実習中の学生の指導は困難であったという[40]。

したがって第三に、実習校に子どもを通わせる保護者や地域から、苦情が多く寄せられていた。師範学校生の指導への不満が生じたり、師範学校の立地場所によって子どもたちの通学に不便が生じたりする事例が目立ち、校長が保護者や地域住民の理解を得るための努力をしなければならなくなっていた[41]。第四に、学生、特に共学校の男子学生は一般に教育実習よりも学問的な教科学習を求めており、学校としては苦労して実習校を併設するニーズに乏しかった。それゆえ、師範学校の学問的水準の向上を重視する校長らは、実習校を廃止したり休校にしたりする措置をとっていた[42]。

しかし、ジョンソンは、教師養成において実習校の存在が重要だと考え、一八六七年に師範学校の校舎内に小さな教室を確保し、実習校を復活させた。また、その後フラミンガム町の理解と全面的な協力を得ることに成功したという。それゆえ復活当初の実習校在籍児童数は数名にすぎなかったが、児童数が増え教室も二つに増やされた。また実習生に子どもを教えさせるだけでなく、実習校専属の教師を雇用し、訪問者に対して教授法を実演して解説をおこなう場としても位置づけるようにしたという[43]。

多くの州立師範学校が教育実習校の運営に失敗するなかで、教育実習校を復活・拡大させたジョンソンの改革は、彼女ならではの改革であったと推測できる。すなわち、ジョンソン自らが教室教師としての豊富な経験をもっており、実習校専属の女性教師や実習生を指導することが可能だった。またその実績をもとに、上述のような地元関係者や保護者の理解を得られたからこそ実施しえた改革であった。全米において教育実習校の役割が再重視されはじめるのは一八七〇年代以降のことであり、ジョンソンの改革はその動向に一歩先んじるものであった。彼女の改革は、次期校長ハイドへと継承されていく。

③寄宿舎の新設と全人教育

ジョンソンの取り組みの第三は、学生の生活水準の向上や学習環境の整備である。ジョンソン校長時代に寄宿舎が新設されるとともに、図書室や蒸気式暖房設備、照明設備の設置など校舎改築が実施された。それ以前は寄宿舎がなかったため、学生たちは学校近くに下宿するよう斡旋されており、週あたり約二・五ドルから三ドルの下宿費と燃料代や光熱費が、学生の経済的負担となっていたからである。寄宿舎によって、経済的に困難な学生にもいっそう門戸が開かれることになった[44]。

さらにジョンソンは、新設された寄宿舎に女性校長ならではの機能を与えたという。ジョンソン校長および補助教師の多くが寄宿舎に住むことによって、学生らと「親密な関係」を築くようにしたというのである[45]。寄宿舎の教育的利用は、ハイド校長に受け継がれている。ジョンソン時代の史料が乏しいため、具体的な描写はハイド校長の項で後述する。

（5）不当な待遇による辞職

以上のような実績を挙げ、校長としての学校運営は教育委員会からも評価されていたはずだったが、ジョンソンは一八七五年に突然辞意を表明し、ブラッドフォード女性アカデミー（Bradford Female Academy）の校長として転出していった。

転出の理由は公的には表明されていない。しかし一九一四年に『州立フラミンガム師範学校の歴史的風景』を執筆したイレクタ・ウォルトンは、ジョンソンの転出が女性校長としての給与や待遇の不当さによるものであったことを示唆している[46]。州立師範学校長の給与は男性であっても他のアカデミーや大学よりも低かったが、ジョンソンの給与は、その男性校長らの半額に満たなかったという。女性教師の給与に男性と別の基準が適用される仕組みは、州立師範学校長職においても同様となっていた[47]。

ジョンソンに対する「不当な」待遇は、給与だけでなかったことが窺われる。ジョンソンは、一八六六年七月から一八七五年八月まで九年間にわたって校長職を務め、それは同校の他の男性校長よりも長い期間であったにもかかわらず、ジョンソン校長についての記録や史料はほとんど現存していない。現フラミンガム州立大学ヘンリー・ホイットモア図書館においても記録や史料がほとんど収集されておらず、ジョンソンの生年さえ不明のままである。ジョンソン自身が執筆し出版した原稿等もほとんど存在が確認できない。この点でジョンソンは、校長には就任したものの、第Ⅱ部で検討したウォルトンのように、校長としての業績を正当に評価されない時代状況を生きていたといってよいだろう。

ジョンソンは、第六章で検討したウォルトンと、次節で検討するハイドの中間に位置づき、初の女性校長として堅実な実績を上げてハイドへの橋渡しを実現したと総括できる。現存する史料の範囲では、この点にこそジョンソンの最大の実績があったといえる。

2　エレン・ハイド校長の思想と実践

ジョンソンの辞職後、州教育委員会のメイソンとウォシュバーンが推薦したのが、エレン・ハイドだった。ハイドは、フラミンガム州立師範学校の卒業生であり、ジョンソン校長時代に上級補助教師を務めていた人物である。当初ハイドは、病弱であることを理由に校長着任を固辞していたが、数ヶ月間校長代理を務める間に受諾を決意したという[48]。

（1）ハイドの生い立ち

まず、校長に就任するまでのハイドの生い立ちと略歴をみておこう（図9-3）[49]。

ハイドは、一八三八年一二月九日、ニューヨーク州ローマに生まれた。幼少期はローマですごし、小さな私立学校に通う。しかし一四歳の時に父ベラ（Bela B. Hyde）が死亡し、その二年後に母も亡くなり、ハイドは孤児になった。そのため、ニューヨーク市で警備員をしていた叔父J・B・ハイド（正確な氏名は不詳）に引き取られた[50]。その後、ニューヨーク州ポート・ジャービスにある寄宿学校ネバーシンク・セミナリー（Neversink Seminary）で学んだという[51]。

孤児となり、寄宿舎で育ったハイドにとって、その人生を切り開く転機となったのが、一八六一年州立師範学校への入学だった（図9-4）。州立師範学校は、ハイドが初めて得た初等教育以上の教育を受ける機会だった。ハイドは、一八六二年に一年コースを終えるとすぐに補助教師として採用された。一八六六年に校長に就任したアニー・ジョンソンの下で上級補助教師を務めた後、一八七五年に第六代校長に就任し、一八九八年まで二三年間校長職を務めた。

ハイドを回想する人の多くは、その容姿と声に言及している。例えば、同窓会がおこなった聞き取り調査の記録によれば、ある卒業生はハイドを以下のように回想したという。

> エレン・ハイドは、一度会うと誰もが忘れられない女性でした。彼女は、学校が始まって最初に私の興味をひいた女性でした。私がいままで会った中で最も美しい女性だと思いましたし、歌うように美しく話す彼女の声は、いくら聞いても聞き飽きませんでした[52]。

またハイドは、学生の寄宿舎に自分も住み、生涯独身だった。幼い頃に両親を亡くし寄宿舎で育ったハイドは、校長として学生たちを娘のように思い、州立師範学校を「家」のように感じていたという。クリスマス休暇には、帰宅できない学生たちのために寄宿舎のホールに「家族」として集い、食事やろうそくを準備し、ハイドから学生たちへのクリスマス・プレゼントを靴下に入れて飾り、皆で祝ったという。[53] 州立師範学校に入学した後のハイドにとって、仕事と生活のすべてが師範学校と共にあったといってよい。[54]

（2）教師教育者としてのハイドの思想

ハイドは、子どもや教育を、さらには教職や教師の養成をどのようにとらえ、どのような問題に直面しながらどのような教師教育を切り開いたのだろうか。以下、ハイドが残した手書きのノートや講演草稿をもとに検討しよう。

図9-3　ハイドの幼少時の肖像

図9-4　州立師範学校入学当時のハイド

①教育による共和国の創造

ハイドの思想の根底にあったのは、神への信仰であった。ハイドは教育を、神の意志を実現する「善良で知的な市民」を育てるための重要な営みとしてとらえ、神による人間の統治の原理が、政府による人民の統治や、学校における子どもの統治にも適用されると考えていた。したがって、ハイドにとって教師はキリスト者であることが前提とされていた。

よい統治の原理は、神による世界の統治に完全に体現されており、それらは多かれ少なかれ、キリスト教国の統治の完全性に示されている。（略）我々は、おそらく皆、合衆国憲法とマサチューセッツ州法のもとで世界最高の政府による統治を享受していると信じている。それは、他のどの政府よりも神のモデルに近いものである。しかし今日のマサチューセッツ州の多くの学校では、抗しがたい圧制が生じている。そしてすべての学校がそうなってしまってはいない唯一の理由とは、思慮深く、キリストを敬虔に信じる教師たちがいて、彼らの統治が人々の求めるものよりずっとよく学校を統治しているからなのである。㊺

「よりよい共和国」の創造は、「よき市民」の育成にかかっていると考えるハイドにとっては、「公立学校の無償化」は重要であった。

普遍的な（universal）教育こそが共和政体をとる政府にとって唯一で確かな基礎であるという信念は非常に一般的である。（略）すべての思慮深い人々は、我々の過去の政府の安定は、教育が普及していたためだと信じている。そしていま共和国の基礎を揺らしているのは、その投票が□□□な（判読不能）無学な外国人の増加なのである。公立学校は善良で知的な市民を育てるために設立された。そして公立学校への出席は州の安全のために義務化されている。㊻

すなわちハイドは、教育こそが共和国の基礎であると考えていた。したがってハイドは「小学校と文法学校」は「完全に無償にすべき」だという。

これらの学校を無償にするのは州の義務かという疑問がおこっている。答えは簡単で、学校の目的は最良の市民を育成することだから、それは州の義務になるのである。しかし、長い目でみたときに完全無償が州にとってよいか、一部無償がよいかという問いには、思慮深くよく学んだ人々の間でも、大きく見方が分かれている。筆者の考えは、出席が義務づけられていて、よき市民であるために必須のこと（英語、地理、算数、アメリカ史、自然科学の基礎、そして歌唱）を習う小学校と文法学校はすべての人に完全に無償にすべきというものである。彼らを完全にするためのすべての骨折りは無償にすべきである(57)。

②授業観

ハイドはまた、「神の原理」を実現するための学校における、授業方法の改善にも熱心に取り組んでいた。ハイドの教育理念の土台は、ルソーとペスタロッチの思想であった。彼女は、教育や授業も「神の原理」に基づくものであり、神の創造した「自然に従う」必要を説いている。「神のご意志」は自然界の営みに現れるのであり、世俗の無駄な関わりを排せば、おのずと「神の原理」に従うことが可能になるというのである。

この約百年間に人間は、我々を取り巻く自然界において、どんな原理のもとで神のご意志が働くのかを発見することに興味を持ち続けてきた。そして今や我々は同じ問いを、もっと素晴らしい人間の世界、特に人間の精神の世界において持ち始めたのである。最も重要な問いは、「一体どんな原理が横たわっているのか？」である(58)。

自然に従うこと（following nature）とは、単に自然を真似することではなく、文字通り従うことを意味している。子どもが主導権をとることを許され、大人は前を行く子どもの後を追う。この意味で、貧者の子どもはよい家庭の子どもよりずっと有利である、なぜなら貧しい子どもは自然の訓練に従う余地が大きく残されているからである。自然は、間違いをおこさない唯一の守護者である。私たちが覚えておく必要があるのは、私たちは生活の学校の校長ではなく、自然の補佐役なのだということだ。自然は計画をもっており、私たちが従おうと願う義務を示してくれる。子どもの訓練に際して自然に従おうとする親は、めったに失敗せずよい結果を得る。従わずに急ぐ親は成功しない。[59]

ハイドが強調したのは、子どもの「自由」と「選択」を尊重することの重要性だった。

学校において、人格の正しい成長にとって大きな障壁となっているのは、至るところにみられる学校統治の理念が、冷酷で有害なものになっていることである。（略）未だに我々の学校は、専制的権威の雰囲気に包まれている。子どもは学校に入学すると「おしゃべりはいけません。席を立ってはいけません。後ろを向いてはいけません。窓の外をみてはいけません。教科書や鉛筆を落としてはいけません。（略）他の子どもと同じように、同じ速さで学ばねばなりません。もしこれらの規則に従えないなら、罰せられます」。

これは時代遅れで酷い制度の誇張表現ではなく、大半の学校の現状である。（略）子どもの人格に必要な根本的理念とは選択であり、選択の余地のないのは奴隷制である。[60]

以上のようにハイドは、神の原理である「自然に従う」とは、子どもが「選択の余地」を与えられ、生活や学習の場面において「主導権」をもてることであり、「教師の意志で生徒の物理的活動を抑制し」「選択の機会を制限する」ような奴隷制まがいのことはすべきでないと考えていた。

ハイドは、このような教育を「新教育」[61]と呼び、この理念を「自由による統治」と名づけている。

> 自由による統治は、最初は専制的規則による統治よりずっと難しい。なぜならそれは子どもの中に発達させたいと願う徳目のすべてを、教師自身が常に積極的に実行していなければならないからであり、また生徒達のわがままや気まぐれの発露を、専制的規則で抑圧するのでなく、許容しなければならないからである。生徒の理不尽さを抑圧せずに癒し、悪の中に隠されていた善を発達させていけば、それが進歩になり、成長は徐々に容易になり、そして最後に信心深い教師たちは、生徒達が調和のとれた強くて優しい人格になっているのを発見し驚くのである。これに匹敵する世俗の喜びは他にない[62]。

すなわちハイドは、子どもの行為を制限する授業運営ではなく、子どもの「自由」と「選択」を尊重した授業運営が重要であると考えていた。このような授業は「最初は専制的な統治よりはるかに難しい」が、「教師の恒常的で積極的な働きかけ」によって、生徒の「悪行の陰に隠された善さを成長させる」行為を続ければ、「生徒の人格の強さやかわいさに驚かされ」、この世で最高の喜びを味わうことができる、というのである。

以上の教育理念を具体的に授業に構成してゆくための方法も、ハイドは具体的に示していた。例えば実習校でおこなう低学年向けの授業の構成理念を、ハイドは以下三つに整理し、そのうえで教授方法を示している。

第一に、数の概念の獲得や九九表の教育を例に挙げながら、授業は「私たちの感覚が及ぶ範囲から始めよ」といい、「これが第一の原理である」という[63]。第二に、「具体的な対象を通さずに抽象的な観念に到達するのは不可能だから、教育は具体から始めなければならない」として、「実物教授」が重要だという[64]。第三に、

「観念は言葉に先行しなければならない」といい、これが第三の原理だという。そして、具体的経験を経ずに抽象的記号として新単語を覚えさせることの無意味さを指摘する。[65]

この三つの教授原理を示したうえで、「ナーサリーでは、部屋の飾りは豊かで調和のとれた色にし、シンプルで対称的な形にしなさい」、「大きくて本当によい絵を飾りなさい、例えば、モナリザや、ローザ・ボヌールの動物画、あるいはジョシュア・レイノルズの絵のような」といった具体的な指示をも示していた。[66]

ペスタロッチの教育思想は、南北戦争以降はニューヨーク州立師範学校オスウィーゴー校のシェルドン校長らによって受容され、広く全米の州立師範学校において学ばれていた。またペスタロッチは、第Ⅰ部でみたように、女性の学習意欲を喚起するために女性教育者が重視してきた思想でもあった。ハイドのペスタロッチへの傾倒は、これら二つの系譜に位置づくものといえる。

③教育方法観

しかし、ハイドの思想はペスタロッチの受け売りで終始してはいない。ハイドの思想の最大の特徴は、教室において教育技術は、教師や学生が単に知識として覚えただけでは機能せず、教師の理念と生きざまに根ざしてこそ機能するものと、とらえた点にある。

ハイドは、授業の実施において重要なのは「哲学的であること（philosophical）」と「真実に根ざしていること（truthful）」だという。

> もしも授業が哲学的で真実に根ざしていれば、子どもたちは勉強せよと責め立てられる必要はなくなる。彼らの日常生活の小さな出来事や、仲間や教師たちとの関係や、日常的な行動のふるまいについて、常に理性的に考えたり意識化したりすれば、彼ら

の学習は楽しさに満ちたものになるだろう。そうすれば、知性を欠いた利己主義的な小さな動物は、理性に満ち自分を制御できる、良心的な男性と女性へと変わっていくだろう。(67)

そして、授業が「哲学的」で「真実に根ざしている」ことは、教育の方法（methods）についても同様だと、ハイドはいう。すなわち、教育方法の知識を学んでも、その知識は、教師の「哲学」に基づいて「知的」に用いられなければ、「価値のない道具」にすぎなくなってしまうというのである。(68) 例えば、よい本を読むことが「子どもたちの教養を育み道徳を育てる」が、読書指導法を学んだだけでは教師として「実践的に」役立つことはない。なぜなら、「どの本がよい本かを知るだけ」では、新しく出版された本がよい本かどうかを判断し、教壇で用いることはできないからである。したがって、重要なのは「よい本を構成しているのはどのような要素か」という原理や、どのような子どもを育てたいのかという「哲学」を学んでおかなければならない、という。(69)

また、「真実に根ざす」とは「単に事実に根ざした教授内容を話すことだけを意味しているのではない」とハイドは以下のように言う。

真実に根ざすという言葉は、単に事実に根ざした教授内容を話すことを意味しているのではない。真実に根ざすことの始まりは、子どもが最初に受ける小学校の授業から始まるのだが、悲しいことに大人は、真実に根ざすとは単にウソをつかないことだと思ってしまう。真実に根ざすとは、教師がすべての行動や、思想や、感情において真実に根ざして生きること――生活の隅々で喜んで神の考えに従っていることである。そしてそのような真実に根ざして、子どもたちが毎日の教室で訓練されることなのである。(70)

すなわち、ハイドにとって授業が「真実に根ざす」とは、教育内容が事実に即していることだけでなく、教師自身が神の真実に合致した生き方をしていることを意味していた。教師が日頃から生徒に諭す言葉の内容と、教師自身の行動が異なっていれば、「ゆがみや混沌がもたらされる」という。教師が自分の言動を一致させて正直になり、「真実に生き」れば、学校から「すべての表面的でいんちきなこと」が取り払われる。そうすれば教師たちは、「委員会や親や偏狭な世論の奴隷」である状態から解放されるというのである。

それ（真実に根ざすこと―引用者注）は教師たちを、委員会や親や偏狭な世論の奴隷から神の使徒へと転換し、非道徳的な魂の訓練という、地上で最も高貴な仕事を神に委ねていただける存在にするのである。(71)

④知性的教職観――「天職（calling）」としての教職

授業とは「哲学的」で「真実に根ざす」ものと考えるハイドにとって、教職は知性的な職業であった。ハイドは、子どもにも教師にも「知性ほど重要なものは他に何もない」(72)と繰り返し指摘している。

教職を「知性的な」職業ととらえる教職観は、教職を「神から与えられた天職（calling）」とする教職観と密接な関係をもっていた。教職は、知性によって神に奉仕する職業の一つとして位置づけられていた。神が世界を創造した「真理や原理」を知性によって探究し、その「真理や原理」に従いながら「世界の福祉」を改善し「よりよい共和国」を創造することが、神の意志の実現につながるというのである。(73)

ハイドは、後述するように師範学校を「プロフェッショナル・スクール」と表現するが、しかし教職を「専門職」と表現はしていない。キャサリン・ビーチャーの思想にみられたような、教職の社会的地位や経済的報酬を医師や弁護士のそれと同等にせよ、という記述もみあたらない。ハイドが関心をもっていたのは、教師の給与や労働条件といった物質的側面よりも、教職の意義や働き甲斐をどうとらえるかという教師の精神的側面であった。教職の意義を神の使徒としての働きに見いだす点では、第四章でみたメアリー・ライアンの思想と共通していたといえる。

ただしライアンと異なるのは、ハイドの場合、教師が困難に取り組むことの意義を、「子どものかわいさ」をみたり「成長を実感できた」りしたときに味わえる「地上で最高の喜び」にあると強調していた点にある。教職の意義を、神との関係だけでなく子どもとの関係においてとらえる視点が読み取れる点では、第七章で検討したメアリー・マッジと共通している。二〇世紀の社会学者ダン・ローティー[74]が指摘するような、教職の意義や価値を子どもからの感謝などの精神的報酬に求める米国の教師文化は、一九世紀後半に形成されていたことが看取できる。

⑤ハイドにとっての実践性——思想と生きざまの一致

ハイドが教職に最も必要と考えたのは、信仰であった。ハイドは、教師に最も必要なのは「熱烈な信仰（enthusiasm）」である、と卒業式の演説で学生たちに力説している。彼女はこの語意の変遷から説き起こし、ギリシャ時代には「人間が神を無心に信じている状態」のことを意味していたのに、時代を経るごとに「信仰が薄れ」、一八世紀には狂信的という意味が加わり軽蔑語として使われるようになったと嘆く。そして本来の「熱烈な信仰」は、感情的なほとばしりのことでも狂信主義のことでもなく、「宇宙に満ちあふれた神」を感じ、「誠実に真実を追究すること」だと説明する。そのうえで、この語を「偉大な真実をつかむことによって創り出される、熱烈で高尚で効果的な精神の状態」として定義し、この精神の状態こそが教師に最も重要だというのである。なぜなら、この精神の状態こそが「世界で最も実践的」な態度だからだ、とハイドはいう。

> 主題の形而上学を学びながら、熱烈な信仰こそが世界で最も実践的であることを、私は皆さんに印象づけたいのです。もしそれ

を疑う精神状態にあるのなら、自分を恥ずべきです。もし皆さんが、いわゆる実践的な人々、つまり実践的であることが何か測定できたり、売り買いできたりするものと誤解している人々と出会ったら、皆さんは彼らに圧倒されてはなりません。彼らと自分に尋ねてごらんなさい、自由な政府や自由な教会や自由な学校は実践的ではないのですか、と。病気からの解放や、疑念や貧困の除去や、大衆の向上や人類の進歩は実践的ではないのですか、と。それらは熱烈な信仰の仕事なのです。(75)

すなわち彼女にとって「実践的であること」とは、「なにか測定できたり、売り買いできたりするもの」ではなく、「熱烈な信仰」に根ざした「魂の状態」であった。魂の状態とはその人の生きざま、つまり神の真実を追究しようとする思想が生きられている状態のことを意味していた。(76)

神が真実なら、「熱烈な信仰」はインスピレーションです。いまや、皆さんは、パース校長から代々伝えられてきた、私たちの学校の「真実に生きよ」というモットーの意味を、より深く理解なさったことでしょう。(77)

⑥社会改善のための師範学校

以上のような「最善の教師」を養成して公教育を改善するために、ハイドは「プロフェッショナル・スクール」としての師範学校が必要であり、それは「義務教育制度に欠かせない一部」として公費によって維持される必要があると主張していた。ハイドの師範学校観は、当時の師範学校批判に対する彼女の反論に、よく示されている。

一八七〇年代になっても、一八三〇年代の設立当初と変わらず、州立師範学校の存続の是非をめぐる論争が続けられていた。ハイドは、主たる批判を三つに整理し反論していた。まず第一の批判は、「州立師範学校は税金の巨大な無駄遣い」であり、州が公費を用いて教師養成事業をおこなう必要はないという批判である。(78) これに対しハイドは、師範学校の主たる目的は公教育の改善による「よりよい共和国の建設」であるから公費支出は必要という。

師範学校は義務教育制度の一環として必要なものである。子どもたちに修学を求める州は、可能な限り最善の学校を用意する義務がある。最善の学校とは、最善の教師を意味している。そして最善の教師とは、所与の能力が等しい場合であれば、よりよく訓練された教師を意味している。（この立場に反対する者は、弁護士や牧師や医師も教育を受けるべきだという考え方に反対すべきであり、熟達しない一般労働者を好むべきである。）(79)

すなわち「最善の学校とは最善の教師」を意味するのであるから、「専門的に教育された教師」が必要となるが、「州は教師たちに自己教育せよと強制する権限をもたない」から、「州が教育のある教師を望むなら教師養成に支出をしなければならない」という。(80)

第二は、教師輩出率の低さへの批判であった。批判者らは、「教師になる意志がない学生が、無償で教育を受けたいために入学し」、その結果「卒業生が教師になっていない」と主張していた。(81) 実際、当時の州立師範学校の中には、ウェストフィールド校のように男子学生の要望を重視し、大学進学を可能にする学問的内容を増やすカリキュラム改革をおこなう学校も出現していた。(82) これに対しハイドは、確かに師範学校は教師養成をその主要な責務とすべきであると認めたうえで、以下のように反論している。

師範学校の卒業生が教職についていないという言説については、非常に端的な回答が、教育委員会の最新の年次報告書にも、最も古い師範学校三校の報告書にも記されている。フラミンガム、ウェストフィールド、ブリッジウォーターの三校は、卒業生の九〇％が教職についている。（最も古いフラミンガムの場合は九五％である。）また、それぞれの卒業生の勤続年数は六年から七年だ。他のどんな施設が、これほどの水準で投資にみあった成果を上げているだろうか。（さらに、これらの卒業生のほとんどは女性で、結婚しても彼らの専門的職業を辞めなければならないわけではないことを考えれば、数字は一層、投資にみあった割合だということになるだろう。）[83]

すなわちハイドは、マサチューセッツ州立師範学校の主要三校の場合、「卒業生の九〇％が教職についている」と根拠を示し、州立師範学校は実際にその責務を果たしていると反論する。しかも卒業生の勤続年数が「七年から八年」であり、当時の平均的な教職在職年数よりも数倍も長く、さらに「これらの多くは女性で、結婚後も教職に従事しうる可能性」を考えれば「投資にみあった数字」[84]を出しているとして「税金の無駄」という考えを真っ向から否定していた。

そのうえで、少数の突出した事例を一般化する批判の不公正さも批判する。

何千人の人々に大流行している公然の非難は、たった二人か三人の事例に基づいている。この不適切な言説は、師範学校への投資は無駄であり、師範学校は非実践的だという前提に基づいている。だまって静かに、高貴でそして実践的な仕事をしている数百人の教師たちは、一言も言及されないまま無視されるのである。[85]

ハイドは、師範学校の最終的な目的は「よりよい共和国の実現」という「より大きく高貴な目的」にあるため、もしも卒業生が公立学校の教職につかなくとも、社会の改善をめざし神に仕えようとするのであれば、それは師範学校の使命と何ら矛盾しないととらえていた。[86] 実際、フラミンガム州立師範学校は、ジョンソン校長とハイド校長の時代を含め一九世紀を通じて、公立学校だけでなく公私立師範学校、各種高等教育機関、障害児者教育機関に従事する者をはじめ、海外派遣教師、海外派遣も含めた宣教師、禁酒運動や参政権運動関係者、なかにはビジネスマンのための企業内教育に従事する者など広く教育・福祉関係の人材を輩出していた(87)。

第三の批判は、公立学校の状況が一向に改善されていないのは、師範学校のカリキュラムの水準が「低く」また「非実践的」であるため、卒業生である教師たちの「能力が低い」からだという批判であった(88)。ハイドは、この批判に対しても「師範学校にだけ他の施設には適用されない基準が適用されて」おり「不当で不公正」であると論じている(89)。

エセックス郡のブラウン議員は、卒業生の一部がよくないから、師範学校は失敗であり膨大な無駄だと述べる。このような決めつけの中には、いくつか気づかれる点がある。まず、師範学校にだけ、他の施設には適用されない基準が適用されている。ハーバードやイエール、プリンストンやアンドーヴァーは、一人も駄目な卒業生を輩出していないとでもいうのだろうか。医学部や神学部も、生涯を無名で通す人や、職業的に全く失敗した人々を多数輩出しているではないか。（略）これらの法学部や医学部やそのほかのプロフェッショナル・スクールは、師範学校の卒業生に占める失敗者の割合よりも大きな割合で失敗者を輩出してはいないか、を探究するのが公正ではないのか(90)。

すなわち、ハイドはまず、当時のマサチューセッツ州エセックス郡ブラウン議員らの批判を具体的に例に挙げ、「師範学校卒よりも大学卒の教師のほうが、質が高いという批判」や、「師範学校は医学部や神学部ほど質の高い職業教育をおこなっていない」という批判は、議員が見聞きした少数事例に基づく一方的な判断であると反論する。そして、「他のプロフェッショナル・スクールの卒業生に占める質の低い卒業生の割合」と、州立師範学校のそれとを比較する議論を展開しなければ「公正ではない」というのである(91)。

さらに、師範学校のカリキュラムをハーバード大学やイエール大学と比較するなら、入学者の被教育水準の違いを考慮しなければ公正とはいえないとも指摘する。

ごく単純な正義として、師範学校だけが他の学校より厳しい水準で批判されるべきではない。寛大な人々なら、「法学部や医学部、神学部から学位をとる男性たちは、少数の例外を除いて、入学前に既に大学で教育を受けていることも考慮すべきだ」と考えるだろう。一方、師範学校で卒業証書を得る女性の多くは、入学前に高等学校すら終えておらず、彼女たちの教育のほとんどを師範学校が負っている。最も厳格な公正さが与えられ、えこひいきがなければ、師範学校は他のプロフェッショナル・スクールとの比較にも恐れずに挑戦するだろう。(92)

以上のようにハイドは、師範学校への批判には、入学者の被教育水準の違いを考慮するといった「ごく単純な正義」すらないと反論し、教育効果の測定や学校の存在意義の議論には「最も厳格な公正さが与えられ」る必要がある、と指摘していた。(93)

⑦州立師範学校が直面する真の問題

さらに興味深いことにハイドは、州立師範学校が直面している真の問題は、社会の「無知」と「偏見」にこそあると言う。

師範学校の内部や、師範学校で教えられている理論や、叩き込まれている原理については、州の中を探しても知っている人は百人もいない。ハンプシャーのヘインズ氏や、エセックスのブラウン氏など、「師範学校はいい加減で非実践的」と考える人々は、師範学校の中に居たことがあるのかを探究してみれば面白い。師範学校の毎日の仕事の様子や、我々の公立学校に対する無視と無関心については、本当に唖然とさせられる。[94]

このようにハイドは、州立師範学校への批判が「唖然とさせられる」ほどの「無知」と「偏見」に基づいている、と主張していた。[95] そのうえでハイドは、師範学校に対する社会の「無知と偏見」は、公立学校に対する「無視と無関心」と密接に結びついてもたらされていると指摘し、公立学校や師範学校の内実が「長い期間」の「公正な観察」に基づいて社会に適切に情報発信される必要があると訴えていた。[96]

3　ハイド校長による学校運営の実際

以上の思想に基づき、ハイドはどのように師範学校を運営したのだろうか。以下、六点に整理し、その意義を論じよう。

(1) スタッフの呼称変更と女性化――「補助教師」から「教師（instructor）」へ

第一に、ハイド（図9-5）[97]は、一八七五年に校長に就任すると、建学当初からジョンソン校長時代まで続けられてきた「補助教師（assistant）」という呼称を廃止し、「教師（instructor）」という呼称を採用した。そして、学校要覧の記載方法も変更し、校長や実習校で教鞭をとる者も含めて全員を教師として位置づけ、ハイドのみ名前の脇に小さく「校長」と記す方法に改めている。[98]

そのうえで、新規採用の教師をすべて女性にしていた。ハイドが校長になった時には、男性教師としてジョンソン

図9-5　ハイド校長　1880年

校長時代からギリシャ語を担当していたイーストマン（L. R. Eastman, Jr.）がいたが、彼が教壇を去ってからは、校長、教師、学生のすべてが女性になったのである。ハイドの方針は州教育委員会にも是認されていた。州教育委員会の一八七六—七七年の年次報告書には、ハイド校長の学校経営について視察者のヘンリー・チャピン（Henry Chapin）が「我々は、同校は非常に満足すべき状態にあることを喜んで報告する。エレン・ハイド校長は、補助教師によく助けられつつ献身し、学校経営も受け入れられ成功している」と評価する記述を掲載している[99]。

フラミンガム州立師範学校の教師集団に占める女性の割合がどのように変化したかを、一八四六年から一九七五年まで追ってみると、一九世紀中は二〇世紀よりも女性の割合が高いが、ハイド退任以降は女性の割合が減少し、一九三二年の州立教師養成大学（state teachers' college）への昇格を経て一九六〇年にフラミンガム州立大学（Framingham State University）となって以降急激に減少していることがわかる（図9-6）[100]。州立師範学校が大学としての地位を固めるにつれ、教師集団から女性が減少していったのである。オールブジャーグ・グレイアム（Graham, 1978）は、大学が研究大学を頂点として序列化される過程で、大学教授団に占める女性の割合が減少していったことを指摘していたが[101]、州立師範学校の教師集団においても同様の実態があったことが指摘できる。

ただしハイドの採用方針は諸刃の剣であった。教養や専門的知識に加えて自ら教壇に立った経験を兼ね備えた女性を採用することは、一方では知性的かつ実践的な教師教育機関としての内実を形成することに貢献していた。しかし他方では、一九世紀後半において高等教育機関の序列化が進行し、学位をもつ教師の獲得が教育機関としての価値や威信をもたらすようになっていた状況のなかで、ハイドの方針は高等教育機関としての威信の形成を阻み、大学昇格

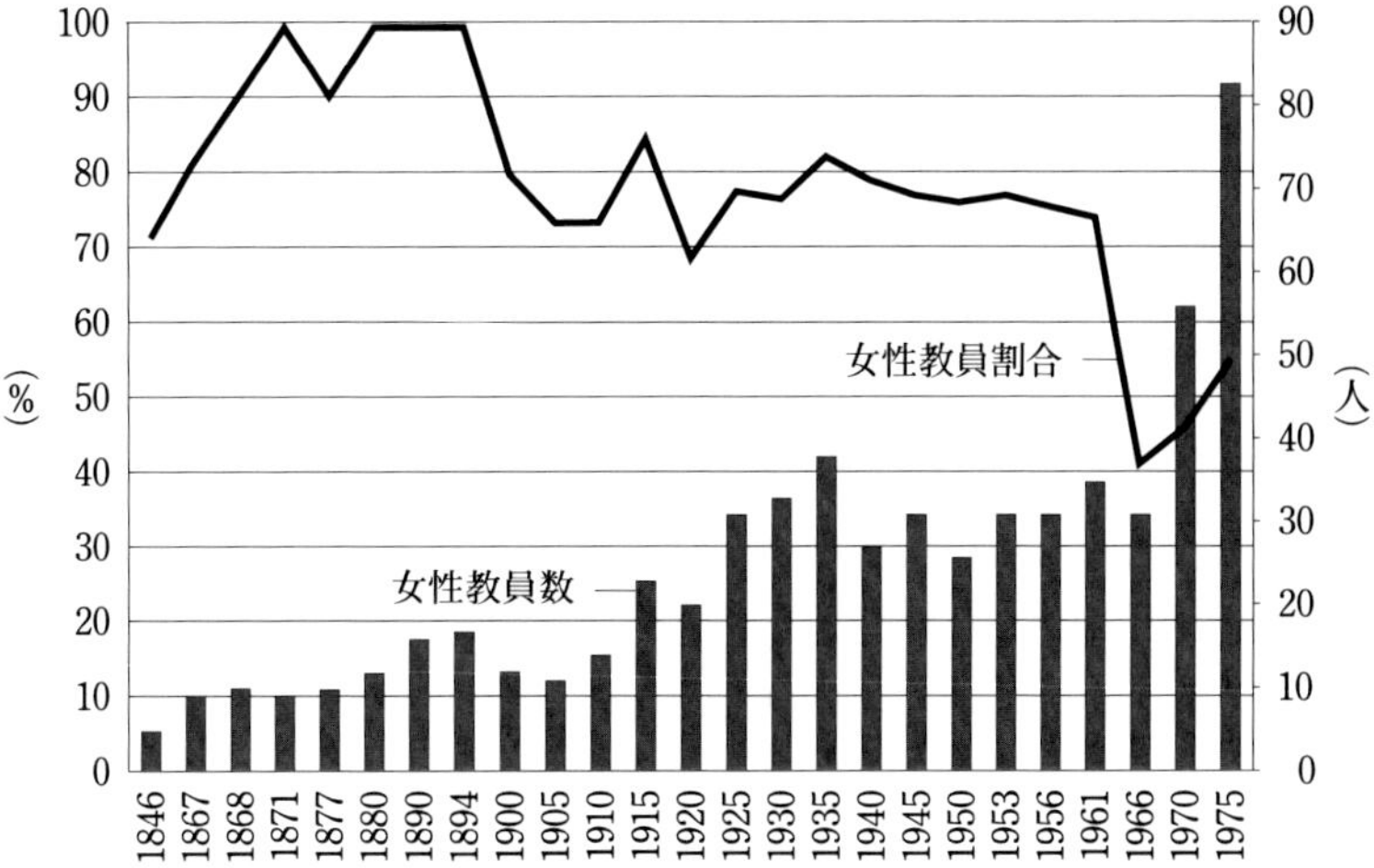

図 9-6 州立フラミンガム師範学校・大学の教師集団に占める女性教師数および割合 1846-1975 年. Catalogue and Circular of the State Normal School at Framingham, Mass, 1846-1975 より筆者作成.

化を遅らせる一因となった。

（2）入学資格の向上

第二にハイドは、「知性よりも重要なものはない」とし、入学資格の向上に取り組んでいた。一八八五年以降は徐々に高等学校卒業を入学資格として求めるようになってゆく。一八八〇年代の初めには、高卒の志願者は三分の一だったが、八〇年代の終わりには七〇％超になっていた[102]。

ただしハイドは、無理な向上により女性志願者が排除されないよう留意し、柔軟に対応していた[103]。入学資格に高等学校卒業を求める改革は、全米の州立師範学校で徐々に進行していたが、地域や学校ごとに入学志願者の被教育レベルには大きな差があり、特に女子学生率の高い学校においては困難が伴っていた。したがって一八九四年にマサチューセッツ州は、すべての州立師範学校の入学資格に「高等学校卒業かそれと同等」という項目を加えたが、実際にはフラミンガム校も含め多くの学校で柔軟な対応がおこなわれていたという[104]。

（3）教師養成カリキュラムの創造

修業年限についても、ハイドは上述のように「プロフェッショナル・スクール」としての師範学校をめざし、前ジョンソン校長の時代に新設された二年コースに加え、一八九〇年代には四年コースも新設した。[105] 二年コースは、「算数、代数、地理、簿記、物理、天文学、化学、生理学、植物学、動物学、鉱物学、地質学、地理学、言語、読書、正書法、語源学、文法、修辞学、文学、作文、ペンマンシップ、描画、声楽、体操、教練、心理学、教育の科学とアート、学校組織、教育史、マサチューセッツ州史および合衆国史、歴史、マサチューセッツ州法」の諸科目で構成されていた。一方、四年コースは、上の科目に加えて「高等代数、幾何学、三角法、測量法、高等化学、物理学、植物学、ラテン語、フランス語、ドイツ語またはギリシャ語（学校が定める）」で構成されていた。[106]

フラミンガム校の場合、ほとんどの学生は経済的理由から二年コースを選択していたという。[107] それにもかかわらずハイドが高い水準の四年コースを新設したのは、上述のように初等教育教師をめざす女性であっても、「巨視的で一般的な視野」をもつための幅広い教養が重要だという理念に基づいていた。[108]

ハイドは教師養成カリキュラムについて、技術的な教授法の訓練は重要だが、師範学校は技術に卓越した「職人（artisan）」を養成するためのものではないという。そして学生たちには、「教科内容や教授技術の両方について今の二倍の知識を持ってほしい」が、それらの知識も、知性や教養や信仰なしには「価値のない道具」になってしまうと述べていた。[109]

実際、学生が交代で記録していた学校日誌には、ハイドが、機会あるごとに、学生たちに「巨視的な視野」をもたせようと、さまざまな試みを展開していたことが記述されている。[110] ハイドは、あらゆる機会をとらえて歴史や地理や政治を話題にし、新聞を頻繁に利用して講義や討論会を企画したり、学外の著名な講師を招いて特別講演会を開催し

図 9－7　1893 年実習校内教室図　左に立っているのは教師ネリー・デール.

たりしていたという。例えば、「ロシアとトルコの戦争」がテーマの時は、卒業生のコリーナ・シャタック（Corinna Shattuck）が宣教師としてトルコに派遣されていたため、学生たちはみな真剣に学び議論したという。また、妻が聴覚障碍者だったアレキサンダー・グラハム・ベルによる特別講義が開催された時は、障碍者の生活や福祉の向上について考察する機会となったという。さらには、イエローストーン国立公園についての講義の時は、ハイド自らバッタの実物標本を提示して学生たちを圧倒したという。[111] ハイド自ら、ペスタロッチの「実物提示」を学生たちに実践していたことが読み取れる。

（4）附属学校の改革

学問的科目を整備する一方で、ハイドは教職科目の質の向上と、教育実習の改革に精力的に取り組んでいた。[112]

「教授の原理と方法」については、ハイド自身が講義を担当し、上述した教育理念や教授方法を論じた（図 9－7）。[113] また、ハイドは教育実習を「あまりにも貴重で必要不可欠」としてカリキュラムに正式に位置づけた。そのうえで、附属学校の名称を「模範学校（model school）」から「教育実習校（practice school）」へと改称した。[114] 模範的な初等教育を実演する学校から、実習生が教育理念や教授方法を練習する学校へと、その意味を変更させたのであった。その理由をハイドは、「（附属）学校の目的を示し、そこで教える人々の恐怖を減らす方がよいから」と説明している[115]。

さらに附属学校の運営についても、二部屋で異年齢教育をおこなう方式から、学年制を導入して学年ごとの九学級編成を実現した。教室環境も改善し、窓際には植物の鉢植えを置き、壁には絵画をかけるなどしていた。実習校の卒業生は後に、教室の雰囲気を「とても魅力的で居心地がよく」、「教師たちの低く優しい声が響き、穏やかで平和な雰囲気が醸し出されていた」と回想している[116]。これらの改革によって、地域からの理解が得られやすくなり、保護者からの批判が減少するとともに入学希望者が増加し、一八九〇年代には希望者が多くなりすぎて受け入れられない子どもが出るほどになったという[117]。

上述したとおり、当時マサチューセッツ州内でも実習校改革に力を入れていたのはフラミンガム校だけであり、ハイドの改革は全米の州立師範学校においても先駆的なものとして位置づく。マサチューセッツ州教育委員会が、すべての州立師範学校に実習校を設置することを決定したのは、一八八八年になってからのことである[118]。

（5）学生の自己統治

州立師範学校のカリキュラムは、一年は四〇週で構成され、週五日、一日四時限、一時限は五五分で構成されていた[119]。『教育の開拓者――フラミンガム州立大学史』（Framingham State College Historical Publication Subcommittee, 1989）によれば、学校日誌を書いた学生は、一日の生活を以下のように叙述していたという。

教師と学生たちは、月曜日を除き、毎朝八時四五分に講堂に集合する。陽光がよく入る窓が北側に三枚ある。最初に礼拝をおこない、聖書を朗読し、賛美歌を歌い、祈りを捧げる。その後、校長先生の短いお話がある時もある。そして六つのクラスに分かれ、各教室に移動する。午前九時の始業から午後一時の終業までは、四つの暗唱時間に分割されている。二時限後には小休憩があり、暖かい春の日は外に出て楽しむことができる。午後や夜は、学生たちは翌日の授業の準備をする。[120]

以上のように、午後は基本的には自由時間だったが、一時間の屋外活動が求められていた。また寄宿舎の夕食は五時半で、七時から九時までは学習時間とされ、一〇時が消灯だった。[121]

ハイドは学校運営においても、学生の「自由」と「選択」を重視し、「学生の自己統治（self-government）」を理念とする日課を構成していた。特に上級学年の学生たちの日課については柔軟性をもたせ、課外活動の組織も学生の自治に任せていたという。[122]

（6）全人教育としての教師教育

ハイドは、ジョンソンに続いて学生の生活環境の向上に尽力し、一八八六年以降、メイ・ホールと、第二寄宿舎としてクロッカー・ホールの新設を実現した。[123] 寄宿舎を拡大して入寮できる学生数を増やし、学生の生活費の節約に貢献する目的であった。

さらに寄宿舎にはハイド自らが学生寮に住むことにしたという。校長が教師や学生と寝食を共にすることによって全人教育をおこなうためであり、女性校長ならではの改革であった。学生の一人、ヘンリエッタ・グレーブス（Henrietta Graves）は、毎週土曜には寄宿舎のハイドの居間に学生たちが集い、裁縫をしながらハイドの講義を聴く時間が最も楽しかったと一八八四年に回想している。

私たちが裁縫をしている間、ミス・ハイドが朗読をしてくださいました。何人もの著作が読まれましたが、ディケンズがとても好まれ、何度も選ばれていました。これらの夜のことが、私の学生生活の最も楽しい思い出です。ミス・ハイドの居間でも、しばしば『家族の集まり』がありました。その週の文献が選ばれ短い議論がありました。これらの議論の特徴は、『〜してはならない』ではなく『〜しよう』であり、欠点の発見ではなく鼓舞であり、掲げられた理想は常にクリスチャンとしての特性でした。(124)

寄宿舎生活は、女性としての教養や作法を教育する意味ももっていた。州教育委員会指定の学校訪問者ケイト・ウェルズ（Kate Gannett Wells, 1838-1911）は、「寄宿生たちは、学生であると同時に女性であることを期待されている」と指摘し、「ディナー後の家族の集い、夜の体操クラス、裁縫をしながら論文の朗読を聴き議論をする土曜の夜の裁縫会、卒業する学生との冬季の午後のお茶の時間――これらすべてが、よく訓練された女性性を創出している」と観察していたという。(125)

女性校長ならではの寄宿舎教育は、州教育委員会からも高い評価を受けていた。教育委員会からの学校訪問者であったアビー・メイ（Abby May）も、寄宿舎が「家庭」としての機能を果たしている点で、「校長と補助教師たちがこの方向で成功を収めていることに最大限の賛辞を贈る」、なぜなら「学生は静かな地方出身の女性たちであり、あまり洗練されていない小さな集落の外には出たことがなかった」からだ、寄宿舎での生活のなかで「確かな導きのもと、自己への真の信頼と他者に協調する技術を獲得できる。そしてこの技術こそが、よい教師に最も重要なことである」(126)と一八六九年に述べていたという。

ただし、ハイドは学生たちを伝統的な女性像の鋳型にはめようとしていたわけではなかった。ハイドは、女性には特に上述した「熱烈な信仰」が必要だが、女性たちは「人生の取るに足らない些細なことに窒息させられている」と現状をとらえ、「自分の人生を生活の飾り物のために犠牲にしてはならない」と力説していた。例えば、縫い物をするなら「凝った袖をつけない」など「些細なことは省略」し、「家事の担い手（housekeeper）」ではなく「家庭の作り

図9－8　1884年に卒業生と　中央がハイド

手（homemaker）」になれと説いていた[127]。したがって、後述するように、師範学校が家事技術プログラムを新設することには最後まで反対を貫いていた。

（7）社会奉仕活動

さらにハイドは、南部の黒人師範学校や、先住民の学生らへの支援を積極的におこなっていた（図9－8）[128]。卒業生メアリー・エストラブルック（Mary Estrabrook）の回想によれば、ハイドは「常に黒人やインディアンのことを考えなさい」と説き、学生と共に頻繁に支援物資をアラバマ州のタスキーギ学院（Tuskegee Institute, 現 Tuskegee University）に送っていた[129]。一八八一年にタスキーギ学院をブッカー・T・ワシントン（Booker Taliaferro Washington, 1856-1915）と共に設立したオリビア・デイビッドソン（Olivia Davidson, 1854-1889）が、同校の卒業生だったからである。デイビッドソンは、ボストンの篤志家メアリー・ヘメンウェイ（Mary Porter Tileston Hemenway, 1820-1894）の目にとまり、奨学金を得て同校に入学し、一八八一年に卒業した後タスキーギ学院の女性校長に就任していた[130]。デイビッドソンは一八八六年にブッカー・T・ワシントンと結婚し、一八八九年に次男出産後に病気により死去するが、ワシントンはその後もフラミンガム校を訪問し、交流を継続していた[131]。

図 9－9　1890 年に卒業生と　上段左から 4 人目，座っているのがハイド

ハイドはまた、バージニア州のハンプトン学院（Hampton Institute, 一八六八年設立、現 Hampton University）から、ネイティブ・アメリカン（アリカラ族）であるアニー・ドーソン（Annie Dawson）も招いていた。ドーソンは一八八九年にフラミンガム校を卒業し、ネイティブ・アメリカンの生活水準の向上に尽力したことで知られている[132]（図 9－9）[133]。

4　ハイドの辞職

以上のように尽力してきたハイドは、しかし、一八九八年一月に辞意を表明し、年度末で退職する旨を教育委員会に伝えている。マサチューセッツ州教育委員会は、二月三日に議会に提出した報告書に、以下のように記している。

州教育委員会は、州立フラミンガム師範学校校長ミス・エレン・ハイドの辞職願を受理すると共に、彼女が三五年間の学校とのつながりにおいておこなってきた、幅広く有益で到達度の高い献身に対し、深い感謝を記したい。彼女は、師範学校および個々の学生たちに、教職という専門職の尊厳について、教師に求められる徹底した訓練について、また女性に対する洗練された神の慈悲について、高い意識を伝えていた。マサチューセッツ州政府、教育委員会、フラミンガム町、そしてハイド校長に教えを受けた無数の学生たちは、彼女の有能な学校経営と教育への真摯な献身に深く感謝する。[134]

ハイド自身は辞職の理由を語らなかったが、辞職が本意ではなかったことは、周囲には明らかだったという。[135] ハイドが辞職を決意した理由として推測されるのは、以下の四点である。

（1）四年制コースの廃止——小学校教師養成への特化と教養教育の軽視

第一に、ハイドが「プロフェッショナル・スクール」としての師範学校のために設置し発展させてきた四年制コースの廃止が、州教育委員会によって決定されたことが挙げられる。この廃止は、教養教育科目を廃止し、卒業後の進路を小学校教師に特化することを意味していた。[136]

この決定は、高等教育機関の増加と多様化によってもたらされていた。女性を受け入れる大学も州内に創設されるようになった結果、州立師範学校の四年制コースは大学と競合するようになり、差異化を図る必要に迫られたのである。教育委員会が選択したのは、小学校教師養成に特化しつつ、教養教育をおこなわずに教育技術のみを教えるという意味での「専門的」な教育をおこなう方向であった。小学校教師であっても専門的な教師養成には豊かな教養教育が求められるというハイドの理念は、真っ向から否定されたのである。

（2）家事技術プログラムの設立

第二に、州教育委員会がフラミンガム校とボストン家事技術師範学校（Boston Normal School of Household Arts）の吸収合併を進め、新たに「家事技術プログラム」を設立したことである。新設「家事技術プログラム」は、ハイド辞職前年の一八九七年から実施されていた。この教育課程は二年制で、科学、化学、物理学、生物学と細菌学に加え、栄養学、調理法、病人向けの料理法、缶詰製法、洗濯の技術、などの科目によって構成されていた。ハイドが辞職した翌一八九九年に初の卒業生五人を送り出している[137]。

合併したボストン家事技術師範学校は、上述した篤志家メアリー・ヘメンウェイが一八八五年に設立していた私立師範学校で、調理や裁縫の教師を養成していたが、一八九四年にヘメンウェイ夫人の死去を契機として、ヘメンウェイ家が州教育委員会にこの学校を寄付すると申し出たのである。州教育委員会は「家政科学の教師を養成する需要に対応するために」この申し出を受け入れ、ボストンから最も近く、女子校であるフラミンガム校の一部門とすることを決定したのであった。家政科の教師に特化した教育課程の設立は、全米初の試みだった[138]。

ハイドは、この決定に校長として最後まで抵抗していたという[139]。州教育委員会の目指した「専門的な教育」とは、「調理法」や「洗濯法」といった科目に象徴される実用的で技術的な訓練を意味していた。しかしハイドは上述したように、授業において重要なのは「哲学的であること」と「真実に根ざしていること」であり、いくら教育方法を学んでも、その教育方法が教師の「哲学」に基づいて「知的」に用いられなければ「価値のない道具」にすぎなくなってしまうと考えていた[140]。実技訓練ばかりを重視する教師養成カリキュラムは、ハイドにとって受け入れがたいものであった。

（3）女性教育理念の相克

第三に、新カリキュラムにおける女性教育の理念も、ハイドのそれとは異なっていた。ボストン家事技術師範学校の吸収合併を指揮したのは、州教育委員会のフラミンガム校担当者であるケイト・ウェルズ（Kate Grannett Wells）だった。彼女は、後述するように女性参政権反対論を展開する保守派の一人で、「女性の最も重要な役割は夫と子どものための家庭をつくること」であり、「母としての役割を通してこそ、女性は共和国の福祉に最も貢献できる」とし、家事技術の向上に貢献するプログラムの導入は女性教育の観点からしても効果的だと主張していた。(141)

一方、ハイドにとっての女性教育は、教師教育と同様、「知性」に基づいて「巨視的で一般的な視野」を獲得し「神に奉仕」する女性の育成を意味していた。ハイドは、母や妻としての役割は重視しつつも、女性の役割や活動領域を限定せず、「あなた方の大志を学校や家の壁のなかに閉じこめてはならない」と学生に説いていた。例えばハイドは、「資本と労働の適性化や、刑務所の改革や、インディアンや中国人に対する正義や、女性の進化、よりよい社会関係や、キリスト教の発展なども考えるようになりなさい」、「世界の福祉のためにより幅広い興味を育てなさい」などと、学生に訓辞している。(142)女性がもつべき「大志」とは、子育てや教育を超えて社会全体の改善に関わるあらゆる事象に向けられるべきものだった。したがってハイドにとって、女性の役割を自分の「夫と子どものため」に限定しようとする州教育委員会の改革は、女性教育としても承服しかねるものであった。

（4）州教育委員会との関係の悪化

第四の辞職の理由として、以上の思想的相違によって州教育委員会との人的関係が悪化していたことが指摘できる。特に、上述の州教育委員会のフラミンガム校担当者ウェルズとの政治的・思想的隔たりは大きかった。

ハイド校長の活動は、ウェルズ前任者のアビー・メイ（Abby Williams May, 1829-1888）に支えられていた。メイは、フラミンガム校二代目校長サミュエル・メイの従姉妹で、マサチューセッツ州教育委員会委員に指名された初の女性であった。また女性参政権運動の推進者の一人で、ハイドとも親しい友人となっていたが、一八八八年に急死していた。(143)

一方、メイの後任として採用されたウェルズは「女性参政権拡大に反対するマサチューセッツ協会（The Massachusetts Association Opposed to the Further Extension of Suffrage to Women）」を一八九五年に創設したグループの一人であり、女性参政権拡大反対論者であった。ウェルズは、一八八四年にマサチューセッツ州議会で女性参政権に反対する意見陳述をした際、女性は「政治的に世間知らずで、視野が狭く、非客観的」であるうえ、「いじわるで、愚かで、見下げ果てた行動もとる」と公言し、フラミンガム校の女子学生たちに対しても「生徒たち（Girls!）」と呼び、「威圧的」な態度をとっていた[144]。ウェルズの思想は、女性の「知性」や社会的活動を積極的に支援しつつ、学生に対して「皆さん（Ladies!）[145]」と敬意をもって接するハイドの女性観や教育観とは、相容れないものであった。

5　ジョンソンおよびハイドの教師教育の意義

（1）ハイドが直面した州立師範学校の問題状況

前項に整理したハイドの辞職理由の背景には、一九世紀末に州立師範学校が直面した問題状況があった。あらためて整理しておこう。

第一は、高等学校という中等教育機関の拡大である。主に女子学生を対象として、初等教育教師を輩出してきた東部の州立師範学校は、中等教育教師の需要増加にどう対応するかに迫られていた[146]。

第二は、高等教育機関の拡大と多様化である。中等教育機関の拡大に伴い、高等教育機関も増加し、また女性を受け入れる大学も増加しはじめていたため、州立師範学校の存在意義が問われるようになっていた。したがって、州教育委員会は、小学校教師養成に特化することで個性化を図り、その存在意義を明示しようとしたのであった[147]。

第三は、教職に求められる能力をどうとらえるかという問題である。大学が教職へ卒業生を送り出すようになる中で、州立師範学校はカリキュラム改革も求められていた。州立フラミンガム師範学校をボストン家事技術師範学校と合併させたことに象徴されるように、州教育委員会は、教師の能力向上を担当領域の特化（specialization）と技能訓練によって達成しようとしたのであった。[148]

第四は、社会効率主義の興隆である。以上のような、東部州立師範学校におけるカリキュラム内容の領域特化と技能重視の背景には、世紀転換期米国における社会効率主義の潮流と、それに基づく教育運動があった。一九〇九年マサチューセッツ州教育委員会は委員長にフレデリック・フィッシュ（Frederick Perry Fish, 1855-1930）を選出し、フィッシュは州教育長官（Commissioner of Education）にデイビッド・スネッデン（David Samuel Snedden, 1868-1951）を就任させた。一九一六年にティーチャーズ・カレッジの職業教育と教育社会学の教授に就任するスネッデンは、社会効率主義の社会学者であり、「高等学校の多くの教養的な学習は全く機能していない」、「実際的な学習だけが社会化された効率的な個人を作り出すことができる」と主張していた。[149] そして、職業ごとの職業訓練校を創ることが州費の効率的使用につながるとして、教師養成についても各州立師範学校の個性化と効率化を図っていた。[150] 女子校のフラミンガム校は家政科教師の養成、セーレム校は商業科教師の養成、共学校であるブリッジウォーター校は高等学校の教師養成へ、と転換を試みたのである。

第五は、州立師範学校を支えていた「共和国の母」というジェンダー規範自体が、一九世紀後半になると女性参政権運動の高まりとともに二つに分化し、相互に対立を生じていた点である。女性史家サラ・エヴァンズ（Evans, 1989）の整理によれば、一九世紀初頭に成立していた「女性の領域」という概念は、一九世紀後半になると「内的に矛盾した新しいもの」に変化していたという。[151]「共和国の母」という概念は「二種類の運動」を生じていたという。一つは、共和主義の思想を基盤として完全な市民権や婦人参政権を要求する運動であり、もう一つは、「母性的国家」という概念へと再定義された運動である。後者は、公的な場においても家庭の価値観を重要視するイデオロギーであり、禁酒運動、婦人クラブ、ＹＷＣＡ、労働騎士団などに表現されていた。エヴァンズは、前者は主に奴隷解放運動から女性解放運動へ進む女性たちの、後者は禁酒運動から参政権運動に進む女性たちの流れとなっていたと分析している[152]。

他方、「公的な」領域で活動する女性が増加するにつれ、伝統的な「家庭」や女性役割を重視する女性から、離婚の増加や出産率の低下を憂う声も上がるようになっていた。実際、公的な場に進出する女性の数は増加しつづけていた。高等教育機関に籍をおく女性は、一八七〇年までに一万一〇〇〇人（全学生の二一％）、一八八〇年には四万人（全学生の三二％）となった[153]。また、一九世紀末に大学教育を受けた全女性のうち、ほぼ半数が結婚せず、結婚しても婚期は遅く、産んだ子どもの数が少なかった[154]。これらの事態を憂慮した女性たちは、上述のウェルズのように女性の権利拡張や高等教育への進出に反対する運動を展開しはじめていたのであった。

以上のように、女性の市民権を求める共和主義的な主張が勢いを増すと、従来の家庭の概念を利用した女性独特の政治思想の基盤は危うくなり、女性が考える市民権の意味や、公的な生活の在り方そのものが再定義を余儀なくされていた[155]。

（2）ジョンソンおよびハイドの教師教育の意義

ジョンソンとハイドの教師教育は、以下三点において意義をもつ。

第一に、ジョンソンとハイドは州立フラミンガム師範学校において、全米初の女性州立師範学校長として実績を挙げ、女性校長の先駆となっていた。彼女たちは、教育水準の向上に尽力し、女性教師を積極的に採用して地位向上を図り、学生寮を新築して自ら住みこみ全人教育をおこなった。さらに、教室教師としての経験を生かして、実習校との信頼関係を構築し附属学校の復活を成し遂げていた。これらは、女性校長としての特性を活かした取り組みであったといえる。教室教師としての経験をもつ女性校長が、教師養成教育の充実に意義をもっていた可能性が示唆される。他の女性校長の事例の検討が課題である。

また、本章冒頭で整理したとおり、パルミエリ（Palmieri, 1995）[156]など従来の女性高等教育史研究は、州立師範学校を対象としてこなかったが、州立師範学校が高等教育を受けた女性の就職先として機能していた事実は、従来の高等教育史や女性教育史の叙述に、州立師範学校を位置づけなおす必要を提起している。

第二に、ジョンソンとハイドは、知性的かつ実践的な教師教育カリキュラムを創造していた。特にハイドは、教室において教育技術は教師の哲学と生きざまに根ざしてこそ機能するとし、師範学校を真の「プロフェッショナル・スクール」に改革すべきだと主張していた[157]。ハイドにとって専門的な教師養成とは、神の真理を知性によって探究する教養科目群と、神の創造した自然な状態に子どもを導くための教育方法を探究する教職科目群との両方を意味し、当時女性には異例の四年コースを新設していた。

保守的な伝統維持のための教養教育でも、進学のための功利的手段としての教養教育でもなく、社会改善を実践するための教養教育こそが求められるという思想[158]、そしてその教養教育こそが「実践的な」教職教育として機能するというハイドの思想は、二〇世紀前半のデューイの思想の系譜[159]の源流として位置づけることが可能であり、重要な意義をもつといえる。

なおハイドが、教師教育カリキュラムの改革を実現するために、学校観、授業観、教育方法観、教職観、そして教師教育機関の意義のすべてを再定義していた点は重要である。教授技術への特化こそが専門的教師養成だとする州教育委員会の思想と、ハイドの思想の対立は、一九八〇年代以降の現代米国や日本においても継続している側面をもつからである[160]。ハイドの議論は、教師教育カリキュラムをどう構成するかを生産的に議論するためには、教職観をはじめ学校観、授業観や教育方法観の相違などを総合的に整理しなければならないことを端的に示している。

第三に、ハイドの事例は、なぜマサチューセッツ州立師範学校の大学昇格化が全米で最も遅れたのかを端的に示していた。フラミンガム校は、その本来の設立目的であった小学校教師養成の機能を存続させることには成功した。しかし、スネッデンの社会効率主義的思想を背景に、職業教育に特化するカリキュラム改革は、学生にとって最大の魅力となっていた地元で高等教育を受けられる教育機関の機能を奪い、結果として志願者の減少や教育水準の低下を招く結果となった。職業教育機能の強化は、研究大学を頂点として形成されつつあった高等教育機関の序列化競争においても不利に作用し、マサチューセッツ州内の州立師範学校の大学化は一九三二年と全米で最も遅れたのである。

小学校教師養成機能の存続によって、ハイドが尽力した女性教師の養成は存続された。しかし、改革後のカリキュラムは性別役割分業観に基づいており、初等教育の教師養成は女子学生対象、中等教育の教師養成は男子学生対象という傾向を強め、性別と相関した教職の階層化を促進するようになっていった。性別役割分業観の影響は教師教育の担当者にも及び、ハイドの辞職以降は女性の採用が減少し、採用されたとしても家政科教師養成コースなど、特定の教科領域に偏る傾向が生じていった(161)。

(1) ハイドに関する史料の収集にあたっては、現フラミンガム州立大学ヘンリー・ホイットモア図書館稀少史料室のクリス・カーデン氏（Chris Carden）の協力を得た。ここに記して感謝したい。

(2) Framingham State College Alumnae Association, *Historical Sketches of the Framingham State Normal School* (Framingham: Framingham State Normal School, 1914), 50.

(3) Framingham State College Historical Publication Subcommittee, *Pioneers in Education: A history of Framingham State College* (Framingham: Framingham State College, 1989).

(4) Beverly J. Weiss, "Teacher and Principal at the First State Normal School: Ellen Hyde (1838-1926)," in *Lives of Women*

Public Schoolteachers: Scenes from American Educational History, ed. Madelyn Holmes and Beverly J. Weiss (New York: Garland, 1995), 53–75.

(5) Christine A. Ogren, *The American State Normal School: "An Instrument of Great Good"* (New York: Palgrave MacMillan, 2005).

(6) Albjerg Graham, "Expansion and Exclusion: A History of Women in American Higher Education," *Sings* 3, no. 4 (1978): 759–73.

(7) Helen L. Horowitz, *Alma Mater: Design and Experience in the Women's Colleges from Their Nineteenth-Century Beginnings to the 1930s* (New York: Knopf, 1984).

(8) Patricia Ann Palmieri, *In Adamless Eden: The Community of Women Faculty at Wellesley* (New Haven: Yale University Press, 1995).

(9) Walter Scott Monroe, *Teaching-Learning Theory and Teacher Education 1890–1950* (Urbana: University of Illinois Press, 1952), 293.

(10) Merle L. Borrowman, *The Liberal and Technical in Teacher Education: A Historical Survey of American Thought* (New York: Teachers College, 1956).

(11) Charles A. Harper, *Development of the Teachers College in the United States* (Bloomington, IL: McKnight & McKnight, 1935).

(12) Framingham State Normal School, *State Normal School Catalogue of Teachers and Alumnae 1839–1900* (Boston: Wright & Potter Printing Co., 1900); Framingham State College Alumnae Association, *Historical Sketches of the Framingham State Normal School* (Framingham: Framingham Normal School, 1914); The Alumnae Association of The State Teachers College at Framingham, *First State Normal School in America: The State Teachers College at Framingham, Massachusetts* (Framingham: Framingham State Teachers College, 1959); Framingham State College Historical Publication Subcommittee,

Pioneers in Education: History of Framingham State College (Framingham: Framingham State College, 1989); R. Marc Kantrowitz, *Framingham State College* (Charleston, SC: Arcadia, 2003).

(13) Annie Johnson, HWLA.

(14) Electa L. Walton, "Historical Sketch of the First State Normal School in America," in *Historical Sketches of the Framingham State Normal School,* ed. Framingham State Normal School Alumnae Association (Framingham: Framingham State Normal School, 1914), 42.

(15) Massachusetts Board of Education, *Thirty-First Annual Report of the Board of Education* (Boston: Wright & Potter, State Printers, 1868), 16; Weiss, "Teacher and Principal," 57.

(16) 共学の州立師範学校では、女性校長は誕生していない。共学校の場合、男子学生やその保護者からの反発に加え、内部の男性スタッフからの反対が生じ、校長に女性が就任することは当時としては困難であったことが推測される。ただし、それら共学校では、学生の大半を占める女子学生への指導や対応を担うプリセプトレス（preceptress）という役職が置かれ、校長に次ぐ要職として重視されていた。このプリセプトレスを担った女性たちについては、次章で検討する。

(17) David H. Mason, and Emory Washburn, "Report of Visitors of the Framingham Normal School," in *Twenty-Ninth Annual Report of the Board of Education* (Boston: Wright and Potter State Printers, 1866), 23-4.

(18) Ibid., 23.

(19) Beverly J. Weiss, "Growth and Outreach: 1864-1899," in *Pioneers in Education,* 21.

(20) Ibid., 18-9.

(21) Massachusetts Board of Education, *Thirty-First Annual Report of the Board of Education* (Boston: Wright & Potter, State Printers, 1868), 16-7.

(22) United States Office of Education, *Report of the commissioner of education for the year 1880* (Washington: Government Printing Office, 1882), 464-7.

（23）Ogren, *American State Normal School*, 66.

（24）Framingham State Normal School, *Catalogue and Circular*. HWLA. 一八四六年から一八九四年の各年度版より筆者作成。

（25）Ogren, *American State Normal School*, 90.

（26）Ibid., 90.

（27）州立師範学校内で女性が担当する教科には一定の傾向がみられる。女性が担当することが多かったのは、言語系（英語・フランス語）、歴史系（歴史・地理・市民科）、アート系（音楽・絵画）、科学系（生理学、植物学、動物学）であった。男性によって担当されていたのはラテン語、数学、科学などの教科だったが、女子校の場合は女性によっても担当されていた。

（28）Ogren, *American State Normal School*, 74.

（29）Ibid., 74.

（30）Ibid., 75.

（31）Ibid., 76.

（32）Framingham State College, *Pioneers in Education*.

（33）Weiss, "Teacher and Principal," 53-75.

（34）Framingham State College, *Pioneers in Education*, 20.

（35）Framingham State Normal School, *Catalogue and Circular*, 1869.

（36）Massachusetts Board of Education, *Thirty-First Annual Report*.

（37）Weiss, "Teacher and Principal," 57.

（38）American Normal School Association, *American Normal Schools: Their Theory, Their Workings, and Their Results, as Embodied in the Proceedings of the First Annual Convention of the American Normal School Association, Held at Trenton, New Jersey, August 19 and 20, 1859* (New York: A. S. Barnes and Burr, 1860).

（39）American Normal School Association, *American Normal Schools*, 120-3. 一階、二階が実習校教室であり、共学だが出口や

階段は男子用・女子用と区別されていた。三階が師範学校講堂になっている。

（40）Arthur C. Boyden, *Albert Gardner Boyden and the Bridgewater State Normal School: A Memorial Volume* (Bridgewater: Arthur H. Willis, Printer, 1919).

（41）Weiss, "Teacher and Principal," 60.

（42）Ogren, *American State Normal School*, 136–42.

（43）Framingham State College, *Pioneers in Education*, 23.

（44）Ibid., 21. ただし、新設された寄宿舎は突風で屋根が飛ばされるなど「多大なトラブルと遅れ」をきたし、校舎が丘の上に立っていたため給水や排水設備は未整備のまま残されるなど、課題は山積していた。

（45）Framingham State College, *Pioneers in Education*, 27.

（46）Walton, "Historical Sketch," 42.

（47）Ibid., 42.

（48）Massachusetts Board of Education, *Fortieth Annual Report of the Board of Education 1875–76* (Boston: Albert J. Wright, State Printer, 1877), 15–6.

（49）A portrait of Ellen Hyde. HWLA.

（50）"Principal of State Normal School Here; Miss Ellen Hyde, for Many Years a Well Known Educator, Passes Away," *Framingham Evening News* (Framingham, MA), 26 Feb. 1926.

（51）ハイドが通ったネバーシンク・セミナリーの校長サブリナ・ジェニングス（Sabrina Jennings）は、一八七一年に州立フラミンガム師範学校の補助教師に採用され、一八七六年まで勤めている。この採用は、ハイドが一八六二年に入学し、六三年に補助教師に採用された後のことである。また、一八七五年九月以降はハイドが校長になったため、ジェニングス元校長は、州立師範学校では逆に、ハイドの補助教師を務めたことがわかる。セミナリーの校長だった人物が、その卒業生が教鞭をとる州立師範学校に同僚として就職し、後にその部下となったということである。教育機関相互が序列化された現代からは想像がつきにくいが、当時の米国では、セミナリーの教育レベルも多様であり、このようなことは珍しくなかったという。Framingham State Normal School, *State Normal School Catalogue of Teachers and Alumnae 1839–1900* (Boston: Wright and Potter Printing Co., 1900).

(52) Unsigned Letter, FSUAAO. 一九一四年の同窓会による聞き取り調査時の史料であることは確認できるが、インタビューの実施者、対象者、実施年月日は不明。

(53) Alumnae Association, *Historical Sketches*, 42.

(54) 晩年のハイドの暮らしぶりについては、以下の書簡集からも断片的に知ることができる。Cook, Sheila Gamble, *Dear Miss Hyde: A Collection of Letters of the Chafee, Sharpe, and Gamble Families, 1898 to 1932* (Cambridge: Sheila Gamble Cook, 1993).

(55) Ellen Hyde, "School Government," Box 3, Folder 15, HWLA, no date, 1–31., esp., 5–6.

(56) Ellen Hyde, "Letter to Boston Advertiser," Box 3, Folder 12, HWLA, no date [1877?], 8–9.

(57) Ibid., 9–10.

(58) Ellen Hyde, "Some Principles which Underlie Elementary Instruction Considered from the Practical Side," Box 3, Folder 14, HWL, 1890, 1–2.

(59) Ellen Hyde, "Following Nature in the Education of Children," Box 3, Folder 6, HWL, no date.

(60) Ellen Hyde, *Development of Character in School: An Essay* (Manchester: Thos. W. Lane, 1883), 5–6.

(61) Hyde, "Some Principles," 5.

(62) Hyde, *Development of Character*, 9.

(63) Hyde, "Some Principles," 12.

(64) Ibid., 13.

(65) Ibid., 21.

(66) Hyde, "Following Nature," 5. ローザ・ボヌール (Rosa Bonheur, 1822-1899) はフランスの写実主義画家、ジョシュア・レイノルズ (Sir Joshua Reynolds, 1723-1792) はロココ期のイギリスの画家。
(67) Hyde, *Development of Character*, 9.
(68) Hyde, Ellen, "Methods-Reading", Box 3 Folder 13, HWLA, Oct. 1882 (page 1-4 missing), 6.
(69) Hyde, "Methods," 7-12.
(70) Hyde, *Development of Character*, 10.
(71) Ibid., 10.
(72) Ibid., 14.
(73) Ellen Hyde, "A Copy of Commencement Day Address at Framingham State Normal School," Box. 3 Folder 1, HWLA, no date [between 1883-1886?], 1-48.
(74) Dan C. Lortie, *Schoolteacher: a Sociological Study* (Chicago: University of Chicago Press, 1975).
(75) Hyde, "A Copy of Commencement Day," 22.
(76) Ibid., 22.
(77) Ibid., 22.
(78) American Normal School Association, *American Normal Schools*, 58.
(79) Hyde, "Letter to Boston Advertiser," 11.
(80) Ibid., 10-13.
(81) Hyde, "Letter to Boston Advertiser," 13.
(82) Ogren, *American State Normal School*, 139.
(83) Hyde, "Letter to Boston Advertiser," 4.
(84) Ibid., 4.

(85) Ibid., 8.

(86) Ibid., 16.

(87) The Alumnae Association, *Historical Sketches*, 44-52, 92-144.

(88) United States Office of Education, *Report of the Commissioner of Education for the Year 1870* (Washington D. C.: U. S. Government Printing Office, 1870).

(89) Hyde, "Letter to Boston Advertiser," 7.

(90) Ibid., 5. アンドーバーとは、マサチューセッツ州北東部にある最古の男子プレパラトリー・スクールのこと。

(91) Ibid., 7.

(92) Ibid., 8.

(93) Ibid., 7.

(94) Ibid., 9.

(95) Ibid., 8-9.

(96) 前項で記した三点の師範学校批判は、今日の米国における教師養成機関への批判とほぼ共通する内容であることに鑑みれば、ハイドの指摘は実に示唆的である。

(97) A Portrait of Ellen Hyde. HWLA.

(98) Framingham State Normal School. *Catalogue and Circular*, 1875.

(99) Massachusetts of Board of Education. *Forty-First Annual Report of the Board of Education, 1876-77* (Boston: Albert J. Wright. State Printer, 1878), 13.

(100) Framingham State Normal School. *Catalogue and Circular*, 一八四六年から一九七五年の各年度版より筆者作成。

(101) Graham, "Expansion and Exclusion," 763.

(102) Framingham State College. *Pioneers in Education*, 33.

(103) Ibid., 33.
(104) Ibid., 33.
(105) Ibid., 32.
(106) Ibid., 32.
(107) Ibid., 33.
(108) ここでは教養教育を、一八二八年にエール大学が出した「エール報告（The Yale Report of 1828）」の趣旨に基づき、「特定の学問領域や職業教育に結びつくような専門教育の基礎として、学生に総合的視野を与え、全人的にキリスト市民を育成する教育」の意味で用いる。一九世紀の米国においては、リベラル・エデュケーションとジェネラル・エデュケーションは同義であった。Levine, Arthur, *Handbook on Undergraduate Curriculum* (London: Jossey-Bass Publishers, 1978).
(109) Ellen Hyde, "Education of Girls: An Address before the West Newton Audience," HWL, Box. 3 no folder, no date.
(110) Framingham State Normal School, "School Diary," on 5 May 1877. FSUAAO.
(111) Ibid., 20 December 1877.
(112) Ellen Hyde, "A Paper on Practice School," HWL, Box 3, Folder 19, 1887.
(113) Framingham State College, *Pioneers in Education*, 14. なお写真は一八九三年の実習校の様子、左に立っているのはネリー・デール教師。
(114) Ellen Hyde, "A Paper on Practice School."; Weiss, "Teacher and Principal," 60.
(115) Weiss, "Teacher and Principal," 60.
(116) The Alumnae Association, *First State Normal School in America*, 56.
(117) Ibid., 56.
(118) Framingham State College, *Pioneers in Education*, 22-25.
(119) Framingham State Normal School, *Catalogue and Circular*, 1875.

(120) Framingham State College, *Pioneers in Education*, 24.

(121) Ibid., 34.

(122) Walton, "Historical Sketch," 44.

(123) メイ・ホールは、ハイド校長を支えたマサチューセッツ州教育委員会訪問者のアビー・メイ（Abby May）の名が冠された。彼女は、第二代サミュエル・メイ校長の親戚だった。また、クロッカー・ホールには、ボストン公立学校の科学スーパーバイザーだったルクレティア・クロッカーの名が冠された。彼女は卒業生で、亡くなったばかりだった。クロッカー・ホールは建設翌年の一八八七年に焼失し、再建されて現在に至っている。

(124) Framingham State College, *Pioneers in Education*, 28.

(125) Ibid., 28.

(126) Ibid., 27.

(127) Hyde, "A Copy of Commencement Day," 30.

(128) Hyde with the Class of 1883, HWLA.

(129) Estrabrook, Mary V., "Dormitory Life at Haven House Framingham, S. N. S. 1883–5." HWLA, Box 9, Folder 4. 1939.

(130) Framingham State College, *Pioneers in Education*, 26.

(131) Weiss, "Teacher and Principal," 64–6.

(132) Jon L. Brudvig, "Make Haste Slowly: The Experiences of American Indian Women at Hampton Institute: 1878–1893." Saskatchewan University Indigenous Studies Portal Research Tool. Available from http://homepages.se.edu/nas/files/2013/03/Proceedings-2005-Brudvig.pdf, internet accessed on 18 November 2016; Framingham State College, *Pioneers in Education*, 26.

また、ハイドのいとこエリザベス・ハイドも、一八七五年にフラミンガム校を卒業後、ハンプトン学院の実習校であるバトラー・スクールに就職し、そのまま三〇年以上ハンプトンに留まっていた。J. E. Davis, "Elizabeth Hyde." *The Southern*

Workman 58, no. 1 (1929): 30–2.

(133) Hyde with the Class of 1890, HWLA.

(134) Wells, Kate Garnett, and George H. Conley, "State Normal School, Framingham." *Massachusetts Board of Education Annual Report* (1899): 33–4.

(135) Weiss, "Teacher and Principal," 70.

(136) Framingham State College, *Pioneers in Education,* 39.

(137) Massachusetts Board of Education, *The Commonwealth of Massachusetts Bulletin of the Board of Education, Household Arts: Teachers' Manual and Course of Study for Grades 7–10, Inclusive* (Boston: Wright and Potter Printing Co. State printers, 1916).

(138) Wells, and Conley, "State Normal School," 34–5.

(139) Framingham State College, *Pioneers in Education,* 39–40.

(140) Hyde, *Development of Character,* 9.

(141) Kate Garnett Wells, "Why More Girls Do Not Marry." *North American Review* 152, no. 411 (1891): 175–82.

(142) Hyde, "A Copy of Commencement Day," 48.

(143) "Abby May," in *Representative women of New England,* ed. Julia Ward Howe (Boston: New England Historical Pub. Co., 1904); Framingham State College, *Pioneers in Education,* 32.

(144) Mary M. Huth, "Kate Gannett Wells, Anti-Suffragist," *University of Rochester Library Bulletin in Digital Format* 34 (1981).

(145) Hyde, "A Copy of Commencement Day," 1.

(146) United States Office of Education, Department of the Interior, and W. B. Frazier, et. al, *National Survey of the Education of Teachers* 5 (Washington: U. S. Government Printing Office, 1935), 43.

(147) Paul H. Mattingly, *The Classless Profession* (New York: New York University Press, 1975).

(148) Jurgen Herbst, *And Sadly Teach: Teacher Education and Professionalization in American Culture* (Madison: University of Wisconsin Press, 1989), 171-4.

(149) David Snedden, "New Problems in Secondary Education," *The School Review* March (1916): 183; David Snedden, "Increasing the Efficiency of Education," *Journal of Education* July (1913): 62-3.

(150) Snedden, "Increasing the Efficiency," 63.

(151) Sara M. Evans, *Born for Liberty: A History of Women in America* (New York: Free Press, 1989), 142.

(152) Evans, *Born for Liberty,* 143.

(153) Peter G. Filene, *Him/Her/Self: Sex Roles in Modern America* (Baltimore: Johns Hopkins University Press, 1986), 238.

(154) Barbara Miller Solomon, *In the Company of Educated Women* (New Haven: Yale University Press, 1985), 120.

(155) Ibid., 166-171. 婦人参政権擁護派の運動も、一八六九年以降はエリザベス・スタントン（Elizabeth Cady Stanton, 1815-1902）とスーザン・アンソニー（Susan Brownell Anthony, 1820-1906）が率いる全米婦人参政権協会（National Woman Suffrage Association）と、ルーシー・ストーン（Lucy Stone, 1818-1893）が率いるアメリカ婦人参政権協会（American Woman Suffrage Association）とに分裂していた。分裂した運動が再団結して全米アメリカ婦人参政権協会（National American Woman Suffrage Association）となったのは一八九〇年、合衆国憲法が修正されるのは一九二〇年になってからのことであった。

(156) Patricia Ann Palmieri, *In Adamless Eden: The Community of Women Faculty at Wellesley* (New Haven: Yale University Press, 1995).

(157) Hyde, "Development of Character," 22.

(158) Henry A. Giroux, "Liberal Arts, Teaching and Critical Literacy: Toward a Definition of Schooling as a Form of Cultural Politics," in *Contemporary Curriculum Discourses,* ed. W. F. Pinar (Arizona: Gorsuch Scarisbrick Publishers, 1988). 243-63.

(159) John Dewey, "The Relation of Theory to Practice in Education," in *Third Yearbook of the National Society for the Scientific*

Study of Education (Chicago: University of Chicago Press, 1904), 9-30.

(160) アンディ・ハーグリーブズ、佐久間亜紀訳「教職の専門性と教員研修の四類型」ローダー、ブラウン、ディラボー編『グローバル化・社会変動と教育――文化と平等の教育社会学』東京大学出版会、二〇一二年、一九一―二一八頁。

(161) Framingham State Normal School. *Catalogue and Circular*, 1846-1975. 表9－6参照。

第十章　専門的養成をめぐるカリキュラム論争

――ジュリア・キングの思想と実践

本章では、中西部で最初期に設立されたミシガン州立師範学校（Michigan State Normal School, 現イースタン・ミシガン大学）において、一八八一年から一九一五年まで管理職として同校の教育に積極的に関与しつづけたジュリア・キング（Julia Anne King, 1838-1919）[1]に着目し、彼女の教師教育に関する思想と実践を通して、中西部における州立師範学校の実際と、女性教師教育者の果たした役割を明らかにする。

本章で取り上げるキングは、一八五八年にミシガン州立師範学校を卒業し、二三年間にわたって公立学校教師として活躍した後に、一八八一年に教師兼プリセプトレスとして州立師範学校に着任した人物である。一八八八年には、新設の歴史市民学科（Department of History and Civics）の長となり、一九一五年に七七歳で退職するまで三四年間にわたって同校で重要な役割を果たした。現在のイースタン・ミシガン大学には、彼女の名前を冠したキング・ホールが残されている（図10－1）[2]。

キングの事例を取り上げる意義は、以下四点に整理できる。

第一に、中西部の州立師範学校は、東部とどのような共通点と相違点をもっていたのかを、ミシガン州を事例として検討できる。中西部に関しては、ユルゲン・ヘルプスト『そして悲しそうに教える――米国文化における教師教育と専門職化』（Herbst, 1989）[3]や、クリスティーン・オグレン「一九世紀末から二〇世紀初頭の州立師範学校の女子学

図 10－1　1878 年のミシガン州立師範学校

生たち」（Ogren 2000）[4]、『米国州立師範学校——神の善を実現する道具』（Ogren, 2005）[5]などによって、イリノイ州やウィスコンシン州の事例が詳細に研究されてきた。しかしミシガン州については、中西部で最も早く州立師範学校が設立されたにもかかわらず、十分な検討はおこなわれていなかった。

ヘルプスト（Herbst, 1989）やオグレン（Ogren, 2000, 2005）は、中西部の州立師範学校においては教師養成を目的としたカリキュラムが東部より軽視される傾向が強かった、という見解を示してきた。しかし、ミシガン州立師範学校およびキングの思想を検討すれば、この見解は少なくとも同校にはあてはまらないことを明らかにできる。後述するようにキングは、教職技術に特化した職業準備教育を批判し、真の学問的教育に根ざした教職準備教育の重要性を主張していた。このカリキュラム理念は一八八六年着任のジョン・シル校長（John Mayhelm Barry Sill, 1831-1901, 校長在任期間　一八八六—九三）や一八九三年着任のリチャード・ブーン校長（Richard G. Boone, 1849-1923, 校長在任期間　一八九三—九九）にも共有され、一八九〇年代のイプシランティ校[6]全体の方針となっていた。

第二に、キングの思想の検討によって、普通教育と教職教育の双方を重視する教師養成の理念は、前章で検討したエレン・ハイド校長だけでなく、他の州立師範学校の女性教師によっても追究されていたことが明らかになる。先行研究において、例えばモンロー（Monroe, 1952）[7]やボロウマン（Borrowman, 1956）[8]は、従来のアメリカ教師教育史のカリキュラム改革理念を整理していたが、その検討はすべて男性の、しかも校長の思想を中心に検討したものであった。第三に、キングの思想の検討を通して、共学師範学校に配置されたプリセプトレスと呼ばれる役職の実際を明らかにすることが可能になる。ハーパー（Harper, 1935, 1939）[9]、ヘルプスト（Herbst, 1989）などの先行研究においては、共学師範学校の教育も女性教師によって担われていたことは、具体的に検討されてこなかった。キングの事例の検討は、共学師範学校において実際に教壇に立った者による教育の実際を、より具体的に明らかにすることに寄与する。

第四に、州立師範学校に女性の管理職や教師が少なからず存在していた事実は、女性の高等教育研究に対しても重要な意義をもつ。グレイアム（Graham, 1978）[10]によって、女性が高等教育を受けられるチャンスは一九世紀後半の方が二〇世紀よりも大きかったことが明らかにされてきたが、キングの事例はハイドの事例に続き、州立師範学校も一九二〇年代に大学昇格化が進む以前の方が女性に対して開かれていたことを示している。

ジュリア・キングの存在に注目した先行研究として、ローラ・ソーンバーグの二研究があげられる。ソーンバーグは、一九九八年にアメリカ教育学会での口頭発表「自分の力を制御する――一九世紀師範学校におけるフェミニスト・ペダゴジー」[11]のなかで、キングの存在を指摘し、その後キングの伝記研究として博士論文「信仰にもとづいた働き――ジュリア・キングのライフワーク」（Thornburg, 2004）[12]をまとめていた。いずれの研究もキングの史料を発見した点で大きな意義をもつが、どちらも未刊行のままとなっている。またソーンバーグ（2004）は、キングの生涯にとってキリスト教信仰がいかに重要であったかという観点から叙述した点に独創性がみられるものの、各章の叙述や分析を貫く視座が同定されず主題が曖昧なうえ、キングの教師像やその史的意義はほとんど検討されていない。

本章で検討の対象とする史料の大半は、ミシガン大学ベントレー歴史図書館稀少史料部門、およびイースタン・ミシガン大学図書館特別稀少書庫において、筆者が収集した一次史料である。キングの手書き史料は、判読して活字化する作業からすべて筆者自身がおこなった。

1　キングの生い立ちと人生

まず、キングの教育思想の背景を知るために、彼女の生涯を概観しておこう。

キングは、一八三八年にミシガン州デトロイトの南に位置する、ミラン（Milan）という小さな農村に生まれた。父親はハイラム（Hiram King）、母親はシャーロット（Charlotte J. King）で、いずれも敬虔なピューリタンだったという⑬（図10－2）⑭。

キングは一八五二年（一三歳）に父が死亡し、経済的に苦しい家庭で育った。被教育経験としては、一八四四年（六歳）からミランの小さな木造の小学校に通いはじめ、一三歳で転居したエイドリアンで公立のユニオン高等学校に通った後、一八五五年にミシガン州立師範学校イプシランティ校クラシカル・コースに入学した。一八五八年に卒業後、独学でフランス語やドイツ語を学んだ後、一八六〇年にはもう一度イプシランティ校の卒業生対象のコースに戻って、新設された近代言語の科目（フランス語とドイツ語）を学んでいる⑮。

キングのアイデンティティと教育思想の基盤を形成したのは、この州立師範学校であった。彼女が入学した当時の同校は、一八四九年に州議会で建設が承認され、一八五三年に開校したばかりの新設校だった。しかも一八五三年の開校はミシガン州の合衆国加盟一八三七年から一六年しか経っておらず、全米でも六校目、中西部では初の州立師範学校だった。開校当初の規模は小さく、キングが入学する前年に初めて女性三名と男性一名が卒業している⑯。

キング在籍当時は、初代ウェルチ校長（Adonijah Strong Welch, 1821-1889, 校長在任期間　一八五二―六五）が教師養成を重視し、ペスタロッチ思想に基づく教育をおこなえる教師の養成を掲げていた。キングはウェルチを「とても尊敬」するとともに、ペスタロッチ教育思想に大きな影響を受けたといい[17]、後年は自著のなかで頻繁にペスタロッチを引用している。また女性としてのアイデンティティについても、キングは州立師範学校でその基礎を形成したという。学校設立当初から、女子学生の教育責任を負うプリセプトレスという役職が置かれており、キングは当時のプリセプトレスであるサラ・アレン（Sarah Allen）に、強い影響を受けたと述懐している。キングは生涯を、師範学校で形成されたアイデンティティと、学生間で形成された「兄弟姉妹としての連帯意識（a bond of brothers and sisters）」を、生きる拠り所としていたという[18]。

一八五八年に州立師範学校を卒業した後、キングは一八八一年に同校に教師として戻るまでの二三年間、州内の各所において、学校教師および管理職として勤務し、また州内の教育雑誌に論文を連載するなどの執筆活動をおこなっている。まず教師として一八五八年にミシガン州セント・クレアの小学校に勤務しはじめ、一年後にはその優秀さを買われて、公立学校視学官のグレゴリー（J. M. Gregory）の助手として採用され、学年制導入に尽力している[19]。その後、一八六一―六二年にはランシング高等学校の校長、一八六三―六五年にはカラマズー大学の女性学部長（後日、同大学からM. A. の名誉称号授与）、一八六六―七五年にはフリント高等学校の女性部門長、一八七五―八一年にはシャーロット高等学校長およびシャーロット公立学校視学官を務めている。当時の地元紙には、キングの学区を「女性の王国だ」と評する別の行政官のコメント[20]や、女性が視学官という管理職につくことを「快く思わない者もいた」とする評価がみられる。他方、キングという女性が学校を指揮するようになって「学校が家庭になった」と肯定的に評価する意見も掲載されている[21]。

キングは、二三年間の各都市における教師経験、および教育行政に携わ

図 10－2　キング肖像

った経験のなかで、民主主義を担う市民を育てるための教育を実現するには、まず教師の力量を高めなければならないという意識を強くもつに至り、一八八一年母校である州立師範学校から招聘されたときに快諾したという[22]。同年、教師およびプリセプトレスとして着任してからは、寄宿舎に住んで学生と寝食を共にし、生涯独身だった。一九一五年に退職するまで三四年間を教師教育に捧げ、一九一九年に姪や甥に囲まれて亡くなっている[23]。

イプシランティ校において、教師としてのキングは、威厳に満ちた雰囲気を身にまとっていたという。常に黒っぽい服装に身を包み、威厳をたたえ、男女を問わず学生に厳格に接していた。一八九〇年のイプシランティ・コマーシャル紙には、以下のような男子学生の回想が載せられている。

「髪をまっすぐ後ろに伸ばし、黒いドレスに身を包んだ女性は誰だ?」と尋ねると、「あれがミス・キングだよ、歴史の先生さ。ものすごくハードな授業をして、落第者もたくさん出すんだって」と答えが返ってきた。僕も「ああ、そういう雰囲気に見えるね」と応じた[24]。

また、イプシランティ校史を編纂したエグバート・イズベル（Egbert R. Isbell, 1971）は、一八九〇年代に学生だった女性の以下のような回想を掲載している。

ジュリア・アンナ・キングは、美しい女性であると同時にとても厳しい人でした。彼女は、くすくす笑いばかりする若い女子学生が一五〇人もいるホールを、たった一言で完璧な静寂に保つことができました。彼女は恐れられていましたが、それ以上にとても尊敬されていました[25]。

2　キングの教育思想とその実践

キングは、どのような教育観や教師像を育んでいたのだろうか。彼女の教育思想の特徴を以下、四点に整理しよう。

（1）神の御業としての子どもの成長

第一に、キングの教育者としての思想や行動の基盤には、キリスト教信仰があった。キングの宗派は明らかではないが、彼女の諸論文のなかには「神」という語が頻出し、世界のすべてが神の御業によるものであるという認識が自明の前提となっている。

> 神はご自分をめったに語られないが、しかし常に語っておられる。神の御業の多様さは、神のお力によってのみ明らかになるが、しかしその多様性は不変の原理によってコントロールされている。植物の世界では、どの花も独自の特徴や表現をもち、どの樹木も自分を自分（原文イタリック）たらしめる特徴をもっている。呼吸をする生物については、その多様性は一層明らかだ。どんなに小さなハエや羽虫も、自分（原文イタリック）を表現する術をもっている。精神の領域にも、同じ真実があるのは明らかである。思考し、望み、感じる人間の心は、神の御業を体現し、身体と同様に多様である。なんという多様性！　しかしそのいずれの存在も、普遍的な成長の法則が個々に適用されたものにすぎないのである。(26)

以上のように、すべては「神の御業」を体現したものだと信仰するキングにとって、子どもの成長も神の御業の現れそのものであった。自然界で多様な動植物がそれぞれの生態を実現しているのと同様、人間が成長してゆくのは神の意志によるものだと考えていたのである。したがってキングにとって教育とは、神の御業による子どもたちの成長を、妨げないように手助けすることであり、神から子どもに与えられている「学びたいという強い意欲」を支える営みであった。

> 教育は成長である——精神の能力それぞれの成長である。地面に種を植えなさい、そして雨を降らせ、太陽にあたためさせなさい。闇の中で、それらは芯から命を拡張し始める。小さな芽が太陽の光のなかに伸びてきて、闇の中では根が広がり始める。弱い植物をケアし守りなさい、そうすればそれは速やかに成長し成熟する。[27]
>
> 子どもは、学びたいという強い意欲をもっている。子どもは常に教師なしで知識を得ている。自然が子どもに教え、子どもたちはその教えを愛している。自然は子どもの興味を喚起し、子どもの探究に寄り添う。（略）腕のいい教師はこの自然の愛を利用する。[28]

（2）ペスタロッチ思想に基づく経験学習

以上のようにキングにとって教育とは、神から子どもに与えられている「学びたいという強い意欲」を支える営みであった。したがってキングは、当時一般的だった暗記とその再生を目標とした授業を批判し、あらゆる教育活動は「観察」と「経験」によって子どもの「学習の本当の熱意を鼓舞するもの」であるべきだと、ペスタロッチを引用しながら主張していた[29]。

キングはペスタロッチを、フランシス・ベーコンの「帰納法」とジョン・ロックの「観察と実験のメソッド」の「両方を体現した」人物として位置づけて評価していた。キングによればペスタロッチの思想は「教育は単に事実の堆積物を覚えさせることではな」く、自然のなかで探求的な活動を通して「正確な観察と明瞭な理解の習慣を養う」営みとしてとらえる思想だという[30]。

キングはこの理念を、実際に教室で試みていた。例えば、小学校教師をしていた頃のキングは、ある秋の朝、自ら教室にたくさんの樫の葉をもちこみ、その葉に虫こぶが付着しているのを発見させ、何日かかけて「考え、比較し、確かめ、疑問を出し合わせ」、それが蛾の卵であったことを突き止めさせる授業をおこなっていた[31]。この学習をキングは、科学的思考の習慣をつける理科の学習としてだけでなく、国語の学習として、つまり書きたいという意欲を子どもたちにもたせるための学習としても位置づけていた[32]。

ペスタロッチの教育思想への傾倒は、キングにとっては必然的なものであったといってよい。ペスタロッチ思想に基づく教授法は、一九世紀中葉以降、州立オスウィーゴー師範学校を拠点として全米の州立師範学校で紹介され実践されていたし、キングがミシガン州立師範学校に入学した時にも、初代ウェルチ校長（一八五二―六五）が「ペスタロッチ教授法」の確立をめざした「実験」をおこなっていた。さらには、一九世紀初頭以降、エマ・ウィラードら多くの女子セミナリーの指導者がペスタロッチに学んできていたことは、前章までで検討したとおりである。一九世紀の女性教育者にとって、まずもって学習者の学習可能性を信じたうえで、学習者の学習意欲をどう喚起し鼓舞するかが、共通の課題であり関心事であったといえるだろう。

（3）教育の目標――市民社会の構築をめざして

第三に、信仰に生きるキングにとって、教育の目標とは神が人間に望む世界の実現であり、彼女はそれを「市民社会（civil society）の構築」として認識していた。

子どもは彼の文明に適応するように教育される。（略）文明（civilization）とは、市民社会（civil society）において、すなわち政府の下で構成されたさまざまな社会的集団のなかで、共に生きる技である。市民社会を構成する人々は、すなわち構成された集団において生きる人々は、個人であると同時に、相互の関心や利益によって共に結びつけられて公共の集団生活にも入っている。それゆえ、そのような社会では、利益は個人のものでも一般のものでもある。この二者、つまり個別の利益をもつ個人と一般的利益をもつ集団との間で、大いなる社会的力が働く。進歩や成長は、この二つの間の均衡に向かって、すなわち、市民社会における個人の実現に向かってもたらされる。[33]

すなわちキングによれば、人間は「共に生きる」ために「公共の集団生活」と「個々人の実現」のバランスを維持しなければならない。したがって教育は、個々人が「個人と社会の相互関係」のなかで「本当の自己」を発見し、「社会的倫理を視野にいれる[34]」営みであり、学校の仕事は子どもが、社会の意味と社会における自分の位置を認識する過程を短縮することだという。

教育の目的は、個々人を、本人のみに所有されるだけではなく、社会的自己によっても所有されるように導くことである。つまり、教育とよばれる過程によって、個々人は自分自身の行動力に気づき、実際に行動するようになる。これは時間のかかる過程であり、卒業式が生涯をとおした学習の始まりとなる。個人の力が守られる過程と手段は、必ずしも社会的能力に結びつくとは限らない。完璧に適応した個人は、必ずしも社会化されているとは限らない。（略）個人のなかにあるそのような力、感じる能力は、知性によってのみ実現され、また教育における一貫した使用によってのみ現実のものとなる。（略）学校の仕事は、個人が社会の重要性を認識し、社会の中で自分の位置を認識する過程を、短縮することにある。[35]

それゆえキングにとって、すべての教育は「シティズンシップに位置づく教育（education in citizenship）」であるべきものであった。キングが「社会的連帯」の重要性を説いた背景には、南北戦争で多くの友人や知人を失った経験があったからという[36]。

このようにキングは、学校の機能のうち、既存秩序や伝統文化の再生産の機能よりも、よりよい社会の構築に向けた社会改革の機能を、より重視していた。また学校教育の目的としても、進学や出世といった個人的で功利的な目的よりも、人間が共生するための公共的で倫理的な目的の意義を説いていた。これらの点でキングの思想からは、デューイやカウンツ、アレントやジルーら、二〇世紀初頭以降の民主的公共哲学に通じる要素が看取できるといえる[37]。

（4）教育課程の構想——歴史学習を中心とするカリキュラム

第四に、市民社会を構築するための教育をめざしていたキングにとって、最も重要と考えられたのが社会に関する学習だった。一八八一年にミシガン州立師範学校の教壇に立って以降のキングは、初等教育段階において社会に関する学習をどう構成するかを主たる研究課題の一つとしていた。

キングが最も重視したのが、歴史学習であった。歴史学を社会科学として確立していこうと一八八四年に設立されたアメリカ歴史協会（American Historical Association）にも加入し、会員として歴史教育について活発に発言していたことが、アメリカ歴史協会年報からも窺える[38]。一八八〇年代以降の米国には、社会科学としての歴史学が紹介されており、第二章で検討したウッドブリッジやウィラードらの教科書にみられたような、情緒的で劇的な叙述によって合衆国の秀逸さを説き、愛国心を涵養する歴史叙述ではなく、事実を史料によって検討しようとする歴史学が確立されようとしていた。

キングが自身で探究し、子どもや学生に教育しようとしたのも、社会科学としての歴史学であった。彼女にとって歴史は「単に時系列で統計的な冷たい事実のつながりではなく、社会的・経済的原因と政治的結果のつながりであり、人間の行動とその反応が表現された輝き」を意味していた[39]。したがって歴史学習は、過去の人間が各時代の社会問題に「なぜ」「どのように」対峙してきたのかを「一般論ではなく個別具体的な事例に即して」理解することであり、未来の社会を築くために意義ある学習として理解されていた[40]。

歴史学習の重要性は、その学習内容だけでなく学習方法にもあると、キングはいう。なぜなら「年表の機械的暗記は、子どもの歴史嫌いを助長し、市民社会の熟成を妨げる」[41]からである。それゆえ、導入で子どもの興味を刺激することや、子ども自身が実際に一次史料に触れて考える経験学習を、歴史学習にも取り入れるよう主張していた[42]。キングが教育方法において特に重視したのが、社会科学としての歴史学のディシプリンを初等中等教育段階においても習得させることであった。アメリカ歴史協会設立の二年前に、キングは以下のように叙述して、歴史学の科学的方法の重要性を力説していた。

> 歴史が科学に位置づけられると仮定することは、無視したり軽薄な議論として片づけたりすべき論点ではない。この仮定には多くの重要な反論があるが、歴史学が多かれ少なかれ科学的な探究方法をもつ科学であることは、十分に支持しうる根拠をもつと言わざるを得ない。近年重要な語になった「科学的」方法という語を使うということは、歴史のデータが検討主題になるのであり、データは一般化の土台になるものとして分類できるということである。つまり、歴史的探究の科学的方法は、個別の事例から、一般的な原理や法則の叙述を導き出す、帰納的な方法なのである[43]。

以上のようにキングは、歴史学のディシプリンの習得こそが、子どもたちが「過去に対する問いを持ち」、「一次史料を充分に吟味し」、「疑問を充分に考えた上で」、「賢明な結論を出す」[44]ことを可能にすると主張する。そしてこれこそが、市民が議論を通して社会の方向性を決定する市民社会の構築のために、市民が学ぶべき内容だというのである(45)。

さらに、一八九〇年代以降の著作では、米国に紹介されたばかりのヘルバルト教育論を引用しながら、歴史を中心とした教育課程論を構想している(46)。例えば一八九四年には、キングは小論「コース・オブ・スタディを統合する要素としての歴史」において、初等教育において歴史学習を中核とする中心統合法によるカリキュラム構想を発表していた。「歴史」という教科は「幅広い分野をカバーする材料を提供」するため、「コース・オブ・スタディを統合する教科」として用いることができるというのである(47)。そして同年には、ミシガン州の歴史を教える小学校教育課程案を学年ごとに詳細に作成し、書籍として出版していた。低学年では実話をもとにした文学や伝記などの教材化例や、高学年ではギリシャ神話を劇化する方法例などが取り上げられている(48)。

このカリキュラム編成は、一八九三年にイプシランティ校々長に就任したリチャード・ブーンの構想のもとに考案されたものだった。ブーンは、ヘルバルト主義教育思想を学んだ人物であった。校長着任直後の一八九三年一二月、教師たちの前で「弁証法的過程としての教育」と題して講演し、公立学校のカリキュラムは「集中の原則」に基づいて、ある教科を中心に組織され、全体として一つのまとまりをもつカリキュラムに変革される必要があると説いていた。この呼びかけに呼応して、翌一八九四年にはイプシランテイ校教授学クラブ研究会（The Pedagogical Club of the State Normal School）が結成され、ロードマン（August Lodeman）が言語活動を、ストロング（Edwin A Strong）が科学を、キングが歴史を中心としたカリキュラム構想を発表したのであった(49)。

以上のキングの科学的歴史教育論は、当時の歴史教育改革運動のなかには、どのように位置づけられるだろうか。一八八〇年代に米国で科学的歴史学が成立して以降、一八九〇年代以降は、歴史教育の内容や方法が盛んに研究されていた。当時の米国における社会科教育成立史を探究した森分孝治（一九九四）(50)によれば、一八九二年から一九一六年の間に展開された歴史教育論は大きく三つの立場に分類できるという。第一は「科学的歴史教育論」であり、これはさらに方法主義、内容主義、本質主義の三つの立場に分けられる。第二はチャールズ・マクマリー（Charles Alexander McMurry, 1857-1929）に代表される「ヘルバルト主義の歴史教育論」であり、第三は「機能的歴史教育論」の立場に分類できるという[51]。

科学的歴史学の立場から、子どもや学生自身がディシプリンを獲得し歴史研究をおこなえるようにすべきとするキングの歴史教育論は、上記の森分の分類における「科学的歴史教育論」のなかの方法主義の立場に位置づけられるものといえる。このことは、方法主義の代表的人物として森分（一九九四）に取り上げられているメアリー・シェルドン＝バーンズ（Mary Downing Sheldon Barnes, 1850-1898）の『一般史研究[52]』を、キングが師範学校の自分の講義で教科書として採用していたことからも明らかである（後述）。

ただし、一八九〇年代以降のキングの歴史教育論は、森分の整理する第二の「ヘルバルト主義の歴史教育論」の要素も含んでいる。キングは「コース・オブ・スタディを統合する要素としての歴史」（King, 1894）および『ミシガン州民の政府』（King, 1894）という著作において、文学や戯曲を歴史教育に取り入れつつ道徳的人格形成をめざす教材案や、歴史を中心とした中心統合カリキュラムを提起しており、これらの点にはマクマリーの影響が窺える。しかしこれらの九〇年代の著作は、上述したとおり、当時の校長ブーンの師範学校経営方針に基づいて作られたイプシランティ校教授学クラブ研究会で公表されたものである[53]。キング自身がどの程度ヘルバルトに傾倒していたのか、キングの歴史教育論の詳細な検討は、今後の課題である。

3　キングが直面した諸問題

以上のようにキングは、市民社会を構築するために学校教育の改善を企図していた。そして二三年間にわたる教職経験と教育行政経験のなかで、教師たち自身が学習を無味乾燥でつまらないものと信じて疑わない現状を憂い、教師教育の改善をめざし、一八八一年に母校である州立師範学校に着任したのである。

しかし、ミシガン州立師範学校は設立直後から大きな問題に直面しており、その問題は時代を経るごとに複雑さを増していた。キングの教師教育思想と改革をみる前に、キングが着任した時に同校がどのような問題に直面していたのかを、以下、四点に整理しておこう。

(1) 誰の要望に応えるのか——教師養成か多目的教育か

第一に、イプシランティ校はいったい誰の要望に応えるべきかが、設立直後から争点となっていた。ミシガン州では、イプシランティ校設置直後の一八五〇年代後半からすでに、教師養成機能を強化したい州教育委員会の意図と、地元納税者や入学生の要望が食い違う事態が生じていた。ミシガン州の場合は、東部と異なり州そのものの合衆国加盟からわずか一二年しか経っていなかったため、一般市民は教師養成目的に限定されない多目的教育機関を必要としていたのである。(54)

対立の端緒は、設立目的の記述にすでに表れていた。イプシランティ校の設立目的は「男性と女性両方に、良き公立学校教育のために必要な教育技術や、さまざまなことがらを教える」ためと謳われた。(55)傍線部の文言は、その設立目的が教師養成に限定されないこと、初等教育よりも高度な（higher）普通教育をおこなうことへの期待を意味していた。したがって同校は、教師養成という州教育委員会のニーズに応えるのか、大学進学や就職などの可能性をひらく多目的教育機関を期待する地元や学生のニーズに応えるのか、誰のニーズに応えるかという困難に、設立時から直面していたのである。

誰の要望に応えるのか、すなわち教師養成か多目的教育かという対立は、一八五〇年代後半からカリキュラム改革論争を引き起こしていた。州教育委員会側は、教師養成機能を強化するため「小学校教師には不要」な古典語（ラテン語など）や近代外国語（フランス語など）の科目を廃止し、教職関係の科目を増やすよう師範学校側に要請していた。一方、学生たち、特に師範学校卒業後に大学進学を考える男子学生らは、進学準備に必要な古典語の科目廃止を望まなかった[56]。

一八六〇年代には、教育委員会と州立師範学校側が、一旦は譲歩したことが読み取れる。初代校長ウェルチおよび二代目校長デイビッド・メイヒュー（David Porter Mayhew, 校長在任期間　一八六五―七一）は、教師養成コースより年限の長い「発展コース」を設立し、教師養成コースの他に、進学準備教育を目的とするコースを設立したのである。そして語学については、一八六一年から男子学生はラテン語とギリシャ語、女子学生はラテン語と近代言語（フランス語またはドイツ語）を学べるようにしたのだった[57]。教師養成機能を残しつつ、男子学生たちの大学進学準備教育の機能も併存させるという方策である。しかし、教師養成を目的として設立された州立師範学校の内部では、教師養成を目的とした職業教育か、大学受験を視野に入れた高等普通教育かの対立が続いていく[58]。

（2）中等教育教師の需要増加にどう対応するか――小学校教師養成の位置づけ

一八七〇年代以降は、上記論争が一層複雑なものとなった。中等教育の教師需要が急激に増加し、教師養成機能をどのような方向で強化するかも、大きな課題となったのである。

ミシガン州では一八六〇年代以降一八七〇年代にかけて、中等教育の教師需要が急増していた。一八六〇年代初頭は小学校三年、文法学校三年、高等学校三年の合計九年制が平均的な学校制度だった。しかし、南北戦争後は学年制の普及とともに中等教育が急激に伸長し、わずか一〇年後の一八七〇年代には、小学校四年、文法学校四年、高等学校四年の合計一二年制が一般化しつつあった[59]。さらに、無償公立学校制度のなかに中等教育を含むかどうかが争われていたが、ミシガン州最高裁は一八七四年に「カラマズー判決」を出し、全米に先駆けて州教育委員会の租税徴収権を承認する決定を下した。そのため、ミシガン州を皮切りに全米で高等学校の設置が促進されていくこととなったのである。(60)

教師養成機関としては中等教育機関の需要増加に対応しないわけにはいかず、中等教育教師の養成に必要な水準まで入学資格を挙げ、カリキュラム内容の高度化を図る必要に迫られていた。ところが、その水準に対応できる学生は、教師養成教育よりも高等普通教育を望むという不一致が生じていたのである。需要に応えて中等教育教師の養成に乗り出すなら、それは進学準備教育を強化する改革と重なり、皮肉にも結果として初等教師の養成機能を弱化させる可能性を孕んでいた。理論的には、東部の州立師範学校のように中等教育教師の養成は他の教育機関に任せて小学校教師養成に特化する、という選択肢もありえた。しかし中西部においては、学生の要望に逆行して小学校教師へと進路選択の幅を狭めるカリキュラム改革は、現実には困難だった。

したがって、第四代校長に就任したジョセフ・エスタブルック校長（Joseph Estabrook, 校長在任期間　一八七一―一八八〇）は、紆余曲折の末一八七一年に非教師養成コースを拡大する改革をおこなった。(61)小学校教師養成コース（修業年限一年）に加え、新たに中等教育教師養成コース（修業年限三年）を設立し、さらに古典語コース（修業年限四年、ラテン語を含み主に男子学生向け）および近代言語コース（主に女子学生向け）という二つの学問的なコースの増設に踏み切ったのである。(62)従来は、教職につかずに高等普通教育を受けたい者のみが発展コースに残る形だったのを、初めから教師養成を目的としないコースを設立することによって、中等教育教師の需要増加と学生の要求の双方に応えようとしたのである。

しかし結果的には、教師養成を目的としないアカデミック・コースの増設は、州立師範学校の存在意義そのものを揺るがす諸刃の剣となった。学問の習得が目的なら他の教育機関で済むため、学費免除制度を伴う州立の師範学校を

維持する必然性は認められない、州税の無駄遣いだ、という議会での批判が高まりをみせるようになったのである。(63)

（3）他の教育機関との競合にどう対応するのか——州立師範学校の存在意義

第三の難題は、他の高等教育機関との競合である。一八七〇年代以降は、中等教育教師の需要の高まりを受けて、全米各地の大学や総合大学が教師養成部門を設置し、中等教育教師の養成事業に参入しはじめていた。ミシガン州も例外ではなく、アン・アーバーにあって長い歴史をもつ州立ミシガン大学が、一八七〇年に教師養成部門（Chair for Education）を設立し、中等教育教師の養成事業を開始するとともに、一八七九年には全米初と称される教育学科として「教授の科学と技術」学科を創設し、教育科学の研究促進に乗り出していた。(64) 州立師範学校は、研究総合大学として発展しつつあったミシガン大学と競合しながら、中等教育の教師になりうる水準の男子学生を獲得するための方策を求められていたといえる。

初等教育教師の養成機関に特化したとしても、他との競合は避けられなかった。一八三七年にオーバリン大学（Oberlin College）が女性に門戸を開放した後は、特に南北戦争による男子学生減少を契機として女性に門戸を開く大学も増加していたし、一八六一年設立のヴァッサー大学（Vassar College）など、女性大学の設立も進んでいたからである。歴史家バーバラ・ソロモン（Solomon, 1985）の調査によれば、当時は女性が自立できる職業の選択肢は他にあまりなかったため、それらの高等教育機関の女子学生も、教職を志望したり、教職を経た後に他の専門職を得ようとしたりする場合も少なくなかった。(65)

（4）専門的な教師養成の内実をどうとらえるか

第四の難問は、専門的な教師養成の内実をどうとらえるかという問いだった。イプシランティ校では、初代校長ウエルチ以降、どの校長も「専門的な教師養成」をおこなう方針を共有していた。また単なる教授技術さえ教えればよいと考えた校長も、少なくとも同校には一人もいなかった。しかし「専門的養成」の内実をどうとらえるかは校長によって大きく異なっていた。

「専門的な教師養成」の内実を、すべての科目を学校教育の観点から再構成する方向に見いだしたのが、一八七〇年に第三代校長に就任したチャールズ・ベローズ（Charles F. R. Bellows, 1832-1907, 校長在任期間　一八七〇―七一）だった。彼が着任した一八七〇年は、ミシガン大学が教師養成部門を新設した年だった。州立師範学校としての存在意義を示す必要に迫られた彼は、イプシランティ校の目的は「純粋にプロフェッショナルであるべき」、つまり目的を教師養成に特化すべきという方向性を打ち出した(66)。そして教育内容としては、学問的コースの科目も含めたすべての科目が、単なる教科内容としてではなく「それが学校でどう教えられるべきか」という教育の観点から再構成されなければならないと主張した。さらには「教授学の会」なる集団をたちあげ、数学教授として、一八七八年からカリキュラム全体を「プロフェッショナル」にする「実験」を断行したのである(67)。

ベローズがめざした改革とは、「すべての学問にプロフェッショナルな役割を与える」ことであり、「教師としての学生」に対し「毎日毎日、最も新鮮で最も新しく学問的に承認されたものごとの見方をもたらす」科目内容を再構成することだった(68)。しかし、それぞれの学問を学問体系に沿って教える講義をなくし、すべての学問内容を教科教育の観点から再構成して教授しようとするカリキュラムは、実際には容易に実現しなかった。それどころか、多くの科目で「事実上学問が消えた」と学生から不満の声があがり、州教育委員会から査察者が二名訪れる騒動に発展した。査察者バーロウ（James M. Ballou）は、多くの科目の内容が学問的基礎の裏付けを欠いた「単なる模擬授業法」に成り果てていると厳しい報告書を書き、結果としてベローズのカリキュラム改革は二年で中止になったうえ、一八九一年にベローズ自身が辞職に追い込まれるに至った(69)。

一方、「専門的な教師養成」の内実を、教師に習得させる学問水準の向上ととらえる方向に見いだしたのが、第九代ジョン・シル校長と第十代リチャード・ブーン校長であった。四三歳のキングが同校に一八八一年に採用され、四十歳代と五十歳代を共に過ごしたのが、この二人の校長であった[70]。シルが強調したのは「普通教育（general education）」の重要性と、卒業生の進路選択の「柔軟性」だった。カリキュラムが「どんどんスペシャライズされ」、「学生に提供される進路の選択肢が一つしかなくなる状況」は「修正されなければならない」とし、学生の視野を広げる普通教育の提供を主張した[71]。普通教育の水準向上によって、より高等な教育機関への進学可能性を開くとともに、教職のなかでも幼稚園から高等学校、体育や工業科など幅広い教職への就職可能性を担保しようとしたのである。

シルは高等学校の教師を養成するに足る学問的水準を確保する改革と同時に、教職関係科目の充実も図る六つの改革をおこなった。第一に、一八八八年小学校教師を養成していた高等学校程度の二年コースの内容に、大学程度の二年を加えた四年制の「科学の一般教育と教授技術」コースを新設し、新コースの受験資格を高等学校卒に引き上げた。第二に、歴史や科学、言語などの諸科目の水準を大学程度に上げるべく、一八八八年に歴史市民学科の長にキングを採用するなど、各科目を学科（department）として編成した。第三に、州政府に学位授与権を認めさせ、一八八九年には教授学学士号（Bachelor of Pedagogics）、一八九〇年には教授学修士号（M. P.）の授与を開始した。教授学士号については、「学士号（B. A.）と同等の学識」、教授学修士号については「五年の教師経験を基礎として、歴史、科学または教育技術のいずれかに関係する論文」で判定されるものとしている。同時に教育関係の科目の充実も図り、第四に心理学や比較教育学、歴史教育法、理科教育法、言語教育法などの諸科目を新設したうえで、第五に実習校の教師を増員して九年生（一五歳）学級を増設し、教育実習の充実も図った。そのうえで、第六に教養大学を卒業した学生たちを対象とし、教育関係の科目だけを教える半年間のプロフェッショナル・コースも開設した[72]。

シルの方針はブーン校長の時代に継承され、一八九九年に州立師範学校は「州立師範大学」へと名称変更されるに至った。入学生の三分の二が実際に高等学校卒となり、定員充足率も九三％に向上、全科目の二割が教職に関する科目になったという(73)。ただし、シルやブーンは、教職教育を軽視していたわけではなかった。普通教育の徹底こそが、教職教育の充実に不可欠と考えていたのである。ブーンは、教師たちを集めて「弁証法的な過程としての教育」を講演し、師範学校におけるカリキュラムを「コア」を中心に編成するように働きかけていたのは上述したとおりである。また教養大学を卒業した後に入学してきた学生たちを対象とするプロフェッショナル・コースの期間も一年間に延ばしていた(74)。

4　キングの教師教育の思想と実践――学校と社会の改革方法として

以上のように、キングが州立師範学校に職を得た一八八〇年代は、ベローズ校長の教師養成に特化したカリキュラム改革が失敗に終わった後、シル校長やブーン校長が異なる方針で改革に取り組んだ時代であり、校長を退任したベローズが一教師として異議を唱え続けて、校長らと激しく対立していた時代だった。この状況のなかで、キングは教師教育をどのようにとらえ、歴史学科長としてどのようなカリキュラム改革をおこなったのだろうか。キングの教師教育の思想と実践を明らかにしよう。

（1）学問のディシプリンに基づく教師養成

キングが教師養成で最も重要と考えたのは、子どもたちへの期待と同様に、学生たち自身が学問のディシプリンを習得し、「科学的探究」によって新しい知識を自ら創造できるようになることだった。教師自身が学習の意味を実感することが、退屈な暗唱に終始しがちな当時の学校教育を変革させ、ひいては次代の民主主義社会の形成を可能にすると考えたのである(75)。

しかしキングが直面したのは、学生の水準の低さだった。同校のカリキュラムでは、一八五三年の創設当初から小学校復習程度の米国史しか教えられておらず、一八七〇年に公立小学校で米国史が必修になった後、一八七五年以降にようやく外国史が扱われはじめたばかりだった(76)。キングは「私は私の才能が打ちのめされるのを感じる」と吐露するほど、学生の水準の低さや徒労感に打ちのめされつつも、まるでギリギリのところで踏みとどまって、自分を鼓舞しているかのようである。

> 次学期の師範クラスの学生半数以上が、科学的にものごとを探究する経験をほとんどもたない。心理学の知識どころか、どのように本を利用するかの技術もほとんどない。学生の準備の欠如があのクラスの仕事を大きく阻害することが、簡単に予見される。市民科の講義は、もっと悪い状態にある。（略）私は私の才能が打ちのめされるのを感じると、告白しなければならない。彼が空っぽの井戸から水をくめるというのか？　これは師範教育以前の問題でなければならない。次の学期のアカデミック・クラスは、厳密に帰納的な方法を用いた学習経験のうえにおこなわれなければならない(77)。

そしてキングは「なぜ師範学校が理想に届かないか」と問い、「厳格な師範教育を行うためには、その前にアカデミックな学習がきちんと行われていなければ成功しない」のに、ほとんどの学生が「その準備ができていない」からだと記している(78)。

> なぜ師範学校が理想に届かないか、理由をいくつか述べなければならない。従来からの批判をみればよく分かる。厳格な師範教育は、入学前にきちんとアカデミックな学習が行われていなければ成功しないといわれてきた。（略）上級クラスでは、先行す

る知識の堅固な基盤の上に、師範教育がなされている。師範クラスでは、多かれ少なかれ、知識の少なさが問題なのではない。そうではなく、精神の力が足りないのが問題なのだ。準備の不足は、これらのクラスの師範教育の全てを無効にしてしまう。再び言おう、教育方法のクラスでは、その前に学生が何を学びどう成長しているかが、その成果に重要なのだ[79]。

注目に値するのは、キングが学生の「知識の少なさが問題なのではない」と指摘している点である。キングは、知識の不足なら復習で対応できるという。しかし、無味乾燥な知識を無批判に暗記することを学習だと思い込んでいる学生たちには、いくら教育方法を教えても「覚えた事実に対して理性的な洞察を得ることについて、たいした進歩がみられず[80]」、子どもたちを市民に育てるための教育はおこなえないと指摘していた。キングは、教師教育の前提として、学生自身が科学的探究としての学習を経験していること、すなわち学問や学習の意義を体得している必要があると考えたのであった[81]。

（2）教師養成の目的とカリキュラムの構成

キングは、師範学校の主目的は「知性的な応用力」の養成という点で一般の高等教育機関と共通していると考え、以下、四つの要点を挙げている。

師範学校のすべての目的は、学生に自分自身の力をコントロールする力を与えることにある。1．速く正確に物事を把握し反応する、つまり迅速に観察する能力を養成すること。2．すべての知識を参照、つまり分類し、体系的な全体を創造すること、なぜならこれらの原則は、知識の成長の基礎であり、教職に就く前に意識的な習得が必要だから。教職にも、同様の知性的な応用が求められる。3．一般化する力を教えること。4．他者を教える方法の建設に、精神の法則を応用すること。師範の学生にとって、コースの最も価値ある結果は、教育である。私が使う武器を誇張しすぎではないかと尋ねられるだろう。確かに、私ほどその刃先の鋭さを味わえる人はいないかもしれない[82]。

すなわち、対象を的確に観察し、分析結果に即して知識を創造するという「知性的」営みこそが「基礎」であり、そのうえで後述する教育方法を創造できるようにすることが、師範学校の目的だというのである。キングは「自然科学」か「社会科学[83]」かいずれかの土台の上に、それらの知識を教職に応用する方法を具体的に教える必要があると考えていた。「教授法を扱う講義においても、学生自身が歴史的事実の意味を理解していないのに、その教授方法のみを教えることはしない[84]」と述べている。

そしてキングは「歴史学は師範教育の手段としてどんな特有の価値をもつか」という問い自体を「功利主義的な問い」として位置づける。なぜならこの問いは、「歴史学に含まれる、知識としての歴史の価値を全く問わず」に、「教師養成という目的に向かって歴史学の使用法のみを問題にしている」からだという[85]。そのうえで、情報を正確に把握し分析し複眼的に検討するという歴史学のディシプリンを獲得させる教育こそが、教職準備教育の前提として必要不可欠であると主張していた。この点でキングは、上述したベローズ元校長の思想、すなわち教職という目的に向かって、すべての学問をあらかじめ教科の観点から再編成して教えようとするカリキュラム論を、明確に否定していたといえる。

（3）キングの教育方法観——「教育方法とはパーソナルなもの」

キングは、学問さえ修得させれば教壇に立てるとは考えておらず、教師養成教育は必要だと考えていた。この点は、上述した師範学校の目的の第四に「教育方法」を位置づけていたことからも明らかである。ただし、教授技術のみを重視する教師養成教育も、さらには教壇に立つ経験こそが最善の準備と考える教師養成教育不要論も、いずれも否定していた。

この背景には、「教育方法（method）とは徹底してパーソナルなもの」とするキングの教育方法観がある。キングは「歴史学習に適用される教育方法」と題した小論（King, 1889）において、長年経験をつんだ教師がよい授業をしているとは限らないと鋭く批判し、授業を準備する過程における「知性」の重要性を主張する。

経験や実践はある種の教育方法をもたらすだろうが、経験によって得られた教育方法は、しばしば蹄鉄を裏表に打ち付けて歩けなくしてしまう。つまり、教育方法が重要な要素を欠いているのだ――合理性である。もしも経験だけでよい学校をつくれるとしても、時間がかかりすぎるし、そのための費用は高くつくだろう。たとえもしも、教師がなぜその教育方法を選択するのかを理解していないのに結果としてよい授業になることがあったとしても、準備の過程に知性を欠く授業がよい結果をうみ続けることはありえない。(86)

このようにキングは、教育方法が「知性的」かつ「合理的」に考慮されることの重要性を主張していた。しかし同時に、教育方法がいかに知性的に開発されたものであったとしても、その成否は、教育方法を適用する教師にかかっていると指摘する。

教育方法は、精神活動の原理に基づいて知性的でなければならないだけでなく、目的に対して手段を合理的に適用したものでなければならない。教育方法は、それ自体は哲学的であったとしても、ある目的のために適用されればすべて間違いになるかもしれない。ここから教育方法の個別化が始まる。教師が自分の仕事にそれを適用するならば、教育方法は自分自身のものでなければばならない。それが自分の仕事である限り、自分独自のものでなければならず、二番煎じの擦り切れたものであってはならない。それは新鮮で新しくなければならず、自分の頭で考え、徹底して自分自身のもの（thoroughly personal）でなければならない。それ以外にどうやってうまくやれるというのか？[87]

以上のように、キングは、教師が教育方法を「徹底して自分自身のもの」にすることの重要性を述べる。その理由は、教室における授業が、他に同じものが二つとない固有の環境のなかにおかれているからだという。

第一に、教育方法が自分自身のものになっていなかったら使いこなせないだろう、なぜなら環境に応じて修正できないからである。生徒の年齢、手元にある視覚資料、授業期間、教科書、参考書などはすべて、教育方法の修正や制限を要求する環境となる。授業の目的を達成するために具体的な手段を決定する際には、これらすべてが考慮されなければならない。それぞれの教師が、新しいクラスを担当するたびごとに、毎回これらたくさんの問題を解決しなければならない。[88]

このようにキングは、一回一回の授業を構成する要素は大きく異なっているため、教育方法は、一回一回の授業を取りまく「環境」によって常に修正されなければならないと指摘していた。

大事なことは、人の受け売りでは使えないことである。教科を魅力的に提示する際の臨機応変な対応（tact）は、自分自身の努力の結果でなければならない。その熱意が、教師自身の胸のなかで燃えていなければならない。（略）よく練られた質問によって教科の内容を示し授業の全体像を照らし出す技術は、長く骨の折れる努力によってのみ導かれる。たとえ教師が授業で教育方法を模倣したとしても、より重要なのは、彼自身の精神のなかにあるインスピレーションなのである。これらすべてのものが各

教師の教育方法の個別性を形成し、それなしにはどんな教育方法も成功しない。(89)

「臨機応変な対応（tact）」という文言からは、ヘルバルトの「教育的タクト」の概念が想起される。この「歴史に応用される方法」という小論の中にはヘルバルトの名は明示されていないが、執筆されたのは一八八九年であり、一八八七年に米国に紹介されたばかりのヘルバルト思想にキングが学んでいたとしても不思議ではない。キングがどの程度ヘルバルトの影響を受けていたかの検証は、今後の課題とする。(90)

（４）技術的かつ専門的な教師教育

以上のようにキングは、教育方法を「環境に応じて修正」し「合理的に適用」できるようになるためには、それらの教育方法が、借り物でなく「徹底して教師自身のもの」になっている必要があると考えていた。したがって、教師自身が「幅広い知識」をもち、ディシプリンに習熟する学問的訓練によって「人格を形成」していく必要があるとキングは言う。すなわち教師養成カリキュラムは、「技術的かつ専門的でなければならない」という。

師範クラスは、教師志望者のクラスである。教師になることが、学習の大きな目的である。したがって、目的に沿う授業とは技術的（technical）かつ専門的（professional）でなければならない。教育方法を扱わねばならず、また何よりも、目的に即した手段を哲学的に適用するとはどういうことかを例示しなければならない。（略）彼らは、原理や法則や根拠を、事実とともに理解しなければならない。彼らは、事実を形作っている理念を読み取れるように、教えられなければならない。理念を具現したものとして事実を尊重するように訓練されなければならない。そうしてはじめて彼らは、何を教えなければならないかを、正しく理解することができる。[91]

以上のようにキングは、自ら科学としての歴史学を探究していたにもかかわらず、そして教育心理学など科学的な教育研究が興隆しはじめていた一九世紀末の学問状況のなかにあって、なお教育方法の科学的定式化を不可能と断言していた。そのうえで、それぞれ固有の教室環境や子どもに即した教育方法を選択するには、状況に即した教師の判断が必要となるのであり、状況にあわせて臨機応変かつ総合的に最善の方法を判断できる力量を養成するためには、「事実を形作っている理念を読み取れるように」する「技術的かつ専門的」な教育が必要だと考えていた。

具体的には、例えば「歴史の哲学」という科目の目的を、キングは「教師が何を教えるかについてのある種の哲学を教授する」[92]ことだと述べている。史実を提示して解説し暗記させるのではなく、「一次史料と、バランスのとれた探究的な解説」を与えたうえで、「事実に即し、厳密で知的な問いを相互に出し合う」授業をおこなっていたという。その際、講義で採用した教科書が、上述したシェルドン＝バーンズの『一般史研究』[93]であった。

シェルドン＝バーンズは、ニューヨーク州立オスウィーゴー師範学校の初代校長として知られるエドワード・シェルドン（Edward Austin Sheldon, 1823-1897）の娘であり、同校で学んだ後、ミシガン大学で学位を取得し、一八九二年三月にスタンフォード大学初の女性教授となった人物である。彼女は学習者に一次史料をあたえ、その解釈を議論させるなかで、時代や史実の核となる概念を考えさせようとする方法を提唱し、「セミナリー方式（Seminary Method）」または「一次史料方式（The Source Method）」と名付けていた[94]。これは、初等・中等教育段階であっても、大学において指導教授の指導を受けながら一次史料を集団で科学的に検討していく方式を、初等・中等教育にも実現しようとする教育方法であった[95]。

キングは、バーンズの提示する一次史料は州立師範学校の学生たちには難易度が高いとして独自の史料を選択しつつも、「史的展開のさまざまな局面で生きて働く歴史的概念が現れている出来事を通して、歴史を提示する」ことを心がけ、学生相互に意見を出し合う講義方法を採用していた(96)。

（5）歴史市民学科の教育課程改革

キングが歴史市民学科長として、当該学科のカリキュラム編成や人事に関し具体的にどのような権限をもっていたのかは、現存する史料からは不明である。しかし少なくとも、キングの在任期間中に以下の二つの改革がおこなわれたことが確認できる。

第一は、歴史科と市民科に関する科目が四倍以上に増加された点である。キングの着任当時は、歴史科四科目（ギリシャ史、ローマ史、イギリス史、米国史）、市民科一科目だったものが、一六科目（英国史、中世ヨーロッパ史、近世ヨーロッパ史、合衆国憲法史、政治史、工業史、歴史哲学など）に増加され、さらに一九〇八年以降は新興の社会学も科目として追加されている。

第二に、キングが歴史市民学科長となった一八八八年以降は、教師教育と女性教育との双方に意欲をもつ女性が採用されていた。表10－1をみれば明らかなように、キングの在任期間中は女性教師の比率が一〇〇%となっており、他の領域に比して突出して高い割合となっていたことがわかる(97)。

表10－1　ミシガン州立師範学校における女性教師の割合（1849-1899年，学科別）

学科・領域	男性ファカルティ	女性ファカルティ	女性割合(%)
歴史市民	0	19	100.0
実習校	4	44	91.7
心理訓練	1	3	75.0
近代言語	4	5	55.6
芸術	12	11	47.8
数学	11	10	47.6
英語	15	11	42.3
古典言語	11	4	26.7
科学	20	6	23.1
社会科学	8	2	20.0
教授学	4	0	0.0
全体平均	90	115	56.1

教職経験のある教師を積極的に採用しようとする方針は、初等教師

養成に力を入れる他の州立師範学校でもみられたものだった。教職が女性化された状況のなかでは、初等教育の教壇に立った経験をもつ男性は少なく、経験と学識との双方を備えた女性が「実践的」な教師教育者として評価されていたのである。例えば、アイオワ州立師範学校シダー・フォール校の校長シアリー（Homer Seerley）は、一九〇〇年に「我々の理事会は、高等教育機関の大学院を修了したばかりの若い男性よりも、学校制度を管理した経験があり、教職とは何かを知っている実践的な教師を採用することを、すでに習慣化している」という採用方針を語っていたという。シアリーが採用した女性の半数以上は学士号をもち、修士をもつものも複数おり、一人は博士号をもっていたという[98]。

アイオワ州立師範学校と同様、キングが採用した女性教師の多くは、州立師範学校を卒業後にミシガン大学の学士号とラドクリフ大学の修士号を修得したビュエル（Bertha Buell）などの優秀な人材であったが、それにもかかわらず女性教師の採用は諸刃の剣だった。男性に比べればその威信は相対的に低く、男子学生らから不評を買う状況が生まれていたという。したがって、一九一三年には歴史学科でも、男性であるフラー（Earl G. Fuller）が採用されるに至っていた[99]。

キングは、七七歳まで歴史学科長を務め、一九一五年に退職した。退職理由は明らかでない。主たる理由は年齢によるものであったことが想像される。いずれにしてもキングの退職後には、彼女の採用方針は維持されなかった。キングの退職後は、ファカルティには男性が採用されるようになり、その数は急速に増えていった。管理職としても、キングを引き継いだカール・プレイ（Carl Pray）の後は、一九四〇年にサイモン・フェイガーストロム（Simon E. Fagerstrom）、一九五八年にドナルド・ドラモンド（Donald Drummond）がこの部門の長となり、キング以降は女性が長につくことはなかった。グレイアムによれば（Graham, 1978）、第一次世界大戦前後から、米国の高等教育機関ではファカルティの資質として教育よりも研究の能力の方が重視されるようになり、女性より男性の雇用機会を拡大していた[100]。同校においても、キングの後に新規採用された男性は教師教育には深い関心をもっておらず、州立イプシランティ師範学校は一九五六年に多目的の教養大学へと改組されていった[101]。

5　プリセプトレスとしてのキング——女性教育としての教職教育

キングは、着任当初からプリセプトレスも兼務し、女性教育をおこなっていた。最後に、プリセプトレスとしてのキングの活動も検討しておこう。

(1) プリセプトレスとは

一九世紀半ば以降の州立師範学校では、共学校における女性教師の最高位として、プリセプトレスという職位がおかれていた。

歴史家イズベルによれば、プリセプトレスおよびプリセプターとは、歴史的には近世ヨーロッパにおいて、神学や医学などの学問的領域で、後輩を心理的ケアも施しながら臨床的に指導する先輩指導者を意味していた。例えば、神学の領域では新受洗者や新参者を指導する優れた聖職者や先輩を意味していたし、医学の領域では若い学生を助手として受け入れつつ個人的に訓練を施す実践的な医療従事者を、また高等教育の領域では指導する学生の聖書朗読や研究を指導する教師を、それぞれ指していた[102]。

一八世紀末以降の米国では、ディシプリンを伝達する、つまり「しつける」ことによって人格的発達に責任を負うという意味も加わった。教育者はキリスト者としても模範であるべきという通念によって、道徳的規範者としての含意が強くなったのである。一九世紀初頭になると、女子セミナリーや初期師範学校で、プリセプトレスという呼称が次第に普及しはじめた。さらに、一八六〇年代以降に高等教育機関の女性受け入れが進行すると、共学校においては特に、女子学生の健康管理や道徳指導、異性との関係の指導などが重要な課題となり、それらの役割を担う職としてプリセプトレスの重要性が増すようになっていた[103]。

キングの時代のプリセプトレスの役割を、当時の校長ウィリッツ（Edwin Wllits, 校長在任期間　一八八三―八五）は「プリセプトレスは、特に女子学生に対してその立居振舞いの観点から責任を負う。最低一日一回は一人一人に面会する時間を持ち指導する、などである」と表現していた[104]。男子学生が同じ敷地内に存在する共学校だからこそ、女性教育がさらに重視されたのである。一九世紀末になると、共学の高等教育機関におけるプリセプトレスという呼称は、女性学部長（Dean of Women）に変わっていき、現在の米国の高等教育機関ではこの呼称は用いられていない[105]。

（2）プリセプトレスにおけるキングの位置

イプシランティ校では、一八五三年の学校創設時からプリセプトレスが設置され、一八九九年の大学昇格によりプリセプトレスが女性学部長という名称に変えられるまでの四六年間に、五人の女性がプリセプトレスを務めた。キングはその最後のプリセプトレスであった。

キングをのぞく他の四人、すなわち初代アビゲイル・ロジャース（Abigail Rogers）[106]、第二代サラ・アレン（Sarah Allen）[107]、第三代オルドリッチ（A. D. Aldrich, 正確な名は不明）[108]、第四代ルース・ホッピン（Ruth Hoppin）[109]は、皆オーバリン大学出身であり、女性に対する高等教育の普及に強い関心をもつ人物であった。イプシランティ校ではプリセプトレスという役職が、知性的な職業として位置づけられていたことが窺える。

キングは、五人のなかで唯一、州立師範学校の卒業生であり、教師養成に積極的に取り組む意志をもったプリセプトレスだった。他のプリセプトレスたちの主たる関心は、教師養成でなく女性教育の方にあり、教師教育や学校教育の改革にはあまり関心を示していない。教師教育に力を注ごうとしたキングは、当時のイプシランティ校に勤務するプリセプトレスのなかでは少数派だった。

（3）女性教育としての教師教育

キングの主たる関心が、女性教育よりも教師教育にあった点は、注目に値する。この点は、第Ⅰ部で検討したウィラード、ビーチャー、ライアンら、女子セミナリーの指導者たちが、女性教育の普及を主たる目的としつつ、結果的に教師教育に関心を寄せることになったのと異なっているからである。キングの主たる関心は、力量ある教師の養成を通して学校教育を改善することにあったが、学生の多くが女性である状況のなかでは女性教育も重要な課題だった。教職が女性化した一九世紀後半の状況のなかでは、ウィラードたちとは逆に、教師教育の改善を志向すると、女性教育が課題とならざるをえなかったことが指摘できる。

キングは、上述のとおり教師養成には土台となる学問的人格形成が必須と考えていたが、ペスタロッチを信奉するキングにとってそれは、学生の日常生活の陶冶と切り離せない問題だった。それゆえ彼女はプリセプトレス就任時から、毎週金曜日に「対話集会（conversations）」を開催し、学生たちと対話をおこなった。そのテーマは、女性の行儀作法から社会の時事問題、生き方から宗教的理想に至るまで多岐に及んだという。また「教師との懇話会（faculty chat）」と称して、女性教師と学生たちが共に特定の話題について議論する場も、毎週継続的に開催していた。[110]

興味深いのは、学生新聞が「対話集会」について、「キング先生は、女子学生たちが人生や仕事において参照できるような考え方を培おうとしていた。参加者は皆、親しい友情を感じるようになり、胸襟を開いて会話した。そして、高い理想をもった強い人格（キングのこと—引用者注）と共に対話の場にいることによって、どんな本によっても得られない助言やインスピレーションを得ることができた」と評している点である。[111] さらに、キングの同僚だったビュエル（Bertha M. Buell）は、これらの議論によって学生たちが「自分の生活や隣人とのかかわりが世の中のコミュニティを形成しているのだという感覚」を形成していたと後に述懐していたという[112]。

つまり、プリセプトレスとしてのキングがめざした女性教育とは、伝統的規範への従属や行動管理の徹底を意味していたのではなく、女性としての自分の生き方がどのように社会とつながっているかの探究を意味していた。この意味でキングにとっては、女性教育も市民社会を形成するための教育の一環であった。そしてそれは教師養成の土台となる教育として位置づけられていたといえる。

6　キングの教師教育思想の意義

以上のように、キングをはじめ、シル校長やブーン校長の改革、すなわち州立師範学校の学問的水準を大学程度に上げる改革は実現した。学生の入学資格は高等学校卒になり、教師養成の水準向上はイプシランティ校においては達成された。

しかし、それはイプシランティ校が、教師養成を単一目的とする教育機関から、多彩な進路へ道をひらく多目的教育機関になる方向に舵をきる転換点となった。ミシガン州立師範学校イプシランティ校は、一八九九年にミシガン州立師範大学（Michigan State Normal College）になった後、一九五六年にはイースタン・ミシガン大学（Eastern Michigan College）と改称し教養大学となり、一九五九年にはさらに三つの大学（教育、文理と大学院）の総合体として総合大学化し、イースタン・ミシガン総合大学（Eastern Michigan University）となった[113]。教師養成の水準を上げようとする改革は達成されたが、皮肉にも、それは昇格後の大学の中で教師養成事業が周辺化される結果をもたらしたのであった。この過程で、教授団に占める女性の割合も減少し、全人教育としての女性教育の機能も失われていった。

最後に、キングの教師教育思想の意義を、あらためて以下、五点に整理しよう。

第一に、キングは教師の学識を深める教育か、教職教育に特化した教育かという二項を対立的にはとらえず、高等普通教育に根ざした教職教育こそが意味をなすと主張し、実際にその実践を模索していた。二一世紀の教師教育論においてなお、二項対立の構図によって議論が膠着する事態が続いていることに鑑みれば、キングの思想やカリキュラム構想は重要な意義をもつ。

冒頭で指摘したとおり、従来の教師教育カリキュラム史研究は男性校長の視点による叙述が中心であったため、キングのように師範学校で実際に教鞭をとった女性教師の存在はほとんど看過され検討の対象とされてこなかった。今後は女性の思想も含めたうえで、米国の教師養成カリキュラム理念の史的展開を再検討していく必要性が提起される。

第二に、冒頭で整理したようにヘルブスト（Herbst, 1989）やオグレン（Ogren, 2000, 2005）は、中西部州立師範学校では教師養成は軽視されてきたと指摘していたが、少なくともイプシランティ校においては、教師養成が軽視されていたわけではなかったことが指摘できる。[114] キングをはじめ、当時のシル校長やブーン校長も、専門的な教師養成をめざす点では共通していた。対立していたのは、「専門的な教師養成」の内実をどう構想するかという具体的な課題であった。

つまり、イプシランティ校の事例から、学問的科目と教職科目の双方を重視するカリキュラム理念は、さらに二類型に分けられることが確認できた。シルやキングは、高度な教職教育科目の土台として学問的科目群を配置することをめざしたが、第三代校長ベローズは、学問的科目群の内容も教師教育の観点から再構成しなおすことこそが「専門的」教師養成カリキュラムを意味すると考え、改革を断行していた。キングのカリキュラムが学生から高い評価を得たのに対し、ベローズのカリキュラムが「学問が消えた」と不評を買い二年間で中止に追い込まれていたことは、当時の教師教育カリキュラム理念をさらに細かく検討する必要を示唆している。[115]

第三に、キングは科学的教育研究が興隆しはじめた一九世紀末の学問状況のなかにあってなお、教育方法を定式化しただけでは授業の改善に帰結しないと断言していた。そして、教室における授業の改善を求めるには、それぞれ固有の教室環境や子どもに即して教育方法を改善する力量をもった教師の養成が重要と考えていたのである。キングの思想およびその思想的背景（例えばヘルバルトの影響をどの程度受けていたのかなど）の具体的な検証は今後の課題である。しかしいずれにせよ、キングの教育方法に関する理念と実践は、自らの教室教師としての経験に根ざしつつ、教育方法を学術的に探究しようとした教育者ならではのものであったといえる。米国において、キングのように教室教師としての経験と学術的な教育学の探究とを架橋しようとした教育学の系譜は、今後もいっそう探究される必要がある。

第四に、キングは歴史市民学科長とプリセプトレスを兼務し、管理職としての重責を担っていた。一九世紀後半には、州立師範学校は共学校であっても、学生の大多数を占める女性の教育が重要な課題となっていたことが、改めて指摘できる。ただし女性教育は、前章でみたハイドと同様、キングの主たる課題ではなかった。一九世紀末に教師教育を担った女性たちにとっては、教師教育の改善を志向すると女性教育も課題とせざるをえない状況が生じていたのである。この状況は、第Ⅰ部で検討したウィラード、ビーチャー、ライアンが、女性教育の拡大を模索する中で教師教育を課題とせざるをえなかった状況とは対照的である。

第五に、イプシランティ校においては女性教師が多く採用されており、特にキングが学科長に在任していた期間中の歴史市民学科においては、女性教師のみが採用されていた。州立師範学校においては高い割合で女性教師が採用されていたというオグレン（Ogren, 2005）の指摘が、前章のフラミンガム校だけでなく、本章のイプシランティ校でも事実として確認できた。女性が大学教育を受ける機会は一九世紀後半の方が二〇世紀よりも大きかったこと、また大学で教鞭をとる女性の割合も一九世紀後半の方が高かったというグレイアム（Graham, 1978）の指摘は[116]、州立師範学校においても追認できたといえる。

（1）キングの史料収集にあたっては、ローラ・ソーンバーグ（Laura Thornburg）氏から一九九八年ＡＥＲＡ年次大会における発表原稿の提供を受けるとともに、さまざまな助言を得た。心からの感謝を捧げたい。

（2）Michigan State Normal School in 1878, Library of Congress, LC-USZ62-49011.

（3）Jurgen Herbst, *And Sadly Teach: Teacher Education and Professionalization in American Culture*（Madison: University of Wisconsin Press, 1989）.

（4）Christine A. Ogren, "A Large Measure of Self-Control and Personal Power: Women Students at State Normal Schools During the Late Nineteenth and Early Twentieth Centuries," *Women's Studies Quarterly* 28, no. 3 and 4（2000）: 211-32.

（5）Christine A. Ogren, *The American State Normal School: An Instrument of Great Good*（New York: Palgrave Macmillan, 2005）.

（6）ミシガン州初の州立師範学校として一八五三年にイプシランティに設立された学校の正式名称はミシガン州立師範学校である。しかし、一八九五年にはマウント・プレザントにミシガン中央州立師範学校（Central State Normal School）が、一八九九年にはマーケットにミシガン北州立師範学校（Northern State Normal School）が、一九〇四年にはカラマズーにミシガン西州立師範学校（Western State Normal School）が設立されており、他のミシガン州立師範学校との混同を避けるため、本章では現地の慣習にならって同校をイプシランティ校と表記する。

（7）Walter Scott Monroe, *Teaching-Learning Theory and Teacher Education 1890-1950*（Urbana: University of Illinois Press, 1952）, 293.

（8）Merle L. Borrowman, *The Liberal and Technical in Teacher Education: A Historical Survey of American Thought*（New York: Teachers College, 1956）.

（9）Charles A. Harper, *Development of the Teachers College in the United States*（Bloomington, IL: McKnight & McKnight,

1935); Charles Athiel Harper, *A Century of Public Teacher Education: the Story of the State Teachers Colleges as They Evolved from the Normal Schools* (Washington, D. C.: Hugh Birch-Horace Mann Fund for the American Association of Teachers Colleges, 1939).

(10) Patricia Albjerg Graham, "Expansion and Exclusion: A History of Women in American Higher Education," *Sings* 3, no. 4 (1978): 759–73.

(11) Laura Docter Thornburg, "Control over Her Own Powers: Feminist Pedagogy in the 19th-Century Normal School," A Paper presented in AERA Roundtable, April 1998.

(12) Laura Docter Thornburg, "Faithful Labor: The Life Work of Julia Anne King, 1838–1919" (Ph. D. Dissertation, Michigan State University, 2004).

(13) Senior Class of 1900, Michigan State Normal College. "Julia Anne King: Biographical," *Aurora* 12 (1900): no page, EMULSA.

(14) A Portrait of Julia Anne King, EMULSA.

(15) "Julia Anne King." *Normal News* 15, no. 1 (September 1895): EMULSA.

(16) [Buell, Bertha G.?], "Julia Anne King: Head of Department of History and Social Sciences, N. S. N. C. 1881–1915." Julia Anne King Papers, EMULSA, no date [1944?].

(17) Senior Class of 1900, "Julia Anne King."

(18) Julia Anne King, "Life-Work in Hattie A. Farrande's Notebook, Reminiscences of Normal Days and Normal Friends," Julia Anne King Papers, EMULSA, 1858.

(19) "Short Illness Takes Miss King," *Ypsilanti Record,* Ypsilanti, MI, 8 May, 1919.

(20) *Charlotte Leader,* special edition, vol. 33, June 30, 1887, EMULSA.

(21) "The People and the Schools." *Charlotte Republican Newspaper,* Charlotte, MI, Friday, 17 August, 1877. EMULSA.

(22) Senior Class of 1900, "Julia Anne King."

(23) "Prof. Julia A. King Passes Away after Brilliant Career," *The Normal College* 16, no. 29 (1919): no page, EMULSA.

(24) "Sketch from a student's notebook-A Student's Experience," *Ypsilanti Commercial,* September 5, 1890; also quoted in Isbell, Egbert R. *A History of Eastern Michigan University, 1849–1965* (Ypsilanti: Eastern Michigan University Press, 1971), 309.

(25) Isbell, *A History,* 309.

(26) Julia Anne King, "Education Outside of Books." *The Michigan Teacher* 4, no. 3 (1869): 61.

(27) King, "Education Outside of Books," 63.

(28) Ibid., 64.

(29) Ibid., 61-8.

(30) Ibid., 62-3.

(31) Julia Anne King, "Composition in the Public School," *The Michigan Teacher* 10, no. 3 (1875): 76-7. 虫こぶとは、虫の産卵によって植物の細胞の一部が肥大化したもののこと。

(32) Ibid., 77.

(33) Julia Anne King, "History in the Elementary School." *Educational Review* 18, no. 5 (1899): 479.

(34) Julia Anne King, "History as a Means of Social Education," Julia Anne King Papers. EMULSA, [no date], 3.

(35) Ibid., 2.

(36) King, "History in the Elementary School," 480.

(37) Henry A. Giroux, "Liberal Arts, Teaching and Critical Literacy: Toward a Definition of Schooling as a Form of Cultural Politics," In *Contemporary Curriculum Discourses,* ed. W. F. Pinar (Arizona: Gorsuch Scarisbrick Publishers, 1988). 243-63.

(38) American Historical Association, *Annual Report of American Historical Association for 1911* (Washington D. C.: G. P. O., 1913), 32.

(39) Ernest R. Goodrich, "Memorial Address," Julia Anne King Papers, EMULSA, 24 June, 1919.

(40) King, "History in the Elementary School," 479.

(41) Ibid., 479.

(42) Ibid., 479.

(43) Julia Anne King, "History in its Relation to the Normal School," Julia Anne King Papers, EMULSA (1882), 5.

(44) King, "History in the Elementary School," 482.

(45) King, "History in its Relation to the Normal School," 5.

(46) 米国におけるヘルバルト主義は、ド・ガーモ（Charles De Garmo）がドイツからヘルバルト理論をもたらした一八八七年に始まり、一八九五年の全米ヘルバルト協会（National Herbart Society）の結成を経て、同協会が全米教育科学研究協会（N. S. S. S. E）へと発展的に解消しヘルバルトの名を消失させる一九〇二年頃まで、強い影響力をもったとされる。Cruikshank, Kathleen Anne, *The Rise and Fall of American Herbartianism: Dynamics of an Educational Reform Movement* (Ph. D. Dissertation, The University of Wisconsin-Madison, 1993). 米国におけるヘルバルト主義の普及に中心的役割を果したチャールズ・マクマリーはイリノイ州立師範学校で教鞭をとりつつ、同州を拠点に活動しており、隣のミシガン州に早くから影響があったのも頷ける。

(47) Julia Anne King, "History the Unifying Element in a Course of Study," Julia Anne King Papers, EMULSA (1894), 1-15.

(48) Julia Anne King, *The Government of the People of the State of Michigan* (New York: Hinds, Noble and Eldredge, 1894).

(49) Julia Anne King, "History the Unifying Element in a Course of Study," 1.

(50) 森分孝治『アメリカ社会科教育成立史研究』風間書房、一九九四年、一四―一六頁。

(51) 同右書、一五頁。

(52) Mary Downing Sheldon Barnes, *Studies in General History* (Boston: D. C. Heath and company, 1885).

(53) Julia Anne King, "History the Unifying Element in a Course of Study," 1.

(54) Isbell, *A History*, Ch. 5.

(55) Ibid., 8.

(56) Daniel Putnam, *A History of the Michigan State Normal School at Ypsilanti, Michigan, 1849-1899* (Ypsilanti, MI: the Scharf Tag, Label & Box. Co., 1899), 34-85.

(57) Ibid., 47.

(58) Ibid., 58-85.

(59) R. Freeman Butts, and Lawrence A. Cremin, *A History of Education in American Culture* (New York: Henry and Company, 1953), 418.

(60) Ibid., 419.

(61) Isbell, *A History,* 42-52.

(62) Ibid., 52.

(63) Ibid., 73.

(64) 州立師範学校側は、教師養成は州立師範の領域であり、教職課程の設立は「領域侵入」だとミシガン大学への反発を強め、シル校長時代にはイプシランティ校で取得した単位もミシガン大学で通用する単位互換制度を獲得した。しかし、この単位互換制度は、他のミシガン州立師範学校（マウント・プレザント校、マーケット校）には認められず、皮肉にも、州立師範学校相互の関係を悪化させていった。イプシランティ校は、これによって後設州立師範二校に対する優位を確立し、三校全体の長としてプレジデントという役職が設立され、ブーンが初代プレジデントに就任した。Isbell, *A History,* 74.

(65) Barbara Miller Solomon, *In the Company of Educated Women* (New Haven: Yale University Press, 1985), 127-8.

(66) Charles Fitz Roy Bellows, “The True Profession,” *Michigan School Moderator* (18 June 1891): 624.

(67) Isbell, *A History,* 110-1.

(68) Bellows, “The True Profession,” 624.

(69) Isbell, *A History,* 116-117. ベローズはその後、ミシガン州のマウント・プレザントに師範学校を設立し（現セントラル・

ミシガン大学）校長に就任したが、ベローズはこの学校からも退任させられている。

(70) Ibid., 133.
(71) Ibid., 136.
(72) Ibid., 133-5.
(73) Ibid., 149.
(74) Ibid., 160.
(75) King, "History in its Relation to the Normal School," 3.
(76) Putnam, *A History*, 60-61.
(77) King, "History in its Relation to the Normal School," 19.
(78) Ibid., 18.
(79) Ibid., 18.
(80) Ibid., 11.
(81) Ibid., 18.
(82) Ibid., 17.
(83) Ibid., 17.
(84) Ibid., 11.
(85) Ibid., 11.
(86) Julia Anne King, "Method as Applied to History I," *Michigan School Moderator* 10, no. 6 (1889): 159-60.
(87) King, "Method," 160.
(88) Ibid., 160.
(89) Ibid., 160.

(90) 鈴木晶子『判断力養成論研究序説――ヘルバルトの教育的タクトを軸に』風間書房、一九九〇年。
(91) Ibid., "Method," 160.
(92) Julia Anne King, "Topical Method of Teaching History in the Public School." In *Fifty-Third Annual Report of the Superintendent of Public Instruction of the State of Michigan* (Lansing: Darius D. Thorf, State Printer and Binder, 1889), 108-17.
(93) Barnes, *Studies in General History*.
(94) シェルドン＝バーンズの生涯については、Robert E. Keohane, "Mary Sheldon Barnes," in *Notable American Women, 1607-1950: a Biographical Dictionary*, edited by Edward T. James, Janet Wilson James, Paul S. Boyer, and Radcliffe College (Cambridge: Belknap Press of Harvard University Press, 1971), 92-3を参照のこと。
(95) 森分孝治、前掲書、一七一―三六頁。
(96) King, "Method as Applied to History-III," 251.
(97) Putnam, *A History*, 197-202. プットナムがまとめた教師一覧をもとに、ソーンバーグの作成した一覧表も参照しつつ、表を作成した。なお、一人で複数の学部を兼務した教師もいることから、グラフ上の延べ総数は実人数を上回っている。Thornburg, "Faithful Labor," 133.
(98) Irving H. Hart, and Iowa State Teachers College, *The First 75 Years* (Cedar Falls: Iowa State Teachers College, 1951), 59-60.
(99) バーサ・ビュエルは、一八九三年に州立イプシランティ師範学校で教師免許を取得した後、ミシガン大学で一八九九年に学士号を取得、さらにラドクリフ大学で歴史学の修士号を取得した人物だった。学内に女性参政権協会（League of Women Voters）を立ち上げるなど、女性の人権のためにも活動し、キングが厚い信頼を寄せていた。
(100) Patricia Albjerg Graham, "Expansion and Exclusion: A History of Women in American Higher Education," *Sings* 3, no. 4 (1978): 759-73.

（101）Putnam, *A History*, 125.

（102）Isbell, *A History*, 305. 医療の領域では、現代でもプリセプターの名称が一般的に用いられている。

（103）Ibid., 305.

（104）Ibid., 309.

（105）州立イプシランティ師範学校においても、プリセプトレスの呼称は、一八九九年の大学化に伴って「女性学部長」へと変更された。

（106）Ibid. *A History*, 306. 一八五二年に初代プリセプトレス兼植物学教授として着任したアビゲイル・ロジャーズは、ニューヨーク州出身で、カナダで女子セミナリーを運営し、ニューヨーク州ホワイト・プレインズでセミナリーのプリセプトレス、ニューヨーク州ライマのギネシー・ウェスレアン・セミナリーの女性学部長、アルビオンやイプシランティの学校教師を務めた経歴の持ち主だった。しかしロジャーズの関心は教師養成には向かわず、女性の高等教育機会の拡大にあった。そのため、州立師範学校の女子卒業生をミシガン大学に受け入れてもらう試みを続けたが、失敗に終わっていた。一八五五年には州立師範学校を去り、姉が新しい州都ランシングに創設したミシガン女子大学へと転職した。

（107）Isbell, *A History*, 306. 一八五五年に就任した第二代サラ・アレンは、オーバリン大学を卒業後、同大学の女性学部長アシスタントを務めていた人物だった。プリセプトレスを四年務めた後にパットン（James Lawrence Patton）と結婚のため退職した。

（108）一八五九年に第三代プリセプトレスに就任したオルドリッチは、一八五八年にオーバリン大学を卒業し、やはり同大学の女性学部長補助を務めていた人物だった。数学教授リプリー（E. L. Ripley）と再婚し、一八六七年に退職した。

（109）Isbell, *A History*, 307. 一八六七年に第四代に就任したホッピンは、ミシガン州南部のスリー・リバーズ高等学校のプリセプトレス、アン・アーバー高等学校の教師を経験していた。ホッピンは、一八六七年から一八八一年まで一四年間プリセプトレスを務めた後、スミス大学の植物学部長として転出した。ただし、ホッピンは、スリー・リバーズ高等学校の校長ペイン（William H. Payne）に、教師養成の重要性を学んでいた。ホッピンに影響を与えたペイン校長は、全米で初めてアメリカの総合大学における教師養成部門の長を務めた人物である。ホッピンを指導した後、一八七九年にミシガン大学の教授科学技術部門の長になり、教師の専門的養成に尽力することになる。

(110) Ibid., *A History*, 309.

(111) Senior Class of 1900, "Julia Anne King."

(112) Isbell, *A History*, 310.

(113) Ibid., 262-5. 州立師範学校が大学化した事例としては、全米で五校目であり、早期の大学化にあたる。五校目とは、一八八九年にアラバマ州立師範学校フローレンス校が、一八九〇年にニューヨーク州立師範学校アルバニー校とブロックポート校が、一八九三年にアラバマ州立師範学校トロイ校が、州立師範大学に名称変更しているのに続いての五校目である。

(114) 中西部においては、州立師範学校が多目的教育機関化した時期が東部よりも早かったという意味においては、中西部では東部よりも教師養成が軽視される傾向にあったという指摘は誤りではない。

ヘルブスト（Herbst, 1989）によれば、中西部における州立師範学校の改革は、大きく三つに類型化できる。

第一に、本章で検討したイプシランティ校のあるミシガン州のほか、カンザス州、アイオワ州などにおいては、ランド・グラント法に基づいて州立農業学校、州立工業学校、州立師範学校の三つが設立されたが、身近な教育機関を求める市民のニーズに応え、二〇世紀初頭にそれぞれが教養大学化していった。

第二に、イリノイ州のように、当初から農・工・師範の三つの機能を併せ持つ総合州立師範大学（state normal university）が設立された州もあった。イリノイ州立師範大学では、教師養成機能については、東部の州立ブリッジウォーター師範学校を卒業した初代校長チャールズ・ホーヴィ（Charles Hovey）によって、初等・中等・高等教育すべての段階における教育者の養成を担う方向がめざされたが、卒業生は全く教職につかないか、教職についても短期で退職する者が多かった。開拓されつつあった多くの地域においては、初等教育の教師に採用された者の多くは、養成教育など受けた経験のない者たちだったという。

第三に、ウィスコンシン州のように納税者のニーズが多様な州では、教師養成機能に特化した州立の教育機関がなかなか成立しなかった。南北戦争を経てようやく一八六六年に最初の州立師範学校として、プラットビル（Platteville）校が設立されるが、州立総合大学の師範学部は、早々に女性大学（female college）へと改組された。

(115)　現代日本においても、ベローズと同様のカリキュラム構想が提起されている。文部科学省先導的大学改革推進委託事業「教科専門と教科教育を架橋する教育研究領域に関する調査研究」西園芳信・増井三夫編『教育実践から捉える教師養成のための教科内容研究』風間書房、二〇〇九年。また、二〇一五年一二月二一日に公表された中央教育審議会答申「これからの学校教育を担う教員の資質能力の向上について」が提起した教育職員免許法の改革案は、ベローズと同様のカリキュラム構想を促すものと理解できる。

(116)　Graham, "Expansion and Exclusion," 759-73.

終　章　教職の女性化と専門職化の相克

本書では、一九世紀米国における教職の女性化と専門職化の過程を、三つの時期に整理して明らかにしてきた。すなわち、ミドルベリー女性セミナリー創設から全米初の州立師範学校創設までの時期（一八一四―三九年）、州立師範学校創設から南北戦争終結までの時期（一八三九―六五年）、南北戦争終結から第一次世界大戦終結までの時期（一八六五―一九一八年）の三期に区分して本論を三部で構成し、各時期に教師教育に携わった女性教育者七人の思想と実践を分析した。そしてこの分析をとおして、教職の専門職化が、教職の女性化と分かちがたく結びついて展開してきた過程を明らかにしてきた。

以下では、結論として、各章の検討を三つの観点から総括する。第一に、まず各時期において教師教育に携わった女性の教師像を概括し、彼女たちが経験したジレンマを分析する。第二に、そのうえで、教職の女性化と専門職化の史的展開を総括する。第三に、州立師範学校の史的展開をあらためて俯瞰し、州立師範学校史は、女性の教育機関として成立した州立師範学校が、学生・ファカルティ・養成すべき教師像のいずれにおいても脱女性化されていく過程を伴っていたことを考察する。

1　教師教育に携わった女性教師のジレンマ

本書で探究してきた七名の女性教師の思想と経験の史的変化を、以下、あらためて整理しよう。

（1）女性教師像の唱道と意図せざる結果

第Ⅰ部で記述してきたのは、一九世紀初頭に女性セミナリーを設立し、教師教育の理論と実践を開拓したエマ・ウィラード、キャサリン・ビーチャー、メアリー・ライアンの三名が、教師教育において担った役割と、彼女たちの女性教師像である。

一九世紀初頭以前の教職は、下層男性の一時職としての位置づけにすぎなかった。そのため、一九世紀初頭に社会改革運動の一環として公立学校を普及する運動が展開されるにあたっては、教職を専門職化する必要が提起されていた。そして教職の専門職化は、結婚退職せずに永年勤続できる男性が教職につくことを前提として、男性指導者らによって論じられていた。

しかし、当時の米国では男性が教職を正業とするのは事実上困難な状況にあった。なぜなら、領土の拡張に伴って教職の需要は拡大しつづけているにもかかわらず、地域の厳しい財政事情により、ほとんどの地域で賃金が高くならなかったからである。この状況が、低賃金で雇用できる女性教師を増加させ、女性教師像の受容を下支えしていった。

ウィラード、ビーチャー、ライアンらは、自らも含めた女性の教育機会を拡大するために、女性こそが教職にふさわしいと唱え自ら女性セミナリーを設立し、女性を教師として輩出していた。彼女たちは、ペスタロッチに学びつつ図版を多く取り入れた教科書を創造するとともに、女性の学習意欲を喚起するための教材などを開発していた。女性の学習意欲を喚起するための教育方法は、そのまま子どもの学習指導へと適用されうるものであった。女性教育の方法の研究が、そのまま教師教育方法の探究として機能していたのである。

彼女たちの社会的活動は、第二次信仰復興運動と、それを支えた多くの女性たちによって容認されていた。独立革命時に掲げられた共和国建設の理想の背後で、人々のモラル低下への危機感が募ったため、教育改革も含め、禁酒運動や平和運動、奴隷制廃止運動などさまざまな社会改革に、女性が参加していた。

ウィラード、ビーチャー、ライアンの女性教師像は、理想の共和国の実現のためには教職が重要であるというナショナリズムと、道徳性に優れた女性こそが教職にふさわしいという当時のジェンダー規範の受容において、共通していた。

一方、教師の職務や待遇をどうとらえるかについては、ウィラード、ビーチャー、ライアンのそれぞれで異なっていた。これらの教師像の差異は、彼女たち自身が直面したジレンマ状況の差異と深く結びついていたと考えられる。例えばすでに結婚し母となっていたウィラードは、教職の中核を子どもへの慈愛と公徳心の高さに求め、有徳の市民の育成にあたる教師こそが共和国の公共善の守護者になるという、共和国の母としての教師像を描いていた。一方、婚約者に先立たれて一度は絶望の淵に立ったビーチャーが構想したのは、女性が単身でも経済的に自立しうる専門職としての教師像であった。他方、信仰に生きつつ生涯を単身で過ごしたライアンは、家庭や子育ての責務をもたず自己のすべてを犠牲にして神に仕える聖職者としての教師像を唱え、ビーチャーの専門職としての教師像を批判していた。

ウィラード、ビーチャー、ライアンの教師像は、女性の教職への参入を促進するとともに、女性の就学機会の拡大に貢献した。そして母としての教師像、医師や弁護士に匹敵する専門職としての教師像、自己犠牲的に献身する教師像は、いずれも現代の米国で広く共有される教師像として継承されている。

しかし、彼女らの女性教師像は、意図せざる結果ももたらした。まず、公立学校が成立し普及しはじめた最初期から、教職と女性が密接に結びつけられることとなった。その結果、米国で初めての公的教師教育機関である州立師範学校は、女性のための学校として出発せざるをえず、一九世紀を通じて、男性入学希望者の少なさと、入学希望者の多くを占める女性の被教育水準の低さに悩まされることとなった。

また、女性の高等教育と教職も密接に結びつけられたため、二〇世紀の女性教育者らは、逆に教職につかなくても高等教育を受ける意義があることを女性たちに説かねばならない状況が生じたのだった。

さらに、皮肉にも彼女たちの言説は、教職の偏った性別比や低賃金、昇進機会の男女差や、厳しい労働実態を正当化する素地を形成していった。二〇世紀前半に至っても女性教師の給与は男性教師の三分の一以下に留まったうえ、男性教師には学歴や能力や役職に応じた勤務や給与の体系が作られたのに対し、女性には作られなかった。

(2) 州立師範学校における女性補助教師の存在

第Ⅱ部で探究してきたのは、初期州立師範学校で教鞭をとった校長補助教師イレクタ・ウォルトンの教師像である。一八三九年にマサチューセッツ州に設立された州立師範学校は、米国において初めて設立された公的教師教育機関であったが、当時すでに教師像と教職の女性化が共に進行しており、女性のための教育機関として出発していた。ウォルトンが学び教えた州立ウェスト・ニュートン師範学校（設立時は州立レキシントン師範学校）もその一つであった。

その州立師範学校において、実際に教鞭をとった者の多くが女性であったことを、本研究では明らかにした。初期州立師範学校の正規の教師は、校長ただ一人である場合がほとんどだった。しかし校長は学校運営のあらゆる雑務を背負っていたため、学生に対する教育の実際には、校長を補助する「補助教師（assistant teacher）」が大きな役割を果たしていたのである。それらの補助教師は、少数の例外を除き州立師範学校の卒業生であり、女性であった。補助教師イレクタ・ウォルトンは、学生に授業をおこないつつ、神に仕え男性校長に献身する教師像を唱道し、自らその教師像を体現することによって、学生に大きな影響を及ぼしていた。また、校長不在期間には正式な校長代理として公的行事も取り仕切るなど、師範学校の授業や運営に携わり、その後の州立師範学校における女性管理職の誕生や女性スタッフが活躍する道を切り開いていた。

しかしウォルトンは、第Ⅰ部で取り上げた三名が自ら教育機関を設立していたのとは異なり、州が設立した教育機関の中に置かれていた。彼女は、女性でありながら重要な仕事を任される一方で、あくまで男性校長の補助として振る舞うことをも求められるジレンマに直面していた。そして、自ら積極的に女性役割を果たしつつも、その業績を正当に評価されないことについて深い葛藤を経験していた。彼女は、神と男性校長に献身する教師像を体現することで学生に影響力を発揮した一方、皮肉にも自ら唱道した教師像によって自分の職業的実績をシャドー・ワークにとどめ、当時進行しつつあった性別による教職の階層化や待遇格差の進行に荷担していたといえる。

ウォルトンのように校長補助として初期州立師範学校で教鞭をとった女性たちは、当時の一般的な小学校教師と同様に短期間で退職する傾向にあり、学校史に名を残す機会にも恵まれなかった。さらに、女性が自分の名前で評論などの著作を出版するのは困難な時代状況にあった。したがって、彼女たちの存在は、いままで歴史研究の対象とされにくく、本書でも史料の制約から、ウォルトンの一事例を対象とするに留まった。ウォルトンのように、校長補助教師を務めた女性たちの事例をさらに追うことができれば、初期州立師範学校の実像に迫ることができるだろう。

なお第七章で見た一般女性教師たちの手紙や日記のなかに、州立師範学校の影響をみることはできなかった。南北戦争以前の州立師範学校は、全米の教師需要に比してその規模が圧倒的に小さかったことが、その主たる要因として考えられる。また、ごく普通の教師たちは、女性セミナリー指導者らによって流布されていた女性教師像を体現していたわけではなかった。ウィラードは母性愛と道徳心に満ちた教師像を描いたが、実際の女性教師たちは子どもたちの私語や怠学に手を焼き、自分より体格の大きな男子生徒を恐れ、積極的に体罰をおこなっていた。また、女性教師たちは、低賃金や劣悪な労働条件を少しでも改善するために、したたかに交渉や運動を重ねていたが、ビーチャーのように教職を医師や弁護士と同等の専門職としてとらえようとするまなざしは、ほとんどみられなかった。一方、ライアンは、神の使徒として自己を犠牲にして公共善に奉仕する教師像を描いたが、実際の女性たちは経済的・文化的な自己実現の手段として教職に参入していた。

他方、一九世紀半ばを生きた教師の叙述には、現在の教師のそれと共通する要素も見いだせた。子どもからの感謝という「精神的報酬」を重視する現在の教師文化は、当時の教師の日記の中にすでに息づいており、米国の教師文化の起源は一九世紀半ばにまでさかのぼれることを指摘した。

（3）知性的教師像に基づく教師教育改革

第Ⅲ部では、急速に全米に普及して最も重要な教師養成機関となった州立師範学校で重職についた三名の女性教師教育者、すなわちアニー・ジョンソン、エレン・ハイド、ジュリア・キングの思想と実践に迫った。

一九世紀後半の州立師範学校展開期に教鞭をとったジョンソン、ハイド、キングの三名は、校長やプリセプトレスといった管理職に就任し、小学校教師としての教室経験に根ざした教育学を探究しつつ、教師教育カリキュラムを創造していた。彼女たちは、州立師範学校において女性教育にも取り組んでいたが、しかしそれは第Ⅰ部で見た三名の女性たちとは対照的に、教師教育の改善を志向した結果、女性教育が課題とならざるをえない状況のなかでのことであった。ジョンソン、ハイド、キングは、三名とも生涯を単身で（少なくとも公的な婚姻関係はもたずに）過ごしているが、それぞれが構想した教師像は、未婚か既婚か、あるいは子を産んだ母であるかどうか、といったジェンダー規範との関係が問われるような教師像ではなかった。むしろ三名が経験したのは、自らの教師としての教室経験に根ざして構想した知性的教師像と、実際に州立師範学校に入学してくる教師志望者たちの学問的水準との齟齬であった。長く管理職に留まったハイドとキングは、両者とも自分の小学校教師としての経験に基づきながら、教職を知性的な職業ととらえ、豊かな教養教育と教職教育の双方を重視する教師教育カリキュラムを創造していた。ハイドは、実習校の女性教師たちとの関係を修復して教育実習カリキュラムを再構築し、学生の学識の知的水準を向上させつつ教職準備教育も充実させていた。キングも同様に、教授方法の定式化よりも教師がそれぞれ固有の状況に応じて教育方法を有効に適用できる力量を養成することをめざしていた。

多くの州立師範学校においては、教授技術の教育を重視する教職教育か、教科内容知識の教育を重視する学問的教育か、という二項対立の論争が主流だった。この当時の状況のなかで、ハイドやキングが教科知識と教授技術に加え、それら知識や技術の基底にある思想や哲学を基に、個別の教室の状況に即して思考する力量の重要性を指摘していたことは、二〇世紀末にドナルド・ショーン（D. Schon）らの研究によって引き起こされた教師教育のパラダイム転換[1]を予見させるものとして、注目に値する。

しかし、フラミンガム校においてもイプシランティ校においても、彼女たちの知性的教師像に基づく教師教育改革は主流として継承されることはなく、二人は静かに辞任するに至っていた。

中西部においては、キングらの試みの一部、すなわち教師教育カリキュラムを大学水準にしようとする試みは達成されていた。しかし、他の高等教育機関が少なかった中西部では、設立当初から多目的教育機関としての機能が州立師範学校に期待されたため、皮肉にも大学化の後、教師養成機能は相対的に軽視されるようになった。結果として、中西部の多くの州立師範学校は多目的大学となり、女性教授も減少していった。

一方、東部においては、ハイドが守り抜こうとした州立師範学校の創設時からの使命、すなわち初等教育教師の養成機能は、その後も維持存続されていくこととなった。ただし、存続した教師養成カリキュラムは、家政科や商業科といった教える領域を特化し（specialization）、実技訓練（skill training）を重視することによって、教師の能力を向上させようとするものであり、ハイドの理念とは相容れないものであった。この改革は、東部地域に多数存在する他の高等教育機関との差異化を図り、教師養成機関としての州立師範学校の独自性を示すのに一定の役割を果たした。しかし学生にとっての最大の魅力、すなわち安価な学費で幅広い教育が受けられるという特徴を奪い、志願者の水準の低下を招く結果となった。また、家政科は女子学生対象で商業科は男子学生対象というように、性別役割分業観を色濃く反映していた。性別役割分業観は教授陣の採用にも影響を及ぼし、その後の教師養成大学においては女性ファカルティの採用が特定の領域に偏る傾向をもたらしたのである。以上のような職業教育学校としての側面の強化は、研究大学を頂点として形成されつつあった高等教育機関の序列化競争においても不利に作用し、マサチューセッツ州内の州立師範学校の大学への昇格は一九三二年と、全米で最も遅れることとなった。

（4）女性と教職に関するジレンマの変化

以上を俯瞰すれば、一九世紀に教師教育に携わった女性のジレンマは、以下のように変化していたことを指摘できる。

一九世紀前半に教師教育を開拓したウィラード、ビーチャー、ライアンらは、女性の教育機会を拡大するために、女性教師養成の必要性を主張していた。教師像の中核に女性性をおき、教職を女性役割の延長に位置づけることによって女性教育を正当化していたのである。それゆえ彼女たちは、自分の言説における女性像＝教師像と、実際の自己像との間でジレンマを経験していた。つまり、伝統的なジェンダー規範を受容しなければ女性の社会的活動が許容されない時代状況のなかで、当時のジェンダー規範に即した教師像を唱道すると、必然的に自分自身が未婚か既婚か、あるいは子を産んだ母であるかどうかといったジェンダー規範との関係を問われてしまう構造があったのである。

この構造は、初期州立師範学校で校長補助教師を務めたウォルトンの経験にも共通していた。ウォルトンの日記には、自らの唱道する女性像＝教師像と、実際の自己像の齟齬に関する葛藤が生々しく端的に表現されていた。

一方、一九世紀後半に教師教育を推進したジョンソン、ハイドやキングは、教師教育を改善するために、女性教育を課題にせざるをえない社会的状況におかれていた。すなわち、ハイドやキングは教師像の中核に知性をおいて構想し、教師教育の水準の向上を志向していた。その際、彼女たちは女性教育の機会拡大によって一定の学問的水準を達成しており、知性的教師像と自己の実態が深刻な齟齬として認識されることはなかった。他方で、自己の言説と、実際に州立師範学校に入学してくる女性の学問的水準の低さとの齟齬や、知性を求める男性が教職を志望しない実態との齟齬に苦悩していた。知性的教師像を構想すると、知性や学歴は男性に一層必要であるというジェンダー規範や、女性職としての教職の社会的地位の低さとの関係を問われてしまう構造のなかにいたのである。

すなわち、一九世紀に教職の女性化が進展した結果、教師像における女性性と知性の位置は逆転していたのである。さらに、その後一九世紀末から二〇世紀初頭にかけて州立師範学校の大学昇格化や教育学の科学化が進展し、教職に求められる知性の内実そのものが大きく転換していった。ハイドやキングは、この変化によって州立師範学校から居場所を失っていったのである。

（5）教師教育に携わった女性教師の教育学

本書で取り上げた七名の女性の経験には、共通項も見いだしうる。彼女たちは、女性教育と密接に結びつけられた教師教育に携わりながら、女性教師としての自らの経験や葛藤に根ざした実践的で臨床的な教育学を探究していた。

ウィラード、ビーチャー、ライアンは、十分な学習機会に恵まれずに育った女性たちの学習意欲を喚起しようと早くからペスタロッチに学び、視覚的教材を用いた具体的な教育方法を探究していた。また、ジョンソン、ハイド、キングもペスタロッチを参照しつつ、自らが教師や指導主事として経験した子どもの学習の事実に基づきながら、科学的教育学が興隆しはじめた時代にあって、なお教育方法の科学的定式化が不可能であることを指摘していた。そして教室における教育課程や教授技術の探究は、子どもが成長して実現すべき社会や世界をどう構想するかという社会観や世界観に根ざす必要を提起していた。

特にキングの思想、すなわち教育技術を探究するという一見ミクロな教育学は、実は子どもが他者や社会との相互関係のなかで社会的倫理を獲得する営みの探究なのであり、したがって広く人間や社会の真理の探究にひらかれたマクロな営みでもあるのだ、という指摘は重要である。効率的な教授技術の開発に閉ざされる偏狭な教育学でもなく、かといって他の人文社会科学の学問に回収されてしまうのでもない、教室に根ざした教育学の可能性と意義を、端的に示しているからである。

さらに、一九世紀の女性教育者にとって、子どもの学習をどう成立させるかという課題は、女性＝教師の学習をどう成立させるかという課題と切り離せない関係にあった。彼女たちの教育学は、子どもの学びと教師の学びを相即的なものとしてとらえ、教室＝教育実習校を拠点として、卒業生＝教師＝女性のネットワークと連携しつつ、教育＝社会の改善に取り組もうとするホリスティックな教育学であったといえる。

これらの女性たちの教育学、すなわち教室における教師としての生々しい経験に基づいて子どもや教師の学習を探究する教育学は、一九世紀末の総合大学では主流となりえなかった。新しく興隆した研究大学で探究された科学的教育学は、学問的ディシプリン[2]に基づいて細分化された教育心理学や教育史学や教育哲学であり、それら客観的で科学的な教育学は、初等中等教育段階での教職経験をもたない男性により探究されていた。

しかし、教育実践と教育研究を往還する教育学の系譜は、さまざまに継承されていた。例えばルーシー・スプラーグ・ミッチェル（Lucy Sprague Mitchell）の教育実験研究所など、二〇世紀初頭の進歩主義教育運動においても、同様の思想を確認することができる。[3] この教育実験研究所の発足にも関与したジョン・デューイは、学生の多くを女性が占めるクック郡立師範学校で教鞭をとりながら、ミッチェルやエラ・フラッグ・ヤング（Ella Flagg Young）ら女性教師とのネットワークを形成し、彼女たちの知見を自らの理論構築に生かしていたことが指摘されている。[4] これらの系譜をさらに探究すれば、教育実践と教育研究を往還する教育学が、教室の教師＝女性たちによって支えられてきたことを、さらに明らかにできるだろう。

（6）教師教育に携わった女性の再発見

総じて本書では、以上七名の女性教師の事例によって、女性の視点から教師教育史を再検討し、一九世紀米国において女性が教師教育に少なからぬ役割を果たしていた事実を明らかにしてきた。従来は存在しないものとされてきた女性教師たちが、そこには確かに存在していたのである。

なぜ教師教育に携わった女性教育者たちは、これほどまでに看過されてきたのか。七名の女性の事例からは、四つの理由が読みとれる。

第一に、女性は自らの思想を公表する機会を得にくかった。特に、詩や小説よりも評論や思想の刊行は困難で、出版は父親や夫である男性の協力に多くを依存せざるをえない状況下にあった。ウィラードの事例では、病床にあったウィラードの夫ジョンが、自分の死後も妻の収入を保障しようと、妻が共著者ウッドブリッジと対等の出版権をもつことができるよう交渉を重ねていた。ビーチャーの場合は、裕福なビーチャー家の財源によって、ペンネームでの出版を可能にしていた。第六章で検討したイレクタ・ウォルトンの事例では、出版社の拒絶によって彼女は著者として扱われなかったが、夫が序で「妻との共著である」と叙述することによってウォルトンの執筆がかろうじて確認できることになった。

第二に、父親や夫などの助力を得られなかった場合など、多くの女性の教育論は、その内容の価値にかかわらず出版されず、公には存在しないものとなってきた。第九章でみたハイドの事例において、彼女が自筆草稿表紙にメモした「この原稿は出版に値するのに（されなかった）！」[5]という嘆きは痛烈である。ウィラードのように頼る夫もなければ、ビーチャーのような財力や上流階層における人脈もなかったキングは、自身の思想を世に問う機会そのものを相対的に剝奪されていた女性の状況を、端的に表象している。

第三に、女性教育者は、全米教育協会など専門職能団体への参加も制限され、男性校長や男性教師に比して演説や出版の機会が少なかった。それは、自分の教育論を理論的に構築したり執筆したりする発想や意欲そのものの、相対的剝奪をも意味していたであろう。本書で取り上げることができたのは、それでも執筆を続けた女性たちがいたからである。第六章でみたウォルトンは、自分の著作が夫の単著として刊行され続けてもなお教科書を書き続け、第十章でみたキングは、せっかく執筆したのに公刊されないという苦渋の経験のなかで、なお学生への演説や講義内容を書き続けていた。彼女たちが執筆にかけた思いは、想像するに余りある。

第四に、未刊行の草稿であっても、それらが保管されていれば史的に発掘することができるが、女性の草稿が保管される機会は男性に比して限られていた。第二章から第四章でみた女性たちは、女性セミナリー設立者として着目され、その手紙や草稿が一九世紀末から保管され、一九七〇年代以降の女性史研究の興隆によって再発見されてきた。また第九章、第十章でみたハイドやキングについては、幸運にも保管されていた史料を発見することができた。しかし、第九章でみたジョンソンは、州立師範学校の校長まで務めながらその史料はほとんど保管されていなかった。校長どころか補助教師にすぎなかった女性については、第六章でみたウォルトンの史料がわずかに発見できただけである。しかし、史料の不在は彼女たちの無能を意味しているのではない。

彼女たちは何故、書き続けたのか。本書で取り上げた女性教育者が残した原稿の多くは、教科書と学生への演説草稿であった。一九世紀に教師教育に携わった女性にとって、女性＝教師を育てることは、神から与えられた使命（mission）として認識されていた。男性聖職者と同じように、神の意思を学生に伝えることこそが、その使命の中心に位置づけられていたと考えられる。したがって、学生に対する演説＝説話の内容を丁寧に練り上げることは、最も重要な仕事として認識され、草稿として残されたのであろう。

一方、彼女たちの演説を聴いたり講義を受けたりした学生の反応について記録されたものは、ほとんど残されていない。この点は、二〇世紀初頭以降、例えば進歩主義教育運動を担った女性教育者が、子どもや学生への働きかけやそれに対する反応を、すなわち今日の教育学が「実践記録」と呼ぶものを、多く書き残していることと対照的である。一九世紀の女性教育者は、何を、なぜ、書き続けたのか。一九世紀と二〇世紀の女性教育者による記録の違いを探究すれば、何が教育的実践として認識されてきたかの変化を解明するのに役立つと思われる。

2　教職の史的展開――女性化と専門職化

以上のような女性教育者が生きたジレンマ状況の考察に基づけば、一九世紀における教職の史的展開は女性化と専門職化の相克の過程として見えてくる。

（1）教職の女性化――女性教師像の成立

「教師を養成する」という概念がプロイセンから紹介されたばかりの米国で、いちはやく教師養成の重要性を力説し、しかも女性こそが教師にふさわしいと主張したのは、他ならぬ女性たち自身であった。米国において、近代学校の教職は女性と共に始まったのである。

ウィラード、ビーチャー、ライアンの唱道した女性教師像は、理想の共和国の実現のためには教職が重要であるというナショナリズムと、道徳性に優れた女性こそが教職にふさわしいというジェンダー規範において共通していた。すなわち教職は、公立学校が普及しはじめた初期の段階で、「男性の領域」である公的領域から「分離された女性の領域」に位置づけられて成立していた。この教職の位置づけは、逆に「男性の領域」から教職と学校が排除されたと解釈することもできる。一九世紀後半になると、学校も教職も社会の一部であるにもかかわらず「教師は社会を知らない」という批判が聞かれるようになるが、その批判のもとにある教師像は、この時期に成立したものとみることができる。

いずれにせよ、米国の近代学校の教職史を踏まえれば、ジェンダーの視点を欠落させた教職論はほとんど無意味であることが明らかである。

（2）専門職像の多様性と専門職化批判

また、一九世紀初頭から教職を専門職としてとらえる言説が多様に展開されていたが、その専門職像は論者によって大きく異なっていた。

一九世紀初頭以降、ギャローデット、カーター、ストウといった男性知識人は、教職を一時職ではなく男性が勤務するにふさわしい職にすべきで、その地位も医師や弁護士と同等の「専門職」にする必要があると主張していた。この男性知識人の専門職化論は、高い能力をもつ者の教職参入を促すには高い報酬と社会的地位が必要となるという点で、ビーチャーの教職専門職化論と共通していた。

しかし、ビーチャーの専門職像は、職務内容の点で男性知識人のそれと大きく異なっていた。ビーチャーは、教職を男性職でなく女性職として構想し、教職を「家庭を守り、病人を看護し、幼少期の人間の身体を守護し発達させ、人間の精神を教育する行為」の一環として、つまりケアリング・プロフェッションとして位置づけていた。そして、そのためには家事や育児や看護といった「女性の領域」の労働の「不当な地位」に対処しなければならないと主張していた。つまり、ビーチャーは、既存のジェンダー規範は受容していたが、既存の専門職像は明確に批判していたのである。

この批判は、序章で言及したレアード（Laird, 1988）[6]ら、近年のジェンダー研究においても継承されている。例えばレアードは、教職の専門職化が、男性に占有されてきた既存の専門職像を前提に推進された結果、女性教師を中心にして育まれてきたケア・ワークとしての子どもへの関わりが失われてしまうなら、教職の専門職化は本末転倒だと指摘する。またデイビース（Davies, 1996）[7]は、教職の専門職化を推進する論者が前提とする専門職概念が家父長制やエリート主義に基づく支配的・排他的文化を包含していると批判する。

一九世紀に教職の専門職化運動そのものを批判したのが、ライアンであった。ライアンにとって教職は、全身全霊を捧げるべき聖職であり、高邁な道徳性と徹底した自己犠牲の精神にこそ裏打ちされるべきものであった。したがって、神と共和国への献身を一義とする教師が経済的報酬を要求するなどもってのほかであり、神と教会と牧師への従属こそが重要な要素とされていた。ただしこの聖職としての教師像は、伝統的専門職である牧師と同じ使命を共有している点では、専門職としての位置づけを共有していたといえる。

以上のように、一九世紀には多様な教職像が存在し、また教職専門職化論・専門職化批判が複雑に展開されていた。この史実は、教職専門職化を無条件に肯定することの危険を示唆するだけでなく、各時代の専門職像やめざすべき教職像の内実を、ジェンダーの視点を含めて多角的に再検討する必要を提起している。

教職専門職化論の多様性や、それへの批判の歴史は、米国のみならず、日本にも多くの問いを突きつけてはいまいか。例えば、デイビースやレアードと同様の批判は、すなわち教職専門職化運動が、性差別的要素や非民主的なエリート主義を内包しているとする専門職化批判は、すでに一九五〇年代から日本教職員組合の運動において指摘されていたにもかかわらず[8]、その批判の有効性や妥当性は、未だ十分に検討されてはこなかった。しかしその後の日本の教師政策は、一九六〇年代の教員給与・待遇改善、一九七〇年代の新構想三大学設立、二〇〇〇年代の教職大学院設立など、教職を専門職として定義しながら、専門職化を自明の前提として進められてきた。日本の教師政策に通底する教師像は、教職は自己のすべてを犠牲にして献身すべき聖職であるとするライアンの教師像と、戦前・戦中・戦後を問わず、多くの要素を共有している。

また、専門職像の史的変化の解明のためには、特に、看護師など女性の専門職（pink profession）と呼ばれる他職種の変遷を視野にいれる必要が提起される。専門職像そのものがビーチャーのいう「男性の領域」で創造されてきた歴史をさらに解明し、教職の専門職化の功罪をジェンダーの視点から再検討しつつ、教職を専門職化することの是非を再検討することが必要である（後述）。

（3）女性教師像を前提とせざるをえない専門職化の試み

一九世紀初頭から女性教師像が唱道され、また乏しい財源のなかで需要急増に対応する必要から実際に大量の女性教師が採用される状況が出現したことは、米国におけるその後の教職の専門職化に大きな影響を及ぼす結果となった。すなわち、第Ⅱ部でみたように、マサチューセッツ州政府は専門的に教師養成をおこなう機関として州立師範学校を設立した。しかし教職の専門職化を推進しようとする設置者の意図とは裏腹に、教職の女性化が進行するなかで成立した米国の公的教師養成機関は、以下三つの宿命を背負うこととなった。

第一に、州立師範学校は、卒業生を公立小学校教師として送り出すことを使命として設立されたため、教育機関としての社会的威信を、小学校教師の社会的地位と深く関連づけられることとなった。米国においては、公立小学校の教職の労働条件は一九世紀を通じて一貫して劣悪な状況におかれ改善されなかったため、州立師範学校はその創設当初から、卒業生を劣悪な待遇の職業に輩出する教育機関としての宿命を負わされたのである。

この宿命にどう対応するかが、一九世紀末に州立師範学校が直面した問題であった。中等教育の拡大と高等教育機関の序列化が生じた社会状況のなかで、初等教育の教師養成という使命を維持するか、それとも初期の使命を放棄して男性入学者を獲得し、中等教育の教師養成をおこなうために大学化をめざすか、が焦点となったのである。公立小学校教師の労働条件や社会的威信の低さが改善されないなかで、小学校教師の養成という初期の使命を重視すれば、高等教育機関としての教育水準の向上が事実上困難になってしまう。一方、高等教育機関として教育水準を向上させようとすれば、高い教育水準を望む入学者を獲得せねばならず、彼らを惹きつける進路を開拓するためには小学校教師の養成という使命は強調できなくなる。この板挟みの状況は、設立当初から教職の社会的地位と結びつけられた州立師範学校の宿命によってもたらされたものであったといえる。

第二に、州立師範学校は教職の女性化が進行する中で創設されたため、女性の社会的地位や被教育水準の低さとも関連づけられることとなった。州政府は、教職の専門職化をめざして、一六歳以上という当時としては異例の高い入学資格基準を設定したが、当時の女性入学志願者に対しては、それらの理想は非現実的なものだった。一九世紀を通じて、州立師範学校の入学志願者の多くが女性であり、その女性の被教育水準が相対的に低かったため、州立師範学校はカリキュラムの水準を上げたくても、実際には上げられないという問題に直面することとなった。

第三に、州立師範学校は、初等教育よりも高い水準の教育を学費無償で受けられる米国初の教育機関として成立したため、女性や移民などマイノリティの教育機会を拡大することに大きく貢献した。その一方で、公的教育機関であるがゆえに、州政府や地域住民の意向に応えなければならない宿命を負い、一九世紀を通じて、教師養成機関としての期待と、地元から通える多目的高等教育機関としての期待との間で、翻弄されることとなった。

（4）性別による階層化としての専門職化

第Ⅲ部でみたように、一九世紀末になると、中等教育の需要が拡大し、初等教育、中等教育、高等教育の区分が明確になっていった。教育段階の差異化は、教職内部における差異化と階層化を伴い、性別がその階層化に相関するようになった。

すなわち州立師範学校は大学化されその学問的水準は向上したが、高度化された教育機関で養成されたのは校長などの管理職や教育行政職であり、初等教育の教師養成は大学においては重視されなくなり、初等教育教師の養成をおこなう教育機関の大学化は遅れていった。教職の専門職化は、結果として、女性が大半を占める教室教師の専門職化としてではなく、男性が大半を占める校長や教育行政職の専門職化として推進されたのである。

ビーチャーの思想に端的に表現されていたように、一九世紀米国では、主として教職の専門職化を職務限定と対等な分業によって達成する方向が模索されたが、水平方向での分業や差異化は達成されず、教育界のさらなる階層化と性別役割分業化を招来していた。教職の職務を授業に限定しつつ、授業以外の職務（例えば、子どもへの心理的・社会的ケア、学校事務、学校経営など）を他職種と分業していくという形態での改革は、教職の社会的地位の向上や教師の質の向上に帰結しなかったのである。この米国の歴史は、今後の日本の改革に対して示唆に富む。

さらに教職の階層化は、その養成を担う高等教育機関の階層化と連動していた。女性教師としての自身の経験や小学校の女性教師との密接な関係を強みとしていた女性ファカルティは、学問的業績が重視される大学のなかで次第にその居場所を失っていった。研究総合大学を頂点とする高等教育機関の階層化によって、ファカルティ内部における性別役割分業と階層化も進行したのである。

以上の過程は、教職の専門職化だけでなく教師養成機関の高度化にも、ジェンダー・ポリティクスが関与してきたことを示唆している。教職の専門職化に伴って教師養成機関における学問的水準の向上を志向する際には、教師養成機関の高度化によって引き起こされるジェンダーの問題を視野に入れなければならないのである(9)。

3　州立師範学校の史的展開——女性の包摂と排除

最後に、教師教育に携わった女性の視点から、米国の州立師範学校の史的展開をまとめよう。

(1)　州立師範学校改革の史的展開

まず米国の教師養成機関は、その成立の当初から、教職の需給関係や教職の魅力の低さなど、教職のおかれた社会的状況に大きく制約されていたことが明らかになった。州政府や州立師範学校は、一貫して州立師範のカリキュラムや教育水準を向上しようと改革を続けていたが、学校関係者の努力によってもたらされる影響よりも、外的諸条件によりもたらされる制約やその影響の方が常に大きかった。

すなわち、第六章で検討したウォルトンの努力に明らかなように、州立師範学校は、成立後のごく初期の段階から、輩出する初等教師の力量向上をめざしてカリキュラムや教育水準の改善に取り組んでいた。しかし、卒業生の就職先である教職の労働条件や社会的地位が一向に改善されず、そのうえ養成教育を受けなくても採用されうるという教職の需給関係の中では、入学志願者の水準が高まらず、結果として輩出する教師の質もなかなか向上しないというジレンマに直面していた。

また、第九・第十章で検討したハイドやキングの事例にみられたように、州立師範学校が教師の能力の向上に対して与えられる影響は限定的で、むしろ教職の労働条件や需給関係が州立師範学校に与える影響の方が大きく、州立師範学校はそれら外的諸条件に翻弄されつつ対応を迫られていた。しかも、それら外的諸条件については一切考慮されないまま、州立師範学校は一九世紀初頭から一貫して、輩出する教師の「質の低さ」について一方的な批判にさらされ、生き残りをかけた改革をおこなわなければならない状況に置かれつづけていた。ハイドの事例でみたように、それら一九世紀の教師教育批判は、現代米国における教師教育批判と驚くほど同じであった。

以上の史的過程からは、教師の能力の向上は、教師養成機関のカリキュラム改革や高度化によってだけでは達成できず、教職の労働条件や需給関係など、教職をめぐる社会的状況への対処や、教師養成機関を一方的に非難するばかりの世論への対処も、重要であることが示されている。

本書では一九世紀を対象としたが、二〇世紀以降において、教師の力量を向上させようとする改革（専門性の向上）と、教職の社会的地位を向上させようとする改革（専門職性の向上）が、どのような関係をもって展開してきたのかをさらに明らかにすれば、今後の教師政策の要点も一層明示できるであろう。

（2）教師教育への女性の包摂と排除

近代的教師教育制度の成立と展開は、先行研究が描いてきた発展の歴史とは別の側面を伴っていた。従来の教師教育史研究では、師範学校の創出と教職の専門職化、教師養成機関の大学昇格と科学的教育研究の開発という単線的な歴史像が描かれてきた。しかし、本書でみた七名の女性の思想と実践に基づけば、一九世紀の米国における教師教育の歴史は、女性の包摂と排除が同時に進行した複雑な過程としてみえてくる。

第Ⅰ部でみたように、一九三九年の州立師範学校以前から、教職の女性化が急激に進行していた。一八世紀までは教職は男性職であったが、一九世紀に急増した教師需要に対応するために、安価な労働力として女性の採用が進むとともに、第二次信仰復興運動のなかで女性教師像が受容されていった。一八六〇年代までには、全米において教職像の女性化と教職労働者の女性化の双方が達成されていったのである。また、この教職の女性化と連動し、州立師範学校を志願する学生のほとんどが女性となり、州立師範学校で教鞭をとる者としても多数の女性が採用される実態が生じた。

こうした教職と師範学校の女性化は、一方では、レアード（Laird, 1988）が指摘したようなケアリング・プロフェッションとしての文化（例えば養育的で、情緒的で、状況に応じた判断をおこなうなど）を、教師文化として育んだ側面をもっていた。しかし他方では、一九世紀を通じて、教職の専門職性を向上するための諸改革がおこなわれ、教職内部での性別役割分業と階層化が促進される結果ももたらされた。初等教育は女性教師で中等・高等教育は男性教師という職階による性別役割分業化、家庭科は女性教師で理科は男性教師といった担当教科による性別役割分業化、さらには、教室教師は女性で管理職や行政職は男性といった階層化を伴う性別役割分業化が進展したのである。この過程は、安価な労働力として女性を教職へと包摂しつつ、他方で教職内部の特定の領域へと押しこめて隔離し排除していった過程とも換言できる[10]。

さらに以上の教職の女性化は同時に、以下のような脱女性化（defeminization）を伴っていた。第一は、養成すべき教師像の脱女性化である。州立師範学校は、その設立当初から、いずれは男子学生を獲得し男性専門職として小学校の教職の地位を確立することをめざしていた。しかし、小学校教職の地位や待遇では男子学生は十分に獲得できなかった。そのため、一九世紀後半になって、教育水準の向上および高等教育機関としての威信の確立を余儀なくされると、養成しようとする教師像そのものを変化させていった。すなわち、女子学生が主たる対象となる初等教育教師を養成するよりも、男子学生を対象にしうる中等教育教師や、教育行政官や教育研究者の養成を、主たる使命とするようになったのである。

第二に、州立師範学校の学生とファカルティの脱女性化である。養成しようとする教師像の男性化は、実際に入学希望の女性学生を減少させるとともに、教師養成機関の教師集団に占める女性の割合も減少させていった。

第三に、教育学の脱女性化である。初等・中等教育において教職の女性化が進展しているにもかかわらず、教室教師としての経験をもつ教師教育者が減少したことによって、教師養成機関では、初等教育現場の女性教師たちとの関係を元にした教育実習などのプログラムが失われるとともに、教室の生々しい事実に基づく教師養成教育の内容が失われていった。大学化した教師養成機関においてはさらに、科学的研究機能をもつ総合大学への昇格がめざされ、科学的研究方法に基づいて細分化された教育心理学や教育史学や教育哲学が探究されるようになった。新しい科学的教育学の担い手は、教職経験のない男性であった。教育学の学問化と科学化、ディシプリンごとの細分化は、教師教育カリキュラムの学問的水準を高めたが、その一方で、教室で生起する具体的な問題に対応しなければならない初等中等教育段階の教師たちとの関係を弱め、教育学部内部において教師養成という実践的で総合的な課題に取り組む意識を薄めていった。

今日の米国においても、教育学部の内部でさえ教師教育は非学問的な領域として忌避され続けているし、総合大学では教育学部の威信も低いままである。このような、教師教育機関や大学の今日的課題を考える鍵として、女性の包摂と排除を考える視点が不可欠である。

4　比較教師教育史に向かって

米国の教師教育の歴史をジェンダーの視点から問い直したとき、そこに何が浮かび上がるかを、本書を通して追いかけてきた。新たに見えてきた事実だけでなく、まだ探究されてこなかった問いも、浮き彫りになった。

第一に、本研究によって、米国における近代的教師教育制度の成立と展開は、州立師範学校が創設され全米に普及し大学に昇格したという発展の歴史であるだけでなく、複雑な史的過程を伴っていたことが明らかとなった。本研究では一九世紀に焦点を合わせたため、二〇世紀以降の教師養成機関の歴史は検討できなかった。二〇世紀以降も含めた教師教育史を再検討する必要性が提起される。その際は特に、本書では対象化しなかった中下層白人男性や黒人・移民など他の民族的・文化的少数者に対する州立師範学校の意義や、南部や西部も含めた全米の州立師範学校の展開を明らかにすることが課題となる。

また上述したとおり、教師の能力の向上は、教師養成機関のカリキュラム改革や高度化によってのみ達成しうるものではなく、教職の労働条件や需給関係など、教職をめぐる社会的状況への対処や、教師養成機関を一方的に非難するばかりの世論への対処も、重要な要素となる。マサチューセッツ州の教育指導者ホレス・マンの仮説、すなわち教師たちの力量を向上させる改革を推進すれば、教職の社会的地位もおのずと改善されるだろうという仮説（第三章参照）は、歴史によってすでに否定されたようにもみえる。一九世紀を通じて州立師範学校内部で必死のカリキュラム改革が推進され、二〇世紀に入ってから教師養成が大学や大学院段階でおこなわれるようになっても、「教師の質の低さ」は社会問題でありつづけている。教師の力量を向上させようとする改革と、教職の社会的地位を向上させようとする改革が、どのような関係をもって展開してきたのかを、さらに探究することが今後の重要な課題である。

第二に、本書では、従来ほとんど看過されてきた女性教育者による教師教育の重要性を指摘したが、第Ⅱ部で検討したウォルトンのように、初期州立師範学校で教鞭をとった女性たちについては、伝統的歴史研究が対象としてきた書籍や論文等の形態の史料が少ない。本人たちの日記や手紙に加え、学生が書いた学校日誌などを対象史料に加えつつ、事例の蓄積をおこなうことが課題となる。また、本書では白人女性の事例しか対象にできなかった。他の人種やエスニシティ、あるいはセクシャリティの観点からの史料の発掘も求められる。

また、彼女たちの教師教育や教育学に関する思想には、さらに迫るべきものがある。一九世紀の女性教育者らは、教師教育に携わりながら、女性教師としての自らの経験に根ざした実践的で臨床的な教育学を探究していた。教師教育に携わるなかで教育学を構想した女性教育者たちの教育学がその後どのように継承されたのかは、ジョン・デューイをはじめとする男性教育学者らとの交流関係の解明も含め、教育学と教育実践との関係を探究するうえで、重要な鍵となるだろう。

更に、彼女たちの教師像や教育観が日本に与えた影響も、看過できない。ウィラード、ビーチャー、ライアンについては、各領域で日本への影響が断片的に指摘されてきた。例えば高祖敏明（一九七六、一九七七）[11]は、明治初期に「修身口授（ギョウギノサトシ）」用教科書として例示された翻訳教科書の一つ、青木輔清編著『小学教諭民家童蒙解』の原著者「E・ウィルラード」が「アメリカの女流教育家エンマ・ウィルラード」であり、その原著が『子どものための道徳』（*Morals for the young*, 1857）[12]であったことを明らかにしていたが、ウィラードの原典にさかのぼって青木輔清の翻訳との異同を検討する作業はおこなわれていない。ウィラードをはじめ、一九世紀米国の女性教育者たちの教育思想がどのように日本に紹介されたのかの検討は、高祖の指摘する「儒教的伝統的道徳と欧米的解明主義的道徳との折衷」[13]がどのように展開したのかを具体的に解明する手がかりとなりうる[14]。

特に、彼女たちの女子教育や家政教育観の影響だけでなく、教師像や教師教育への影響の分析は、ほとんど手つかずのままになっている。女性の教職への適性や、公的教師教育を通して公教育を改善する意義を説く彼女たちの思想は、明治初期の教師教育制度の構築に影響を与えた可能性が高い。例えば高橋裕子（一九九七）は、第Ⅰ部で検討した一九世紀前半の米国における女性教師像が「森有礼の女子教育観の形成に影響を与えていた」と指摘し、具体例としてキャサリン・ビーチャーの思想を検討している[15]。しかし、森有礼の女性教師像に関する叙述、例えば「女教員の雇用は費用が少なくてすむばかりでなく、授業においても非常な適性を備えているということが、経験上証明されております」[16]など、女性の道徳性の高さや低賃金で雇用できる利点を強調している点では、森の教師像はビーチャーよりもウィラードやライアンのそれに近い。後に文部大臣となり師範教育の対象に女性も含めた森有礼に、一九世紀の米国における教師像はどのような影響を与えたか。さらには、ライアンの教師像に象徴されるような、キリスト教文化を前提にした自己犠牲的聖職者としての教師像が、高祖敏明のいう儒教的伝統的道徳との折衷によって日本における聖職者としての教師像を形成した可能性も、探究すべき問いである。

第三に、本書では、一九世紀の州立師範学校が、女性の中等教育・高等教育の拡大に重要な役割を果たすとともに、女性教師を多数採用することで高学歴女性の就職先としての機能も果たしていた事実の一面を明らかにした。グレイアム（Graham, 1978）[17]は、米国の高等教育機関は、二〇世紀半ばよりも一九世紀の方が進学先としても就職先としても女性に開かれていたことを指摘していたが、州立師範学校の果たした役割は十分に検討していなかった。高等教育史や女性教育史の叙述にも、州立師範学校をはじめとする教師養成機関を位置づける必要がある。

第四に、米国における教師養成カリキュラム史のさらなる検討も大きな課題である。モンロー（Monroe, 1952）[18]やボロウマン（Borrowman, 1956）[19]などの従来の教師教育カリキュラム史研究は、おしなべて男性の視点から叙述されており、本書で対象にした七名の女性教師をはじめ、女性の思想はほとんど看過されてきた。女性教師の思想も含めたうえで、さらに細かく一九世紀における教師養成カリキュラム理念を再検討していくことが、求められる。

米国の教師教育史を、発展史観から解き放し、冷静な日米比較の基礎的知見を構築すること、そして女性や少数者の視点を包含した叙述枠組を創ること―本書が、その出発点となることを、願ってやまない。

（1）Donald A. Schön, *The Reflective Practitioner: How Professionals Think in Action* (New York: Basic Books, 1983).

（2）ディシプリン（discipline）とは、各学問が自律的に創造した固有の研究対象と研究方法を意味する。日本語に適切な訳語がないことを指摘した舘昭（二〇〇六）にならい、本書ではカタカナ表記を用いる（舘昭『原点に立ち返っての大学改革』東信堂、二〇〇六年、一九―二六頁を参照）。

（3）佐久間亜紀「進歩主義教育運動における教師教育プログラムの事例研究――『教育実験研究所』の教師教育プログラムに着目して」『教育学研究』第六二巻第四号、一九九五年、三三九―三四七頁。

（4）Ellen Condliffe Lagemann, "The Plural Worlds of Educational Research," *History of Education Quarterly* 29, no. 2 (1989): 185–214; Ellen Condliffe Lagemann, *An Elusive Science: The Troubling History of Education Research* (Chicago: University of Chicago Press, 2000).

（5）Ellen Hyde, "Letter to Boston Advertiser," Box 3, Folder 12, HWLA, no date [1877?], 1.

（6）Susan Laird, "Reforming 'Women's True Profession': A Case for 'Feminist Pedagogy' in Teacher Education?" *Harvard Educational Review* 58, no. 4 (1988): 449–63.

（7）Carol Davies, "The Sociology of Professions and the Profession of Gender," *Sociology* 30, no. 4 (1996): 661–78.

（8）日本教職員組合『「日教組の教研運動」についての研究』一九七一年、教育図書館所蔵。

（9）すでに日本でも、一九七〇年代に教職の専門職化を目的として設立された新構想大学に、教育委員会から派遣されてくる教員の数は、圧倒的に男性の方が多いことが批判されている。佐久間亜紀「アメリカにおける教育系専門職大学院の現状と日本への示唆」『ＩＤＥ現代の高等教育』七・八月合併号、民主教育協会、二〇〇五年、四五―五〇頁参照。

（10）女性の包摂と排除は、教職だけに特有ではなく、他の多くの職種で生起しつづけている現状である。なぜ労働市場における性別隔離（sex segregation）が継続するのか、なぜ女性が参入した職種からは男性が撤退する現象が起こるのかについては、現在も多角的な研究が続けられている。例えば、アメリカ社会学会会長を務めたレスキンは、「待ち人行説理論」を提唱している。Barbara F. Reskin, *Job Queues, Gender Queues: Explaining Women's Inroads Into Male Occupations* (Philadelphia: Temple University Press, 1990); Barbara F. Reskin & Heidi I. Hartmann, *Women's Work, Men's Work: Sex Segregation on the Job* (Washington, D. C.: National Academy Press, 1986).

（11）高祖敏明「明治初期翻訳教科書に関する一考察——青木輔清『小学教諭民家童蒙解』の原書をめぐって」『上智大学教育学論集』第一一号、一九七六年、八四—一〇一頁。高祖敏明「文部省『小学教則』（明治五年九月）の『民家童蒙解』」『教育学研究』第四四巻第一号、一九七七年、二三—三二頁。

（12）Emma Willard, *Morals for the Young; or, Good Principles Instilling Wisdom* (New York: A. S. Barnes, 1857).

（13）高祖敏明、前掲論文、一九七七年、二六頁。

（14）福田公子は、キャサリン・ビーチャーの著書も翻訳教科書（海老名晋『家事要法』文部省、一八八一年）として日本に紹介されていたことを指摘している。福田公子「明治前期における女子教育と家政学の萌芽」『広島大学教育学部紀要』第二部第三八号、一九九〇年、一五七頁。

（15）高橋裕子「駐米時代における森有礼と女子教育観」『史鏡』第三四号、一九九七年、五九頁。高橋裕子『津田梅子の社会史』玉川大学出版部、二〇〇二年に再録。

（16）Arinori Mori, *Education in Japan* (New York: D. Appleton and Company, 1873), 167. 高橋裕子、前掲論文、五七頁。

（17）Patricia Albjerg Graham, "Expansion and Exclusion: A History of Women in American Higher Education," *Sings* 3, no. 4 (1978): 759-73.

（18）Walter Scott Monroe, *Teaching-Learning Theory and Teacher Education 1890-1950* (Urbana: University of Illinois Press, 1952).

（19）Merle L. Borrowman, *The Liberal and Technical in Teacher Education: A Historical Survey of American Thought* (New York: Teachers College, 1956).

あとがき

いまなぜ、アメリカの教師教育の歴史なのか。

まえがきには、現在のアメリカの教師教育の問題状況を理解する手がかりになるから、と記した。だが、本書を通読してくださった読者には、この問いへのもう一つの答えを読み取っていただけたのではないか。

二つ目の答えは、日本の教師教育改革に対する示唆が、あまりにも豊富に含まれているから、である。終章の末節の小見出しを「比較教師教育史に向かって」としたのはその意である。

本書でみてきたアメリカの歴史、すなわち州政府が、教職の魅力を増したり社会的待遇を改善したりする努力をなおざりにしたまま、教員養成機関にカリキュラム改革を迫るだけの政策を、約百年間続けた結果、高度化して教員養成をおこなわなくなった大学と、小学校教員養成に特化して大学化できないほどレベルが低い師範学校とに二分化させてしまったという歴史を踏まえれば、二一世紀の日本で現在進行している教員養成改革は、まさにアメリカの轍を踏もうとしているようにみえる。

学校教員の質の低さを、すべて教員養成機関のカリキュラムのせいにしてしまう政策理念。財政出動の代わりに、安価な労働力を調達することで、教員数だけ揃えようとする財政構造。教職を安価な労働に据え置いたまま、教員個人の献身や熱意を動員し、結果として教員の自己犠牲を強いる社会規範。政治家が汚職を重ねても、経済が不況に陥っても、政治学部や経済学部を廃止せよという世論は起きないのに、学校教育に問題が生じると教育学部を潰そうとする、世論の「唖然とさせられる」までの「無知と偏見」(第九章のハイドの言葉)。一九世紀のアメリカでおこなわれた改革が、二一世紀の日本で、いままさに繰り返されようとしているように思われてならないのである。

なかでも注目されるのは、二〇一六年の教育職員免許法改正の試みが、十章で取り上げたミシガン州立イプシランティ師範学校第三代校長ベローズの改革に酷似している点である。シル校長やキングは、高度な教職教育科目の土台として学問的科目群を配置したが、ベローズは、学問的科目群の内容も教師教育の観点から再構成しなおすことこそが「専門的」教師養成カリキュラムを意味するとして、改革を断行したのだった。ところが、シルやキングのカリキュラムが学生から高い評価を得たのに対し、ベローズのカリキュラムは「学問が消えた」と不評を買い、二年間で中止に追い込まれていた。たった一校でさえうまくいかなかった改革を、日本は二〇一七年以降全国規模で実施する。一九世紀末にベローズが直面していたよりも、ずっと学問が専門分化し高度化し多様化した状況のなかで、果たして日本は、学問的科目群の内容を教育的観点から再構成する改革を、成功させられるのだろうか。日本の教員養成カリキュラムの学問的水準がどう推移するか、注視しなければならない。

また、どの州立師範学校も一九世紀の間は二十世紀よりも多くの女性ファカルティを雇用し、学校現場の教師＝女性たちと緊密な関係を築いていた。そして教壇にたった女性ファカルティは、男性中心の学界のなかで多様な専門職像を育み、理論／実践、知識／技術、教養科目／教職科目といった二項対立図式を架橋した地点から、それぞれに「実践的」な教育学を探究していたのである。アメリカでも日本でも、教員養成機関に実学ばかりが求められる傾向が強まっている今、彼女たちが探究した教育学は、過去にあって未来を照らす灯となってくれるのではないか。

＊　＊　＊

本書は、博士学位請求論文「一九世紀米国の教師教育における女性教師のジレンマ――教職の女性化と専門職化の史的展開」（東京大学、二〇一四年）に、加筆修正をおこなったものである。本書に含めた論文の初出一覧は以下のとおりである。

第二章　「一九世紀米国における教師教育成立の一系譜——エマ・ウィラードのトロイ女子セミナリーに着目して」日本教育学会『教育学研究』第六七巻第三号、二〇〇〇年、三三三—三四三頁。

第三章　「キャサリン・ビーチャーにおける教師教育の思想——一九世紀米国における教職の専門職化と女性化をめぐって」日本教師教育学会『日本教師教育学会年報』第一一号、二〇〇二年、八八—九八頁。

第四章　「メアリ・ライアンにおける教師教育の思想と実践——一九世紀米国における教職専門職化運動批判」『東京学芸大学紀要　第一部門　教育科学』第五五集、二〇〇四年、三一三—三二四頁。

第七章　「日記と手紙にみる女性教師の心性——一九世紀アメリカにおける教師像とその実際」、安原義仁・松塚俊三編『国家・共同体・教師の戦略——教師の比較社会史』、二〇〇六年、二〇三—二二六頁。

また本書は、以下の研究助成による成果の一部である。文部科学省科学研究費補助金若手研究（B）『教職の専門性』概念の史的変化——一九世紀米国教員養成実践史のジェンダーの視点からの再検討」（平成一四—一六年度、研究課題番号 JP14710175）、同「教員養成系大学・学部の『生き残り戦略』に関する史的研究—教師教育批判の日米比較社会史」（平成一七—一九年度、研究課題番号 JP17730448）、日本学術振興会科学研究費補助金基盤研究（C）「戦後日本における教職の専門性の史的展開に関する総合的研究」（平成二四—二七年度、研究課題番号 JP25381043）。出版に際しては日本学術振興会平成二八年度科学研究費補助金（研究成果公開促進費）による助成を受けた。ここに記して感謝したい。

＊＊＊

私が本書の核となるハイドとキングの史料をみつけたのは、日本学術振興会特別研究員としてアメリカ留学中だった一九九九年にまで遡る。

当時の私の身体には、一つの衝撃が宿ったままだった。二十代半ばで結婚し、念願の特別研究員に採用されたとき、ようやく経済的基盤ができたと思い「妊娠したらどうしたらよいですか」と事務局に電話で問い合わせた。すると電話口の女性が、「産休制度はありませんので、その場合は辞めて頂きます。研究費も返納していただきます」と即答した。二の句がつげなかった。絶句するとはこういうことか、と思いながら、立ちすくんだのを今も覚えている。男性はそのまま親になれるのに、女性だけが資格を剝奪されるのか。このときの衝撃が、私に教師教育史の先行研究に対する違和感を与え、ジェンダーの視点から史料を読むように導いたように思える。

産むなというメッセージを全身に突きつけられたまま数年を過ごし、帰国してやっとの思いで大学に初職を得たとき、今度は逆に「まだ子どもがいないのか」「子どものいないあなたに、教育の何がわかる」と問われた。しかも、当時は関口礼子先生が国立大学教員の通称使用を求める裁判を起こして係争中で、佐久間亜紀という名前で研究活動を継続すること自体も、制度的に否定されていた。いったいどうしろというのか。言いようのない思いが身体を引き裂いた。教員養成系の大学に勤務し、幼稚園や学校を多く訪問する女性教育研究者には特に、自分が結婚しているかどうか、子どもがいるかどうかが、仕事の内容や能力よりもまず先に問われるのだった。ビーチャーの苦悩は、私の苦悩だった。

ようやく子どもを授かり、産休育休を経て復帰したとき、今度は「競争的研究費配分額〇円」の通知を受け取った。前年度の研究実績に応じて研究費が配分される仕組みのため、前年度不在の私は研究実績ゼロ、と算定されていた。

産んだら産んだで、ペナルティを課されたようだった。女性大学教員の出産が想定されていない制度を改善するために、保育園へのお迎えの時間が迫るなか、学内を奔走しなければならなかった。そもそも国立大学の独立行政法人化、教員免許更新制度の導入、教員養成六年化やインターンシップ制度導入など、学内外のさまざまな改革への対応に追われていたので、研究時間や心身のエネルギーの消耗は激しかった。

困難の連続のなか、それでもなお筆を折れなかったのは、史料のなかで出会う女性たちの声が、あまりにも生々しく私に迫ったからである。深夜に一人、疲れ切った身体で、彼女たちの手書きのスペルを一字ずつ解読しながら、何度も魂を揺さぶられる経験をした。「これほどの努力を重ねているのに、なぜ社会は一方的に教師や師範学校を非難するのか」「なぜ次から次へと改革に追われなくてはならないのか」……二〇〇年前のアメリカの女性たちの声を蘇らせる作業は、同時に私自身を蘇らせる作業となった。いま私は、二百年前を生きた異国の女性たちと、時空を超えた連帯を生きている。

この連帯は、私と同じような経験を生きてきた先達との連帯でもあった。突如として不可解で理不尽な局面に出会い、思わず立ちすくんだどき、フェミニズムと女性学にどれほど救われ勇気づけられてきたことか。学問は人を救う。学問は人を生きさせる。女性学はこのことを私に教えてくれた。

特別研究員の産休取得、通称使用の実現や使用範囲の拡大、競争的研究資金の配分制度の改善など、その時々の職場で、私なりに後の世代のために微力をつくしてきたが、本書の出版という研究活動を通しても、これからの社会の改善に少しでも寄与できればと願わずにいられない。

＊　＊　＊

本書の執筆にあたって、多くの方々にご指導とご協力を頂いた。史料収集に直接ご協力頂いた方々のお名前は、各章の末尾に特記してある。そのほかにも、ここに書ききれない多くの先達と研究仲間のみなさんに、心からの感謝を捧げたい。

特に、大学院に入学して以来ずっとご指導をいただいてきた佐藤学先生（東京大学名誉教授、学習院大学）には、どれほど感謝してもしきれない。右も左もわからない私を一から育て、要領が悪く仕事の遅い私をいつも見守り、世界中を飛び回る激務のなか完成までご指導下さった。またアメリカ留学中の恩師デイビッド・ラバレー教授（David F. Labaree, スタンフォード大学）と、ジェイ・フェザーストン教授（Jay Featherstone, ミシガン州立大学名誉教授）、ヘレン・フェザーストン教授（Helen Featherstone, ブランダイス大学）ご夫妻も、留学生の私に対して家族のように接して下さり、帰国した今もなお、支え続けて下さっている。恩師との出会いが文字通り私の人生を変えたのであり、この学恩を次の世代に還元することで、先生方のご恩に少しでも報いていけたらと切望している。

博士論文の審査にあたっては、大桃敏行先生（東京大学）が主査をつとめて下さり、これ以上ないほど親身に指導して頂いた。大桃先生の研究者としての真摯な姿勢には大きな影響を受けた。審査を担ってくださった先生方にも厚く御礼を申し上げる。また、中村雅子先生（桜美林大学）は、ご多忙を極めるなか第一稿の読者になって下さり、アメリカ史研究の立場から的確なコメントを下さった上、出版までの長い道のりを、公私にわたって励まし続けて下さった。アメリカ史研究と教育史研究を架橋する中村先生のお姿は、私のロールモデルとなっている。また、高橋裕子先生（津田塾大学）には女性史・家族史の観点から、高橋哲先生（埼玉大学）には教育学・教師教育の観点から、余人をもって代えがたい有益なコメントを頂いた。お二人とも激務のなか時間を割き、真摯に私の原稿に向き合ってくださったことが伝わるコメントを寄せてくださり、正直なところ涙が出る思いだった。私の力不足で、いただいたコメントの半分も改稿に活かせなかったが、今後の研究への励みとなった。なんと感謝してよいかわからない。

痛恨の極みは、院生時代から私を見守り続けてくださった故稲垣忠彦先生に、本書をお見せできなかったことである。稲垣先生の盟友であられる寺﨑昌男先生が、おそらくご遺志を汲んでのことであろうが、私の原稿をすぐに読み、激励の言葉を下さったうえ出版まで後押ししてくださった。お二人の先生の励ましとご采配なくしては本書の完成はなかった。厚く御礼を申し上げたい。

そして本書の出版は、東京大学出版会の後藤健介氏から、多大なるご理解とご協力を頂いたことで可能になった。すさまじいほどの緻密さとエネルギーをもって原稿に向き合い、高い知見と誠実な構えで著者の思いをくみ取りながら、作品を仕上げていく後藤さんの仕事ぶりに、編集者魂とでもいうものをひしひしと感じた。私はなんと幸運な著者だろうか。

最後に、私のドタバタ続きの人生をいつも応援してくれる両親、夫、そして最愛の娘に本書を捧げたい。ありがとう。

佐久間亜紀

二〇一七年二月

著者略歴
1968年　東京に生れる
早稲田大学教育学部卒業，東京大学大学院教育学研究科博士課程修了，博士（教育学）．東京学芸大学准教授などを経て，
現　在　慶應義塾大学教職課程センター教授
専　門　教育方法学，教師教育論
主要著書に，『国家・共同体・教師の戦略』（分担執筆，昭和堂，2006），『現代の教師論』（共編著，ミネルヴァ書房，2017），『教育論の新常識』（共著，中公新書ラクレ，2021），『公教育を問い直す』（共編著，世織書房，2023），Sakuma, A. (2018). The origin of teaching as a profession in Japan（*Espacio, Tiempo y Educacion*, *5*(2), 35-54），*The Routledge Encyclopedia of Modern Asian Educators 1850-2000*（分担執筆，Routledge, 2021），ほか

アメリカ教師教育史
教職の女性化と専門職化の相克

2017年2月22日　初　版
2023年11月15日　第2刷

［検印廃止］

著　者　佐久間亜紀《さくまあき》

発行所　一般財団法人　東京大学出版会

代表者　吉見俊哉

153-0041　東京都目黒区駒場4-5-29
https://www.utp.or.jp/
電話　03-6407-1069　Fax　03-6407-1991
振替　00160-6-59964

印刷・製本　大日本印刷株式会社

ISBN 978-4-13-056226-3　Printed in Japan

索　引

あ　行

か　行

さ　行

た 行

な 行

は 行

ま　行

や 行

ら 行

わ 行

特別史料収蔵図書館一覧および省略形
（Abbreviations of Archival Collections）

ACL	Amherst College Library, Archives and Special Collections, Amherst, Massachusetts
CLCUM	Clements Library Collections, University of Michigan, Ann Arbor, Michigan
EMULSA	Eastern Michigan University Library Special Archives, Ypsilanti, Michigan
FSUAAO	Framingham State University Alumni Association Office Archives, Framingham, Massachusetts
HBSCL	Manuscript Collections of Harriet Beecher Stowe Center Library, Hartford, Connecticut
HWLA	Henry Whittemore Library Archives and Special Collections, Framingham State University, Framingham, Massachusetts
KFP	Kate Foster Papers, personally owned by Jo-Anne Preston, Boston, Massachusetts
LC	Library of Congress, Washington D. C.
MHCASC	Mount Holyoke College Archives and Special Collections, South Hadley, Massachusetts
MHS	Massachusetts Historical Society, Boston, Massachusetts

MLBSU	Maxwell Library of Bridgewater State University, Bridgewater, Massachusetts
SLC	Schlesinger Library Collections, Radcliff Institute for Advanced Study, Harvard University, Cambridge, Massachusetts.

文献目録
(Bibliography)

本文で引用した文献以外に，執筆にあたって参照した文献も含む．

1　史資料

Aldridge, Mary. "Letter to Kate Foster on 18 December 1870." Kate Foster Papers, personally owned by Jo-Anne Preston.

American Normal School Association. *American Normal Schools: Their Theory, Their Workings, and Their Results, as Embodied in the Proceedings of the First Annual Convention of the American Normal School Association, Held at Trenton, New Jersey, August 19 and 20, 1859.* New York: A. S. Barnes and Burr, 1860.

American Normal School Association, and National Teachers Associations. *Addresses and Journal of Proceedings of the American Normal School, and the National Teachers' Associations at Cleveland, Ohio, Sessions of the Year 1870.* Washington: James H. Holmes, 1871.

Association of Masters of the Boston Public Schools. *Rejoinder to the "Reply" of the Hon. Horace Mann, Secretary of the Massachusetts Board of Education, to the "Remarks" of the Association of Boston Masters, Upon His Seventh Annual Report.* Boston: C. C. Little and J. Brown, 1845.

———. *Remarks on the Seventh Annual Report of the Hon. Horace Mann, Secretary of the Massachusetts Board of Education.* Boston: C. C. Little and J. Brown, 1844.

Author unknown. "Julia Anne King." *Normal News* 15, no. 1 (September 1895): EMULSA.

———. [Buell, Bertha G.?]. "Julia Anne King: Head of Department of History and Social Sciences, N. S. N. C. 1881-1915." Julia Anne King Papers, EMULSA, no date [1944?].

———. [Cyrus Peirce?]. "Normal School Terms and Vacations, 1839-1840." Box 9, Folder 73. HWLA, 1840.

———. "Motives to Study in the Ipswich Female Seminary." *American Annals of Education* 3, no. 2 (1833): 75-80.
———. "Mount Holyoke College Missionaries to Japan." MHCASC, no date.
———. "Mount Holyoke Missionaries at Stations in Japan." MHCASC, no date.
———. "Notes and News: Teachers' Salaries in New York." *Educational Review* 35 (February 1908): 211.
———. "The People and the Schools." *Charlotte Republican Newspaper,* Charlotte, MI, Friday, 17 August, 1877. EMULSA.
———. "Principal of State Normal School Here: Miss Ellen Hyde, for Many Years a Well Known Educator, Passes Away." *Framingham Evening News,* Framingham, MA, 26 February, 1926.
———. "Prof. Julia A. King Passes Away after Brilliant Career," *The Normal College* 16, no. 29 (1919): no page. EMULSA.
———. "Recent Deaths: A Woman of Rare Qualities-Mrs. N. L. Walton, Widely Known as a Club and Church Woman, Dies at West." FSUAA, no date [January 1843?].
———. "Short Illness Takes Miss King." *Ypsilanti Record,* Ypsilanti, MI, 8 May, 1919.
———. "Sketch from a Student's Notebook: A Student's Experience." *Ypsilanti Commercial,* Ypsilanti, MI, 5 September, 1890.
Baker, James H. *Of Himself and Other Things.* Denver: Privately printed, Press of Bradford-Robinson Printing Co., 1922.
Barnard, Henry, ed. *Educational Biography: Memoirs of Teachers, Educators, and Promoters and Benefactors of Education, Literature, and Science.* 2nd ed. New York: F. C. Brownell, 1861.
Barnes, Mary Downing Sheldon. *Studies in General History.* Boston: D. C. Heath and company, 1885.
Barnes, Mary Downing Sheldon and Earl Barnes. *Studies in American History.* Boston: D. C. Heath and Co., 1891.
Beecher, Catharine Esther. *Arithmetic Simplified, Prepared for the Use of Primary Schools, Female Seminaries, and High Schools, in Three Parts; adapted to classes of different ages, and of different degrees of advancement.* Hartford: D. F. Robinson and Co., 1832.
———. *Calisthenics Exercises, for Schools, Families and Health Establishments.* New York: Harper and Brothers, 1867.

———. *Educational Reminiscences and Suggestions.* New York: J. B. Ford, 1874.

———. *The Elements of Mental and Moral Philosophy Founded Upon Experience, Reason and the Bible.* No Place [Hartford, Connecticut?], 1831.

———. *An Essay on Slavery and Abolitionism.* Philadelphia: H. Perkins, 1837.

———. "Female Education." *American Journal of Education* 2 (1826): 221.

———. "Free Normal Schools for Female Teachers of Common Schools." *Godey's Lady's Book* (1853): 176-77.

———. "Hartford Female Seminary." *American Annals of Education* 2 (1832): 65.

———. "Hartford Seminary and Its Founder: Autobiography." *American Journal of Education* 28 (1877): 81.

———. "Letter from Miss Catherine E. Beecher." *Eleventh Annual Report of the Board of Education* (1848): 83-84.

———. "Letter to My Dear Lizzie." Beecher Stowe Collection, SLC, 1867.

———. *The Moral Instructor.* Cincinnati: Truman and Smith, 1838.

———. *Physiology and Calisthenics.* New York: Harper and Brothers, 1867.

———. *Suggestions Respecting Improvements in Education: Presented to the Trustees of the Hartford Female Seminary, and Published at Their Request.* Hartford: Packer and Butler, 1829.

———. *A Treatise on Domestic Economy, for the Use of Young Ladies at Home, and at School.* Boston: Marsh, Capen, Lyon, and Webb, 1841.

———. *The True Remedy for the Wrongs of Woman; with a History of an Enterprise Having That for Its Object.* Boston: Phillips, Sampson, and Co., 1851.

———. *Woman Suffrage and Woman's Profession.* Hartford: Brown and Gross, 1871.

———. *Woman's Profession as Mother and Educator.* Philadelphia and Boston: G. Maclean, 1872.

Beecher, Catharine Esther, and Hartford Female Seminary. "Catalogue of the Members of the Hartford Female Seminary 1826." Beecher Stowe Collection, SLC, 1826.

Beecher, Catharine Esther, and Harriet Beecher Stowe. *The American Woman's Home: Or, Principles of Domestic Science; Being a Guide to the Formation and Maintenance of Economical, Healthful, Beautiful, and Christian Homes.* New York: J. B. Ford and Company, 1869.

Bellows, Charles Fitz Roy. "A Study in Unification of School Work, Pedagogical Society Records." Eastern Michigan University Library Special Archives,

1893-1894.

———. "The True Profession." *Michigan School Moderator* (18 June 1891): 624.

Burritt, Elijah H. *The Geography of the Heavens, or, Familiar Instructions for Finding the Visible Stars and Constellations: Accompanied by a Celestial Atlas with a View of the Solar System*. Hartford: F. J. Huntington, 1833.

Butler, Joseph. *The Analogy of Religion, Natural and Revealed, to the Constitution and Course of Nature*. 3rd American ed. Hartford: Samuel G. Goodrich, 1819.

Carter, James G. *Essays Upon Popular Education: Containing a Particular Examination of the Schools of Massachusetts, and an Outline of an Institution for the Education of Teachers*. Boston: Bowles and Dearborn, 1826.

Carter, Patricia Anne. *Everybody's Paid but the Teacher: The Teaching Profession and the Women's Movement*. Reflective History Series. New York: Teachers College Press, 2002.

Colburn, Dana P., and George A. Walton. *First Steps in Numbers, Designed to Lead the Pupil to a Thorough, Practical Acquaintance with the Elementary Operations on Numbers and the Application of the Decimal System*. Boston: Benjamin B. Mussey, 1849.

Colburn, Warren. *An Introduction to Algebra Upon the Inductive Method of Instruction*. Boston: Hilliard, Gary, Little, and Wilkins, 1826.

Connecticut Board of Commissioners of Common Schools. *Connecticut Common School Journal* (1838-1842).

Cowles, Eunice Caldwell, Mrs. "Notice of Miss Mary Lyon." *The Massachusetts Teacher* 2, no. 4 (1849): 123-25.

Cowles, Maria. "Letter for Rev. Henry Cowles." 29 March, 1831. Ipswich, MHCASC.

Cousin, Victor. Translated by Sarah Austin. *Report on the State of Public Instruction in Prussia; Addressed to the Count De Montalivet*. London: E. Wilson, 1834.

Daboll, Nathan. *Daboll's Schoolmaster's Assistant, Improved and Enlarged: Being a Plain Practical System of Arithmetic: Adapted to the United States*. 8th ed. Connecticut: Samuel Green, 1814.

Davis, J. E. "Elizabeth Hyde." *The Southern Workman* 58, no. 1 (1929): 30-2.

DeWitt, Francis, and Massachusetts Secretary of the Commonwealth. *Abstract of the Census of the Commonwealth of Massachusetts, Taken with Reference to Facts Existing on the First Day of June, 1855*. Boston: W. White, 1857.

Dewy, John. "The Relation of Theory to Practice in Education." *The Third Yearbook*

of the National Society for the Scientific Study of Education. Chicago: University of Chicago Press (1904): 9-30.

Dwight, Henry Edwin. *Travels in the North of Germany, in the Years 1825 and 1826.* New York: G. and C. and H. Carvill, 1829.

Dwight, Nathaniel. *A Short but Comprehensive System of the Geography of the World: By Way of Question and Answer, Principally Designed for Children and Common Schools.* The second Connecticut edition. Hartford: Hudson and Goodwin, 1795.

Edwards, Jonathan. *History of Redemption, on a Plan Entirely Original: Exhibiting the Gradual Discovery and Accomplishment of the Divine Purposes in the Salvation of Man, Including a Comprehensive View of Church History and the Fulfilment of Scripture Prophecies.* New York: T. and J. Swords, 1793.

Emerson, Ralph. *Life of Rev. Joseph Emerson, Pastor of the Third Congregational Church in Beverly, Ms., and Subsequently Principal of a Female Seminary.* Boston: Crocker and Brewster, 1834.

Estrabrook, Mary V. "Dormitory Life at Haven House Framingham, S. N. S. 1883-5." HWLA, Box 9, Folder 4. 1939.

Everett, Edward. "An Address by Edward Everett, Governor of Massachusetts at the Opening of the Normal School at Barre, September 5, 1839." *American Journal of Education* 13 (1863): 758-70.

Everett, Nancy. "Letter to Her Uncle, South Hadley, 26 November 1837." MHCASC, 1837.

Fairbanks, Mary J. Mason, and Mrs. Russell Sage. *Emma Willard and Her Pupils: or, Fifty Years of Troy Female Seminary, 1822-1872.* New York: Mrs. R. Sage, 1898.

Framingham State College. *Catalogue and Circular.* HWLA. 1867-1899.

Framingham State College Alumnae Association, Eben S. Stearns, Electa N. L. Walton, and Grace F. Shepard. *Historical Sketches of the Framingham State Normal School.* Framingham, Massachusetts: Alumnae Association, 1914.

Framingham State Normal School. *Circular and Register of the State Normal School from Its Commencement at Lexington, July 1839-Dec 1846.* Boston: William B. Fowle, 1846.

———. *Memorial of the Quarter-Centennial Celebration of the Establishment of Normal Schools in America Held at Framingham, July 1, 1864.* Boston: C. C.

P. Moody, 1866.
———. *Proceedings of the Third Triennial Convention of the West Newton State Normal School, July 26, 1848*. Boston: Leonard C. Bowles, 1848.
———. "School Diary." FSUAAO, 1877.
———. *State Normal School at Framingham Circular*. Framingham, Mass.: s. n., 1854.
———. *State Normal School Catalogue of Teachers and Alumnae 1839-1900*. Boston: Wright and Potter Printing Co., 1900.
Gallaudet, Thomas Hopkins. *Plan of a Seminary for the Education of Instructers* [*Sic*] *of Youth*. Boston: Cummings, Hilliard, 1825.
Gallaudet, Thomas Hopkins, and Hartford Female Seminary. *An Address on Female Education*. Hartford: H. and F. J. Huntington, 1828.
Goodale, Lucy. "Letter to Her Family, 2-13 July 1838." MHCASC, 1838.
Goodrich, Earnest R. "Memorial Address." Julia Anne King Papers. EMULSA, 24 June, 1919.
Greenwood, Grace. *Greenwood Leaves: A Collection of Sketches and Letters*. Second series. Boston: Ticknor, Reed, and Fields, 1852.
Grimké, Angelina Emily. "Diary." Weld-Grimke Papers, CLCUM, 1829.
Grimké, Angelina Emily, and Catharine Esther Beecher. *Letters to Catherine E. Beecher, in Reply to an Essay on Slavery and Abolitionism, Addressed to A. E. Grimke*. Boston: I. Knapp, 1838.
Hart, J. S. "Schools for Professional Education for Teachers." *Barnard's Journal of Education* 18 (1868).
Hyde, Ellen. "A Copy of Commencement Day Address at Framingham State Normal School." HWL, HWLA, Box. 3 Folder 1, no date [1883-1886?].
———. *Development of Character in School: An Essay*. Manchester: Thos. W. Lane Pub., 1883.
———. "Education of Girls: An Address before the West Newton Audience." HWLA, Box. 3, no folder, no date.
———. "Following Nature in the Education of Children." HWLA, Box 3, Folder 6, no date.
———. "Letter to Boston Advertiser." HWLA, Box 3, Folder 12, no date [1877?].
———. "Methods-Reading." HWLA, Oct. Box 3, Folder 13 (page 1-4 missing), 1882.
———. "A Paper on Practice School." HWLA, Box 3, Folder 19, 1887.

———. "School Government." HWLA, Box 3, Folder 15, no date.

———. "Some Principles Which Underlie Elementary Instruction Considered from the Practical Side." HWLA, Box 3, Folder 14, 1890.

Jefferson Church. "Letter to Mary Lyon, Springfield, Nov. 17, 1845". MHCASC, 1845.

King, Julia Anne. "Composition in the Public School." *The Michigan Teacher* 10, no. 3 (1875): 75–9.

———. "Education Outside of Books." *The Michigan Teacher* 4, no. 3 (1869): 61–8.

———. *The Government of the People of the State of Michigan.* New York: Hinds, Noble and Eldredge, 1894.

———. "History a Unifying Element in a Course of Study, a Paper Read before the Pedagogical Club of the State Normal School." Julia Anne King Papers. EMULSA, February, 1894.

———. "History as a Means of Social Education." Julia Anne King Papers. EMULSA, no date.

———. "History in its Relation to the Normal School." Julia Anne King Papers. EMULSA, 1882.

———. "History in the Elementary School." *Educational Review* 18, no. 5 (1899): 479–500.

———. "Life-Work in Hattie A. Farrande's Notebook, Reminiscences of Normal Days and Normal Friends." Julia Anne King Papers. EMULSA, 1858.

———. "Method as Applied to History I–V." *Michigan School Moderator* 10, no. 6 (1889): 159–60, 216–7, 251–2, 382, 473–4.

———. "Topical Method of Teaching History in the Public School." In *Fifty-Third Annual Report of the Superintendent of Public Instruction of the State of Michigan,* 108–17. Lansing: Darius D. Thorf, State Printer and Binder, 1889.

Litchfield, Paul. "Diary of Paul Litchfield." *Proceedings of the Massachusetts Historical Society, 1st ser.* 19 (1881–1882): 376–7.

Lord, Mary A. "Julia Anne King: Teacher Counselor, Friend." *Michigan History* 38 (September, 1954): no page. EMULSA.

Lyon, Mary. "Candidates for Teachers." MHCASC, 1845.

———. *Female Education, Tendencies of the Principle Embraced and the System Adopted in the Mt. Holyoke Female Seminary.* South Hadley, MA.: Mount Holyoke Female Seminary, 1839.

———. *General View of the Principles and Design of the Mount Holyoke Female*

Seminary. South Hadley: Published by Direction of the Trustees, 1837.

———. "Letter For Freelove Lyon." Londonderry, New Hampshire. MHCASC, 1826.

———. "Letter to Catharine Beecher, 1 July, 1836." MHCASC, 1836.

———. "Letter to Zilpa Grant, Buckland, 20 January, 1830." Vol. 1, Letters, 1825–1839. MHCASC, 1830.

———. "Letter to Zilpa Grant, Ipswich, 18 March, 1832." Vol. 1, Letters, 1825–1839. MHCASC, 1832.

———. "Maxims for Teachers." Unpublished Manuscript. MHCASC, no date [1830?].

———. "Mount Holyoke Seminary, 15 June, 1835." Unpublished Manuscript. MHCASC, 1835.

———. *Prospectus of Mount Holyoke Female Seminary*. Boston: Perkins and Marvin, 1837.

———. "Record of Supply of Teachers, 1847–1848." MHCASC, 1848.

Lyon, Mary, and Mount Holyoke Female Seminary. *Prospectus of Mount Holyoke Female Seminary*. Boston: Perkins and Marvin, 1837.

———. *First Annual Catalogue of the Officers and Members of the Mount Holyoke Female Seminary, Mass., 1837–8*. Massachusetts: Mount Holyoke Female Seminary, 1837.

Mann, Horace. *Annual Reports of the Secretary of the Board of Education of Massachusetts for the Years 1839–1844*. Boston: Lee and Shepard, 1891.

———. *Lectures and Annual Reports on Education*. Cambridge, Mass.: The Editor, 1867.

———. "Normal Schools in Massachusetts." *Connecticut Common School Journal* 1, no. 8 (1839): 33–7.

———. "Normal Schools in Massachusetts Continued from No. 8." *Connecticut Common School Journal* 1, no. 9 (1839): 98.

———. "Normal School." *Connecticut Common School Journal* 2, no. 3 (1840): 39.

Mann, Mary Tyler Peabody. *Life of Horace Mann*. Boston: Walker, Fuller and Co., 1865.

Martin, George H. "The Bridgewater Spirit." In *Seventy-Fifth Anniversary of the State Normal School, Bridgewater, Massachusetts, June 19, 1915*. Bridgewater: Arthur H. Willis, 1915.

Mason, David H., and Emory Washburn. "Report of Visitors of the Framingham

Normal School." In *Twenty-Ninth Annual Report of the Board of Education,* edited by Board of Education Massachusetts. Boston: Wright and Potter, State Printers, 1866.

Massachusetts Board of Education. *Annual Report of the Board of Education,* 1st–72nd, Including *Annual Reports of the Secretary of the Board, 1887–1918."* Public Document, 1838–1918.

———. *The Commonwealth of Massachusetts Bulletin of the Board of Education, Household Arts: Teachers' Manual and Course of Study for Grades 7–10, Inclusive.* Boston: Wright and Potter Printing Co. State printers. 1916.

Massachusetts Office of the Secretary of State, and George Wingate Chase. *Abstract of the Census of Massachusetts, 1860: From the Eighth U. S. Census, with Remarks on the Same.* Boston: Wright and Potter, State Printers, 1863.

Mayo, Elizabeth, and E. A. Sheldon. *Lessons on Objects, Graduated Series; Designed for Children between the Ages of Six and Fourteen Years.* New York: American Book Company, 1863.

McMurry, Charles Alexander. *The Elements of General Method Based on the Principles of Herbart.* 2nd ed. Bloomington: Public School Publishing Company, Macmillan and Co., 1893.

Mori, Arinori. *Education in Japan.* New York: D. Appleton and Company, 1873.

Morse, Jedidiah. *The American Geography, or, a View of the Present Situation of the United States of America.* Elizabeth Town: Shepard Kollock, 1789.

Mudge, Mary. "Diary." SLC, 1854.

National Education Association of the United States. *Fiftieth Anniversary Volume, 1857–1906.* Winona, MN: The Association, 1907.

National Education Association of the United States Committee of Ten on Secondary School Studies. *Report of the Committee of Ten on Secondary School Studies; with the Reports of the Conferences Arranged by the Committee.* New York: American Book Co., 1894.

National Education Association of the United States Committee on Salaries Tenure and Pensions (Appointed 1903). *Report of the Committee on Salaries, Tenure, and Pensions of Public School Teachers in the United States to the National Council of Education, July, 1905.* [S. l.]: The Association, 1905.

National Education Association of the United States Committee on Salaries Tenure and Pensions of Teachers (Appointed 1911), and Robert C. Brooks. *Report of*

the Committee on Teachers' Salaries and Cost of Living. Ann Arbor, Michigan: The Association, 1913.

National Education Association of the United States Department of Normal Schools Committee on Normal Schools. *Report of Committee on Normal Schools, July 1899.* [S. l.]: National Education Association, 1899.

National Teachers Association. *Addresses and Journal of Proceedings.* Washington, D. C.: National Teachers' Association, 1857.

Ogden, John. "Opening Address by the President." In *Addresses and Journal of Proceedings of the American Normal School and the National Association at Cleaveland, Ohio, Sessions of the Year 1870,* edited by National Normal School Association and National Teachers Association. Washington: James H. Holmes, 1871.

Page, David P. *Theory and Practice of Teaching, or, the Motives and Methods of Good School-Seeping.* New York: A. S. Barnes and co., 1847.

Palmer, George Herbert, and Alice Freeman Palmer. *The Teacher, Essays and Addresses on Education.* Boston and New York: Houghton Mifflin Company, 1908.

Peirce, Cyrus. "Journal." Box 9, Folder 22. HWLA, 1839.

Phelps, Lincoln Mrs. *The Female Student; or, Lectures to Young Ladies on Female Education. For the Use of Mothers, Teachers, and Pupils.* New York: Leavitt, Lord and Co., 1836.

Phelps, William Franklin. "Address of the President." In *American Normal Schools,* edited by American Normal School Association. 17-19. New York: A. S. Barnes and Burr, 1860.

———. "Report on a Course of Study for Normal Schools." In *Addresses and Journal Proceedings of the American Normal School and the National Teachers Associations,* edited by American Normal School and National Teachers Associations. Washington: James H. Holmes, 1871.

Pierce, Julia. "Letter to Her Friend on Nov. 24." Special collections, Hooker Box 1, A 133, Folder 5, SLC, 1839.

———. "Letter to Her Sister, No Date." Special collections manuscript material, SLC, no date [1845?].

Senior Class of 1900, Michigan State Normal College. "Julia Anne King: Biographical," *Aurora* 12 (1900): no page, EMULSA.

Smith, Aurelia. "Letter to Her Mother, No Date [1850?]" SLC, no date.

———. "Letter to Her Mother, No Date [Oct. 17 or 18, 1850?]" SLC, no date.

Snedden, David. "Increasing the Efficiency of Education." *Journal of Education* July (1913): 62-3.

———. "New Problems in Secondary Education." *The School Review* March (1916): 183.

Stanton, Elizabeth Cady "Emma Willard: Pioneer in the Higher Education of Women." In *Third Annual Report, Chicago Reunion,* edited by Emma Willard Association, 56-67. Brooklyn: Press of the Brooklyn Eagle, 1893.

Stowe, Calvin Ellis. *Common Schools and Teachers' Seminaries.* Boston: Marsh, Capen, Lyon, and Webb, 1839.

———. "Letter to Harriet Beecher Stowe." Beecher Stowe Collection, HBSCL, 1848.

United States Bureau of the Census. *Census Statistics of Teachers.* Washington: U. S. Government Printing Office, 1905.

United States Census Office. *Sixth Census 1840.* Washington D. C.: Blair and Rives, 1841.

United States Census Office, and J. D. B. De Bow. *Seventh Census 1850, Statistical View of the United States, Embracing Its Territory, Population--White, Free Colored, and Slave--Moral and Social Condition, Industry, Property, and Revenue; the Detailed Statistics of Cities, Towns and Counties; Being a Compendium of the Seventh Census, to Which Are Added the Results of Every Previous Census, Beginning with 1790, in Comparative Tables, with Explanatory and Illustrative Notes, Based Upon the Schedules and Other Official Sources of Information.* Washington: A. O. P. Nicholson, 1854.

United States Census Office, and Richard Swainson Fisher. *Eighth Census of the United States of America, 1860.* New York: J. H. Colton, 1861.

United States Office of Education. *Annual Report of the Commissioner of Education for the Year Ended.* (1930): v.

———. *Report of the Commissioner of Education for the Year.* Washington D. C.: U. S. Government Printing Office, 1875-1915.

United States Office of Education, Department of the Interior, and W. B. Frazier, et. al., *National Survey of the Education of Teachers.* 6 v. Washington: U. S. Government Printing Office, 1932-36.

Walton, Electa N. L. "Historical Sketch of the First State Normal School in America."

In *Historical Sketches of the Framingham State Normal School,* edited by Framingham State Normal School Alumnae Association. Framingham, Massachusetts: Framingham State Normal School, 1914.

———. "Journal 1848–1849." File Ms. S–117, MHS, 1849.

Walton, George A. *Illustrative Practical Arithmetic Walton, A Key to the Illustrative Practical Arithmetic*. Boston: William Ware and Co., 1877.

———. *An Intellectual Arithmetic: With an Introduction to Written Arithmetic*. Boston: Brewer and Tileston, 1866.

———. *A Key to the Illustrative Practical Arithmetic*. Boston: W. Ware and Co., 1877.

———. *A Pictorial Primary Arithmetic: On the Plan of Object-Lessons*. Boston: Brewer and Tileston, 1866.

Walton, George A., and Electa N. Lincoln Walton. *The Illustrative Practical Arithmetic by a Natural Method*. Walton's Normal Series. Boston: Brewer and Tileston, 1869.

———. *The Illustrative Practical Arithmetic by a Natural Method: With Dictation Exercises for Common Schools, High Schools, Normal Schools, and Academies*. Waltons' Normal Series. Boston: William Ware and Co., 1877.

———. *An Intellectual Arithmetic: With an Introduction to Written Arithmetic*. Walton's Normal Series. Boston: J. H. Butler, 1869.

———. *A Key to the Illustrative Practical Arithmetic*. Boston: Brewer and Tileston, 1869.

———. *A Pictorial Primary Arithmetic: On the Plan of Object-Lessons*. Boston: Brewer and Tileston, 1869.

———. *A Written Arithmetic, for Common and Higher Schools; to Which Is Adapted a Complete System of Reviews, in the Form of Dictation Exercises*. Boston: Brewer and Tileston, 1864.

Ward, Emily. "Journal." FSUAAO, 1849.

Watts, Isaac. *The Improvement of the Mind*. Boston: J. Loring, 1821.

Wells, Kate Garnett. "Why More Girls Do Not Marry." *North American Review* 152, no. 411 (1891): 175–82.

Wells, Kate Garnett, and George H. Conley. "State Normal School, Framingham." *Massachusetts Board of Education Annual Report* (1899): 30–5.

Whiting, Susan A. "In Memoriam: Mrs. Electa L. Walton." *The Woman's Journal* 28 (1908): [no page], HWLA.

Willard, Emma. *Abridged History of the United States; or, Republic of America.* New York: A. S. Barnes, 1843.

———. *An Address to the Public, Particularly to the Members of the Legislature of New-York, Proposing a Plan for Improving Female Education.* 2nd ed. Middlebury: J. W. Copeland, 1819.

———. *Ancient Geography: As Connected with Chronology, and Preparatory to the Study of Ancient History, Accompanied with an Atlas.* Hartford: O. D. Cooke & Sons, 1822.

———. *Geography for Beginners, or, the Instructer's Assistant in Giving First Lessons from Maps.* Hartford: O. D. Cooke, 1826.

———. *Guide to the Temple of Time; and Universal History, for Schools.* New York: A. S. Barnes, 1850.

———. *History of the United States, or, Republic of America: Exhibited in Connexion with Its Chronology and Progressive Geography by Means of a Series of Maps: Designed for Schools and Private Libraries.* 2nd, rev. and cor. ed. New York: White, Gallaher and White, 1829.

———. *Journal and Letters, from France and Great Britain.* Troy, New York: Tuttle, 1833.

———. *Letter, Addressed as a Circular to the Member of the Willard Association for the Mutual Improvement of Female Teachers.* Troy, New York: Elias Gates, 1838.

———. *Morals for the Young; or, Good Principles Instilling Wisdom.* New York: A. S. Barnes, 1857.

———. *A Plan for Improving Female Education.* 2d ed. Middlebury Vt.: J. W. Copeland, 1819.

———. *A Series of Maps to an Abridgement of the History of the United States. Designed for Schools.* New York: N. and J. White, 1833.

———. *Universal History in Perspective: Divided into Three Parts Ancient, Middle, and Modern.* Rev. ed. New York: A. S. Barnes and Company, 1856.

———. *Willard's Map of Time; a Companion to the Historic Guide.* New York: A. S. Barnes, 1846.

Willard, Emma, and Ezra Brainerd. *A Plan for Improving Female Education/by Emma Willard. And, Mrs. Emma Willard's Life and Work in Middlebury.* Marietta, Ga.: Larlin Corp., 1987.

Willard, Emma, and Troy Society for the Advancement of Female Education in Greece Troy N. Y. *Advancement of Female Education; or, a Series of Addresses, in Favor of Establishing at Athens, in Greece, a Female Seminary, Especially Designed to Instruct Female Teachers*. Troy, New York: N. Tuttle, 1833.

Woodbridge, William Channing. "Female Education Prior to 1800." *Barnard's Journal of Education* (1877).

———. *Rudiments of Geography, on a New Plan. Designed to Assist the Memory by Comparison and Classification. Accompanied with an Atlas*. 1st Accompanied with a System of Ancient Geography, by Emma Willard ed. Hartford: S. G. Goodrich, 1821.

———. "Seminaries for Teachers in Prussia." *American Annals of Education and Instruction* 1, (June 1831): 235-57.

Woodbridge, William Channing, and Emma Willard. *A System of Universal Geography: On the Principles of Comparison and Classification*. Hartford: Oliver D. Cooke and Co., 1824.

———. *Universal Geography, Ancient and Modern; on the Principles of Comparison and Classification. Modern Geography*. Hartford: O. D. Cooke and Sons, 1824.

2 研究文献

Abbott, Andrew Delano. *The System of Professions: An Essay on the Division of Expert Labor*. Chicago: University of Chicago Press, 1988.

Abbott, Pamela, and Liz Meerabeau. *The Sociology of the Caring Professions*. 2nd ed. London: Routledge, 1998.

Allmendinger, David F. Jr. "Mount Holyoke Students Encounter the Need for Life Planning, 1837-1850." *History of Education Quarterly* (Spring 1979): 27-46.

Altenbaugh, Richard J., and Kathleen Underwood. "The Evolution of Normal Schools." Ch. 4 in *Places Where Teachers Are Taught*, 136-86. San Francisco, CA: Jossey-Bass Publishers, 1990.

American Historical Association, *Annual Report of American Historical Association for 1911*, Washington D. C.: Government Printing Office, 1913.

Anderson, James D. *The Education of Blacks in the South, 1860-1935*. Chapel Hill: University of North Carolina Press, 1988.

Angus, David L. *Professionalism and the Public Good: A Brief History of Teacher Certification.* Washington D. C.: Thomas B. Foundation, 2001.

Baym, Nina. "Women and the Republic: Emma Willard's Rhetoric of History." *American Quarterly* 43, no. 1 (1991): 1-23.

Beadie, Nancy. "Emma Willard's Idea Put to the Test: The Consequences of State Support of Female Education in New York, 1819-67." *History of Education Quarterly* 33, no. 4 (1993): 543-62.

Beggs, Walter K. *The Education of Teachers.* New York: Center for Applied Research in Education, 1965.

Berkin, Carol, and Mary Beth Norton. *Women of America: A History.* Boston: Houghton Mifflin Co., 1979.

Bernard, Richard M., and Maris A. Vinovskis "The Female School Teacher in Ante-Bellum Massachusetts." *Journal of Social History* 10, no. 3 (Spring 1977): 332-45.

Biklen, Sari Knopp. "Confiding Woman: A Nineteenth-Century Teacher's Diary." *History of Education Review: Journal of the Australian and New Zealand History of Education Society* 19, no. 2 (1990): 24-35.

———. *School Work: Gender and the Cultural Construction of Teaching.* New York: Teachers College Press, 1995.

Blair, Karen J. *The History of American Women's Voluntary Organizations, 1810-1960: A Guide to Sources.* Boston: G. K. Hall, 1989.

Bledstein, Burton J. *The Culture of Professionalism: The Middle Class and the Development of Higher Education in America.* New York: Norton, 1976.

Borrowman, Merle L. *The Liberal and Technical in Teacher Education; a Historical Survey of American Thought.* Teachers College Studies in Education. New York: Teachers College Press, 1956.

Borrowman, Merle L., ed. *Teacher Education in America; a Documentary History.* New York: Teachers College Press, 1965.

Boyden, Arthur C. *Albert Gardner Boyden and the Bridgewater State Normal School: A Memorial Volume.* Bridgewater: Arthur H. Willis, Printer, 1919.

———. *The History of Bridgewater Normal School.* Bridgewater: Bridgewater Normal Alumni Association, 1933.

Boydston, Jeanne, Mary Kelley, and Anne Throne Margolis. *The Limits of Sisterhood: The Beecher Sisters on Women's Rights and Woman's Sphere.*

Chapel Hill: University of North Carolina Press, 1988.

Brainerd, Ezra. *Mrs. Emma Willard's Life and Work in Middlebury*. New York: Evening Post Job Printing House, 1893.

Bronson, Walter Cochrane. *The History of Brown University, 1764-1914*. Providence: The University, 1914.

Brubacher, John Seiler. *A History of the Problems of Education*. New York: McGraw Hill Book Company, Inc., 1947.

Brubacher, John Seiler, and Willis Rudy. *Higher Education in Transition: A History of American Colleges and Universities*. Foundations of Higher Education. 4th ed. New Brunswick, N. J.: Transaction Publishers, 1997.

Brudvig, Jon L. "Make Haste Slowly: The Experiences of American Indian Women at Hampton Institute: 1878-1893." Saskatchewan University Indigenous Studies Portal Research Tool. Available from http://homepages.se.edu/nas/files/2013/03/Proceedings-2005-Brudvig.pdf; Internet; Accessed 19 August 2014.

Bugaighis, Elizabeth T. "Liberating Potential: Women and the Pennsylvania State Normal Schools, 1890-1930." Ph. D. dissertation, Pennsylvania State University, 2000.

Burgess, W. Randolph, and New York City Department of Education. *Trends of School Costs*. Russell Sage Foundation Education Monographs. New York: Dept. of Education, 1920.

Burstyn, Joan N. "Catharine Beecher and the Education of American Woman." *New England Quarterly* 47, no. 3 (1974): 386-403.

Butchart, Ronald E. "Mission Matters: Mount Holyoke, Oberlin, and the Schooling of Southern Blacks, 1851-1917." *History of Education Quarterly* 42, no. 1 (2002): 1-17.

Butts, R. Freeman. *The Revival of Civic Learning: A Rationale for Citizenship Education in American Schools*. Bloomington, Ind.: Phi Delta Kappa Educational Foundation, 1980.

Butts, R. Freeman, and Lawrence A. Cremin. *A History of Education in American Culture*. New York: Henry and Company, 1953.

Campbell, JoAnne. "A Real Vexation: Student Writing in Mount Holyoke's Culture of Service, 1837-1865." *College English* 59, no. 7 (1997): 767-88.

Clifford, Geraldine Jonçich. *"Equally in View": The University of California, Its*

Women, and the Schools. Berkeley, Calif.: Center for Studies in Higher Education and Institute of Governmental Studies Press, University of California, Berkeley, 1995.

———. "Lady Teachers' and Politics in the United States, 1850-1930." In *Teachers: The Culture and Politics of Work,* edited by Martin Lawn and Gerald Grace, 3-30. London: Falmer Press, 1987.

———. *Lone Voyagers: Academic Women in Coeducational Universities, 1870-1937.* New York: Feminist Press at the City University of New York: Distributed by the Talman Co., 1989.

Clifford, Geraldine Jonçich, and James W. Guthrie. *Ed School: A Brief for Professional Education.* Chicago: University of Chicago Press, 1988.

Cohen, Patricia Cline. *A Calculating People: The Spread of Numeracy in Early America.* New York: Routledge, 1999.

Collins, Randall. *The Credential Society: An Historical Sociology of Education and Stratification.* New York: Academic Press, 1979.

Conforti, Joseph A. "Mary Lyon, the Founding of Mount Holyoke College and the Cultural Revival of Jonathan Edwards." *Religion and American Culture: A Journal of Interpretation* 3, no. 1 (1993): 69-89.

Cook, Sheila Gamble. *Dear Miss Hyde: A Collection of Letters of the Chafee, Sharpe, and Gamble Families, 1898 to 1932.* Cambridge, Mass.: Sheila Gamble Cook, 1993.

Cook, Sheila Gamble, and Mass State Normal School at Framingham. *Dear Miss Hyde: The Friendship between Ellen Hyde, Principal of the First State Normal School in Framingham, Massachusetts and the Chafee, Sharpe, and Gamble Families, as Chronicled by Their Letters, 1898 to 1926.* Cambridge, Mass.: Sheila Gamble Cook, 2003.

Coontz, Stephanie. *Marriage, A History: How Love Conquered Marriage,* New York: Penguin Books, 2006.

Cortina, Regina, and Sonsoles San Román. *Women and Teaching: Global Perspectives on the Feminization of a Profession.* New York: Palgrave Macmillan, 2006.

Cott, Nancy F. *The Bonds of Womanhood: "Woman's Sphere" in New England, 1780-1835.* New Haven: Yale University Press, 1977.

———. "What, Then, Is the American: This New Woman?" *Journal of American*

History 65 (1978): 679–703.

———. *Public Vows: A History of Marriage and the Nation*. Cambridge, Mass.: Harvard University Press, 2002.

Cott, Nancy F. and Elizabeth H. Pleck, ed. *A Heritage of Her Own: Toward a New Social History of American Women*. New York: Simon and Schuster, 1979.

Cruikshank, Kathleen Anne. *The Rise and Fall of American Herbartianism: Dynamics of an Educational Reform Movement,* Ph. D. Dissertation, The University of Wisconsin-Madison, 1993.

Cubberley, Ellwood Patterson. *Public Education in the United States*. Boston: Houghton Mifflin Company, 1919.

Davies, Carol, "The Sociology of Professions and the Profession of Gender." *Sociology* 30, no. 4 (1996): 661–78.

Dewey, John. "The Relation of Theory to Practice in Education." In *Third Yearbook of the National Society for the Scientific Study of Education,* 9–30. Chicago: University of Chicago Press, 1904.

Douglas, Ann. *The Feminization of American Culture*. New York: Random House, 1977.

Douglas, John Mrs. *Life Story of Mary Lyon: Founder of Mount Holyoke College*. Minneapolis: Beard Art and Stationery, 1897.

Douglass, Harl Roy, and Calvin Grieder. *American Public Education, an Introduction*. New York: Ronald Press Co., 1948.

Dublin, Thomas. *Transforming Women's Work: New England Lives in the Industrial Revolution*. Ithaca, New York: Cornell University Press, 1994.

Eby, Frederick. *The Development of Modern Education, in Theory, Organization, and Practice*. 2nd ed. New York: Prentice-Hall, 1952.

Edmonds, Anne Carey. *A Memory Book: Mount Holyoke College 1837–1987*. South Hadley, Massachusetts: Mount Holyoke University, 1988.

Eisenmann, Linda. "Reconsidering a Classic: Assessing the History of Women's Higher Education a Dozen Years after Barbara Solomon." *Harvard Educational Review* 67, no. 4 (1997): 689–717.

Elsbree, Willard S. *The American Teacher: Evolution of a Profession in a Democracy*. New York, Cincinnati etc.: American Book Company, 1939.

Etzioni, Amitai, ed. *The Semi-Professions and Their Organization; Teachers, Nurses, Social Workers*. New York: Free Press, 1969.

Evans, Sara M. *Born for Liberty: A History of Women in America.* New York: Free Press, 1989.

Feistritzer, C. Emily. *The American Teacher.* Washington, D. C.: Feistritzer Publications, 1983.

Feldman, Paula R. "Women Poets and Anonymity in the Romantic Era." *New Literary History* 33 (2002): 279-289.

Filene, Peter G. *Him/Her/Self: Sex Roles in Modern America.* 2nd ed. Baltimore: Johns Hopkins University Press, 1986.

Finkelstein, Barbara. *Governing the Young: Teacher Behavior in Popular Primary Schools in Nineteenth-Century United States.* Studies in Curriculum History. New York: Falmer Press, 1989.

Fiske, Fidelia, and Mary Lyon. *Recollections of Mary Lyon: With Selections from Her Instructions to the Pupils in Mt. Holyoke Female Seminary.* Boston: American Tract Society, 1866.

Fletcher, Robert Samuel. *A History of Oberlin College from Its Foundation through the Civil War.* 2 vols. Oberlin, Ohio: Oberlin College, 1943.

Flexner, Abraham, Carnegie Foundation for the Advancement of Teaching, and Henry S. Pritchett. *Medical Education in the United States and Canada: a Report to the Carnegie Foundation for the Advancement of Teaching.* New York: Carnegie Foundation, 1910.

Foley, Joanne S. *Lynn: Images of America.* Dover, N. H.: Arcadia, 1995.

Framingham Alumnae Association of the State Teachers College at Framingham. *First State Normal School in America: The State Teachers College at Framingham, Massachusetts.* Framingham: Framingham State Teachers College, 1959.

Framingham State College. *Seventy-Fifth Anniversary, State Normal School, Framingham. July 2, 1914.* Newton, Massachusetts: 1914.

Framingham State College Alumnae Association. *First Twenty-Five Years of the Second Century of the First State Normal School in America: The State College at Framingham, Massachusetts.* Framingham: The Association, 1964.

Framingham State College Historical Publication Subcommittee, D. Justin McCarthy, P. Bradley Nutting, Eleanor Wells, and Beverly J. Weiss. *Pioneers in Education: A History of Framingham State College.* Framingham, Mass.: Framingham State College, 1989.

Fraser, James W. *Preparing America's Teachers: A History*. New York: Teachers College Press, 2007.

———. *The School in the United States: A Documentary History*. 2nd ed.: Routledge, 2010.

Freedman Estelle B. "Separatism as Strategy: Female Institution Building and American Feminism, 1870–1930." Feminist Studies 5 (Fall, 1979): 512–29.

Freidson, Eliot. *Professional Dominance: The Social Structure of Medical Care*. New York: Atherton Press, 1970.

———. "The Theory of Professions: State of the Art," in Dingwall, Robert, and Philip Simon Coleman Lewis. *The Sociology of the Professions: Lawyers, Doctors, and Others*. New York: St. Martin's Press, 1983.

Gaustad, Edwin S. *A Religious History of America*. New York: Harper and Row, 1966.

Geiger, Roger L. *The American College in the Nineteenth Century*. Nashville: Vanderbilt University Press, 2000.

Gerber, Ellen W. *Innovators and Institutions in Physical Education*. Philadelphia: Lea and Febiger, 1971.

Gilchrist, Beth Bradford. *The Life of Mary Lyon*. Boston and New York: Houghton Mifflin Company, 1910.

Ginsburg, Mark B. *Contradictions in Teacher Education and Society: A Critical Analysis*. The Wisconsin Series of Teacher Education. London: Falmer Press, 1988.

Ginsburg, Mark B., and Beverly Lindsay. *The Political Dimension in Teacher Education: Comparative Perspectives on Policy Formation, Socialization, and Society*. Washington, D. C.: Falmer Press, 1995.

Ginzberg, Lori D. *Elizabeth Cady Stanton: An American Life*. 1st ed. New York: Hill and Wang, 2009.

Giroux, Henry A. "Liberal Arts, Teaching and Critical Literacy: Toward a Definition of Schooling as a Form of Cultural Politics." In *Contemporary Curriculum Discourses*, edited by W. F. Pinar, 243–63. Arizona: Gorsuch Scarisbrick Publishers, 1988.

———. *Pedagogy and the Politics of Hope: Theory, Culture, and Schooling: A Critical Reader*. The Edge, Critical Studies in Educational Theory. Boulder, Colo.: Westview Press, 1997.

Gitlin, Andrew. "Gender and Professionalization: An Institutional Analysis of Teacher Education and Unionism at the Turn of the Twentieth Century." *Teachers College Record* 97, no. 4 (1996): 588-624.

Glanz, Jeffrey. *Bureaucracy and Professionalism: The Evolution of Public School Supervision.* Rutherford, N. J.: Fairleigh Dickinson University Press, 1991.

Goodlad, John I., Roger Soder, and Kenneth A. Sirotnik. *Places Where Teachers Are Taught.* San Francisco: Jossey-Bass, 1990.

Goodman, Joyce. "Transnational Perspectives and International Networks of Women's Education: Britain, The United States and Japan." Paper Presented in the International Symposium on Transnationalism & History of Women's Education, Aoyama, Tokyo, Japan, on Feb. 20, 2016.

Goodsell, Willystine, Emma Willard, Catharine Esther Beecher, and Mary Lyon. *Pioneers of Women's Education in the United States: Emma Willard, Catherine Beecher, Mary Lyon.* New York, London: McGraw-Hill Book Company, 1931.

Gordon, Lynn D. *Gender and Higher Education in the Progressive Era.* New Haven: Yale University Press, 1990.

Graham, Patricia Albjerg. "Expansion and Exclusion: A History of Women in American Higher Education." *Sings* 3, no. 4 (1978): 759-73.

Green, Elizabeth Alden. *Mary Lyon and Mount Holyoke: Opening the Gates.* Hanover, N. H.: University Press of New England, 1979.

Handler, Bonnie S., and Carole B. Shmurak. "Rigor, Resolve, Religion: Mary Lyon and Science Education." *Teaching Education* 3, no. 2 (1991): 137-42.

Hargreaves, Andy. *Changing Teachers, Changing Times: Teachers' Work and Culture in the Postmodern Age.* London: Cassell, 1994.

———. "Four Ages of Professionalism and Professional Learning." *Teachers and Teaching: Theory and Practice* 6, no. 2 (2000): 151-82.

———. *Second International Handbook of Educational Change.* London: Springer, 2010.

Harper, Charles Athiel. *A Century of Public Teacher Education: the Story of the State Teachers Colleges as They Evolved from the Normal Schools.* Washington, D. C.: Hugh Birch-Horace Mann Fund for the American Association of Teachers Colleges, 1939.

———. *Development of the Teachers College in the United States, with Special*

Reference to the Illinois State Normal University. Bloomington, IL: McKnight and McKnight, 1935.

Hart, Irving H., and Iowa State Teachers College. *The First 75 Years*. Cedar Falls: Iowa State Teachers College, 1951.

Harveson, Mae Elizabeth. *Catharine Esther Beecher*. New York: Arno Press, 1969.

Herbst, Jurgen. *And Sadly Teach: Teacher Education and Professionalization in American Culture*. Madison: University of Wisconsin Press, 1989.

———. "Beyond the Debate over Revisionism: Three Educational Past Writ Large." *History of Education Quarterly* 20, no. 2 (1980): 131-45.

Hitchcock, Edward. *The Power of Christian Benevolence Illustrated in the Life and Labors of Mary Lyon*. New York: American Tract Society, 1858.

Hofstadter, Richard, Stanley M. Elkins, and Eric L. McKitrick. *The Hofstadter Aegis, a Memorial*. New York: Knopf, distributed by Random House, 1974.

Hogan, David. "The Market Revolution and Disciplinary Power: Joseph Lancaster and the Psychology of the Early Classroom System." *History of Education Quarterly* 29, no. 3 (1989): 381-417.

Hogan, David. "Modes of Discipline: Affective Individualism and Pedagogical Reform in New England, 1820-1850." *American Journal of Education* 99, no. 1 (1990): 1-56.

Holmes Group. *Tomorrow's Teachers: A Report of the Holmes Group*. East Lansing, MI: Holmes Group, 1986.

Holmes, Madelyn, and Beverly J. Weiss. *Lives of Women Public Schoolteachers: Scenes from American Educational History*. New York: Garland Pub., 1995.

Horowitz, Helen Lefkowitz. *Alma Mater: Design and Experience in the Women's Colleges from Their Nineteenth-Century Beginnings to the 1930s*. New York: Knopf, 1984.

Howe, Julia Ward, Mary H. Graves, Mary Elvira Elliott, Mary A. Stimpson, and Martha Seavey Hoyt. *Representative Women of New England*. New England Library of Popular Biographies. Boston: New England Historical Pub. Co., 1904.

Huth, Mary M. "Kate Gannett Wells, Anti-Suffragist." *University of Rochester Library Bulletin in Digital Format* 34 (1981). Available from https://www.lib.rochester.edu/index.cfm? PAGE=3562; Internet; Accessed 19 August 2014.

Illich, Ivan. *Shadow Work.* Boston: M. Boyars, 1981.

Isbell, Egbert R. *A History of Eastern Michigan University, 1849–1965.* Ypsilanti: Eastern Michigan University Press, 1971.

Isenberg, Nancy. *Sex and Citizenship in Antebellum America.* Chapel Hill, NC: The University of North Carolina Press, 1998.

Jacobs, Jerry A. *Gender Inequality at Work.* Thousand Oaks, CA: Sage Publications, 1995.

Jencks, Christopher, and David Riesman. *The Academic Revolution.* Garden City, New York: Doubleday, 1968.

Johnson, Henry C., and Erwin V. Johanningmeier. *Teachers for the Prairie: The University of Illinois and the Schools, 1868–1945.* Urbana: University of Illinois Press, 1972.

Kaestle, Carl F. *The Evolution of an Urban School System: New York City, 1750–1850.* Cambridge: Harvard University Press, 1973.

———, ed. *Joseph Lancaster and the Monitorial School Movement; a Documentary History.* Classics in Education, no. 47. New York: Teachers College Press, 1973.

———. *Pillars of the Republic: Common Schools and American Society, 1780–1860.* New York: Hill and Wang, 1983.

Kaestle, Carl F., and Maris Vinovskis. *Education and Social Change in Nineteenth-Century Massachusetts.* New York: Cambridge University Press, 1980.

Kantrowitz, R. Marc. *Framingham State College.* College History Series. Charleston, SC: Arcadia, 2003.

Katz, Michael B. *Class, Bureaucracy, and Schools: The Illusion of Educational Change in America.* New York: Praeger Publishers, 1971.

———. *Reconstructuring American Education.* Cambridge: Harvard University Press, 1987.

Kaufman, Polly Welts. *The Search for Equity: Women at Brown University, 1891–1991.* Hanover NH: University Press of New England, 1991.

———. *Women Teachers on the Frontier.* New Haven: Yale University Press, 1984.

Keohane, Robert E. “Mary Sheldon Barnes.” In *Notable American Women, 1607–1950: a Biographical Dictionary,* edited by Edward T. James, Janet Wilson James, Paul S. Boyer, and Radcliffe College, 92–3. Cambridge: Belknap Press of Harvard University Press, 1971.

Kerber, Linda K. "The Daughters of Columbia". In *The Hofstadter Aegis: A Memorial,* edited by Stanley Elkins, and Eric McKitrick, 36–59. New York: Knopf, 1974.

———. *Women of the Republic: Intellect and Ideology in Revolutionary America.* Chapel Hill: University of North Carolina Press, 1980.

Kerns, Kathryn. "Farmers' Daughters: The Education of Women at Alfred Academy and University before the Civil War." *History of Higher Education Annual* (1986): 11–28.

Kimball, Bruce A. *The "True Professional Ideal" in America: A History.* Cambridge, MA: Blackwell, 1992.

Knight, Edgar Wallace, and Clifton L. Hall. *Readings in American Educational History.* New York: Appleton-Century-Crofts, 1951.

Labaree, David F. *Education, Markets, and the Public Good: The Selected Works of David F. Labaree.* New York: Routledge, 2007.

———. *How to Succeed in School without Really Learning: The Credentials Race in American Education.* New Haven: Yale University Press, 1997.

———. "The Lure of Statistics for Educational Researchers." *Educational Theory* 61, no. 6 (2011): 621–32.

———. *The Making of an American High School: The Credentials Market and the Central High School of Philadelphia, 1838–1939.* New Haven: Yale University Press, 1988.

———. *The Trouble with Ed Schools.* New Haven: Yale University Press, 2004.

Laird, Susan. "Reforming 'Women's True Profession': A Case for 'Feminist Pedagogy' in Teacher Education?" *Harvard Educational Review* 58, no. 4 (1988): 449–63.

Lagemann, Ellen Condliffe. *An Elusive Science: The Troubling History of Education Research.* Chicago: University of Chicago Press, 2000.

———. "The Plural Worlds of Educational Research." *History of Education Quarterly* 29, no. 2 (1989): 185–214.

Larson, Magali Sarfatti. *The Rise of Professionalism: A Sociological Analysis.* Berkeley: University of California Press, 1977.

Lawn, Martin, and Gerald Rupert Grace. *Teachers: The Culture and Politics of Work.* London: Falmer Press, 1987.

Levine, Arthur. *Handbook on Undergraduate Curriculum.* London: Jossey-Bass

Publishers, 1978.

Levine, David O. *The American College and the Culture of Aspiration, 1915–1940.* Ithaca: Cornell University Press, 1986.

Lieberman, Myron. *Education as a Profession.* Englewood Cliffs, NJ: Prentice-Hall, 1956.

Lord, John. *The Life of Emma Willard.* New York: D. Appleton and Company, 1873.

Lortie, Dan C. *Schoolteacher: a Sociological Study.* Chicago: University of Chicago Press, 1975.

Lutz, Alma. *Emma Willard, Daughter of Democracy.* Boston and New York: Houghton Mifflin Company, 1929.

Matteson, John. *The Lives of Margaret Fuller: a Biography.* New York: W. W. Norton and Co., 2012.

Mattingly, Paul H. *The Classless Profession: American Schoolmen in the Nineteenth Century.* New York: New York University Press, 1975.

———. "Workplace Autonomy and the Reforming of Teacher Education." In *Critical Studies in Teacher Education,* edited by Thomas S. Popkewitz, 36–56. New York: Falmer Press, 1987.

McNeil, Mellicent. *A Comparative Study of Entrance to Teacher Training Institutions.* New York: Teachers College, Columbia University, 1930.

Melder, Keith. "Mask of Oppression: The Female Seminary Movement in the United States." *New York History* 55 (1974): 261–79.

Millerson, Geoffrey. *The Qualifying Associations; a Study in Professionalization.* New York: Routledge and Paul, 1964.

Millett, Kate. *Sexual Politics.* Garden City, NY: Doubleday, 1970.

Molen, Clarence Theodore. "The Evolution of a State Normal School into a Teachers College: The University of Northern Iowa, 1876–1916." Ph. D. Dissertation, University of Iowa, 1974.

Monaghan, E. Jennifer. "Literacy Instruction and Gender in Colonial New England." *American Quarterly* 40, no. 1 (1988): 18–41.

Monroe, Will Seynour. *History of the Pestalozzian Movement in the United States.* New York: Arno Press, 1969.

Monroe, Walter Scott. . *Teaching-Learning Theory and Teacher Education, 1890 to 1950.* Urbana: University of Illinois Press, 1952.

Mulvihill, Thalia M. "Community in Emma Willard's Educational Thought, 1787–

1870." Ph. D. Dissertation, Syracuse University, 1995.

Murphy, Marjorie. *Blackboard Unions: The AFT and the NEA, 1900–1980*. Ithaca, New York: Cornell University Press, 1990.

Myers, Donald A. *Teacher Power: Professionalization and Collective Bargaining*. Lexington, MA: Lexington Books, 1973.

Nash, Margaret. "A Salutary Rivalry: The Growth of Higher Education for Women in Oxford, Ohio, 1855–1867." In *American Colleges in the Nineteenth Century*, edited by Roger L. Geiger, 169–82. Nashville: Vanderbilt University Press, 2000.

National Center For Education Statistics. *Digest of Education Statistics* 2011. Washington D. C.: U. S. Department of Education, 2011.

Nelson, Murry R. "Emma Willard: Pioneer in Social Studies Education." *Theory and Research in Social Education* 15, no. 4 (1987): 245–56.

Newcomer, Mabel. *A Century of Higher Education for American Women*. New York: Harper, 1959.

Norton, Mary Beth. *Liberty's Daughters: The Revolutionary Experience of American Women, 1750–1800*. Boston: Little, Brown, 1980.

Ogren, Christine A. *The American State Normal School: An Instrument of Great Good*. New York: Palgrave Macmillan, 2005.

———. "A Large Measure of Self-Control and Personal Power: Women Students at State Normal Schools During the Late Nineteenth and Early Twentieth Centuries." *Women's Studies Quarterly* 28, no. 3 and 4 (2000): 211–32.

Palinchak, Robert S. *The Evolution of the Community College*. Metuchen, NJ: Scarecrow Press, 1973.

Palmieri, Patricia Ann. *In Adamless Eden: The Community of Women Faculty at Wellesley*. New Haven: Yale University Press, 1995.

Pangburn, Jessie May. *The Evolution of the American Teachers College*. New York: Teachers College, Columbia University, 1932.

Peirce, Cyrus, Mary Swift Lamson, and Arthur O. Norton. *The First State Normal School in America; the Journals of Cyrus Peirce and Mary Swift, with an Introduction by Arthur O. Norton*. Cambridge: Harvard University Press, 1926.

Perlmann, Joel, and Robert A. Margo. *Women's Work?: American Schoolteachers, 1650–1920*. Chicago: University of Chicago Press, 2001.

Perry, Bliss. *And Gladly Teach: Reminiscences.* New York: Houghton Mifflin Company, 1935.

Popkewitz, Thomas S. *Critical Studies in Teacher Education: Its Folklore, Theory and Practice.* New York: Falmer Press, 1987.

Porterfield, Amanda. *Mary Lyon and the Mount Holyoke Missionaries.* Religion in America Series. New York: Oxford University Press, 1997.

Powell, Arthur G. *The Uncertain Profession: Harvard and the Search for Educational Authority.* Cambridge: Harvard University Press, 1980.

Preston, Jo Anne. "Domestic Ideology, School Reformers, and Female Teachers: Schoolteaching Becomes Women's Work in Nineteenth-Century New England." *History of Education Quarterly* 66, no. 4 (1993): 531–51.

———. "Feminization of an Occupation: Teaching Becomes Women's Work in Nineteenth-Century New England." Ph. D. Dissertation, Brandeis University, 1982.

Putnam, Daniel. *A History of the Michigan State Normal School at Ypsilanti, Michigan, 1849–1899.* Ypsilanti, MI: The Scharf Tag, 1899.

Reskin, Barbara F. *Job Queues, Gender Queues; Explaining Women's Inroads Into Male Occupations.* Philadelphia: Temple University Press, 1990.

Reskin, Barbara F. and Heidi I. Hartmann. *Women's Work, Men's Work: Sex Segregation on the Job.* Washington, D. C.: National Academy Press, 1986.

Riesman, David. *Constraint and Variety in American Education.* Lincoln: University of Nebraska Press, 1956.

Rogers, Dorothy. *Oswego: Fountainhead of Teacher Education; a Century in the Sheldon Tradition.* New York: Appleton Century Crofts, 1961.

Rossiter, Margaret W. *Women Scientists in America: Struggles and Strategies to 1940.* Baltimore: Johns Hopkins University Press, 1982.

Rota, Tiziana F. "Between True Women and New Women: Mount Holyoke Students, 1837–1908." Ph. D. Dissertation, University of Massachusetts at Amherst, 1983.

Rotundo, E. Anthony. *American Manhood: Transformations in Masculinity from the Revolution to the Modern Era.* New York: Basic Books, 1993.

Rudolph, Frederick. *The American College and University, a History.* New York: Knopf, 1962.

Rugg, Harold. "Curriculum Making: The Lincoln School Experiment in the Social

Sciences." *Lincoln School of Teachers College Publications* 1 (1925): 1-24.

Rugoff, Milton. *The Beechers: An American Family in the Nineteenth Century*. New York: Harper and Row, 1981.

Rury, John L. "Who Became Teachers?" In *American Teachers: Histories of a Profession at Work,* edited by D. Warren, 9-48. New York: McMillan, 1989.

Sakamoto, Tatsuro, ed. *Biographical Sources of the 19th Century Pioneers of the American Women's Education*. Tokyo: Synapse, 2006.

Schön, Donald A. *Educating the Reflective Practitioner: Toward a New Design for Teaching and Learning in the Professions*. San Francisco: Jossey-Bass, 1987.

———. *The Reflective Practitioner: How Professionals Think in Action*. New York: Basic Books, 1983.

———. *The Reflective Turn: Case Studies in and on Educational Practice*. New York: Teachers College Press, 1991.

Schulten, Susan. "Emma Willard and the Graphic Foundations of American History." *Journal of Historical Geography* 33 (2007): 543-64.

Scott, Anne Firor. "The Ever Widening Circle: The Diffusion of Feminist Values from the Troy Female Seminary, 1822-1872." *History of Education Quarterly* 19, no. 1 (Spring, 1979): 3-25.

———. *Making the Invisible Woman Visible*. Urbana: University of Illinois Press, 1984.

Scott, Joan Wallach. *Gender and the Politics of History*. New York: Columbia University Press, 1988.

Sedlak, Michael W. "Let Us Go and Buy a School Master: Historical Perspectives on the Hiring of Teachers in the United States, 1750-1980." In *American Teachers,* edited by Donald Warren, 257-290. New York: McMillan, 1989.

Semel, Susan F., and Alan R. Sadovnik. *"Schools of Tomorrow," Schools of Today: What Happened to Progressive Education*. New York: P. Lang, 1999.

Shrewsbury, Carolyn M. "What Is Feminist Pedagogy?" *Women's Studies Quarterly* 15 (1987): 6-14.

Shulten, Susan. "Emma Willard and the Graphic Foundations of American History." *Journal of Historical Geography* 33 (2007): 543-564.

Shmurak, Carole B., and Bonnie S. Handler. "'Castle of Science': Mount Holyoke College and the Preparation of Women in Chemistry, 1837-1941." *History of Education Quarterly* 32, no. 3 (1992): 315-34.

Simpson, J. A., E. S. C. Weiner, and Oxford University Press. *The Oxford English Dictionary*. 2nd ed. Oxford: Oxford University Press, 1989.

Sklar, Kathryn Kish. *Catharine Beecher: a Study in American Domesticity*. New Haven: Yale University Press, 1973.

———. *Florence Kelley and the Nation's Work*. New Haven: Yale University Press, 1995.

———. "The Founding of Mount Holyoke College." In *Women of America: A History,* edited by Carol Berkin and Mary Beth Norton, 177–201. Boston: Houghton Mifflin, 1979.

Smith, Mortimer Brewster. *And Madly Teach; a Layman Looks at Public School Education*. Chicago: H. Regnery Co., 1949.

Snider, Thomas. D., and Sally A. Dillow. *Digest of Educational Statistics 2011*. Washington D. C.: U. S. Department of Education, 2012.

Solomon, Barbara Miller. *In the Company of Educated Women: A History of Women and Higher Education in America*. New Haven: Yale University Press, 1985.

Stage, Sarah and Virginia B. Vincenti. *Rethinking Home Economics: Women and the History of a Profession*. Ithaca: Cornell University, 1997.

Stevenson, Louise L. *The Victorian Homefront: American Thought & Culture, 1860–1880*. New York: Cornell University Press, 2001.

Stow, Sarah D. Locke. *History of Mount Holyoke Seminary, South Hadley, Mass., During Its First Half Century, 1837–1887*. Springfield: Springfield Printing Company, 1887.

Sugg, Redding S. *Motherteacher: The Feminization of American Education*. Charlottesville: University Press of Virginia, 1978.

Thornburg, Laura Docter. "Control over Her Own Powers: Feminist Pedagogy in the 19th-Century Normal School." A Paper presented in AERA roundtable, 1998.

———. "Faithful Labor: The Life Work of Julia Anne King, 1838–1919." Ph. D. Dissertation, Michigan State University, 2004.

Tolly, Kim. "Symposium: Reappraisals of the Academy Movement." *History of Education Quarterly* 41, no. 2 (2001): 216–70.

Trelease, Allen W. *Making North Carolina Literate: The University of North Carolina at Greensboro from Normal School to Metropolitan University*. Durham, NC: Carolina Academic Press, 2003.

Tyack, David B. "An American Tradition: The Changing Role of Schooling and

Teaching." *Harvard Educational Review* 57, no. 2 (1987): 171–74.

———. *The One Best System: A History of American Urban Education*. Cambridge: Harvard University Press, 1974.

Tyack, David B., and Elisabeth Hansot. *Learning Together: A History of Coeducation in American Public Schools*. New York: Russell Sage Foundation, 1992.

———. *Managers of Virtue: Public School Leadership in America, 1820–1980*. New York: Basic Books, 1982.

Vertinsky, Patricia. "Sexual Equality and the Legacy of Catharine Beecher." *Journal of Sport History* 6, no. 1 (1979): 38–48.

Veysey, Laurence R. *The Emergence of the American University*. Chicago: University of Chicago Press, 1965.

Vinovskis, Maris, and J. Bernard. "Beyond Catharine Beecher: Female Education in the Antebellum Period." *Signs: Journal of Women in Culture and Society* 3 (Summer 1978): 856–869.

Warren, Donald, ed. *American Teachers: Histories of a Profession at Work*. New York: McMillan, 1989.

Weiler, Kathleen. *Country Schoolwomen: Teaching in Rural California, 1850–1950*. Stanford: Stanford University Press, 1998.

———. "Women's History and the History of Women Teachers." *Journal of Education* 171, no. 3 (1989): 9–30.

Welter, Barbara. "The Cult of True Womanhood: 1820–1860." *American Quarterly* 18, no. 2 (1966): 151–74.

Wilensky, Avraham. *arbit*. Jerusalem: Ḳiryat sefer, 1964.

Witz, Anne. *Professions and Patriarchy*. London: Routledge, 1992.

Weiss, Beverly J. "Student and Teacher at the First State Normal School in the United States: Electa Lincoln Walton (1824-1908)." In *Lives of Women Public Schoolteachers: Scenes from American Educational History*, edited by Madelyn Holmes and Beverly J. Weiss, 31–52. New York: Garland, 1995.

———. "Teacher and Principal at the First State Normal School: Ellen Hyde (1838-1926)." In *Lives of Women Public Schoolteachers: Scenes from American Educational History*, edited by Madelyn Holmes and Beverly J. Weiss, 53–75. New York: Garland, 1995.

Woody, Thomas. *A History of Women's Education in the United States*. New York: The Science Press, 1929.

浅井幸子「近代日本における初等教育の女性化——教職におけるジェンダーの形成過程」『和光大学人間関係学部紀要』第10号，2005年，29-42頁．

秋枝簫子『森有礼とホーレス・マンの比較研究試論——日米近代女子教育成立史研究の過程から』梓書院，2004年．

有賀貞・大下尚一・志邨晃佑・平野孝『アメリカ史1』山川出版社，1994年．

———『アメリカ史2』山川出版社，1993年．

有賀夏紀『アメリカ・フェミニズムの社会史』勁草書房，1988年．

イースト（East, Marjorie），村山淑子訳『家政学——過去・現在・未来』家政教育社，1991年．

五十嵐武士『アメリカの建国——その栄光と試練』東京大学出版会，1984年．

———「アメリカ型『国家』の形成その予備的な考察」日本政治学会『年報政治学』1990年，15-42頁．

稲垣伸一「ハリエット・ビーチャー・ストウとヴィクトリア・ウッドハルの接点——出版市場の拡大とカルヴィニズムからの脱却」『山梨英和短期大学紀要』第32巻，1998年，140（1）-129（12）頁．

今井光映『アメリカ家政学前史——ビーチャーからリチャーズへ』光生館，1992年．

梅根悟編『女性教育史』講談社，1997年．

エヴァンズ，サラ（Evans, Sara M.），小檜山ルイ，竹俣初美，矢口祐人，宇野知佐子訳『アメリカの女性の歴史——自由のために生まれて』明石書店，2005年．

エルダー，グレン（Elder, Glen H.），本田時雄訳『大恐慌の子どもたち——社会変動と人間発達』明石書店，1986年．

大井浩二『日記のなかのアメリカ女性』英宝社，2002年．

———『アメリカのジャンヌ・ダルクたち——南北戦争とジェンダー』英宝社，2005年．

大桃敏行『教育行政の専門化と参加・選択の自由——19世紀後半米国連邦段階における教育改革論議』風間書房，2000年．

小野次男『アメリカ州立師範学校史——マサチューセッツ州を主とする史的展開』学芸図書，1987年．

———『オーバニー州立師範学校の成立と発展』学芸図書，2000年．

———『アメリカ教師養成史序説』啓明出版，1976年．

カーバー（Kerber, Linda K.），ハート（Jane Sherron De Hart），有賀夏紀，杉森長子，滝田佳子，能登路雅子，藤田文子訳『ウィメンズアメリカ』ドメス出版，

2000 年.

カッツ（Katz, Michael B.），藤田英典，早川操，伊藤彰浩訳『階級・官僚制と学校――アメリカ教育社会史入門』有信堂高文社，1989 年.

香川せつ子・河村貞枝編『女性と高等教育――機会拡張と社会的相克』昭和堂，2008 年.

香川せつ子「『女性，ジェンダー，教育』の歴史――イギリスにおける研究の到達点と課題」『女性とジェンダーの歴史』第 3 号，2015 年，32-42 頁.

河上婦志子『二十世紀の女性教師―周辺化圧力に抗して―』御茶の水書房，2014 年.

歓喜隆司『アメリカ社会科教育の成立・展開過程の研究――現代アメリカ公民教育の教科論的分析』風間書房，1988 年.

北野秋男『アメリカ公教育思想形成の史的研究――ボストンにおける公教育普及と教育統治』風間書房，2003 年.

高祖敏明「文部省『小学教則』（明治 5 年 9 月）の『民家童蒙解』」『教育学研究』第 44 巻第 1 号，1977 年，23-32 頁.

―――「明治初期翻訳教科書に関する一考察――青木輔清編『小学教諭民家童蒙解』の原書をめぐって」『上智大学教育学論集』1976 年，84-101 頁.

児玉佳興子「ワスプの宗教思想――メインライン・プロテスタント伝統の批判的検討」井門富二夫編『アメリカの宗教――多民族社会の世界観』弘文堂，1992 年.

小檜山ルイ『アメリカ婦人宣教師――来日の背景とその影響』東京大学出版会，1992 年.

―――.「訳者あとがき」エヴァンズ『アメリカの女性の歴史』明石書店，1997 年，497-509 頁.

小柳正司『デューイ実験学校と教師教育の展開――シカゴ大学時代の書簡の分析』日本図書センター，2010 年.

齋藤眞『アメリカ革命史研究――自由と統合』東京大学出版会，1992 年.

―――「アメリカ革命と宗教――文化的多元性・政教分離・統合」森孝一編『アメリカと宗教』日本国際問題研究所，1997 年，64-94 頁.

坂本辰朗『アメリカの女性大学――危機の構造』東信堂，1999 年.

―――『アメリカ教育史の中の女性たち―ジェンダー・高等教育・フェミニズム』東信堂，2002 年.

―――『アメリカ大学史とジェンダー』東信堂，2002 年.

佐久間亜紀「19 世紀米国における教師教育成立の一系譜――エマ・ウィラードの

トロイ女子セミナリーに着目して」『教育学研究』第67巻第3号，2000年，333-343頁．

――「キャサリン・ビーチャーにおける教師教育の思想――19世紀米国における教職の専門職化と女性化をめぐって」『日本教師教育学会年報』第11巻，2002年，88-98頁．

――「日本における教師の特徴」油布佐和子編『転換期の教師』放送大学出版会，2007年，27-45頁．

――「19世紀米国における教職専門職化運動批判――メアリー・ライアンの教師教育思想と実践を手がかりに」『東京学芸大学紀要第1部門　教育科学』第55巻，2004年，313-324頁．

――「進歩主義教育運動における教師教育プログラムの事例研究――『教育実験研究所』の教師教育プログラムに着目して」『教育学研究』第62巻第4号，1995年，339-347頁．

――「アメリカにおける教育系専門職大学院の現状と日本への示唆」『IDE現代の高等教育』7・8月合併号，民主教育協会，2005年，45-50頁．

信濃教育会編『伊沢修二選集』信濃教育会，1958年．

篠田靖子『アメリカ西部の女性史』明石書店，1999年．

ショーン（Schön, Donald A.），佐藤学，秋田喜代美訳『専門家の知恵――反省的実践家は行為しながら考える』ゆみる出版，2001年．

ショーン（Schön, Donald A.），柳沢昌一，三輪建二訳『省察的実践とは何か――プロフェッショナルの行為と思考』鳳書房，2007年．

杉森長子『アメリカの女性平和運動史――1889年～1931年』ドメス出版，1996年．

鈴木晶子「ヘルバルトの教師養成論――教育的タクトを軸に」『教育哲学研究』第58号，1988年，15-27頁．

――『判断力養成論研究序説――ヘルバルトの教育的タクトを軸に』風間書房，1990年．

鈴木由美子「近代家庭教育論における理想的母親像の形成――ペスタロッチーの妻アンナ像の受容をめぐって」『広島大学学校教育学部紀要　第一部』第21号，1999年，99-107頁．

高橋裕子「駐米時代における森有礼と女子教育観」『史鏡』第34号，1997年，47-73頁．

――．『津田梅子の社会史』玉川大学出版部，2002年．

高山裕二「米国のデモクラシーの世論と宗教の境界――トクヴィルとリヴァイヴァリズム」『早稲田政治経済学雑誌』第365号，2006年，2-22頁．

舘昭『原点に立ち返っての大学改革』東信堂，2006 年.
舘かおる「歴史分析概念としての『ジェンダー』」『思想』第 1036 号，2010 年，224-234 頁.
――― 『現代学校論――アメリカ高等教育のメカニズム』放送大学教育振興会，1995 年.
田中智志『人格形成概念の誕生――近代アメリカの教育概念史』東信堂，2005 年.
坪井由実『アメリカ都市教育委員会制度の改革――分権化政策と教育自治』勁草書房，1998 年.
寺澤由紀「アメリカ女性史学会の動向」『歴史評論』第 600 号，2000 年，67-75 頁.
デュボイス（DuBois, Ellen Carol），デュミニエル（Lynn Dumenil），石井紀子訳『女性の目からみたアメリカ史』明石書店，2009 年.
テリン（Thellin, John R.），「文献補遺」および「文献解題」，ルドルフ（Rudolph, Frederick），阿部美哉，阿部温子訳『アメリカ大学史』玉川大学出版部，2003 年.
トクヴィル（Tocqueville, Alexis Charles Henri Maurice Clérel de），松本礼二訳『アメリカのデモクラシー』岩波書店，2005 年.
徳永正直『教育的タクト論――実践的教育学の鍵概念』ナカニシヤ出版，2004 年.
中野勝郎『アメリカ連邦体制の確立――ハミルトンと共和政』東京大学出版会，1993 年.
成田十次郎編『スポーツと教育の歴史』不昧堂出版，1988 年.
西園芳信，増井三夫『教育実践から捉える教員養成のための教科内容学研究』風間書房，2009 年.
日本教職員組合『「日教組の教研運動」についての研究』，未刊行冊子，1971 年，教育図書館所蔵.
野々村淑子「19 世紀アメリカの『母』言説：不在とその効用―キャサリン・ビーチャー『母と教育者としての女性の専門職：女性参政権に対する反対意見に添えて』（1872）をめぐって―」『九州大学大学院教育学研究紀要』第 46 集第 3 号，2000 年，79-105 頁.
――― 「アメリカにおける近代的『母』の『成立』とパラドックス――『愛』・『自己統治』・『女』」『九州大学大学院教育学研究紀要』第 47 集第 4 号，2001 年，103-124 頁.
ハーグリーブズ（Hargreaves, Andy），佐久間亜紀訳「教職の専門性と教員研修の四類型」ヒュー・ローダー［他］編『グローバル化・社会変動と教育 2　文化と不平等の教育社会学』東京大学出版会，2012 年，191-218 頁.

ハイデン（Hayden, Dolores），野口美智子訳『家事大革命――アメリカの住宅，近隣，都市におけるフェミニスト・デザインの歴史』勁草書房，1985年.
ハム（Humm, Maggie），木本喜美子，高橋準訳『フェミニズム理論辞典』明石書店，1999年.
久田由佳子「学校教師と女工――十九世紀前半ニューイングランドの場合」北米エスニシティ研究会編『北アメリカ社会を眺めて』関西学院大学出版会，2004年，123-144頁.
ビーチャル，シー・イー，エッチ・ビー・ストウ，海老名晋訳『家事要法』有隣堂，1881年.
平田宗史『欧米派遣小学師範学科取調員の研究』風間書房，1999年.
福田公子「明治前期における女子教育と家政学の萌芽」『広島大学教育学部紀要第二部』第38号，1989年，151-160頁.
藤本和久「アメリカ・ヘルバルト主義における教科再編の原理」『教育方法の探究』第2巻，1999年，1-18頁.
――「アメリカ・ヘルバルト主義における授業形態論の変遷」『京都大学大学院教育学研究科紀要』第46巻，2000年，361-373頁.
古川明子「ライシーアム運動の再評価――1830・1840年代のコンコード・ライシーアムにおける相互教授の思想と実践を中心に」『教育学研究』第69巻第3号，2002年，379-388頁.
ベットマン（Bettmann, Otto Ludwig），山越邦夫［他］訳『目で見る金ぴか時代の民衆生活――古き良き時代の悲惨な事情』草風館，1999年.
ボイヤー（Boyer, Ernest L.），喜多村和之，舘昭，伊藤彰浩訳『アメリカの大学・カレッジ』リクルート出版，1988年.
徳永正直『教育的タクト論――実践的教育学の鍵概念』ナカニシヤ出版，2004年.
マーティン（Martin, Jane Roland），坂本辰朗，坂上道子訳『女性にとって教育とはなんであったか――教育思想家たちの会話』東洋館出版社，1987年.
松塚俊三・安原義仁編『国家・共同体・教師の戦略――教師の比較社会史』昭和堂，2006年.
水原克敏『近代日本教員養成史研究――教育者精神主義の確立過程』風間書房，1990年.
光田尚美「ペスタロッチーの女子教育に関する考察（1）」『関西福祉大学研究紀要』第10号，2007年，61-68頁.
三好信浩『教師教育の成立と発展――アメリカ教師教育制度史論』東洋館出版社，1972年.

牟田和恵『戦略としての家族――近代日本の国民国家形成と女性』新曜社，1996年．

村田鈴子『アメリカ女子高等教育史――その成立と発展』春風社，2001年．

村山英雄『オスウィーゴー運動の研究』風間書房，1978年．

森岡清美・青井和夫編著『ライフコースと世代』垣内出版，1985年．

森分孝治『アメリカ社会科教育成立史研究』風間書房，1994年．

八尾坂修『アメリカ合衆国教員免許制度の研究』風間書房，1998年．

山岸俊男「社会的ジレンマ研究の主要な理論的アプローチ」『心理学評論』第32巻第3号，1989年，262-295頁．

山崎準二『教師のライフコース研究』創風社，2002年．

リースマン（Riesman, David），ジェンクス（Christopher Jencks），国弘正雄訳『大学革命――変革の未来像』サイマル出版会，1969年．

ルドルフ（Rudolph, Frederick），阿部美哉，阿部温子訳『アメリカ大学史』玉川大学出版部，2003年．

ローダー（Lauder, Hugh），ブラウン（Phillip Brown），ディラボー（Jo-Anne Dillabough），ヘイスリー（A. H. Halsey）編，苅谷剛彦，志水宏吉，小玉重夫訳『グローバル化・社会変動と教育 2　文化と不平等の教育社会学』東京大学出版会，2012年．

渡部晶『ホーレス・マン教育思想の研究』学芸図書，1981年．

図版出典一覧

カバー写真・図 9-8 (351 頁) マサチューセッツ州立フラミンガム師範学校の校長エレン・ハイドと 1862 年に在学していた卒業生．1884 年 7 月に，師範学校最古の校舎の北側で撮影．Ellen Hyde, Principal of Framingham State Normal School with students of the class of 1862–July 1884, taken on the steps at the north end of Piazza of Normal School Building (First Building on campus). Courtesy of Framingham State University Archives.

68 頁 図 2-1 現在のエマ・ウィラード・スクール．Emma Willard School in present. http://www.emmawillard.org/

74 頁 図 2-2 ウィラード肖像．Fairbanks and Sage (1898: 25).

84 頁 図 2-3 トロイ女性セミナリー正面図．Fairbanks and Sage (1898: 83–4).

86 頁 図 2-4 歴史の殿堂．Willard, E. (1950, frontispiece).

87 頁 図 2-5 各国歴史図．Willard, E. (1846, frontispiece)

88 頁 図 2-6 合衆国史の樹．Willard, E. (1843, frontispiece).

106 頁 図 3-1 57 歳のキャサリン・ビーチャー肖像．Portrait of C. Beecher. Courtesy of Wisconsin Historical Society.

110 頁 図 3-2 ビーチャー家集合写真，1855 年．Family Portrait of Beecher Family in 1855. Courtesy of Harriet Beecher Stowe Center Library.

123 頁 図 3-3 ハートフォード女性セミナリー 1826 年カタログ．Beecher, C. & Hartford Female Seminary (1826). Courtesy of Schlesinger Library, Radcliff Institute, Harvard University.

125 頁 図 3-4 易しい算数．Beecher, C. (1832: 14–5).

128 頁 図 3-5 骨格図．Beecher, C. (1867: 16–7).

128 頁 図 3-6 胸と肺のためのエクササイズ．Beecher, C. (1867: 10–11).

145 頁 図 4-1 ライアン肖像．Portrait of Mary Lyon. Courtesy of Mount Holyoke Archives and Special Collections.

150 頁 図 4-2 ライアンの友オーラ・ホワイト・ヒッチコックにより描かれたサウス・ハドレー遠景図．Orra White Hitchcock Plate, "George Between Holyoke and Tom," in the Edward and Orra White Hitchcoch Papers, Box 11, Folder 20,

Archives and Special Collections, Amherst College Library.
160 頁 図 4-3　1838 年当時の最初期のマウント・ホリヨーク女性セミナリー校舎．Mount Holyoke Females Seminary in 1838. Courtesy of Mount Holyoke Archives and Special Collections.
163 頁 図 4-4　セミナリー内部の描画．A handwritten picture of Lucy Goodale in her letter to her family. Courtesy of Mount Holyoke Archives and Special Collections.
187 頁 図 5-2　全米初のレキシントン州立師範学校の初期卒業生．Three early graduates of State Normal School in Lexington, MA. Courtesy of Framingham State University Archives.
214 頁 図 6-1　イレクタ・リンカン・ウォルトン肖像．Portrait of E. L. Walton. Julia Ward Howe (1904: 247).
221 頁 図 6-3　ウォルトンの日記，最初の頁．Front page of Electa Lincoln Walton Journal. Courtesy of Massachusetts Historical Society.
231 頁 図 6-4　ウォルトン教科書表紙．Cover page of Walton, G. and Walton, N. L. (1869).
232 頁 図 6-5　ウォルトンの算数教科書の挿絵．Walton, G. (1866: 7-8).
253 頁 図 7-1　スミスの手紙．Letter of Aurelia Smith to her mother, no date [1845?]. Courtesy of Schlesinger Library, Radcliff Institute, Harvard University.
289 頁 図 8-2　ワシントン D. C. の師範学校における植物科の授業．"Botany Lesson", taken by Frances Benjamin Johnston in Washington D. C., in 1899, Library of Congress, LC-USZ62-508573.
319 頁 図 9-1　アニー・ジョンソン肖像．Portrait of Annie Johnson. Courtesy of Framingham State University Archives.
329 頁 図 9-3　ハイドの幼少時の肖像．Ellen Hyde as young girl. Courtesy of Independent Association of Framingham State Alumni.
329 頁 図 9-4　州立師範学校入学当時のハイド．Ellen Hyde as Framingham State Normal Student in 1860s. Courtesy of Independent Association of Framingham State Alumni.
344 頁 図 9-5　ハイド校長．Ellen Hyde as principal in 1880. Courtesy of Framingham State University Archives.
347 頁 図 9-7　1893 年実習校内教室図．Framingham Practice School with Miss Nellie Dale in 1893. Courtesy of Independent Association of Framingham State Alumni.

352 頁 図 9-9 1890 年に卒業生と. Ellen Hyde with the Class in 1890. Courtesy of Independent Association of Framingham State Alumni.

374 頁 図 10-1 1878 年のミシガン州立師範学校. Michigan State Normal School in 1878. Library of Congress, LC-USZ62-49011.

377 頁 図 10-2 キング肖像. Portrait of Julia Anne King. Courtesy of Eastern Michigan University Archives, Ypsilanti Michigan.